职业院校市场营销专业教学用书

商品知识

（第2版）

严群礼　主　编
叶　蕴　副主编

電子工業出版社
Publishing House of Electronics Industry
北京·BEIJING

内 容 简 介

本书以商品实物举例为主，通俗易懂地介绍了常见商品的性能特点、挑选、使用及养护常识，并结合新产品的特点，揭示出各类商品的发展趋势。本书内容新颖、实用性强，通过学习能够提高学生对各类商品的识别和鉴赏能力，对于提高学生的促销技能和专业能力也有很大帮助，有利于学生开阔视野，快速适应工作与提高工作业绩。

本书是职业院校市场营销专业及其他经济类专业的教学用书，也可作为成人培训教材。

为了方便教师教学，本书还配有更多教辅资料及习题，请登录华信教育资源网 www.hxedu.com.cn 下载。

图书在版编目（CIP）数据

商品知识 / 严群礼主编. —2 版. —北京：电子工业出版社，2012.11
职业教育市场营销专业教学用书
ISBN 978-7-121-18468-0

Ⅰ. ①商… Ⅱ. ①严… Ⅲ. ①商品－中等专业学校－教材 Ⅳ. ①F76

中国版本图书馆 CIP 数据核字（2012）第 212657 号

策划编辑：陈 虹
责任编辑：陈 虹 特约编辑：王 纲
印 刷：三河市鑫金马印装有限公司
装 订：三河市鑫金马印装有限公司
出版发行：电子工业出版社
北京市海淀区万寿路 173 信箱 邮编 100036
开 本：787×1 092 1/16 印张：17.25 字数：448 千字
版 次：2008 年 3 月第 1 版
2012 年 11 月第 2 版
印 次：2015 年 2 月第 2 次印刷
定 价：34.50 元

凡所购买电子工业出版社图书有缺损问题，请向购买书店调换。若书店售缺，请与本社发行部联系，联系及邮购电话：（010）88254888。

质量投诉请发邮件至 zlts@phei.com.cn，盗版侵权举报请发邮件至 dbqq@phei.com.cn。

服务热线：（010）88258888。

再版前言

本书第1版自出版以来，被很多学校采用作为教材，先后印刷过多次，并得到了很多同行的认可。随着时代的发展，商品种类发展很快，新商品层出不穷，社会发展日新月异，本书也应做修订。

本次修订前，征求了部分职业学校任课教师的意见，根据他们的意见，进行了针对性的修改。在保留教材基本特征的基础上，主要进行了以下的修订：

（1）更新了案例及增加多幅插图。

（2）每章后增配习题，包括简答题、能力分析题，另配有全面的习题及答案电子文件包，以方便教师教学，请登录 www.hxedu.com.cn 下载。

（3）减少了理论部分，删除了日用搪瓷制品内容。经过本次修订，压缩了整体篇幅，使本书更加适合教师组织教学。

本次修订由严群礼老师任主编，并编写了本书的第 1～3 篇及担任全书的总撰工作。叶蕴老师任副主编，编写了第4篇和主要章节的习题及案例分析。

本书在修订过程中，借鉴了大量国内外文献和网上的最新知识，得到了方见光、张东军等老师的大力支持，并得到了中国人民大学宋林副教授的指导，在此一并表示衷心的感谢。

由于时间紧迫和修订者水平有限，书中难免有错误和不足之处，恳请读者提出宝贵意见。

编　者

第 1 版前言

大力发展职业教育是我国长期的战略任务。目前，我国政府特别重视发展职业教育，在政策上给予了大力的支持，职业教育得到了迅猛的发展，在这种形势下，建设好职业学校的配套教材就显得尤为重要。

职业学校是为企业输送一线应用型的人才，理论知识配合实际训练，使学生达到“上学如上班，上课如上岗”的情境。教师以案例教学和实物教学为主体，突出技能训练，充分提高学生的实用技能。

本教材以实物教学为主体，以具体商品为实例，主要讲述常用商品的基本知识，结合最新商品的信息，使学生掌握商品的类别，性能特点，使用、养护常识，商品的挑选和鉴别，商品的发展趋势。

本教材由严群礼主编，并撰写了第 2 篇《日用工业品商品知识》和第 4 篇《食品商品知识》；黄凤文撰写了第 1 篇《商品知识概述》；周纪平撰写了第 3 篇《纺织品商品知识》。

本教材在撰写过程中，编者借鉴了大量国内外文献及网上的最新知识，得到学校方见光、王叶楠、陈晓光等老师的大力支持，得到中国人民大学宋林副教授的指导，在此一并对他们表示衷心的感谢。

由于时间紧迫和编者水平有限，在编撰过程中难免有错误和不足之处，恳请读者提出宝贵意见。

为了方便读者，本教材还配有教学指南、电子教案和习题答案（电子版），请有此需要的读者登录华信教育资源网（www.hxedu.com.cn）免费注册后下载。

编　者

目　　录

第1篇

商品知识概述

商品知识是一门以商品为研究对象，以商品质量和商品品种为中心内容，研究商品使用价值的应用学科。研究商品的使用价值不仅需要自然科学理论知识，也需要社会科学理论知识。因此，商品知识既是一门边缘科学，又是一门综合性较强的应用技术学科。商品知识的基本体系可分为商品知识概论和商品知识分论两大部分。商品知识概论是商品知识分论的基础，研究商品的共同属性。

绪　论

商品知识是商品学这门学科的研究对象。商品学是商品经济发展到一定阶段的必然产物。它作为一门独立的学科是从 1780 年开始的，至今只有两百多年的历史，但是它的产生、发展与商业的兴起以及教育事业的发展始终密切相关。18 世纪德国经济学教授约翰·贝克曼创建了经济学与商品学教研室，开设了“工艺学和商品学”课程，并编著了《商品学导论》。1976 年，在奥地利首都维也纳成立了“国际商品学学会”。国际学术活动进一步推进了商品学的发展。近年来，商品学教学和研究在国际上发展迅速。

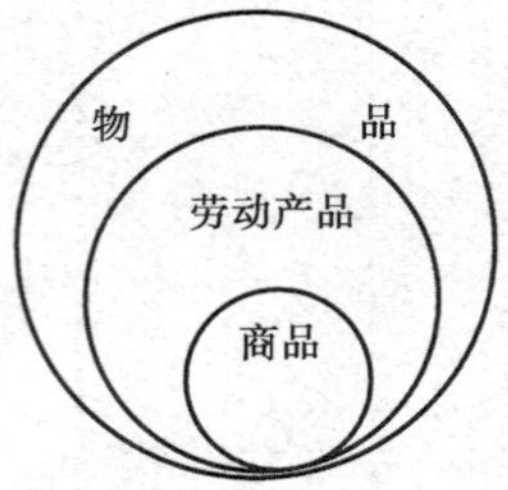

图 0.1　物品、劳动产品和商品的关系

首先借助一幅图来理解商品的概念。图 0.1 直观反映了物品、劳动产品和商品三者之间包含与被包含的关系：物品包含了劳动产品，而劳动产品又包含了商品。这样就能够将生活中的物品如阳光、空气、粮食、衣服、钢笔、彩电等进行归类，区分这些物品中哪些是劳动产品、哪些是商品。

不是所有有用的物品都是劳动产品，也不是所有的劳动产品都是商品。只有用于交换的劳动产品才是商品。

商品与其他劳动产品的比较见表 0.1。

表 0.1　商品与其他劳动产品比较表

比　　较	商　　品	其他劳动产品
区别	① 用于交换 ② 有价值 ③ 是个历史范畴	① 不用于交换 ② 没有价值 ③ 是人类社会一个永恒范畴
联系	① 都是劳动产品 ② 都有使用价值 ③ 在一定条件下可以互相转化	

商品与非劳动产品的物品的比较见表 0.2。

表 0.2　商品与非劳动产品的物品比较表

比　　较	商　　品	非劳动产品的物品
不同点	① 是劳动产品 ② 用于交换 ③ 是个历史范畴	① 不是劳动产品 ② 不用于交换（特殊情况除外） ③ 是个永恒范畴
相同点	都有使用价值	

商品是指用来交换、能满足人们某种需要的劳动产品。一切商品都具有使用价值和价值两种属性。

消费者从商店用一定数量的货币购买自己所需用的商品，其货币量反映着商品的价值，“价值”属政治经济学研究的范畴；被购买的是所要用的商品，反映着商品的使用价值，“使用价值”即商品的有用性，属于商品学研究的范畴。

商品是人类有目的的劳动产品，是人和社会需要的物化体现，既包括实物，也包括知识、服务、利益等。

第1章　商品分类和商品编号

1.1　商品分类

在商品经济和科学技术日益发达的今天，市场上的商品种类齐全、款式多样。如此繁多的商品，要生产，要经营，要管理，要进行各种研究，就必须有一个科学的分类。

商品分类是商品经营的基础。合乎顾客需求的商品分类对于方便顾客的购买以及企业的商品管理非常重要。以卖场为例，每位顾客都是带着对某种商品的需求和明确的目标进入卖场的，并为寻找目标商品而在卖场内行走。因此，顾客在卖场内实际的购买行为，可以说首先是从识别卖场分类开始的。卖场中的商品分类，在很大程度上左右着顾客在卖场内的实际购买行为。如果卖场的商品分类不能让顾客瞬间识别，就会对顾客的购买和选择造成很大的障碍，顾客不可能从卖场的一头走到另一头去逐次寻找商品。另外，商家按照商品的用途和使用目的进行分类可以有效地对单品进行管理，能及时发现商品在价格带、陈列量、滞销品等方面存在的问题，对商品进行调整。

1.1.1　商品分类的概念和意义

1. 商品分类的概念

任何集合总体都可以按一定的标志特征逐次归纳成若干范围更小、特征更趋一致的部分，直至划分成最小的单位集合体，这种将集合总体科学地、系统地逐次划分的过程称为分类或归类。

商品分类是指为了一定目的或满足某种需要，根据商品的属性或特征，选择适当的分类标志将商品划分为不同类别并形成系统的过程。我国通常将商品划分成门类、大类、中类、小类、品类或品目，以及品种、花色、规格等。

门类是按国民经济行业共性对商品总的分门别类，属最高类别。我国商品分23个门类，如农林牧渔业产品、化工产品、金属制品等。

大类是按商品生产和流通中的行业来划分的。我国商品在门类的基础上分88个大类，如五金类、交电类、日用百货类、钟表类、针纺织品类、印刷品类等。

中类即商品种类，也称商品品类或品目，是若干具有共同性质或特征的商品总称，它包括若干商品品种，如针棉织品、塑料制品、橡胶制品等。

小类是根据商品的某些特点和性质进一步划分的。例如，针棉织品又可分为针织内衣类、针织外衣类、羊毛衫类等。

商品的品种是按商品的性质、成分等特征来划分的，是指具体商品的名称，如西服、洗衣机、皮鞋、啤酒等。

商品的细目是对商品品种的详细区分，包括商品的花色、规格、品级等，如 180/112A 型男西服、23 号女式高跟皮鞋等。

通过商品分类，可以将成千上万种商品在生产、交换、流通中，应用科学的方法进行条理化、系统化管理，以实现商品使用的合理化和流通管理的现代化。因此，商品分类对发展生产、促进流通、满足消费、提高现代管理水平等有着重要作用。

在不同的时期，商品的范围、分类对象并不完全相同，因此商品分类的层次也不一样。目前，通常将商品分成大类、品类、品种、细目 4 个类目层次。

商品分类的类目及应用实例见表 1.1。

表 1.1　商品分类的类目及应用实例

商品类目名称	应 用 实 例	
商品门类	化工产品	加工食品、饮料、烟草加工品、饲料
商品大类	日用化工品	加工食品
商品中类	家用化学品	粮食
商品小类	洗涤用品	乳品或乳制品
商品品类（品目）	肥皂	乳制品
商品品种	香皂	奶粉
商品细目	茉莉香型香皂	净重 1200 克的中老年奶粉

2. 商品分类的意义

① 商品分类是国民经济核算、统计的需要。只有将商品统一分类后，业务、计划、会计核算、统计工作等才能在统一的类目下进行。

② 将商品进行科学的分类，有利于组织商品的生产和流通，是提高经济效益的重要手段。

③ 商品分类是合理编制商品目录和商品代码的基础，也是实现现代化管理和对外贸易发展的基础。

④ 商品分类能有秩序地安排市场供给，合理地布置商场，方便消费者进行商品选购。

1.1.2 商品分类的原则

为了实现商品的科学分类，使商品分类能够满足特定的需要，分类时必须遵循以下原则。

1. 科学性原则

科学性指商品在分类中所选择的标志必须能反映商品的本质特征并具有明显的区别功能和稳定性，以满足分类的客观要求，发挥分类的作用。科学性是分类的基本前提。

2. 系统性原则

商品分类的系统性是指以选定的商品属性或特征为依据，将商品总体按一定的排列顺序予以系统化，并形成一个合理的科学分类系统。商品总体分成若干门类后，门类分为若干大类，大类分为若干中类，中类分为若干小类，直至分为品种、规格、花色等。系统性是商品分类的关键。

3. 实用性原则

商品分类首先应满足国家总政策、总规划的要求，其次应充分满足生产、流通及消费的需要。因此，商品分类应尽最大努力结合各部门、各系统、各行业、各企业及消费者的实际，满足各方面的需要。实用性是检验商品分类的实践标准。

4. 可扩展性原则

可扩展性原则又称后备性原则，即进行商品分类要事先设置足够的收容类目，以保证新产品出现时不至于打乱已建立的分类体系和结构，同时为下级部门在本分类体系的基础上进行开拓细分创造条件。

5. 兼容性原则

商品分类要与国家政策和相关标准协调一致，还要与原有的商品分类保持连续性和可转换性，以便进行历史资料对比。

6. 唯一性原则

商品分类体系中的每一个分类层次只能对应一个分类标志，以免产生子项互不相容的逻辑混乱。

案例 1-1

华联超市商品分类

华联超市经营的商品有上万种，如何对这些商品进行管理，既适应陈列及顾客购买的需要，又能提高企业管理效率，这就需要超市对其经营的商品进行细致的分类编组。华联超市对所经营的商品分类编组如下。

第一大类：冷冻食品类。

具体包括以下商品：冷冻家禽、冷冻肉类、冷冻水产品、速冻蔬菜、冷冻制品、熟肉制品、冷饮等。

第二大类：饮料食品类。

具体包括以下商品：碳酸饮料、果汁、茶饮料、饮用水、纯奶、奶制品饮料、其他饮料、咖啡类、麦片、胶囊、片类、冲剂、酸奶、其他饮料补品。

第三大类：糖果糕点类。

具体包括以下商品：奶糖、夹心糖、礼盒装糖果、巧克力、果冻、布丁、饼干、膨化食品、薯片、锅巴、微波食品、中式糕点、西式糕点、蛋糕、面包、汉堡、奶油、黄油、自产糕点等。

第四大类：炒货蜜饯类。

具体包括以下商品：香瓜子、葵花籽、开心果、杏仁、豆子、果仁、松子、榛子、核桃、核桃仁、山楂、陈皮、果皮、梅、葡萄干、应子、芒果、水果干、蜜饯类糕饼等。

第五大类：调味品类。

具体包括以下商品：盐、糖、酱油、火锅调料和底料、味精、鸡精、醋、糟醉料、炝料、蘸料、淀粉、汤羹料、色拉酱、花生酱、辣酱、麻油、辣油、蚝豉油、沙司、芥末、油等。

第六大类：烟酒茶类。

具体包括以下商品：茶叶、白酒、黄酒、啤酒、米酒、葡萄酒、洋酒、果酒、补酒、其他烟酒茶类等。

第七大类：软包装食品。

具体包括以下商品：肉干类、鱼干类、海苔类、油面筋、肉松、火腿肠、豆腐干、粽子、即食海带、海蜇、肫、其他软包装食品等。

第八大类：酱菜罐头类。

具体包括以下商品：酱菜类、果酱、果泥、八宝粥、腐乳、肉制罐头、糟醉食品、猫狗粮、水果罐头、素制罐头、零称酱菜、其他罐头类等。

第九大类：南北货腌腊制品。

具体包括以下商品：桂圆、枣类、枸杞、木耳、莲心、百合、虾皮类、鱼制品类、豆类、仁类、海蜇、海带、紫菜、其他南北货、散装南北货、咸蛋、皮蛋、腌腊制品、散装腌腊制品、其他腌腊制品。

第十大类：洗涤、化妆类。

具体包括以下商品：洗衣粉、洗衣液、柔顺剂、专用衣物洗涤剂、洗洁精、消毒液、各种清洁剂、各种护理剂（蜡）、空气清新剂、防霉防蛀用品、蚊香及辅助用品、杀虫剂、各种洗发用品和护肤用品、护理卫生用品等。

1.1.3 商品分类的基本方法

商品分类的基本方法有线分类法和面分类法两种。在实际应用中，常常结合采用这两种方法来建立商品分类体系或编制商品分类目录。

1. 线分类法（层级分类法）

定义：将拟分类的商品集合总体按选定的属性或特征作为划分基准或分类标志，逐次分成相应的若干个层级类目，并排列成一个有层次、逐级展开的分类体系的分类方法。

线分类法将分类对象一层一层具体进行划分，各层级选用的分类标志可以不同，各个类目之间构成并列或隶属关系。线分类法的一般表现形式是4层，即大类、中类、小类、细类。线分类法实例见表1.2。

表 1.2　纺织用纤维加工品的分类

大　类	中　类	小　类	细　类
纺织用纤维加工品	天然纤维加工品	植物纤维类	细特棉纱、改性苎麻纱等
		动物纤维类	羊毛毛纱、生丝等
	化学纤维加工品	人造纤维类	棉型粘胶纤维、毛型粘胶纤维等
		合成纤维类	涤纶短纤维、锦纶长丝等

特征：同层是并列关系，上下层是归属关系，分类层次清楚，信息容量大，适用于手工处理。

缺点：构架、补充新目录困难，结构弹性差，在进行商品分类目录编制时，要留有补充新商品的余地。

线分类法是商品分类中常用的分类方法。

2. 面分类法（平行分类法）

定义：将拟分类的商品集合总体，根据其本身固有的属性或特征，分成相互之间没有隶属关系的面，每个面包含一组类目，将某个面中的一个类目与另一个面中的一个类目组合在一起，即组成一个复合类目的分类方法。

一般将面分类法作为线分类法的辅助或补充。用面分类法对商品进行分类，必须符合其结构特点的两条原则。

① 一个面的分类标志概念，在不同的面里不应该互相交叉，更不能含糊和重复，以保证标志概念的唯一性和独立性。

② 建立分类体系时，一个特定的面应该占有严格的固定位置。

例如，服装的分类采用面分类法，把服装用的面料、式样和款式分为三个彼此没有隶属关系的面，每个面又分成若干个类目，具体见表 1.3。

表 1.3　服装的分类

服装面料	服装式样	服装款式
纯棉		中山装
纯毛		西装
丝绸	男式	夹克
中长纤维	女式	衬衫
涤棉	儿童	连衣裙
毛涤	婴儿	大衣
羊皮革		裤子
…		…

优点：结构弹性好，适用于计算机管理。

缺点：整体逻辑性强，传统上不习惯采用，组配的结构太复杂，不便于手工处理，有些组合无实际意义（如男式连衣裙、丝绸大衣、婴儿西装等），不能充分利用容量。

《全国工农业产品（商品、物资）分类与代码》国家标准中采用上层为面分类法，中下各层为线分类法。

1.2 商品分类标志和分类体系

1.2.1 商品分类标志

商品分类标志的选择是商品分类的基础，是一项十分重要而细致的工作。商品分类可供选择的标志很多，商品的用途、原材料、生产加工方法、化学成分、使用状态等这些商品本质的属性和特征是最常采用的分类标志。

1. 按商品的用途分类

商品的用途是体现商品使用价值的标志，同时还是探讨商品质量的重要依据，所以按商品的用途分类，在实际工作中应用最广泛。它不仅适用于商品大类的划分，也适用于对商品种类、品种等的进一步详细分类。例如，根据商品的基本用途，将商品分为生产资料与生活资料两大类；生活资料商品又按不同用途分为食品、衣着用品、家用电器、日用品等类别；在日用品中，可按用途分为鞋类、玩具类、洗涤用品、化妆品类等；在化妆品中，按用途还又分为皮肤用和毛发用化妆品；在此基础上还可以细分，如毛发用化妆品可以分为清洁类、护发养发类、染发剂等。

采用以用途为标志的分类方法，便于对相同用途的商品质量进行分析比较；有利于消费者按用途选购商品；有利于商品生产者提高商品质量，开发商品新品种；有利于商业部门搞好商品的经营管理。但对于多用途的商品则不宜采用这种分类标志。

2. 按商品的原材料分类

原材料的种类和质量，在很大程度上决定商品的性能和质量。以原材料为标志的分类方法是商品的重要分类方法之一。例如，纺织品以原材料为标志分为棉织品、麻织品、丝织品、毛织品、化纤织品、混纺织品等；皮鞋以原材料为标志分为牛皮鞋、猪皮鞋、羊皮鞋等。

以原材料为分类标志，商品分类清楚，但对于多种原材料构成的商品，不宜采用这种标志进行分类，如电冰箱、电视机、钟表等。

3. 按商品的生产加工方法分类

很多商品，虽然采用相同的原材料制造，但由于生产方法和加工工艺不同，所形成商品的质量水平、性能、特征等都有明显差异。因此，对相同原材料可选用多种加工方法生产的商品，适宜以生产加工方法作为分类标志。

案例 1-2

茶叶按照不同的加工方法可分为不发酵茶、半发酵茶和全发酵茶

不发酵茶：

绿茶：鲜叶→杀青（炒或蒸）→揉捻→干燥（炒干、烘干或晒干）→绿毛茶。

黄茶：杀青→摊黄→初烘→复烘→摊放→复包→干燥→分级。

黑茶：杀青→初揉→渥堆→复揉→干燥。
白茶：鲜叶→萎凋→文火焙干。
半发酵茶：
青茶、乌龙茶：晒青→摇青→凉青→初揉→初烂→包揉→复烘→烘干。
全发酵茶：
红茶：鲜叶→萎凋→揉捻→发酵→干燥。

4. 按商品的主要成分或特殊成分分类

商品的许多性能、质量、用途往往由商品的成分决定，其中尤为重要的是组成商品的主要成分或特殊成分。因此，这种分类标志可以通过商品的主要成分或特殊成分说明其主要性能和用途。例如，塑料制品可按其主要成分合成树脂的不同，分为聚乙烯塑料制品、聚氯乙烯塑料制品、聚苯乙烯塑料制品、聚丙烯塑料制品等。又如，玻璃的主要成分是二氧化硅，但根据其中的一些特殊成分可分为钠玻璃、钾玻璃、铅玻璃、硅硼玻璃等。但对化学成分复杂的商品或化学成分不明显的商品，则不宜以主要成分或特殊成分作为分类标志。

5. 以其他特征为分类标志

除了上述分类标志外，商品的形状、结构、尺寸、颜色、重量、产地、产季等均可作为商品分类标志。这些分类标志更容易为消费者接受，其特点是概念清楚、形象直观、特征具体、通俗易记、便于区别。

1.2.2 商品的分类体系

在实际分类工作中，常常先选择一个主要标志，将商品分成大类，然后按不同的标志依次将商品划分成中类、小类、细目等，这样就形成一个完整的商品分类体系。目前我国常采用的商品分类体系可概括为基本分类体系、国家标准分类体系、应用分类体系三大体系。

1. 基本分类体系

基本分类体系以商品的基本使用价值即商品的用途作为分类标志，将商品分为生活资料商品（供衣、食、住、行、用等的商品）和生产资料商品（工业生产资料商品、农业生产资料商品）两大类。基本分类体系对于组织生产和消费水平的宏观调控具有重要作用。

2. 国家标准分类体系

国家标准分类体系是为适应现代化经济管理的需要，以国家标准形式对商品进行科学、系统的分类编码所建立的商品分类体系。1987 年，我国颁布了国家标准 GB 7635—87《全国工农业产品（商品、物资）分类与代码》，这是全国各部门、各地区必须一致遵守的商品分类与商品编码准则。该体系把我国生产的全部工农业产品、商品、物资划分为 99 个大类、1000 多个中类、7000 多个小类、总计 36 万多个品种。

例如，体系中各类目的划分及代码如下。

农林牧渔业产品
01 农业产品

02 林业产品
03 人工饲养动物、捕猎野生动物及产品
04 渔业产品
05 观赏植物
06 其他农林牧渔业产品
矿产品及竹木采伐产品
07 煤、石油和天然气
08 黑色金属矿采选产品
09 有色金属矿采选产品
10 非金属矿采选产品
11 木竹采伐产品
电力、蒸汽供热量、煤气（天然气除外）和水
12 电力、蒸汽供热量、煤气（天然气除外）和水等

3. 应用分类体系

应用分类体系是以实用性为原则，为满足使用者的需要进行分类所形成的分类体系。这种分类体系是从处理商品方便角度出发的，没有统一的分类标志，而是根据商品的某些共性加以分类，可以适应不同分类目的的需要，是一种实用性很强的分类体系。例如：

① 按原料来源分为植物性商品、动物性商品、矿物性商品等。
② 按加工程序分为粗制品和精制品。
③ 按行业分工分为农产品、林产品、水产品、畜产品、工业品等。
④ 按产地分为进口产品、国内产品、地方产品等。
⑤ 按使用期限分为耐用商品和易耗商品。
⑥ 按质量分为优质产品、名牌产品、一般产品等。

1.3 商品编号

1.3.1 商品目录

1. 商品目录的概念

商品目录是指国家或部门根据商品分类的要求，对所经营管理的商品编制的总明细分类集。商品目录是以商品分类为依据的，因此也称商品分类目录或商品分类集。商品分类是在商品逐级分类的基础上，用表格、符号和文字全面记录商品分类体系和编排顺序的书本式工具。

在编制商品目录时，国家或部门按照一定的目的，首先将商品按一定的标志进行定组分类，再逐次制定和编排。也就是说，没有商品分类就不可能有商品目录，只有在商品科学分类的基础上，才能编制层次分明、科学、系统、标准的商品目录。商品目录的编制就是商品分类的具体体现，商品目录是实现商品管理科学化、现代化的前提，是商品生产、经营、管理、流通的重要手段。

2. 商品目录的种类

商品目录由于编制目的和作用不同，种类很多。例如，按商品用途不同编制的目录有食品商品目录、纺织品商品目录、交电商品目录、化工原料商品目录等，按管理权限不同编制的目录有一类商品目录、二类商品目录、三类商品目录，按适用范围不同编制的目录有国际商品目录、国家商品目录、部门商品目录、企业商品目录等。

（1）国际商品目录

国际商品目录是指由国际上有权威的各国际组织或地区性集团编制的商品目录，如联合国编制的《国际贸易标准分类目录》、国际关税合作委员会编制的《商品、关税率分类目录》、海关合作理事会编制的《海关合作理事会商品分类目录》和《商品分类及编码协调制度》等。

（2）国家商品目录

国家商品目录是指由国家指定专门机构编制，在国民经济各部门、各地区进行计划、统计、财务、税收、物价、核算等工作时必须一致遵守的全国性统一商品目录，如由国务院批准原国家标准局发布的《全国工农业产品（商品、物资）分类与代码》等。

（3）部门商品目录

部门商品目录是指由行业主管部门即国务院直属各部委或局根据本部门业务工作需要所编制并发布的仅在本部门、本行业统一使用的商品目录，如国家统计局编制发布的《综合统计商品目录》、原商业部编制发布的《商业行业商品分类与代码》等。部门商品目录的编制原则应与国家商品目录保持一致。

（4）企业商品目录

企业商品目录是指企业在兼顾国家和部门商品目录分类原则的基础上，为充分满足本企业工作需要，对本企业生产或经营的商品所编制的商品目录。企业商品目录的编制，必须符合国家和部门商品目录的分类原则，并在此基础上结合本企业的业务需要，进行适当的归并、细分和补充。例如，营业柜组经营商品目录、仓库保管商品目录等，都具有分类类别少、对品种划分更详细的特点。

1.3.2 商品编码

1. 商品编码的概念

商品编码又称商品代码、商品代号、货号，是在商品分类的基础上，赋予某种或某类商品的代表符号，通常由具有一定规律的阿拉伯数字组成。

商品编码往往是商品目录的组成部分，商品分类与编码共同构成了商品目录的完整内容。使用商品编码，是为了加强企业的经营管理，提高工作效率，便于计划、统计、物价管理及核算工作，简化业务手续；使用商品编码还便于记忆、清点商品，便于实现现代化管理；对于容易混淆的商品名称，使用商品代码可以避免差错。

2. 商品编码的编制方法

经国务院批准，1987 年颁布了国家标准 GB 7635—87《全国工农业产品（商品、物资）分类与代码》，统一了全国商品的分类和代码。根据这一国家标准，商品代码编制的方法如下：

① 代码结构共分4层即大类、中类、小类、品种，由8位数字组成。门类另用英文字母表示顺序。

② 每层均以两位数字表示，从01至99。第一、二、三层类目不再细分时，其代码后面补0，直至第八位。各层均留有适当空码，以备增加或调整类目用。各层数字为99的代码均表示收容类目。层内分成若干区间时，每个区间的收容类目一般用末位数字为9的代码表示。

③ 为满足管理上的特殊需要，第三层设有开列区，其类目用 01～09 表示，可按不同层次重新分类或按不同要求补充设置类目，如贸易粮的代码为A01 01 01 00。不设开列区时，第三层代码从10开始编码，如移动式空调器的代码为T78 03 10 05。

3. 商品条码

条码技术发展至今已有60多年的历史，它于20世纪40年代由美国发起。1970年美国超级市场委员会制定了通用商品代码UPC码。UPC码的使用成功促进了欧洲编码系统（EAN）的产生。到1981年，EAN协会已发展成为一个国际性的组织，且EAN码与UPC码兼容。

随着国外条码技术的应用，我国于20世纪70年代末至80年代初开始研究，并在部分行业完善了条码管理系统，如邮电、银行、连锁店、图书馆、交通运输及各大企事业单位等。1988年12月，我国成立了“中国物品编码中心”，并于1991年4月19日正式申请加入了国际编码组织EAN协会。近年来，我国的条码事业发展迅速，条码技术在我国已得到了广泛的应用。为了规范商品条码的应用，保证商品条码质量，加快商品条码普及，促进社会主义市场经济的发展，国家质量技术监督局制定并发布了《商品条码管理办法》，并于1998年12月1日起正式施行。

（1）商品条码的概念和应用

商品条码是由一组宽窄不同、黑白或彩色相间的平行线及对应的字符，依照一定的规则排列组合而成的条空数字图形。在国家标准中，商品条码被定义为用于标志国际通用的商品代码的一种模块组合型条码。

条码是迄今为止最经济实用的一种自动识别技术。条码技术具有以下几个方面的优点。

- 输入速度快。与键盘输入相比，条码输入的速度是键盘输入的5倍，并且能实现“即时数据输入”。
- 可靠性高。键盘输入数据出错率为三百分之一，利用光学字符识别技术出错率为万分之一，而采用条码技术误码率低于百万分之一。
- 采集信息量大。利用传统的一维条码一次可采集几十位字符的信息。二维条码可以携带数千个字符的信息，并有一定的自动纠错能力。
- 灵活实用。条码标志既可以作为一种识别手段单独使用，也可以和有关识别设备组成一个系统实现自动化识别，还可以和其他控制设备连接起来实现自动化管理。

另外，条码标签易于制作，对设备和材料没有特殊要求，识别设备操作容易，不需要特殊培训，且设备也相对便宜。

今天，条码技术已被广泛应用于各行各业，主要有以下一些领域。

- 商业自动化系统。商业是最早应用条码技术的领域。在商业自动化系统中，商品条码是关键。POS（Point of Sales）是一个商业销售点实时系统。该系统以条码为手段，以计算机为中心，实现对商店的进、销、存的管理，快速反馈进、销、存各个环节的信息，为经营决策提供信息。

- 条码技术在仓储管理中的应用。立体仓库是现代工业生产中的一个重要组成部分，利用条码技术，可以完成仓库货物的导向、定位、入格操作，提高识别速度，减少人为差错，从而提高仓库管理水平。
- 条码技术还广泛应用于交通管理、金融文件管理、商业文件管理、病历管理、血库血液管理以及各种分类技术方面，条码技术作为数据标志和数据自动输入的一种手段已被人们广泛利用，渗透到计算机管理的各个领域。

（2）常用条码简介

① EAN 码。EAN 码是国际物品编码协会制定的一种商品用条码，通用于全世界。EAN 码符号有标准版（EAN—13）和缩短版（EAN—8）两种，我国的通用商品条码与其等效。人们日常购买的商品包装上所印的条码一般就是 EAN 码。EAN 码是当今世界上广为使用的商品条码，已成为电子数据交换（EDI）的基础。

② UPC 码。UPC 码是美国统一代码委员会制定的一种商品用条码，主要用于美国和加拿大。

③ 39 码。39 码是一种可表示数字、字母等信息的条码，主要用于工业、图书及票证的自动化管理，目前使用极为广泛。

④ 库德巴（Codebar）码。库德巴码也可表示数字和字母信息，主要用于医疗卫生、图书情报、物资等领域的自动识别。

条码种类很多，常见的大概有二十多种，除以上列举的一维条码外，二维条码也已经在迅速发展，并在许多领域得到了应用。

（3）商品条码的结构

EAN 码有两种版本——标准版和缩短版。标准版表示 13 位数字，又称 EAN—13 码；缩短版表示 8 位数字，又称 EAN—8 码。两种条码的最后一位为校验位，由前面的 12 位或 7 位数字计算得出。EAN 码的结构如图 1.1 所示。

图 1.1　EAN 码的结构

国际物品编码协会规定；只有当 EAN 码标准版所占面积超过印刷面积的 25%时，才可使用缩短版。我国进一步规定：只有当包装表面或标签可印刷面积小于 40 平方厘米时，才可申请使用缩短码。

EAN 码由前缀码、厂商代码、商品项目代码和校验码组成。前缀码是 EAN 组织标志各会员组织的代码，我国为 690、691 和 692；厂商代码是 EAN 组织在 EAN 分配的前缀码的基础上分配给厂商的代码；商品项目代码由厂商自行编码；校验码用于校验代码的正确性。在编制商品项目代码时，厂商必须遵守商品编码的基本原则：对同一商品项目的商品必须编制相同的商品项目代码，对不同的商品项目必须编制不同的商品项目代码。保证商品项目与其标志代码一一对应，即一个商品项目只有一个代码，一个代码只标志一个商品项目。

例如，听装健力宝饮料的条码为 6901010101098，其中 690 代表我国 EAN 组织，1010 代表广东健力宝公司，10109 是听装饮料的商品代码。这样的编码方式就保证了无论在何时何地，6901010101098 唯一对应该种商品。

又如，EAN—13 码的数字码为 6902226189610，表示广州美晨股份有限公司在中国生产的国际香型黑妹牙膏；数字码为 6903388126024，表示中美合资广州高露洁有限公司在中国生产的冰凉薄荷型牙膏，6903388116025 则表示该公司生产的清新香型牙膏，而 6903388311000 表示该公司生产的双重功效牙膏。

另外，图书和期刊作为特殊的商品也采用了 EAN—13 码表示 ISBN 和 ISSN。前缀 977 用于期刊号 ISSN。图书号 ISBN 以 978 为前缀，我国被分配使用 7 开头的 ISBN 号，因此我国出版社出版的图书上的条码全部以 9787 开头。

习题

一、简答题

1．简述商品知识研究的具体任务。

2．何谓线分类法？何谓面分类法？

3．商品编码有哪些种类？何谓条码？条码的应用领域有哪些？

二、能力分析题

1．请选择一种商品说明它的使用价值的特点。

2．将纺织纤维按线分类法进行分类。

第2章　商品质量

2.1　商品质量的概念

一份有关中国消费状况的调查报告指出，中国消费者在挑选商品时考虑的决定因素依次为质量的可信度、商品是否有益健康、厂家是否重视消费者，而价格是否合理仅排在第五位。在挑选购物场所时，质量、服务和品种是前三个主要因素，价位也只排在第五位。可见商品质量在人们心目中的重要程度。

2.1.1　商品质量的含义

商品质量的含义包括狭义和广义两种。狭义的商品质量即自然质量，广义的商品质量即市场质量。

1. 商品的自然质量

商品的自然质量通常称为产品质量、实用质量、技术质量、客观质量和商品品质，评价商品使用价值及与其规定标准技术条件的符合程度。它是反映商品的自然有用性和社会适应性的尺度，可概括为商品的性能、精度、寿命、美观、声响、气味、手感、安全性、艺术性、可靠性、经济性及售后服务等。它以国家标准、行业标准、地方标准或订购合同中的有关规定作为评价的最低技术依据。

狭义的商品质量又包括两个要素：外观质量和内在质量。人们在评定商品质量时，通常以这两个要素为依据。

商品的外观质量，主要指商品的外表形态，如商品的艺术造型、形态结构、花色图案、款式规格，以及气味、滋味、光泽、声响、包装等。商品的内在质量指商品在生产过程中形成的商品体本身固有的特性，如化学性质、物理性质、机械性质、光学性质、热学性质及生物学性质等。

2. 商品的市场质量

商品的市场质量通常称为消费者最满意的质量、产品的制造质量和产品的服务质量，是指在一定条件下，评价商品体所具有的各种自然、经济、社会属性的综合及其满足消费者使用、需求的程度。它是一个动态的、发展的、变化的、相对的概念。消费者对质量的评价受时间、地点、使用条件、使用对象、用途、社会环境以及市场竞争等因素的影响。

2.1.2 保证和提高商品质量的意义

1. 提高商品质量，有利于促进国民经济的发展

提高商品质量，降低成本是企业的生命。它关系到企业扩大再生产、扩大经营的大问题。人们生活中吃、穿、用的商品，如果生产和经营不对路，质量不高，就会造成商品流通不畅，难以销售出去。对于企业来说，占压了资金，影响了扩大再生产和扩大经营。若不改变这种状况，则发展生产、扩大经营、提高经济效益，是很难办到的或根本不可能的。企业把质量视为生命，保证和提高商品质量，有利于发展生产、扩大经营、促进流通，有利于国民经济的发展。

2. 保证和提高商品质量，是创造社会财富、满足消费的重要标志

社会财富包括物质财富和精神财富。商品的使用价值在一切社会形态中都是构成社会物质财富的内容。质量是商品具有使用价值的保证。质量高，表现为商品性能好，使用效率高，寿命周期长，一个顶几个用，相当于花同样多的活劳动和物化劳动，生产出更多的商品，这样既减少了消耗，又降低了成本，而且减少了消费者在该商品上的支付，并为消费者在生产和生活中提供了较好的物质条件。因此，保证和提高商品质量有利于国家、企业、消费者，对促进整个社会物质文明和精神文明的发展有极其重要的作用和意义。

3. 重视和提高商品质量，是促进企业质量管理制度完善的中心环节

企业经营管理水平的提高和经营管理制度的完善，在很大程度上是通过组织本企业或本系统的优质产品的生产过程、销售过程和售后服务等一系列工作过程逐步建立起来的。企业内部的商品质量管理主要由两项工作组成，即质量保证和质量控制。这一系列工作是伴随生产过程不断进行的，从企业内部来看，质量控制是质量保证的基础。因此，企业内部推进商品质量工作的不断完善，会不断推动质量保证和质量控制的完善，从而不断促进企业规章制度的完善和经营管理水平的提高。

4. 改进和提高商品质量，是提高市场竞争力的重要措施

市场的竞争，首先是质量的竞争。质量低劣就无法进入市场。质量是进入市场的“通行证”。因此，只有保证和提高商品质量，才能在国际和国内市场竞争中取得主动权，才能赢得企业和国家的信誉，为企业创造良好的效益，提高产品市场占有率，提高企业的知名度，树立企业良好的形象。

2.2 对商品质量的基本要求

对商品质量的基本要求是根据其用途、使用方法、使用目的以及消费者和社会需求提出来的。由于商品种类繁多，性能各异，又有着不同的用途、特点和使用方法，因此对不同商品质量的要求也各不相同。

2.2.1　对纺织品质量的基本要求

纺织品是人们日常生活中不可缺少的生活资料。随着社会的发展，纺织品的款式、品种日趋新颖、丰富，其功能已不再是简单的御寒遮体、维持生活。因此，对纺织品质量的最基本要求是，既要耐用舒适、卫生安全，又要美观、大方、流行、具有时代性等。对纺织品质量的基本要求有以下几个方面。

1. 材料选择的适宜性

纺织品的基本性能及外观特征，主要由其所用的纤维材料决定。不同种类的纤维如棉、麻、毛、涤纶等，其织品的性能各不相同；即使同种纤维，如果品质不同，其织品也各有特色。因此，纺织品用途不同，所选择的纤维种类和品质也各不相同。

2. 组织结构的合理性

纺织品组织结构主要包括织物组织、重量和厚度、紧度和密度、幅宽和匹长等。纺织品的组织结构影响着织物的外观和服用性能。例如，纺织品的厚度、紧度等影响其透气性、保暖性、柔软性等。

3. 良好的机械性

纺织品的力学性能主要是指各种强度指标，它是衡量纺织品耐用性能的重要指标，另外对织物的尺寸稳定性和手感及成品风格也有影响。

4. 良好的服用性

服用性主要是要求织品在穿用过程中舒适、美观、大方，要求其缩水率、刚挺性、悬垂性符合规定标准，具有良好的吸湿性、透气性，不起毛起球，花型、色泽、线条图案应大方且富有特色等。

5. 工艺性

工艺性指纺织品面料必须方便裁剪缝制，易于洗涤、熨烫、定型、染色牢固等。

2.2.2　对食品质量的基本要求

食品是指为人体提供热量、营养，维持人体生命，调节人体生理活动，形成和修补人体各组织的物质。食品是人们生长发育、保证健康不可缺少的生活资料。因此，对食品质量的基本要求是，具有营养价值，具有良好的色、香、味、形，无毒无害，符合卫生要求。

1. 食品的营养价值

营养价值能给人体提供营养物质，这是一切食品的基本特征。其功能是提供人体维持生命活动的能源，保证健康，调节代谢及延续生命。营养价值是决定食品质量高低的重要依据，是评定食品质量优劣的关键指标。

食品的营养价值包括营养成分、可消化率和发热量三项指标。

① 营养成分是指食品中所含蛋白质、脂肪、碳水化合物、维生素、矿物质及水分等。由于各成分各自起着应有的作用，因此人们可以从各种不同的食品中获得各种营养成分。

② 可消化率是指食品在食用后可能消化吸收的百分率。它反映了食品中营养成分被人体消化吸收的程度。食品中营养成分只有被人们消化吸收后，才能发挥其作用。营养学专家经过多年研究、实践得出结论：动物性食品的营养价值高于植物性食品的营养价值。

③ 发热量是指食品的营养成分经人体消化吸收后在人体内产生的热量。它是评价食品营养价值最基本的综合性指标。

人体对食品的需要量通常采用能产生热量的碳水化合物、蛋白质、脂肪三种主要营养成分的发热量来表示。1 克碳水化合物或 1 克蛋白质在人体内经过消化和完全氧化后产生的热量值为 4.1 千卡，1 克脂肪产生的热量值为 9.3 千卡。

人们吃的主食，包括各种米、面等，是人体热量的主要来源；副食，包括各种蔬菜、水果、鱼肉、禽蛋、乳品及加工制品等，是热量的重要来源。一般来说，营养成分和可消化率越高，产生的热量就越多，营养价值就越高。但也不完全如此，如粮食加工精度提高了，营养成分损失了，可消化率却提高了。

2. 食品的色、香、味、形

食品的色、香、味、形是指食品的色泽、香气、滋味和外观形状。食品的色、香、味、形不仅能反映食品的新鲜度、成熟度、加工精度、品种风味及变质状况，还直接影响人们对食品营养成分的消化和吸收。食品的色、香、味、形良好，可以刺激人产生旺盛的食欲。许多食品的色、香、味、形还是重要的质量指标。例如，评价烟、酒、茶等商品的质量时，主要从色泽、香气、滋味等方面进行鉴定。不同的色、香、味、形，决定食品本身的档次和等级。

3. 食品的卫生性（无毒害性）

食品的卫生性是指食品中不应含有或超过允许限量的有害的物质和微生物。食品卫生关系到人们的健康与生命安全，有的还影响子孙后代，所以作为食品，卫生、无毒无害、无污染是最起码的条件。影响食品卫生的主要来源，有以下 5 个方面。

① 食品自身产生的毒素，如河豚、苦杏仁、土豆发芽部分产生的氰甙龙葵类毒素，花生发芽产生的黄曲霉毒素，死后的鳝鱼、鳖、河蟹体内的组胺毒素等。这些毒素对人体的消化系统、神经系统、血液循环系统都有严重的危害。

② 生物对食品的污染，包括：微生物污染，主要是细菌、细菌毒素、霉菌、霉菌毒素及大肠杆菌等；寄生虫及虫卵污染，主要是旋毛虫、蛔虫、绦虫、蛲虫、姜片虫、肝吸虫等；昆虫污染，主要是粮食中的甲虫类、蛾类、螨类以及鼠类活动所造成的污染。

③ 加工中混入的毒素。例如，方便面、罐头、小食品、饮料等，因配料不当或超范围使用防腐剂、色素、香精，放置时间久了引起铅、锌中毒；油炸、烧烤食品时生成甘油醛，造成食品污染，影响人体健康。

④ 保管不善产生的毒素。食品保管不善有可能感染微生物而腐败或霉烂变质。例如，温度过高，海产品发生变质，容易致癌。花生、小麦、玉米、豆类等发霉后会产生黄曲霉毒素，可致癌。

⑤ 环境、化学品造成的污染。这主要包括工业上“三废”不合理排放，化肥和农药使食

物受到污染，不合乎卫生要求的食物添加剂和使用量不合理等。另外，食品在生产、储存、运输、销售时，受到环境、化学品、菌类、重金属的污染也会使食品有毒有害。

案例 2-1

10 种食物不宜多吃

松花蛋：制作松花蛋需要用一定量的铅，因此多食可引起铅中毒，还会造成缺钙。

臭豆腐：臭豆腐在发酵过程中极易被微生物污染，同时含有大量挥发性盐基氮及硫化氢等，这些都是蛋白质分解的腐败物质，多食对人体有害。

味精：每人每天味精摄入不应超过 6 毫克，过多摄入会使血液中谷氨酸的含量升高，限制了必需的 2 价阳离子钙和镁的利用，可造成短时期头痛、恶心等症状，对人的生殖系统也会带来不良影响。

方便面：其中含有对人体不利的食品色素与防腐剂等，常吃对身体不利。

葵花籽：葵花籽中含有不饱和脂肪酸，多吃会消耗体内大量的碱，影响肝细胞的功能。

菠菜：菠菜营养丰富，但它含有草酸，食物中的锌与钙会与草酸结合而排出体外，从而引起人体锌与钙的缺乏。

猪肝：1000 克猪肝含有胆固醇高达 400 毫克以上，而一个人的胆固醇摄入量太多会导致动脉硬化并加重心血管疾病。

烤牛羊肉：牛羊肉在熏烤过程中会产生如苯并芘这样的有害物质，这是诱发癌症的物质。

腌菜：腌菜如腌制得不好，会含有致癌物质亚硝酸胺。

油条：油条中的明矾是含铝的无机物，天天吃油条，铝就很难由肾脏排出，从而对大脑及神经细胞产生毒害，甚至引发老年性痴呆症。

2.2.3 对日用工业品质量的基本要求

日用工业品是满足人们日常和美化生活需要的工业产品。日用工业品包括很多种类，如家用电器、洗涤用品、文化用品、塑料制品、玻璃制品、陶瓷器皿、搪瓷器皿、铝制品、化妆品、不锈钢制品、箱包、鞋帽、玩具、日用小商品等。

20 世纪 80 年代中期，由于有关日用工业产品安全卫生质量标准、检测、监督和管理的机构和法规尚不完善，致使一些日用工业产品未经毒性检测和安全性评价，自行进入市场，对消费者健康和安全造成不同程度的危害，如乌发产品、人参霜等引起使用者皮肤过敏、严重脱发、脸面浮肿，以二硫化四甲基秋兰姆、八氯二丙醚等一些具有致突变、致畸、致癌性的化学物质配制卫生杀虫剂、杀菌剂等。根据日用工业品的用途和使用性能，对其质量的基本要求可以概括为以下 5 个方面。

1. 适用性

适用性是指日用工业品满足主要用途所必须具备的性能或质量要求。不同商品的适用性有不同要求，如保温瓶必须保温，洗涤剂必须去污，电冰箱必须制冷，钢笔必须书写流利，手表要求走时准确，雨鞋必须防水，化妆品对肌肤无刺激，服装、鞋帽要求保暖、透气、无毒等。即使同一类商品，由于品种不同，用途也各不相同。例如，印刷用纸对油墨应有良好的吸湿性，而包装用纸则要求有一定的厚度和机械强度。再如，玻璃制品中茶杯要求耐热性好，镜子要求反映影像逼真，化学仪器要求耐酸、碱性好。商品的多用性扩大了商品的适用范围。因此，适用性是构成商品使用价值的基本条件，也是评价日用工业品质量的重要指标。

2. 耐用性

耐用性是指日用工业品抵抗各种外界因素对其破坏的能力，它反映了日用工业品坚固耐用的程度和一定的使用期限、次数。例如，皮革、橡胶制品和某些纸张常用强度和耐磨耗等指标来评定其耐用性。对气压保温瓶规定了最少按压次数，对电器开关规定了可以开关多少次，对手机电池规定了可用多长时间，对灯管规定了在220V电压下工作多少小时等，这些都是通过使用寿命来反映其耐用性。提高日用工业品的耐用性，就能延长商品的使用寿命，就等于不用额外消耗原料和劳动力而提高了产品的质量，所以耐用性是评价绝大多数日用工业品质量的主要依据。

3. 安全性

安全性是指日用工业品在使用时不能影响人体健康和人身安全的质量特性。盛放食物的器皿、化妆品、玩具、太空杯、肥皂、牙膏及包装材料等商品应具有无毒无害性。各种家用电器应不漏电、无辐射、安全可靠，在使用过程中不发生危险。玻璃器皿中有毒的重金属元素应在一定的标准内。所以，在评价日用工业品的质量时必须重视它们的安全性。

4. 外表美观性

日用工业品的外观，主要是指其表面特征。一方面包括商品的外观疵点，即影响商品外观或质量的表面缺陷；另一方面指商品的表面装饰，如造型、款式、色彩、花纹、图案等。对商品外观总的要求是式样大方新颖，造型美观，色彩适宜，具有艺术感和时代风格，并且应无严重影响外观质量的疵点。

5. 结构合理性

日用工业品的结构，主要是指其形状、大小和部件的装配要合理，若结构不合理，不仅影响其外观，而且直接影响其适用性和耐用性。例如，穿衣镜要长并有一定宽度，火柴梗的长度和横截面积要满足能够点燃可燃物所需要的时间且剩余长度适宜，鞋跟的形状和在鞋底上的位置要符合力学原理，自行车零部件的搭配与组合要达到灵活和耐磨的要求等。

2.3 影响商品质量的基本因素

2.3.1 影响商品质量的内部因素

1. 原材料

原材料是形成商品质量的物质基础。原材料的成分、结构、性质不同，决定了所形成的商品质量也不同。例如，制造玻璃制品时，若硅砂中铁离子的含量过高，就会影响制品的色泽和透明度；以春茶为原料制出的绿茶和花茶有益的成分含量高，色、香、味好，而以老叶为原料制出的茶叶质量差；用牛、羊脂做的肥皂，去垢力强且耐用；优质棉能纺出优质纱并织出优质棉布，制成的服装透气性、吸湿性好。通过对原材料成分、结构及性质的分析，可以明确商品的质量特征和对商品质量的基本要求，可以加强商品的质量管理，可以揭示商品在流通过程中的质量变化规律，以确定商品的包装、储存方法及使用注意事项，这是正确使用商品的重要依据。

原材料本身的质量又受品种、成分、结构、性质、产区的自然条件及饲养或栽培方法等因素的影响。例如，植物性的原材料，因其品种、种植环境、气候条件、栽培技术等不同，造成原材料的质量也不尽相同，如莲子在我国许多地方均有生产，而质量最佳的是湖南产的湘莲，特别是湘莲中的白莲，为莲子中的极品。所以，确定原材料的化学成分和质量，就可以获得具备一定性质、一定质量的商品。

研究分析构成商品的原材料，便于了解商品的质量，并为采用代用品、开辟原材料的来源、节约资源和合理使用原材料提供重要的依据。

案例 2-2

餐具的正确选择

餐具是人们一日三餐不可缺少的辅助工具，但有些餐具使用不当就会致病。下列餐具在使用时一定要当心。

竹木餐具：这种餐具本身不具有毒性，但易于被微生物污染，使用时应刷洗干净，涂上油漆的竹木餐具对人体有害。

纸制餐具：不会传染疾病。但是，扔掉的纸制餐具会污染环境。

玻璃餐具：玻璃餐具清洁卫生，但有时它会发霉。一般用肥皂等碱性物质洗刷后即可去掉霉点。

铝制餐具：铝在人体内积累过多，会引起动脉硬化、老人骨质疏松、痴呆等病症。因此，应注意不要用铝铲刮锅壁。另外，不宜用铝制器皿久存饭菜和长期盛放含盐食物。

铁制餐具：毒性不大，但生锈的铁制餐具不宜使用，因为铁锈可引起呕吐、腹泻、食欲不振等现象。另外，还要注意油类不宜长期放在铁制器皿内，因为铁具易被氧化腐蚀。

铜制餐具：此类餐具色泽金黄，外表华丽，但它生锈之后会产生铜绿，即碳酸铜和蓝矾，都是有毒物质，可使人恶心、呕吐，甚至导致严重的中毒事故。

陶瓷餐具：陶瓷餐具外形美观，质地清脆，绝热性能好。不过陶瓷中的色釉含有铅，铅具有毒性，人体摄入过多就会损害健康。

搪瓷餐具：这类餐具含有硅酸铅之类的铅化合物，如果加工处理不好就会对人体有害，所以在购买搪瓷餐具时，应选用工艺精湛的优质产品。

2. 生产工艺

生产工艺是形成商品质量的关键，对商品质量起决定性作用。因为商品的各种有用性及外形和结构，都是在生产工艺过程中形成和固定下来的。生产工艺主要是指产品在加工制造过程中的配方、操作规程、设备条件以及技术水平等。生产工艺不但可以提高质量，而且可以改变质量。在很多情况下，虽然采用的原材料相同，但因生产工艺和技术水平不同，不仅产品数量会有差异，质量方面也会相差悬殊。例如，电冰箱、录音机、电视机、手表等采用同样的材料和元件，由于装配、调试水平不同，它们的质量存在极大的差异，先进的生产工艺能生产出优质产品，落后的生产工艺则生产出劣质产品。即使原材料的质量发生变化，如果进行必要处理，采取补救性工艺技术，也能改变因原材料质量变化而造成的对产品质量的影响。例如，猪皮毛孔较粗，影响制品的外观质量，如果采取补救性工艺技术，就可以克服这种缺陷，提高猪皮的外观质量。

在生产工艺过程中，对形成商品质量有重要影响的因素是配方、操作规程、设备条件和技术条件等。

2.3.2　影响商品质量的外部因素

1. 流通过程

流通过程是指商品离开生产过程进入消费过程前的整个区间。商品在流通过程中，都要经过时间和空间的转移，商品的储存和运输是不可避免的。流通过程对商品质量的影响，主要体现在运输、储存、销售等方面。

商品运输是商品流通的必要条件。没有运输，商品不会自己到达消费者手中。运输对商品质量的影响，与运程、运输时间、运输路线、运输方式、运输工具的条件等有关。

商品储存是商品流通的一个重要环节。没有商品储存，就难以保证商品流通的正常运转。商品在储存期间的质量变化，与储存场所和方位、储存时间、储存措施与技术、商品存放数量等有关。

商品在销售过程中，必然离不开商品陈列、包装、搬运、装配、维修等工作。每个环节都涉及维护和损害商品质量的问题。例如，商品的暴露陈列、试用和挑选、陈列组合不当、拆零与分装捆扎不讲究、装配及维修水平低、陈列时间长、陈列环境及卫生条件差等，会使商品在外力、温湿度、光、热、微生物、环境污染等影响下发生质量变化。

2. 使用过程

商品的使用对商品质量有直接影响。商品使用对商品质量的影响主要与商品使用与保养条件、商品安装及商品使用的方法等有关。例如，药品、农药、化肥、塑料制品的合理使用，机械商品、电器的安装，液化气灶具的操作规程，设备的安装环境，毛、丝类针纺织品的洗涤与保管等。如果方法不当，环境条件不利，违反了规定要求，不仅会损坏商品，降低使用价值，而且可能直接危及人身安全。所以，要对有些商品认真编制使用（食用）和养护说明书，采取多种形式向消费者宣传，传授使用（食用）和养护知识，设立必要的咨询中心和维修网点等，这些都是使用过程中保护商品质量的重要途径和措施。

习题

一、简答题

1. 举例说明商品质量的全面概念。

2．日用工业品质量的基本要求是什么？

二、案例分析题

案例：“三鹿破产”的消息近日抢占了各媒体的显著位置。

2008 年 9 月，三鹿集团生产的婴幼儿配方奶粉中，被查出含有化工原料三聚氰胺，导致各地大批饮用受污染奶粉的婴儿患上肾结石。事件曝光后，整个社会为之震惊。

据卫生部通报，截至 2008 年 11 月 27 日 8 时，全国累计报告因食用三鹿牌奶粉和其他个别问题奶粉导致泌尿系统出现异常的患儿 29.4 万人，累计住院患儿 51 900 人，累计收治重症患儿 154 例。

有媒体报道，事发前三鹿集团试图隐瞒真相，直到 2008 年 9 月 15 日才发表声明，承诺召回全部产品。

根据上述案例，分析食品商品质量的要求。

第3章 商品包装和商品标准化

3.1 商品包装

3.1.1 商品包装的概念和作用

1. 商品包装的概念

商品包装是指根据商品特性，使用适宜的包装材料或包装容器，将商品包装或盛装，保持商品完好状态，以达到保护商品、方便运输、促进销售的目的。

在我国《包装通用术语》国家标准中，对包装下了明确的定义："为在流通过程中保护产品，方便储运，促进销售，按一定的技术方法而采用的容器、材料及辅助物等的总名称"。也指"为了达到上述目的而采用容器材料及辅助物的过程中施加一定技术方法等的操作活动"。

商品包装包括两层含义。一是指为了使商品方便运输和储存，促进销售，便于使用，对商品实行包裹、存放的容器和辅助材料，通常称为包装材料或包装用品，如箱、纸、桶、盒、绳、钉等。二是指对商品进行包裹、存装、打包、装潢的整体操作过程，是包装商品的具体业务，如装箱、扎件、灌瓶等。产品经过包装所形成的总体称为包装体。包装体则是一般意义上包装的延伸。它包括包装产出、产品组合、分发包装产品、处理废物及回收利用，体现了与包装有关的许多部门之间的系统联系。

2. 商品包装的作用

（1）保护商品质量安全和数量完整

商品在流通过程中经过搬运、装卸、运输、储藏等环节容易受到处界因素损害和影响，使商品破坏变形、渗漏和变质。适宜的商品包装能抵抗各种破坏因素，可防止商品遭到损害和影响，起到保护商品质量完好和足量的作用。

（2）便于商品流通

商品只有经过流通领域才能实现其消费。商品出厂后，购销双方要对商品进行计数、计量、清点、验收。包装完整的商品便于计数、计量、清点、验收。在流通过程中，商品需要经过搬运、堆码、运输、装卸、零售、批发等环节，包装合理，可加速商品流转，提高商品流通的经济效益。

（3）便于消费者购买

合理的商品包装，其绘图、商标和文字说明等既展示了商品的内在品质，方便消费者识别；又介绍了商品成分、性质、用途和使用方法，便于消费者购买、携带。

（4）美化商品，促进销售

包装是“无声的推销员”。好的包装本身就是很好的广告。精美的包装，可起到美化宣传商品的作用，提高市场竞争力。良好的包装，给商品“梳妆打扮”，给人以美的享受，能诱导和激发消费者购买动机和重复购买的兴趣，特别是在当今人们的物质生活和文化生活水平不断提高的情况下，包装与装潢更成为消费者购买商品时的重要因素。

（5）使商品使用价值和自身价值增值

新颖独特、精美合理的包装，是商品价值增值的重要手段。合理的包装增加了商品的自然寿命，因而使商品的使用价值增值，具有提高商品身价的功能。合理而精美的包装可增加企业的经济效益。

案例 3-1

“酒鬼”酒外包装设计的立意孤绝

酒类市场竞争激烈，一个无知名度的新品牌怎样才能在较短时间内在市场中争得一席之地？“酒鬼”酒在全国众多的酒品中脱颖而出，除了产品自身的品质外，品牌以及包装设计的创新是重要因素。“酒鬼”酒在传达品牌的传统文化、历史特点、商品性、民族情感、价格规律上都具有典型性。

“酒鬼”酒的瓶体采用湘西土陶工艺制成，质朴、典雅，瓶形是扎口的麻袋造型。一侧有看上去充满东方式幽默的“酒鬼”背“酒鬼”的写意画，另一侧似收藏印章一样打着“无上妙品”四个大字。这与瓶标上红底黑字狂草体的“酒鬼”二字里外呼应，动静结合。这是典型的异类包装。“酒鬼”酒之名，拜著名画家黄永玉先生所赐，并题曰：“酒鬼”背“酒鬼”，千斤不嫌赘；“酒鬼”喝“酒鬼”，千斤不会醉；“酒鬼”产湘西，涓涓传千里。对人生的感悟，使“酒鬼”变成了万般风趣的俏称爱称。

3.1.2　商品包装的种类

商品包装种类繁多，根据习惯常用下列几种分类方法。

按包装形态不同分，有内包装、中包装和外包装；按运输方式不同分，有铁路货物包装、公路货物包装、船舶货物包装和航空货物包装等；按包装在流通中的功能分，有运输包装和销售包装；按包装的材料分，有木箱包装、纸袋包装、麻布袋包装、塑料包装、金属包装、玻璃与陶瓷包装和复合材料包装等；按包装商品分，有食品包装、药品包装、液体包装、粉粒包装、危险品包装等；按包装技术和方法分，有收缩包装、真空包装、充气包装、防潮包装、防锈包装和缓冲包装等。

下面重点介绍运输包装和销售包装。

1. 运输包装

运输包装又称商品的大包装或外包装，主要是以方便运输、储存为目的的商品包装，具有保障商品安全、方便储运装卸和加速交接与点验等作用。

运输包装的特点是容积大，结构坚固，标志清晰，搬运方便。合理的运输包装方法应做到在不影响质量的前提下，压缩商品体积，大型货物拆装，形状相似的商品套装，并加衬垫缓冲材料等。

商品的运输包装一般有散装、裸装和包装三种形式。散装是指不需要也不必要进行包装，而直接将商品装载在运输工具内的包装方式，如石油、煤炭、原盐等均可采用这种方式。裸装是指那些自然成件产品能抵抗外界作用，在储运过程中可以保持原状，不必包裹的包装方式，如钢板、原木等均可采用这一方式。包装是指需要外加包裹物，使商品形成包、箱、袋、桶或捆件等形状的包装方式。除了可采用散装和裸装的商品外，大多数商品都要经过包装方可运输。常用的运输包装形式主要有以下几种。

（1）箱型包装

箱型包装主要有纸箱和木箱。

纸箱是用瓦楞纸制成的包装箱。纸箱的特点是重量轻，成本低，牢固，开启方便，防尘，便于捆扎、搬运，易于折叠平放，占地面积小，可回收复用。

木箱包装是用木板、胶合板或纤维板为原料制成箱型包装。木箱的优点是耐压，耐震，体积大，载重量大，可重复使用。缺点是成本高，重量大，笨重，不易开启，占地面积大。

（2）桶型包装

运输包装中的桶型包装有金属桶、木桶、纸桶、塑料桶及纸板合成桶等。

金属桶有铁桶、马口铁桶、铁塑桶等。金属桶具有坚固耐用、防渗漏、防腐蚀等优点。

用于运输包装的木桶有胶合板桶、纤维板桶、松木桶等。它具有透湿、隔潮的功能。

塑料桶主要用于盛装化工产品。特点是质轻，耐腐蚀，不易破碎。

（3）袋型包装

袋型包装主要有麻袋、布袋、纸袋、塑料袋等。它广泛应用于谷物、豆类、砂糖、化工原料、化学肥料以及粉状、颗粒状或块状商品的包装。

（4）集合包装

集合包装具有提高港口装卸效率、降低劳动强度、节省装运费用、保护商品、减少损耗和促进商品包装标准化等优点。主要有集装袋、集装箱、托盘组合包装三种类型。

① 集装袋是指用塑料重叠丝编织成的包装袋。优点是重量轻，柔软，可折叠，体积小，装载量大。每袋可载 1～4 吨的货物，并能重复使用。

② 集装箱是用钢材、铝合金板、纤维板等材料制作的集中装载大量货物的大型包装容器。优点是安全、简便、迅速、节约，便于机械和自动化装卸。集装箱可载 5～40 吨各类商品，常用于铁路、公路和海上远程运输。

③ 托盘组合包装是用木材、塑料、金属材料或玻璃纤维等制成的垫板，有平面式托盘、箱式托盘、立柱式托盘、滑片托盘等几种形式。有的可重复使用。优点是耐腐蚀，卫生性好，节省费用，减少商品损耗。载重量在 0.5～2 吨之间。

案例 3-2

运输包装收发货标志（GB 6388—86）

该标准规定了铁路、公路、水路和空运的货物外包装上的分类标志及其他标志和文字说明的事项及其排列的格式。

1. 含义

外包装件上的商品分类图示标志及其他标志和其他的文字说明排列格式的统称为收发货标志。

2. 内容（表 3.1）

表 3.1　内容

序号	项目			含义
	代号	中文	英文	
1	FL	商品分类图示标志	CLASSIFICATION MARKS	表明商品类别的特定符号
2	GH	供货号	CONTRACT NO	供应该批货物的供货清单号码（出口商品用合同号码）
3	HH	货号	ART NO	商品顺序编号，以便出入库、收发货登记和核定商品价格
4	PG	品名规格	SPECIFICA TIONS	商品名称或代号，标明单一商品的规格、型号、尺寸、花色等
5	SL	数量	QUANTITY	包装容器内含商品的数量
6	ZL	重量 （毛重） （净重）	GROSS WT NET WT	包装件的重量包括毛重和净重
7	CQ	生产日期	DATE OF PRODUCTION	产品生产的年、月、日
8	CC	生产工厂	MANUFACTURER	生产该产品的工厂名称
9	TJ	体积	VOLUME	包装件的外形尺寸长（cm）×宽（cm）×高（cm）=体积（m^3）
10	XQ	有效期限	TERM OF VAIIDITY	商品有效期至×年×月
11	SH	收货地点和单位	PLACE OF DESTINATION AND CONSIGNEE	货物到达站、港和某单位（人）收（可贴签或涂写）
12	FH	发货单位	CONSIGNOR	发货单位（人）
13	YH	运输号码	SHIPPING NO	运输单号码
14	JS	发运件数	SHIPPING PIECES	发运的件数
说明	① 分类标志一定要有，其他各项合理选用 ② 外贸出口商品根据国外客户要求，以中、外文对照，印制相应的标志和附加标志 ③ 国内销售的商品包装上不填英文项目			

3. 商品分类图示标志（见表3.2和图3.1）

表3.2 图示标志尺寸

包装件高度（袋按长度）	分类图案尺寸	图形的具体参数		备注
		外框线宽	内框线宽	
500及以下	50×50	1	2	平视距离5m，包装标志清晰可见
500～1000	80×80	1	2	
1000以上	100×100	1	2	平视距离10m，包装标志清晰可见

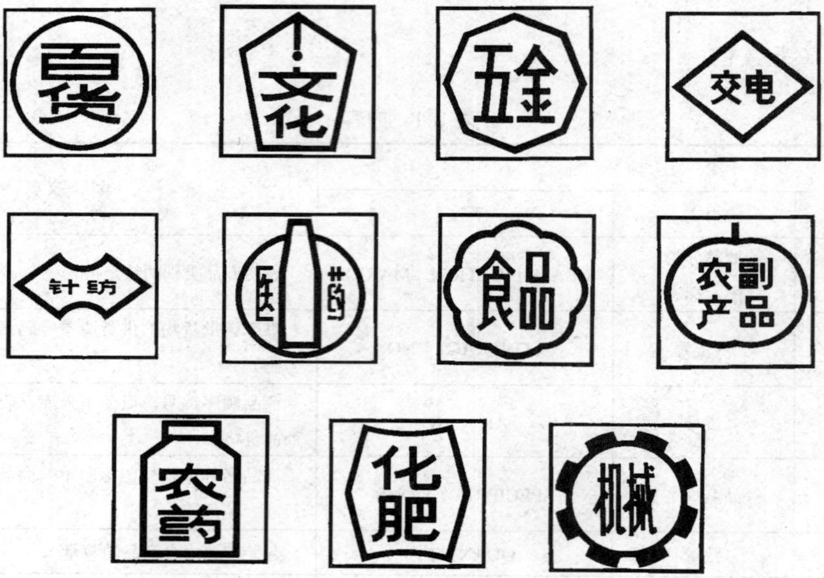

图3.1 图示标志图形

4. 收发货标志的字体

标志的全部内容，中文都用仿宋字体，代号用汉语拼音大写字母；数码用阿拉伯数码，英文用大写的拉丁文字母。标志必须清晰、醒目，不脱落，不退色。

5. 收发货标志的颜色

纸箱、纸袋、塑料袋、钙塑箱，按商品类别和规定的颜色用单色印刷，见表3.3和表3.4。

表3.3 商品类别和颜色

商品类别	颜色	商品类别	颜色
百货类	红色	医药类	红色
文化用品类	红色	食品类	绿色
五金类	黑色	农副产品类	绿色
交电类	黑色	农药	黑色
化工类	黑色	化肥	黑色
针纺类	绿色	机械	黑色

表 3.4　参考色样

红色	
绿色	
黑色	

麻袋、布袋用绿色或黑色印刷。木箱、木桶不分类别，一律用黑色印刷。铁桶用黑、红、绿、蓝底印白字，灰底印黑字。表 3.3 内未包括的其他商品，包装标志的颜色按其属性归类。

6. 收发货标志的方式

印刷：适用于纸箱、纸袋、钙塑箱、塑料袋。在包装容器制造过程中，将需要的项目按相关规定印刷在包装容器上。有些不固定的文字和数字在商品出厂和发运时填写。

刷写：适用于木箱、桶、麻袋、布袋、塑料编织袋。利用印模、镂模，按相关规定涂写在包装容器上。要求醒目，牢固。

粘贴：对于不固定的标志，如收货单位和到达站需要临时确定，可以先将需要的项目印刷在 $60g/m^2$以上的白纸或牛皮纸上，然后粘贴在包装件有关栏目内。

拴挂：对于不便印刷、刷写的运输包装件筐、篓、捆扎件，将需要的项目印刷在不低于 $120g/m^2$ 的牛皮纸或布、塑料薄膜、金属片上，拴挂在包装件上（不得用于出口商品包装）。

7. 标志位置

六面体包装件的分类图示标志位置，按 GB 3538—83《运输包装件各部位的标志方法》标志部位，放在包装件 5、6 两面的左上角。

袋类包装件的分类图示标志放在两大面的左上角。

桶类包装的分类图示标志放在左上方。

筐、篓、捆扎件等拴挂式收发货标志，应拴挂在包装件的两端，草包、麻袋拴挂在包装件的两上角。

粘贴标志应贴在包装件的 5、6 两个面的有关栏目内。

其他的标志按 GB 190—85《危险货物包装标志》、GB 191—85《包装储运图示标志》等的规定执行。

案例 3-3

包装—货物搬运图示标志

该标准参照采用国际标准 ISO 780—1985。

1. 主题内容与适用范围

该标准规定了包装储运图示标志的种类、名称、尺寸、颜色及使用方法。

该标准适用于各种货物的运输包装。

2. 标志的图形和名称

图示标志共 12 种，见表 3.5。

表3.5　图示标志

标　志　号	标志名称	标志图形	使用说明
标志1	小心轻放		用于碰震易碎、需要轻拿轻放的运输包装件
标志2	禁用手钩		用于不得使用手钩搬动的运输包装件
标志3	向上	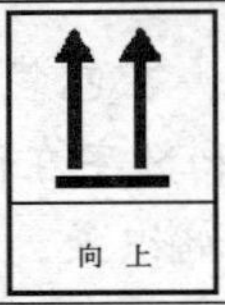	用于指示不得倾倒、倒置的运输包装件
标志4	怕热		用于怕热的运输包装件
标志5	远离放射源及热源		用于指示需要远离放射源及热源的运输包装件
标志6	由此吊起		用于指示吊运运输包装件时放链条和绳索的位置
标志7	怕湿		用于怕湿的运输包装件
标志8	重心点		用于指示运输包装件重心所在处
标志9	禁止翻滚		用于不得滚动搬运的运输包装件
标志10	堆码重量极限		用于指示允许最大堆码重量的运输包装件

续表

标 志 号	标 志 名 称	标 志 图 形	使 用 说 明
标志 11	堆码层数极限		用于指示允许最大堆码层数的运输包装件。图中 N 为实际堆码层数，印刷或喷涂时用阿拉伯数字表示
标志 12	温度极限		用于指示需要控制温度的运输包装件

3. 标志的尺寸、颜色

标志的尺寸一般分为 4 种，见表 3.6。

表 3.6　标志的尺寸

尺 寸 号 别	长	宽
1	70	50
2	140	100
3	210	150
4	280	200

注：如遇特大或特小的运输包装件，标志的尺寸可以适当扩大或缩小。

图示标志的颜色一般为黑色。如果包装件的颜色使图示标志显得不清晰，则可选用其他颜色印刷，也可在印刷面上选用适当的对比色。一般应避免采用红色和橙色。粘贴的标志采用白底印黑色。

4. 标志的使用方法

标志的标打，可采用印刷、粘贴、拴挂、钉附及喷涂等方法。印刷时，外框线及标志名称都要印上；喷涂时，外框线及标志名称可以省略。

2. 销售包装

销售包装又称小包装，是用于直接盛装商品并同商品一起出售给消费者的小型包装。

销售包装的特点是：能够保护商品、美化商品、宣传商品，便于商品陈列展销，便于消费者识别、选购、携带和使用，是增加商品附加价值的手段。

销售包装的类型很多，一般可按其主要功能来分，有使用方便的包装方式，有便于选购、携带和陈列展销的包装方式等。具体有收缩包装、贴体包装、速冻包装、保鲜包装、隔热包装、真空包装、充气包装、无菌包装、防虫包装、防潮包装、防震包装、防锈包装、喷雾包装、易拉瓶包装、按钮包装、可食包装、蒸煮包装、礼品包装、透明包装、开窗包装、携带式包装、可折叠包装、展开式包装、悬挂式包装、配套包装、组合包装等。

下面简单介绍几种流行的销售包装款式。

（1）悬挂式包装

悬挂式包装是当前最流行的包装方式之一，主要有：纸卡式，用于小手工具和厨房用品；

泡罩式，多用于玩具、文教用品、工艺品及各式胸花等；贴体式，多用于日用品、打火机、小刀、办公用具等；袋装式，用于扳手、日常工具、旅行用具等。

（2）透明式、开窗式包装

透明式、开窗式包装多用于高级服装、内衣、毛衣、工艺品等的包装。这类包装便于消费者观察，易引起消费者购买欲望、兴趣，盒面上配有精美图案，突出了商品的特点。

（3）配套包装和组合包装

配套包装是将各种相互配合的商品包装在一起，便于消费者购买和使用。成套化妆品、床上用品、文教用品等常用这种包装。组合包装是将几种不同品种的商品组合在一起，成组出售，如罐头、酒类、饮料、调味品、小食品、快餐面等。

（4）分散包装

与配套包装相反，分散包装就是将原来的整件的商品分成小包装，主要用于食品、药品等的包装。

（5）礼品包装

礼品包装是用特制的装饰材料将商品包、扎起来，使礼品显得精美、大方、典雅、高贵、不同寻常。礼品包装越来越受人们青睐。

3.1.3 商品包装的材料

包装材料是商品包装的物质基础，选择包装材料必须遵循质优、体轻、面广、合理、节约，无毒、无害、无污染的原则。商品包装材料很多，常用的有以下几种。

1. 塑料包装

塑料包装是各种以塑料为原料制成的包装的统称。塑料包装具有质轻、透明、有不同的强度和弹性、折叠及封合方便、防水、防潮、防渗漏、易于成形、可塑性与气密性好、防震、防压、防碰撞、耐冲击、化学稳定性能好、易着色、可印刷、成本低等优点。但塑料难以降解，易造成环境污染。其包装主要有塑料桶、塑料软管、塑料盒、塑料瓶、塑料薄膜、塑料编织袋等。

在塑料包装材料中用得最广泛的是聚乙烯、聚氯乙烯、聚丙烯、聚苯乙烯、聚酯等。

2. 纸和纸制品

当今社会最主要的包装材料是纸和纸制品，其用量约占所有包装材料的 40%左右。纸的优点有轻便，无味无毒，卫生性好，强度适宜，易于黏合印刷，便于机械化生产，不会造成公害，取材容易，价格低廉等。纸的缺点是撕破强度低，易变形。纸制包装容器有纸板箱、瓦楞纸箱、纸盒、纸袋、纸桶、纸筒、纸杯、纸盘及纸浆模制包装等。

3. 木材

在我国很早就使用木材做包装材料。其特点是强度高，坚固，耐压，耐冲击，化学、物理性能稳定，易于加工，不污染环境等。木材是大型和重型商品常用的包装材料。木材包装主要有木箱、木桶、木匣、木轴和木夹板、纤维板箱、胶合板箱、托盘等。木材来源少，可用其他材料替代。

4. 金属

金属作为包装材料历史悠久。其特点是结实牢固，耐碰撞，不透气，不透光，不透水，抗压，机械强度高。常用的金属有黑白铁皮、马口铁、钢板、铝板、铝合金、铝箔等。主要形式有金属桶、金属盒、罐头听、金属软管、油罐、钢瓶等，多用于机器、液体、粉状、糊状等商品的包装。

5. 玻璃

玻璃属无机硅酸盐制品。其特点是透明、清洁、美观，有良好的机械性能和化学稳定性，易封闭，价格较便宜，可多次周转使用，资源丰富。玻璃包装容器常见的有瓶、罐、缸等。玻璃包装广泛用于酒类、饮料、罐头、调味品、药品、化妆品、化学试剂等商品的销售包装。

6. 复合材料

复合材料包装是以两种或两种以上材料紧密复合制成的包装，主要有塑料与纸、塑料与铝箔、塑料与铝箔和纸、塑料与玻璃、塑料与木材等材料复合制成。复合材料具有机械强度高、气密性好、防水、防油、耐热或耐寒、容易加工等优点，是现代商品包装材料的发展方向，特别适用于食品的包装。

7. 纤维织物

纤维织物包装主要有麻袋、布袋、布包等，适合盛装颗粒状和粉状商品。其优点有强度大，轻便，耐腐蚀，易清洗，不污染商品和环境，便于回收利用等。

8. 其他

用树条、竹条、柳条编的筐、篓、箱以及草编的蒲包、草袋等，具有可就地取材、成本低廉、透气性好的优点，适宜包装生鲜商品，部分土特产品和陶瓷产品等。

3.2 商品标准化

3.2.1 商品标准

1. 商品标准的概念

商品标准是对商品质量以及与质量有关的各个方面（如商品的品名、规格、性能、用途、使用方法、检验方法、包装、运输、储存等）所做的统一技术规定，是评定、监督和维护商品质量的准则和依据。

商品标准是科学技术和生产力发展水平的一种标志，它是社会生产力发展到一定程度的产物，又是推动生产力发展的一种手段。凡正式生产的各类商品，都应制定或符合相应的商品标准。商品标准由主管部门批准、发布后，就是一种技术法规，具有法律效力，同时也具有政策性、科学性、先进性、民主性和权威性。它是生产、流通、消费等部门对商品质量出现争议时执行仲裁的依据。

2. 商品标准的分类

商品标准分类的方法很多，常见的有以下几种。

（1）按商品标准的表达形式分类

① 文件标准是以文字（包括表格、图形等）的形式对商品质量所做的统一规定。绝大多数商品标准都是文件标准。文件标准在开本、封面、格式、字体、字号等方面都有明确的规定，应符合 GB 1.2—81《标准化工作导则 标准出版印刷的规定》的有关规定。

② 实物标准是指对某些难以用文字准确表达的质量要求（如色泽、气味、手感等），由标准化主管机构或指定部门用实物做成与文件标准规定的质量要求完全或部分相同的标准样品，作为文件标准的补充，它同样是生产、检验等有关方面共同遵守的技术依据。例如，粮食、茶叶、羊毛、蚕茧等农副产品，都有分等级的实物标准。实物标准是文件标准的补充，实物标准要经常更新。

（2）按标准的约束程度不同分类

① 强制性标准又称法规性标准，即一经批准发布，在其规定的范围内，有关方面都必须严格贯彻执行。国家对强制性标准的实施情况依法进行有效的监督。

② 推荐性标准又称自愿性标准，即国家制定的标准由各企业自愿采用、自愿认证，国家利用经济杠杆鼓励企业采用。实行市场经济的国家大多数实行推荐性标准。

我国从 1985 年开始实行强制性和推荐性标准相结合的标准体制。截至 2000 年年底，我国已有国家标准 19 278 项，其中强制性国家标准 2 653 项，占国家标准的 13.8%；推荐性国家标准 16 625 项，占国家标准的 86.2%。

（3）按标准的成熟程度不同分类

标准可以分为正式标准和试行标准。试行标准与正式标准具有同等效用，同样具有法律约束力。试行标准一般在试行 2～3 年后，经过讨论修订，再作为正式标准发布。现行标准绝大多数为正式标准。

（4）按商品标准的保密程度分类

标准可以分为公开标准和内部标准。我国的绝大多数标准都是公开标准。少数涉及军事技术或尖端技术机密的标准，只准在国内或有关单位内部发行，这类标准称为内部标准。

另外，商品标准还可以按性质分为产品标准、方法标准、基础标准、安全标准、卫生标准、管理标准、环保标准、其他标准等。

3.2.2 商品标准化

1. 商品标准化的概念

商品标准化是指在商品生产和流通的各个环节中制定、发布以及实施商品标准的活动。推行商品标准化的最终目的是达到统一，从而获得最佳市场秩序和社会效益。

商品标准化的内容包括：名词术语统一化，商品质量标准化，商品零部件通用化，商品品种规格系列化，商品质量管理与质量保证标准化，商品检验与评价方法标准化，商品分类编码标准化，商品包装、储运、养护标准化等。

商品标准化是一项系统管理活动，涉及面广，专业技术要求高，政策性强，因此必须遵循统一管理与分级管理相结合的原则，建立一套完善的标准化机构和管理体系，调动各方面的积极性，搞好分工协作，吸取国外标准化的先进经验，以保证顺利完成商品标准化的任务。

依据《中华人民共和国标准化法》的规定，国务院标准化行政主管部门统一管理全国标准化工作，国务院有关行政主管部门分工管理本部门、本行业的标准化工作。

为充分发挥生产、使用、科研、教学和管理等方面科技人员和专家在标准化工作中的作用，加快标准的制定和修订速度，提高标准水平，做好标准的宣贯和实施工作，根据《中华人民共和国标准化法》的规定，国家质量技术监督局在各个领域组建了“全国专业标准化技术委员会”。至 1999 年，已成立了 258 个全国专业标准化技术委员会和 420 多个分委员会，聘请 26 500 多名各方面专家和管理人员为委员会委员。

2. 商品标准化的作用

商品标准化的水平是衡量一个国家或地区生产技术和管理水平的尺度，是现代化的一个重要标志。现代化水平越高就越需要商品标准化。

商品标准化的作用主要体现在以下几个方面：

① 标准化是组织现代化商品生产和发展专业化协作生产的前提条件。

② 标准化是实现现代化科学管理和全面质量管理的基础。

③ 标准化是提高商品质量和合理发展商品品种的技术保证。

④ 标准化是合理利用国家资源、保护环境和提高社会经济效益的有效手段。

⑤ 标准化是推广应用新技术、促进技术进步的桥梁。

⑥ 标准化是国际经济、技术交流的纽带和国际贸易的调节工具。

3. 商品标准的级别

（1）我国商品标准的级别

根据《中华人民共和国标准化法》，按制定部门、适用范围等的不同，将商品标准划分为国家标准、行业标准、地方标准、企业标准 4 级。

① 国家标准。

国家标准指对需要在全国范围内统一的技术要求所制定的标准，如影响国家经济、技术发展的重要工农业产品（如种子、化肥、农药、通用零部件、元器件、构配件、工具、计量器具以及有关安全要求的建筑材料等）的标准；可能危及人体健康和人身、财产安全的产品（如药品、食品、化妆品、易燃易爆品、锅炉压力容器等）的标准；配合通用技术的术语标准等。

国家标准由国务院标准化行政主管部门（国家质量技术监督局）制定，即由其负责编制计划，组织草拟，统一审批、编号和发布。工程建设、药品、食品卫生、兽药、环境保护、的国家标准，分别由国务院工程建设主管部门、卫生主管部门、农业主管部门、环境保护主管部门组织草拟、审批，其编号、发布办法由国务院标准化行政主管部门会同国务院有关行政主管部门制定。特别重大的，报国务院审批和发布。

② 行业标准。

行业标准指对没有国家标准而又需要在全国某个行业范围内统一的技术要求所制定的标准，如行业的工艺规程标准，行业范围内通用的零配件标准，行业范围内通用的术语、符号、规则、方法等基础标准。

行业标准由国务院有关行政主管部门制定、审批和发布，并需要报国务院国家质量技术监督局备案。行业标准不得与国家有关法律、法规或国家标准相抵触。在发布实施相应的国家标准之后，该项行业标准即废止。

③ 地方标准。

地方标准指对没有国家标准或行业标准而又需要在省、自治区、直辖市范围内统一的工业产品的安全、卫生要求所制定的标准，如对本地区特色产品、特需产品所制定的标准。

地方标准由各省、自治区、直辖市标准化行政主管部门制定、审批和发布，需要报国家质量技术监督局和国务院有关行政主管部门备案。地方标准不得与上一级标准相抵触。在发布实施相应的国家标准和行业标准后，该项标准即废止。

④ 企业标准。

企业标准指对企业生产的产品没有相应的国家标准和行业标准时所制定的标准。企业标准是在该企业范围内统一使用的标准，是企业组织生产、经营活动的依据。

企业的产品标准由企业组织制定、发布，并报当地政府标准化行政主管部门和有关行政主管部门备案。已有国家标准和行业标准的，国家鼓励企业制定严于国家标准或行业标准的企业标准，在企业内部使用，以提高产品质量水平，争优质、创名牌。严于国家标准或行业标准的企业标准可以不公开、不备案。

企业标准不得与有关法律、法规或上一级标准相抵触。

（2）国际商品标准

① 国际标准。

国际标准是指由国际上权威专业组织制定发布，并为世界上大多数国家承认和采用的标准。主要是指由国际标准化组织（ISO）和国际电工委员会（IEC）制定和发布的标准，以及经国际标准化组织确认并公布的其他国际组织制定的标准，如国际食品法典委员会（CAC）、国际计量局（BIPM）、国际无线电咨询委员会（CCIR）、世界卫生组织（WHO）等。

国际标准对于促进国际贸易往来和科学、文化、技术的交流具有重大意义。国际标准都为推荐性标准，但由于其具有较高的权威性和科学性，因而越来越多地被世界各国所尊重和自愿采用。

我国于1978年9月加入了国际标准化组织（ISO），为加强标准化的国际交流提供了条件，也为扩大我国标准的使用范围奠定了基础。截至2000年，在我国的19 278项国家标准中，有8387项采用了国际标准和国外先进标准，采标率达43.5%（等同采用1795项，占9.3%；等效采用2824项，占14.7%；非等效采用3768项，占19.5%），其中采用ISO标准4341项，采用IEC标准1818项，采用其他标准 2453 项。行业标准、地方标准和企业标准也大量采用了国际标准和国外先进标准。一些高新技术和重点行业国家标准采用国际标准和国外先进标准比例已超过 60%。有近一半的重要产品按国际标准和国外先进标准组织生产，一些高档耐用品质量已达到国际水平，提高了国际贸易竞争力。

根据《采用国际标准产品标志管理办法（试行）》的规定，国家质量技术监督局从 1994 年开始在全国推行采用国际标准产品标志，截至2000 年，全国累计完成采标标志 8162 项，这项工作引起了消费者的注意，并受到了企业的欢迎。一些申请了采标标志的企业，已在产品上使用了采标标志。

② 国际区域性标准。

国际区域性标准也称国际地区性标准，它是由国际地区性（或国家集团性）标准化组织制定和发布的标准。这种国际地区性（或国家集团性）组织有的是由于地理原因而形成的，有的是由于政治经济原因而形成的，这些标准仅在这些地区（或国家集团）内发生作用。例如，欧洲标准化委员会制定、发布的标准，主要在西欧国家通行。

4. 商品标准的代号

（1）中华人民共和国国家标准代号

强制性国家标准代号为 GB。

推荐性国家标准代号为 GB/T。

编号方式：国家标准代号 标准顺序号—发布年号。

例如：GB 18168 —2000 表示 2000 年发布的第 18168 号强制性国家标准。

又如：GB/T 12113—1996 表示 1996 年发布的第 12113 号推荐性国家标准。

其中，对于发布年号，1996 年以后发布的标准用四位数字表示，1996 年之前的用两位数字表示。

（2）中华人民共和国行业标准代号

行业标准代号由国务院标准化主管部门即国家质量技术监督局规定。1999 年发布的行业标准代号见表 3.7。

表 3.7　行业标准代号

序　号	行业标准名称	行业标准代号	主 管 部 门
1	农业	NY	农业部
2	水产	SC	农业部
3	水利	SL	水利部
4	林业	LY	国家林业局
5	轻工	QB	国家轻工业局
6	纺织	FZ	国家纺织工业局
7	医药	YY	国家药品监督管理局
8	民政	MZ	民政部
9	教育	JY	教育部
10	烟草	YC	国家烟草专卖局

行业标准也分为强制性标准和推荐性标准。表 3.7 中给出的是强制性行业标准代号，推荐性行业标准代号是在强制性行业标准代号后面加“/T”，如农业行业的推荐性行业标准代号是 NY/T。

编号方式：行业标准代号 标准顺序号—发布年号。

例如：NY 1234—94 表示 1994 年发布的第 1234 号强制性农业行业标准。

又如：JB/T 4192—1996 表示 1996 年发布的第 4192 号推荐性机械行业标准。

（3）中华人民共和国地方标准代号

强制性地方标准代号为 DB+地区代码。

推荐性地方标准代号为 DB+地区代码/T。

编号方式：地方标准代号 标准顺序号—发布年号。

其中，地区代码为各省、自治区、直辖市行政区划代码的前两位数字，如11表示北京市，12表示天津市，13表示河北省，14表示山西省等。

例如：DB11/068—1996表示1996年发布的第068号强制性北京地方标准。

又如：DB34/T 166—1996表示1996年发布的第166号推荐性安徽省地方标准。

（4）中华人民共和国企业标准代号

企业标准代号由“Q”和斜线加企业代号组成。企业代号的规定分两种情况：一是中央所属企业的企业代号，由国务院有关行政主管部门规定；二是各地方所属企业的企业代号，由所在省、自治区、直辖市政府标准化主管部门规定。企业代号可用汉语拼音、阿拉伯数字或两者兼用表示。

编号方式：企业标准代号 标准顺序号—发布年号。

习题

一、简答题

1. 如何对商品标准进行分级？
2. 举例说明你喜欢的销售包装。

二、能力分析题

1. 请查找两个国际标准化组织，并对其基本情况进行阐述。
2. 结合实际谈谈特殊的包装技术有哪些。

第 4 章　商品检验

4.1　商品检验的方式

4.1.1　商品检验的概念与依据

1. 商品检验的概念

商品检验是指根据商品标准规定的各项指标，运用一定的检验方法和技术，综合评定商品质量优劣、确定商品品级的活动。因此，商品检验又称为商品质量检验。

商品检验对生产企业、商业部门、质量监督部门以及消费者，都是一项重要工作。商品检验是保证商品质量、提高商业经营管理水平的一项重要内容。生产企业通过对生产各环节的商品质量检验来保证产品质量，促进产品质量不断提高；商品流通部门在流通各环节进行商品检验，及时防止假冒伪劣商品进入流通领域，以减少经济损失，维护消费者利益；质量监督部门通过商品检验，实施商品质量监督，向社会传递准确的商品质量信息，促进我国市场经济的发展。

2. 商品检验的依据

商品检验是一项科学性、技术性、规范性较强的复杂工作，为使检验结果更具有公正性和权威性，必须依据具有法律效力的质量法规、标准及合同等开展商品检验工作。

（1）商品质量法规

国家有关商品质量的法律、法令、条例、规定、制度等，规定了国家对商品质量的要求，体现了人民的意志，保障了国家和人民的合法权益，具有足够的权威性、法制性和科学性。商品质量法规是国家组织、管理、监督和指导商品生产和商品流通，调整经济关系的准绳，是各部门共同行动的准则，也是商品检验活动的重要依据。质量法规包括：商品检验管理法规、产品质量责任制法规、计量管理法规、生产许可证及产品质量认证管理法规等。

（2）标准

技术标准是指规定和衡量标准化对象的技术特征的标准。它对产品的结构、规格、质量要求、检验方法、验收规则、计算方法等均做了统一规定。它是生产、检验、验收、使用、洽谈贸易的技术规范，也是商品检验的主要依据。它对保证检验结果的科学性和准确性具有重要意义。

（3）购销合同

购销合同是供需双方约定的质量要求，必须共同遵守。一旦发生质量纠纷，购销合同的质量要求，即为仲裁、检验的法律依据。但是，购销合同必须符合《经济合同法》的要求。

4.1.2 商品检验的内容和方法

1. 商品检验的内容

（1）包装检验

包装检验是指根据购销合同、标准和其他有关规定，对进出口商品或内销商品的外包装和内包装以及包装标志进行检验。

包装检验首先核对外包装上的商品包装标志（标记、号码等）是否与有关标准的规定或贸易合同相符。对进口商品主要检验外包装是否完好无损，包装材料、包装方式和衬垫物等是否符合合同规定要求。对外包装破损的商品，要另外进行验残，查明货损责任方以及货损程度。对发生残损的商品要检查其是否由于包装不良所引起。对出口商品的包装检验，除包装材料和包装方法必须符合外贸合同、标准规定外，还应检验商品内外包装是否牢固、完整、干燥、清洁，是否适于长途运输和保护商品质量、数量的要求。

商检机构对进出口商品的包装检验，一般采用抽样或当场检验，或进行衡器计重的同时结合进行。

（2）品质检验

品质检验也称质量检验，是指运用各种检验手段，包括感官检验、化学检验、仪器分析、物理测试、微生物学检验等，对商品的品质、规格、等级等进行检验，确定其是否符合贸易合同（包括成交样品）、标准等规定。

品质检验的范围很广，大体上包括外观质量检验与内在质量检验两个方面。外观质量检验主要是对商品的外形、结构、花样、色泽、气味、触感、疵点、表面加工质量、表面缺陷等的检验。内在质量检验一般指对有效成分的种类含量、有害物质的限量、商品的化学成分、物理性能、机械性能、工艺质量、使用效果等的检验。同一种商品根据不同的外形、尺寸、大小、造型、式样、定量、密度、包装类型等，有各种不同的规格。

（3）卫生检验

卫生检验主要是对进出口食品检验其是否符合人类食用卫生条件，以保障人民健康和维护国家信誉。《中华人民共和国食品卫生法（试行）》规定："进口的食品、食品添加剂、食品容器、包装材料和食品用工具及设备，必须符合国家卫生标准和卫生管理办法的规定。进口上款所列产品，由国境食品卫生监督检验机构进行卫生监督检验。进口单位在申报检验时，应当提供输出国（地区）所使用的农药、添加剂、熏蒸剂等有关资料和检验报告。海关凭国家卫生监督检验机构的证书放行。"又规定："出口食品由国家进出口商品检验部门进行卫生监督、检验。海关凭国家进出口商品检验部门的证书放行。"

（4）安全性能检验

安全性能检验是根据国家规定和外贸合同、标准以及进口国的法令要求，对进出口商品有关安全性能方面的项目进行的检验，如易燃、易爆、易触电、易受毒害、易受伤害等，以保证生产使用和生命财产的安全。目前，除进出口船舶、主要船用设备材料和锅炉及压力容器的安全监督检验，根据国家规定分别由船舶检验机构和劳动部门的锅炉、压力容器安全监察机构负责监督检查外，其他进出口商品涉及安全性能方面的项目，由商检机构根据外贸合同规定和国内外的有关规定及要求进行检验，以维护人身安全和确保经济财产免遭侵害。

（5）数量和重量检验

商品的数量和重量是贸易双方成交商品的基本计量计价单位，是结算的依据，直接关系到双方的经济利益，也是贸易中最敏感且容易引起争议的因素之一。商品的数量和重量检验包括商品的个数、件数、长度、面积、体积、容积、重量等。

2. 商品检验的方法

（1）感官检验法

感官检验法，是根据人的感觉器官对商品的各种质量特征的“感觉”，如味觉、嗅觉、视觉、听觉等，用语言、文字、符号或数据进行记录，再运用概率统计原理进行统计分析，从而得出结论，对食品的色、香、味、形、质地、口感等各项指标做出评价的方法。

① 食品感官检验的意义。

- 对食品的可接受性做出判断。
- 感官检验不仅能直接对食品的感官性状做出判断，而且可察觉异常现象的有无，并据此提出必要的理化检测和微生物检验项目，便于食品质量的检测和控制。

② 食品的质量特性。

- 不受人的感觉影响，只根据产品的物理、化学状态而区分的特性，是产品固有的，如产品大小、重量、颜色等。利用人的感官进行检验，如罐头的敲打检验、西瓜成熟度的判定等。
- 受人的感觉、嗜好影响的特性，如食品的味道、包装装潢等。利用人体的感觉器官结合平时积累的实践经验对商品质量进行判断和鉴定。

感官检验法快速、经济、简便易行，不需要专用仪器、设备和场所，不损坏商品，成本较低，因而使用较广泛。但是，感官检验法一般不能检验商品的内在质量；检验的结果常受检验人员技术水平、工作经验以及客观环境等因素的影响，带有主观性和片面性，且只能用专业术语或计分法表示商品质量的好坏，而得不出准确的数值。为提高感官检验结果的准确性，通常组织评审小组进行检验。

（2）理化检验法

理化检验法是借助各种仪器设备或化学试剂来测定和分析商品质量的方法。理化检验法往往在实验室或专门场所进行，故也称实验室检验法。

理化检验法主要用于检验商品的成分、结构、物理性质、化学性质、安全性、卫生性以及对环境的污染和破坏等。

理化检验法既可对商品进行定性分析，又可对商品进行定量分析，而且其结果比感官检验法精确而客观，它不受检验人员主观意志的影响，结果可用具体数值表示，能深入分析商品的内在质量。但是，理化检验法需要一定的仪器设备和实验场所，成本较高；检验时，往往需要破坏一定数量的商品，费用较大；检验时间较长；需要专门的技术人员进行检验；对于某些商品的某些感官指标，如色、香、味的检验还是无能为力的。因此，理化检验法在商业企业直接采用较少，多作为感官检验的补充检验，或委托专门的检验机构进行理化检验。

理化检验法根据其检验的原理不同，可分为物理检验法、化学检验法、生物学检验法三大类。其中，物理检验法又分为一般物理检验法、力学检验法、电学检验法、光学检验法和热学检验法等；化学检验法又分为化学分析法、仪器分析法等；生物学检验法又分为微生物学检验法和生理学检验法。

4.1.3 商品抽样

1. 抽样的概念

抽样也称取样、采样、拣样，是指从被检验的商品中按照一定的方法采集样品的过程。

抽样检验是按照事先规定的抽样方案，从被检批中抽取少量样品，组成样本，再对样品逐一进行测试，将测试结果与标准或合同进行比较，最后由样本质量状况统计推断受检商品整体质量合格与否。它检验的商品数量相对较少，节省检验费用。抽样检验适用于批量较大、价值较低、质量特性较多、质量较稳定或具有破坏性的商品检验。

2. 抽样的原则

（1）代表性原则

要求被抽取的一部分商品必须具备整批商品的共同特征，以使鉴定结果能成为决定整批商品质量的主要依据。

（2）典型性原则

被抽取的样品能反映整批商品在某些（个）方面的重要特征，能发现某种情况对商品质量造成的重大影响，如食品的变质、污染、掺杂及假冒劣质商品的鉴别。

（3）适时性原则

针对组分、含量、性能、质量等会随时间或容易随时间的推移而发生变化的商品要求及时适时抽样并进行鉴定，如新鲜果菜中各类维生素含量的鉴定，以及各类农副产品中农药或杀虫剂残留量的鉴定等。

3. 抽样的要求

① 抽样应当依据抽样对象的形态、性状，合理选用抽样工具与样品容器。抽样工具与样品容器必须清洁，不含被鉴定成分，供微生物鉴定的样品应无菌操作。

② 外地调入的商品，抽样前应检查有关证件，如商标、运货单、质量鉴定证明等；然后检查外表，包括检查包装以及起运日期、整批数量、产地厂家等情况。

③ 按各类商品的抽样要求抽样，注意抽样部位分布均匀，每个抽样部位的抽样数量保持一致。

④ 抽样的同时应做好记录，内容包括抽样单位、地址、仓位、车间号、日期、样品名称、样品批号、样品数量、抽样者姓名等。

⑤ 抽取的样品应妥善保存，保持样品原有的品质特点。抽样后应及时鉴定。

4. 抽样的方法

抽样的目的在于通过尽可能少的样本所反映出的质量状况来统计推断整批商品的质量水平。如何抽取对该批商品具有代表性的样品，对准确评定整批商品的平均质量十分重要，这是关系到生产者、消费者利益的大事。所以，要正确选择抽样方法，控制抽样误差，以获取较为准确的检验结果。根据商品的性能特点，抽样方法在相应的商品标准中均有具体规定。

目前，被广泛采用的是随机抽样法，即被检验整批商品中的每一件商品都有同等机会被抽取的方法。被抽取机会不受任何主观意志的限制，抽样者按照随机的原则、完全偶然的方法抽取样品，因此比较客观，适用于各种商品、各种批量的抽样。常用的抽样方法有简单随机抽样法、分层随机抽样法和系统随机抽样法。

（1）简单随机抽样法

简单随机抽样法又称单纯随机抽样法，它是指对整批同类商品不经过任何分组、划类、排序，直接从中按照随机原则抽取检验样品。简单随机抽样法通常用于批量不大的商品的抽样，通常是将整批中各单位商品编号，利用抽签或随机表抽样。从理论上讲，简单随机抽样法最符合随机的原则，可避免检验员的主观意识的影响，是最基本的抽样方法，是其他复杂的随机抽样方法的基础。当批量较大时，则无法使用这种方法。

（2）分层随机抽样法

分层随机抽样法又称分组随机抽样法、分类随机抽样法。它是将整批同类商品按主要标志分成若干组，然后从每组中随机抽取若干样品，最后将各组抽取的样品放在一起作为整批商品的检验样品的抽样方法。分层随机抽样法适用于批量较大的商品检验，尤其是批中商品质量可能波动较大时，如不同设备、不同时间、不同生产者生产的商品组成的被检批。它抽取的样本有很好的代表性，是目前使用最多、最广的一种抽样方法。

（3）系统随机抽样法

系统随机抽样法又称等距随机抽样法、规律性随机抽样法。它是先将整批同类商品按顺序编号，并随机确定某一个数为抽样的基准号码，然后按已确定的“距离”机械地抽取样品的方法。例如，按 2、12、22 的顺序抽取样品。这种抽样方法抽样分布均匀，比简单随机抽样法更为精确，适用于较小批量商品的抽样，但当被检商品质量问题呈周期性变化时，易产生较大偏差。

4.2　商品的品级

4.2.1　商品品级的概念

商品品级是商品质量优劣的标志，也是表示商品在某种条件下适合其用途大小的标志，是商品鉴定的重要内容之一。它是相对的、有条件的，有时会因不同时期、不同地区、不同使用条件及不同个性而产生不同的质量等级和市场需求。一般来说，工业品分 3 个等级；而食品特别是农副产品、土特产等多为 4 个等级，最多达到 7 个等级，如茶叶、棉花、卷烟等。

4.2.2 商品质量等级的划分原则

按照国家《工业产品质量分等导则》的规定，商品质量划分为优等品、一等品和合格品3个等级。

1. 优等品

优等品指商品的质量标准必须达到国际先进水平，且实物质量水平与国外同类产品相比达到近5年内的先进水平。

2. 一等品

一等品指商品的质量标准必须达到国际一般水平，且实物质量水平达到国际同类产品的一般水平。

3. 合格品

合格品指按照我国一般水平标准组织生产，实物质量水平必须达到相应标准的要求。

4.2.3 商品质量等级的确定

商品质量等级的确定，主要依据商品的标准和实物质量指标的检测结果，由行业归口部门统一负责。

优等品和一等品的确认，必须有国家级检测中心、行业专职检验机构或受国家、行业委托的检验机构出具的实物质量水平的检验证明。合格品由企业检验判定。

4.2.4 商品品级的划分

商品质量分级的方法很多，一般采用百分法和限定法两种方法。

1. 百分法

将商品各项质量指标规定为一定的分数，重要指标占高分，次要指标占低分。如果各项指标都符合标准要求，或认为无瑕可挑，则打满分；某项指标欠缺，则在该项中相应扣分。

例如，酒的评分方法，满分为100分。

白酒：色10分、香25分、味50分、风格15分。

啤酒：色10分、香20分、味50分、泡沫20分。

2. 限定法

对商品各种疵点规定一定的限量。限定法又可分为限定计分法及限定数量和程度法。

（1）限定计分法

将商品品种疵点规定为一定的分数，由疵点分数的总和确定商品的等级，疵点分数越高，则商品的等级越低。这种方法一般在日用工业品中采用。

（2）限定数量和程度法

在标准中规定商品每个等级限定疵点的种类、数量和疵点的程度。例如，日用工业品中全胶鞋质量指标共有 13 个感官指标。其中，鞋面起皱或麻点在一级品中规定“稍有”，二级品中规定“有”；鞋面砂眼在一级品中规定“不许有”等。

习题

一、简答题

1．简述感官鉴定法与理化鉴定法的优缺点。

2．简述常用的抽样方法。

二、案例分析题

案例：粽子检出硼砂，还有大肠菌群超标。

端午节前夕，深圳市市场监管局发布的全市粽子抽检情况显示，市场上和餐馆销售的粽子有 7 批次检出不合格，其中 4 批次检出硼砂。4 批次检出硼砂的粽子已交由公安机关调查处理。

深圳市市场监管局通报，此次共抽检了 115 批次粽子。其中，生产领域抽检的 11 批次粽子全部合格，流通领域抽检的 16 批次粽子有 1 批次检出问题，而餐饮领域抽检的 88 批次粽子有 6 批次检出问题。不合格的项目主要为大肠菌群超标、检出硼砂。硼砂是非食用物质，一旦进入人体，会导致人体出现呕吐、腹泻、红斑、循环系统障碍、休克、昏迷等硼酸症，成人摄入 1～3 克硼砂就会中毒，摄入 15 克即致人死亡。

[来源：南方网]

根据上述案例，上网查询硼砂的检测方法。

第5章 商品养护

5.1 商品储存

5.1.1 商品储存的含义

商品储存是指商品在生产、流通领域中的暂时停泊和存放过程。它以保证商品流通和再生产过程的需要为限度。商品储存通过自身的不断循环，充分发挥协调商品产销矛盾的功能，而成为促进商品流通以至整个社会再生产的不可缺少的重要条件。

5.1.2 商品储存的作用

1. 协调产销时间矛盾

商品生产和消费并不是同时进行的，它们各有自己特定的周期性，因此需要通过商品储存来协调商品生产与消费之间的时间矛盾。商品有的是常年生产、季节性消费的商品，有的是季节性生产、常年消费的商品，有的是季节性生产、季节性消费的商品，有的是常年生产、常年消费的商品。它们都存在一个产销之间的时间差，需要进行商品储存。

2. 协调产销地域的矛盾

商品的生产和消费往往是在异地进行的。这些异地产销的商品，必须经过相应的运输、储存环节，才能实现商品体的位移，满足广大消费者对各地名、特、优商品的需求。

3. 协调市场供求矛盾

商品储存的根本目的是保证商品销售，为消费者服务。在商品流通过程中，通过储存收购，不仅支持了生产，而且保证了商品货源充足，保持了必要的商品数量和花色品种，从而源源不断地以完好的商品保证市场供应，满足消费需求。

5.1.3 商品储存的基本要求

为了保证商品的质量，防止商品损耗，在储存管理中应做好以下工作。

1. 入库验收

商品入库验收，主要包括数量验收、包装验收和商品质量验收三个方面。必须严格认真、一丝不苟，以保证入库商品数量准确，质量完好，包装符合要求。入库验收程序，一是先查大数，后看包装，见异拆验。二是核对单、货（商品的品名、编号、货号、规格、数量等方面）是否一致，逐项细心核对，保证单货相符。三是认真检查商品的包装有无沾污、受潮、残破，内装商品质量是否完好，有无霉变、腐蚀、虫蛀、鼠咬和其他物理、化学变化发生，以便及时采取相应措施，确保在库商品质量安全。

2. 适当安排储存场所

各种商品性质不同，对储存场所的要求也不同。应根据储存商品的特性来选择合适的商品储存场所，以确保在库商品安全。商品储存场所主要包括货场、货棚和库房。例如，怕热和易挥发的商品应选择比较阴凉和通风良好的仓库；怕冻的商品应选择保温性较好的仓库，并备有保温设施；怕潮、易霉或易生锈的商品应存放在地势较高、比较干燥通风的库房；鲜活易腐商品应存放在低温库内；各种危险品应专库存放，应符合防毒、防爆、防燃、防腐蚀的要求。同时要做到分区分类，科学存放，即品种分开，干湿分开，新陈分开，好次分开；尤其是对性质相抵和消防方法不同的商品，不可同库混放，以免互相影响，发生事故。

3. 妥善进行苫盖堆码

商品堆码是指商品的堆放形式和方法。商品的合理堆码也是储存中一项重要的技术工作。堆码应符合安全、方便、多储的原则。堆码形式要根据商品的种类、性能、数量和包装情况以及库房高度、储存季节等条件决定，不同的商品，堆码的方法也应有所不同。

商品堆垛存放，要进行分区分类、货位编号、空底堆码、分层标量、零整分存，便于盘点和出入库。

4. 商品的在库检查

商品在储存期间，质量会不断发生变化，特别是在不利的环境因素的作用下，劣变的速度会加快，如不能及时发现和处理，会造成严重损失。因此，对于库存商品要做定期和不定期、定点和不定点、重点和一般相结合的质量检查，并根据检查结果随时调节储存条件，减慢商品的劣变速度。检查方法以感观检查为主，充分利用检测设备，必要时要进行理化检验。对检查中发现的问题应立即分析原因，采取相应的补救措施以保证商品的安全。如果发现商品质量有严重变化，应及时报请主管部门，按有关规定妥善处理。同时，还要实施安全检查，对库房的消防设备状态、仪表设备运行情况以及卫生状况是否符合要求，进行认真的检查，并做好防虫、防火、防霉等工作。

5. 商品出库

商品出库是仓储业务的最后阶段，要求做到以下几点。

① 必须由业务部门开具齐备的提货单，并认真验证核查，手续齐备，商品才能出库。

② 对交付的商品，要认真对单核对品种、规格，数量要准确，质量要完好，复核要仔细，不错、不漏，单货同行。

③ 商品的包装完整，标志准确、清晰，符合运输要求。

④ 对预约提货的商品，应及早备货。

⑤ 为了维护企业经济利益，商品出库应符合先进先出、接近失效期先出、易坏先出的"三先出"原则，及时发货，但变质失效的商品不准出库。

案例 5-1

仓库管理作业应注意的问题

仓库管理是指对商品储存空间的管理。仓库管理作业应注意的问题如下。

① 库存商品要进行定位管理，其含义与商品配置图表的设计相似，即将不同的商品按分类、分区管理的原则来存放，并用货架放置。仓库内至少要分为三个区域：第一，大量存储区，即以整箱或栈板方式储存；第二，小量存储区，即将拆零商品放置在陈列架上；第三，退货区，即将准备退换的商品放置在专门的货架上。

② 区位确定后应制作一张配置图，贴在仓库入口处，以便于存取。小量储存区应尽量固定位置，整箱储存区则可弹性运用。若储存空间太小或属冷冻（藏）库，也可以不固定位置而弹性运用。

③ 储存商品不可直接与地面接触。一是为了避免潮湿，二是由于生鲜仪器的规定，三是为了堆放整齐。

④ 要注意仓储区的温、湿度，保持通风良好、干燥、不潮湿。

⑤ 库内要设有防水、防火、防盗等设施，以保证商品安全。

⑥ 商品储存货架应设置存货卡，商品进出要注意先进先出的原则。也可采取色彩管理法，如每周或每月用不同颜色的标签，以明显识别进货的日期。

⑦ 仓库管理人员要与订货人员及时进行沟通，以便到货的存放。此外，还要适时提出存货不足的预警通知，以防缺货。

⑧ 仓储存取货原则上应随到随存、随需随取，但考虑到效率与安全，有必要制定作业时间规定。

⑨ 商品进出库要做好登记工作，以便明确保管责任。但有些商品（如冷冻、冷藏商品）为讲究时效，也采取卖场存货与库房存货合一的做法。

⑩ 仓库要注意门禁管理，不得随便入内。

5.1.4 食品商品的储存

1. 食品商品的储存性能

食品商品可分为天然食品和加工食品，它们的储存性能是有一定差异的。

（1）天然食品的储存性能

天然食品的储存性能受多方面因素的影响，如品种、产地、饲养和栽培条件及收获季节等。

（2）加工食品的储存性能

加工食品是指以天然食品为原料经加工而得到的产品。加工食品大多数经过加工处理和具有完善的包装，所以储存性能优于天然食品。

2. 食品在储存过程中的质量变化

（1）食品在储存过程中的生理生化和生物学变化

① 呼吸作用。

呼吸作用是粮食、水果、蔬菜等有生命商品生理活动的主要标志。旺盛的呼吸能加速商品成分的分解，引起品质劣变。商品的呼吸作用在有氧和缺氧的条件下均能进行。在有氧条件下，商品进行有氧呼吸时，基本的成分变化是淀粉分解为葡萄糖，葡萄糖被氧化为二氧化碳和水，并产生热量。商品处于缺氧条件下，进行缺氧呼吸，商品中葡萄糖分解为酒精、二氧化碳，并产生热量。这个化学反应过程与发酵酒一样，因此又把它看成发酵作用。旺盛的有氧呼吸和缺氧呼吸均不利于商品品质，故采取适宜措施，抑制商品的呼吸作用，使商品的呼吸作用处于微弱状态，既可防止商品品质劣变，又能保持商品的天然耐储性。

② 后熟作用。

后熟作用是菜果采收后其成熟过程的继续，主要发生在果品、瓜类及果菜类产品的储藏中。经过后熟作用，果蔬颜色改变，风味改进，食用品质提高。后熟过程是有机体生理衰老的阶段，菜果完成后熟时已处于生理衰老的阶段，因而失去耐储性，进而腐坏变质。因此，对于储藏的菜果应控制储藏条件来延缓其后熟与衰老过程的进行。

③ 萌发与抽薹。

萌发与抽薹是二年生或多年生蔬菜产品打破休眠状态，由营养生长期进入生殖生长期时出现的一种生物学现象。萌发是蔬菜休眠芽开始发芽生长，而抽薹则是花茎生长的结果。高温、高湿、充分的氧气及日光照射等条件，均能促进蔬菜的萌发和抽薹。

④ 僵直和软化。

僵直又称尸僵，是指畜、禽、鱼死后一段时间内发生的生化和形态上的变化，促使肌肉纤维收缩，肉体呈僵直状态。

软化是指畜、禽肉在僵直达到最高点以后进一步的变化。

（2）食品储存中由微生物引起的变化

① 霉腐性。

霉腐性是有机物商品在微生物作用下而改变其原有的外观、强度、气味、食用品质等所表现出来的性质。微生物以有机物商品作为基质，附于其上生长繁殖，直接破坏商品的质量，而且微生物在代谢过程中产生的分泌物和毒素也严重影响商品的使用价值。微生物对有机物商品的危害是严重的，但微生物需要一定条件才能生存和繁殖，从而危害有机物商品。在不适宜的条件下，它的生命活动会被抑制，甚至被杀灭，故创造不适宜微生物生存的条件是保证有机物商品品质安全的重要措施。

② 酵解性。

酵解性指多糖类的商品在无氧状态下分解的性质。含糖类的商品，特别是食品，因具有酵解性，在酵母菌和酶的作用下易于发酵分解而生成其他物质。发酵既能造成食品变质，也是食品加工过程中的一个重要的方法，称为“发酵工程”。

（3）食品储存中的脂肪氧化酸败

脂肪氧化酸败是含有脂肪的商品在酸、碱、酶的作用下水解生成新的物质的性质。

脂肪产生水解反应，甘油酯分解为甘油和脂肪酸，分解出的脂肪酸越多越容易酸败。油脂在空气中放置过久，便会产生难闻的气味，这种变化称为酸败。鉴定脂肪的新鲜程度，就要测定脂肪中游离脂肪酸的含量。通常用中和一克油脂中的游离脂肪酸所需的氢氧化钾的毫克数来表示，其数值称为酸价。酸价是个变量，同种油脂新鲜时酸价值小；反之酸价值高，质量就差。所以，以此作为鉴定脂肪新鲜程度的指标。

3. 食品的储存方法

（1）低温储存法

低温储存法是利用低温抑制微生物繁殖和酶的活性使生化变化速度降低的一种常用食品保鲜方法。低温储存按储存的温度不同又分为冷却储存和冷冻储存两种。

冷却储存又称冷存，储存的温度一般在 0～10℃，食品不结冰。由于温度在 0℃以上，某些嗜冷性微生物仍可繁殖，而且食品中酶的活性并未完全被控制，因此储存期限不宜过长。

冷冻储存又称冻结储存。目前我国冷冻储存主要用于畜、禽、鱼、肉的储存保鲜。冷冻的温度为-18℃，抑制了微生物的活动和酶的活性，因而冷冻食品可以较长时间储存。

（2）盐腌与糖渍储存法

盐腌与糖渍储存法利用食盐或食糖溶液高渗透压和降低水分活性的作用，使微生物原生质脱水死亡，从而达到储藏食品的目的。

（3）气调储存法

气调储存法即调节环境气体成分的储存方法。其原理是改变仓库或包装中的正常空气组成，降低氧含量，提高二氧化碳含量，以减弱鲜活食品的呼吸强度，抑制微生物发展和食品的化学成分变化。气调储存需要有低温条件配合，才能收到良好效果，因此气调储存可以看成低温储存的强化手段。自然界的生物进行呼吸时大都吸收氧气和放出二氧化碳，而氧主要由空气供给。呼吸旺盛和微生物繁殖是鲜活食品容易变质的主要原因。因此，在储存时，降低空气中的氧含量，提高二氧化碳含量，同时储存在低温条件下，必然使鲜活食品和微生物的呼吸作用受到抑制，从而增强鲜活食品的储存性能。具体的方法有两种：一是普通气调储存，利用鲜活食品本身的呼吸作用，消耗空气中的氧和增加二氧化碳的浓度，以达到调节气体成分的目的。其中又有密闭性高的气密库储存法和塑料薄膜袋储存法。二是机械气调储存，利用二氧化碳发生器控制氧的含量来调节密封库内的空气成分。

5.2 商品养护

在日常生活中，人们所熟悉的很多商品，如烟酒、糖茶、服装鞋帽、医药、化妆品、家用电器以及节日燃放的烟花爆竹等，有的怕潮、怕冻、怕热，有的易燃、易爆。因此，针对原材料、性质不同的特点，就要在储存的过程中进行不同的保管、维护，这就是商品养护。

商品只能在一定的时间内和一定的条件下，保持其质量的稳定性。商品经过一定的时间，则会发生质量变化，这种情况在运输和储存中都会出现。而且商品不同，其质量变化的快慢程度也不同。商品本身和储运条件决定商品质量的变化程度，同时也决定了商品流通的时间界限。商品越容易发生质变，它对储运条件的要求就越严格，它的空间流通就越狭窄，它的销售市场就越带有地方性。因此，易发生变质的商品，对它的流动时间限制就越大，就越需要商品养护。影响仓储商品质量变化的因素很多，其中最重要的是空气的温度与湿度。

商品养护是指对储存商品所进行的保养和质量维护。从广义来说，商品离开生产领域，未进入消费领域之前，这一段过程的保养与维护都称为商品养护。商品储存是商品养护的必要条件，商品养护是商品储存的必然产物，有商品储存就必然有商品养护。

5.2.1 温、湿度管理

影响储存商品质量变化的环境因素很多，其中最主要的是空气的温度和湿度。可以说，商品储存中几乎所有的质量变化都与温、湿度有关。因此，必须加强库内温、湿度管理，采取各种措施，创造适宜的温、湿度条件，从而确保储存商品的安全。

1. 温、湿度对商品的影响

（1）温度对商品的影响

怕热的商品，如油毡、复写纸、各种橡胶制品及蜡等，如果储存温度超过要求（30～35℃）就会发黏、熔化或变质。某些怕冻的商品，如医药针剂、口服液、墨水、乳胶等，则会因库存温度过低出现冻结、沉淀或失效。例如，苹果储藏在 1℃时比储藏在 4～5℃时寿命要延长 1 倍。但储藏温度过低可引起果实冻结或生理失调，也会缩短储藏寿命。

（2）湿度对商品的影响

由于商品本身含有一定的水分，如果空气相对湿度超过 75%，则有吸湿性的商品就会从空气中吸收大量的水分而逐渐增大本身的含水量，从而对质量产生影响，如食盐、麦乳精、洗衣粉等出现潮解、结块，服装、药材、糕点等生霉、变质，金属氧化生锈。而空气相对湿度过小（低于 30%），也会使一些商品的水分蒸发而影响质量，如皮革、香皂、木器家具、竹制品等发生开裂，失去商品的使用价值。因此，经常观察和了解气象变化的规律，根据要求进行调整，才能保证商品的质量。

2. 温、湿度及其变化规律

（1）温度变化规律

空气温度是指大气冷热程度，简称气温。气温是指近地面层大气的温度。气温的变化分为周期性变化和非周期性变化。周期性变化又分为日变化和年变化。

一年中气温最高在 7（内陆）～8（沿海）月，最低在 1（内陆）～2（沿海）月，年平均气温在 4 月底和 10 月底。一年中月平均气温的最高值与最低值之差称为气温的年较差。

一昼夜中最低气温在凌晨日出前，最高气温在下午 2～3 时，次日又开始循环。一昼夜中最高与最低气温的差值，称为气温的日变幅。

（2）湿度变化规律

相对湿度的年、日变化随气温的升高而减小，随气温的降低而增大，所以相对湿度的年变化趋势与气温年变化相反，一般最高值在出现在冬季，最低值出现在夏季。但是，各地相对湿度的年变化也不完全一样。

库房温度变化的一般规律：从季节看，一般1～4月和10～12月气温低于库温；6～8月，气温则高于库温；4～5月和9～10月气温和库温大致相当。

3. 湿度的表示方法及变化规律

湿度是指空气中水蒸气含量的多少或空气的潮湿程度。空气中的水蒸气含量越高，其湿度越大。可用绝对湿度、饱和湿度、相对湿度、露点等表示。

（1）绝对湿度

绝对湿度指单位体积空气中所含水蒸气量的多少，用克/立方米表示，也可用毫巴（mb）或水银柱（mmHg）来表示。温度越高，水蒸气蒸发越多，绝对湿度越大。

（2）饱和湿度

饱和湿度指在一定气温、气压下单位体积空气中所能容纳的水蒸气的水最大限度，用克/立方米表示。饱和湿度一般随温度升高而增大，随温度降低而减小。如果空气中的水蒸气含量超过此限量，多余的水蒸气就会凝成液态水从空气中析出。

（3）相对湿度

相对湿度指在某一特定气温和气压下空气绝对湿度与饱和湿度的百分比，即

$$相对湿度=绝对湿度/饱和湿度\times 100\%$$

它表示了空气中实际水蒸气量达到饱和状态的程度。相对湿度越大，空气越潮湿，水分就越不易蒸发。仓库中的湿度管理，主要是指相对湿度的控制与调节，是根据相对湿度来了解和调节库内空气的干、湿程度。

（4）露点

露点是露点温度的简称，指空气中所含水蒸气因气温下降达到饱和状态而开始液化成水（结露）时的温度。含有水蒸气的空气，其相对湿度会因温度的降低而增大，当温度降到某一数值时，空气中的水蒸气达到饱和状态（即相对湿度达到100%），随之就会液化，附在商品或库房建筑物等与空气接触的表面上，这种现象称为结露，俗称出汗。这时的温度即为露点温度。因此，露点是以温度表示湿度的概念。在商品储存的环境中，如果温度低于露点，空气中超饱和的水分就会在温度低的商品或其他物体表面凝结成水珠。这对于怕潮商品有较大的危害。

4. 温、湿度的控制与调节

为确保库内商品质量完好，库内温、湿度应保持在一定范围内。温、湿度管理是商品养护的重要日常工作，是维护商品质量的重要措施。要做好仓库的温、湿度管理工作，需要采取一定的措施来控制库内温、湿度的变化。对不适合商品储存的温、湿度，要及时进行控制和调节，创造适宜于商品储存的环境。控制和调节仓库温、湿度的常用方法有密封，通风，吸潮，升温和降温，自动调控温、湿度等。

（1）密封

利用防潮、绝热、不透气的材料把商品严密封闭起来，以隔绝空气，降低或减小空气温、湿度对商品的影响，从而达到商品安全储存的目的。密封形式有整库、整垛、整柜、整件密封等。在仓库中主要采用前两种形式。整库密封时，地面可采用水泥沥青、油毛毡等制成防潮层隔潮，墙壁外涂防水砂浆，内涂沥青和油毛毡，库内做吊平顶，门窗边缘使用橡胶条密封，在门口可用气帘隔潮。

（2）通风

根据空气流通的规律，有计划、有目的地使仓库内外空气交换，达到调节库内空气温、湿度，使之适应储存商品的需要。通风的方法有自然通风和机械通风。前者是开启库房门窗和风洞，让库内外的空气进行自然对流的通风方法；后者是在库房上部装设排气扇，下部装设送风扇，以加速空气的交换的通风方法。采用通风的方法调节库内温、湿度的关键是选择和掌握通风时机。通风时机的选择，主要依据商品性质和库内外温、湿度的差异，以及库外风向、风力等因素，向机通风才能达到预期的目的。通风时机的选择，应掌握以下原则：通风时最好能达到既散热又散湿的目的，如不能达到这两个目的，也应在不升高库温的前提下通风散湿，或在不增加湿度的前提下通风降温。在实际工作中库外温、湿度都低于库内温、湿度，或库内外温度相同而库外湿度低，或库内外湿度相同而库外温度低时，都可以通风。

（3）吸潮

吸潮指在阴雨天气或雨季，库内外湿度都比较大，不易通风时，在库房密封条件下利用机械或吸潮剂来降低库内的湿度。机械降湿利用去湿机的蒸发器将水蒸气凝成水滴排出，把冷却干燥的空气送入库内，如此不断循环，排除水分，促使库内降湿。吸潮剂具有较强的吸潮性，能迅速吸收库内空气中的水分，进而降低相对湿度。吸潮剂有吸附剂和吸收剂。吸收剂主要吸收水分，常用生石灰和无水氯化钙等；吸附剂具有大量毛细孔筛，对水蒸气有强烈吸附作用，常用的有活性炭、分子筛、硅胶等。硅胶的吸附性能优良，吸潮后仍为固态，对商品无不良影响，而且经烘干可重复使用，多用于仪器、电信器材、照相器材、钟表等贵重商品的防潮。

（4）升温和降温

当不能用通风来调节温度时，可用暖气设备来提高库房温度，也可用空调设备来升温或降温。

（5）自动调控温、湿度

自动调控温、湿度指利用光电自动控制设备，在规定的仓库温、湿度范围内自动报警，开窗，开动去湿机，记录和调节库内温、湿度等；当库内温、湿度调至适宜时，又可自动停止工作。自动控制设备具有占地面积小（仅 1 平方米左右）、使用灵敏准确的优点，为最先进的仓储设备。

5.2.2　仓储商品的养护措施

商品发生质量变化有一个从量变到质变的过程。因此，商品养护工作必须坚持以防为主，从加强仓储管理入手，同时针对不同商品的不同性质、特点，采取相应的措施，以防变质。

对即将和已经发生质量变化的仓储商品，必须从技术上采取正确的养护方法，以挽回或减少商品损失。

1. 商品微生物危害与防治

商品在某些霉腐微生物的作用下，会产生生霉、腐烂或腐败的现象。

（1）化学药剂防霉腐

有些商品可采用药剂防霉，在生产过程中将防霉剂加入商品中，或把防霉剂喷洒在商品体和包装物上，或喷洒在仓库内，可达到防霉的目的。防霉剂能使菌体蛋白质变性，破坏其细胞机能；能抑制酶的活性，破坏菌体正常的新陈代谢；降低菌体细胞表面张力，改变细胞膜的通透性，导致细胞的破裂或分解，即可抑制酶体的生长。苯甲酸及其钠盐对人体无害，是国家标准规定的食品防腐剂。托布津对水果、蔬菜有明显的防腐保鲜作用。

（2）气调防霉腐

有些商品还可以采用气调防霉腐方法，即在密封条件下，采用缺氧的方法，抑制霉腐微生物的生命活动，从而达到防霉腐的目的。气调防霉腐主要有真空充氮防霉腐和二氧化碳防霉腐两种方法。气调防霉腐对好气性微生物的杀灭具有较理想的效果。真空充氮防霉腐是把商品的货垛或包装用厚度不小于 0.25mm 的塑料薄膜进行密封，用气泵先将货垛或包装中的空气抽到一定的真空程度，再将氮气充入。二氧化碳防霉腐，不必将密封货垛抽成真空，少量抽出一些空气，然后充入二氧化碳，当二氧化碳气体的浓度达到 50%时，即可对霉腐微生物产生强烈的抑制和杀灭作用。

（3）低温冷藏防霉腐

低温冷藏防霉腐指利用各种制冷剂降低温度，以保持仓库中所需的一定低温，抑制微生物的生理活动，达到防霉腐的目的。

（4）干燥防霉腐

干燥防霉腐指通过降低仓库环境中的水分含量和商品本身的水分含量，达到防霉的目的。干燥法，一方面对仓库进行通风除湿，另一方面采用晾晒、烘干等方法降低商品中所含的水分。

商品防霉腐除以上较常用的方法外，还有蒸汽法、自然冷却法、盐渍法。目前在食品防霉腐中采用的射线防霉腐，越来越受到广泛的重视。

2. 仓库害虫的防治

很多商品是用动物性或植物性材料制成的，因而易遭仓虫危害。仓虫不但破坏商品组织结构，使商品出现孔洞直至破碎；还会排泄各种代谢废物沾污商品，降低商品的外观和内在质量。仓库害虫适应仓库环境，以仓储物为主要危害对象。其传播途径：一是自然传播，二是人为传播。其自下而上的条件主要是温度。仓库害虫是变温动物，能使其生长、发育、繁殖的温度是 15～35℃，停止生育的温度是 0～15℃及 35～40℃，低于 0℃和高于 40℃就达到了仓库害虫致死温度。仓虫体内的水分主要来源于商品所含水分。一般仓库害虫可在商品水分 13%以上和相对湿度 70%以上的条件下生活。干燥的环境会使害虫休眠甚至死亡。

仓虫的防治要贯彻以防为主、防重于治的方针，防治的具体方法如下。

（1）卫生防治

卫生防治是杜绝仓虫来源和预防仓虫感染的基本方法，是造成不利于仓虫生长发育的条件，使仓虫不适宜自下而上的一种限制性措施。仓储中要经常保持库房的清洁卫生，使害虫不易滋生，彻底清理仓具和密封库房内外缝隙、孔洞等，严格进行消毒；严格检查入库商品，防止害虫进入库内，并做好在库商品的经常性检查，发现害虫及时处理，以防蔓延。

（2）物理机械防治

一是自然或人为调节库房温度，使库内最低温度和最高温度超过仓虫不能自下而上的界限，达到杀死仓虫的目的；二是利用人工机械清除的方法，将仓虫清除。

（3）化学药剂防治

利用杀虫剂杀灭仓虫的方法，具有彻底、快速、效率高的优点，兼有防与治的作用。但也有对人有害、污染环境、易损商品的缺点，因此在粮食及其他食品中应限制使用。在使用化学药剂防治中必须贯彻下列原则：对仓虫有足够的杀灭能力，对人体安全可靠，药品性质不会影响商品质量；对库房、仓具、包装材料较安全，使用方便，经济合理。化学药剂防治方法有以下几种。

① 驱避法：将易挥发和刺激性的固体药物放入商品包装内或密封货垛中，以达到驱虫、杀虫的目的。常用的有萘、樟脑精等，一般可用于毛、丝、棉、麻、皮革、竹木、纸张等商品的防虫，不可用于食品和塑料等商品。

② 喷液法：用杀虫剂进行空仓和实仓喷洒，直接毒杀仓虫。常用的杀虫剂有敌杀死、敌敌畏、敌百虫等。除食品外大多数商品都可以进行实仓杀虫或空仓杀虫。

③ 熏蒸法：利用液体和固体挥发成剧毒气体来杀死仓虫的防治方法，常用的药剂有氯化苦、溴代甲烷、磷化铝等。这种方法多用于毛皮库和竹木制品库的害虫防治。

另外，还有高低温杀虫、电离辐射、灯光杀虫、微波、远红外线杀虫等方法。

综合防治方法是指根据害虫的生活习性，人为地加以控制和创造对害虫不利的生长、发育和繁殖的外部环境，达到防治仓虫的目的。在综合防治中，需要各部门、各环节的协调配合，把防治害虫的基本措施与各种防治方法有机结合起来，因地制宜地开展综合防治，才能收到良好的效果。

3. 金属商品的防锈蚀

金属锈蚀是指金属制品在环境介质（潮湿的空气及酸、碱、盐等）作用下，发生化学或电化学反应所引起的破坏现象。在储存中发生锈蚀的因素有两个方面：一是金属制品原材料结构不稳定，化学成分不纯，物理结构不均匀等，这是引起金属制品锈蚀的内因；二是由于空气温、湿度的变化，空气中的腐蚀性气体和金属表面的尘埃都是金属制品发生锈蚀的外因。因此，在库房管理中，应针对金属锈蚀的原因，采取必要的防锈蚀措施，以确保金属制品的安全。

① 创造良好的条件，选择适宜的场所，改善储存环境，是进行金属制品养护的最基本措施。储存金属制品的仓库，要求通风干燥，门窗严密，便于调节库内温、湿度，防止出现较大温差，相对湿度一般不超过 70%。严禁与化工商品或含水量比较高的商品同库储存，以免相互影响，引起锈蚀。

② 涂油防锈就是在金属制品表面涂一层油脂薄膜，以起到将金属与外界环境隔离的作用，从而防止或减弱金属制品生锈。涂油防锈法简便易行，效果也较好，但随着时间的推移，防锈油会逐渐消耗，或者由于防锈油的变质而使金属制品生锈，所以用涂油法防护金属制品生锈要经常检查，发现问题及时采取新的涂油措施，以免造成损失。目前采用的油脂主要有蓖麻油、变压器油、凡士林、黄油、机械油、仪器油等。为提高防锈油的耐热性能、油脂强度以及对制品表面的附着力，常加一些蜡、松香和缓蚀剂。

③ 气相防锈是利用气相缓蚀剂来防止金属制品生锈的一种较新的方法。气相缓蚀剂是一种挥发性物质，靠挥发出来的气体达到防锈的目的。气体无孔不入，它可慢慢地充满整个包装空间，包括空隙和小缝。因此，气相防锈具有方便、封存期长、包装干净和适用于结构复杂的金属制品防锈等优点。气相缓蚀剂的使用方法有气相防锈纸法、粉末法、溶液法等。

④ 除锈方法主要有手工除锈、机械除锈、化学药剂除锈等。除锈后的金属制品应立即采取有效的防锈措施，以防再次生锈。

4. 防止商品老化

根据高分子材料的性能变化规律，采取各种有效措施，达到减缓其老化速度、延长其使用寿命的目的。高分子材料（塑料、橡胶、化纤等）在光、氧、温度等因素的作用下，会出现发黏、变软、脆裂、僵硬、龟裂、变色、退色、透明度下降等现象，引起各种性能的改变，这些现象就是老化，严重的老化会使制品丧失使用价值。高分子制品的老化原因之一是受外界因素的影响，如光、热、氧等对高分子制品的作用，使制品氧化，分子结构发生变化，由长链分子产生交联或断裂。原因之二是高分子制品内的增塑剂挥发。其基本防治方法是：严格控制高分子制品的储放条件，库房要清洁干燥，避开热源，避免日光直射，控制和调节好库房温、湿度，合理堆码，防止重压。在生产中常采用添加抗老剂、涂漆、涂蜡、涂油、涂布等方法，以防止外因的作用。

习题

一、简答题

1．简述仓库的温、湿度管理。

2．如何防治金属制品商品锈蚀？

二、能力分析题

联系实际说明商品霉腐的防治方法。

第2篇

日用工业品商品知识

日用工业品目前主要指除食品、纺织品以外的日常使用的工业品。日用工业品种类非常繁多，与广大人民群众的工作、生活息息相关。

按照商品的原料分，日用工业品可分为日用金属制品（铝制品、铁制品、不锈钢制品等）、塑料制品（通用塑料制品、特种塑料制品等）、洗涤用品和化妆品、硅酸盐制品（玻璃制品、陶瓷制品、搪瓷制品等）、纸张（纸、纸板等）。

第 6 章　日用金属制品

日用金属制品种类繁多，应用广泛，是人们日常生活中不可缺少的用品。金属的冶炼和金属制品的生产具有悠久的历史。公元前 2500—2000 年我国已能冶炼铜，到了商代青铜的冶铸技术达到了相当高的水平，制造的青铜器形状宏伟、造型复杂、制作精巧。

我国是制造金属器物最早的国家，无论是青铜器还是铁器的生产均远超当时欧洲各国。但二百年来由于封建王朝实行了封闭锁国政策和帝国主义的侵略，我国的冶金业发展极为缓慢，到建国前已远远落后于发达国家。

新中国成立后我国的冶金业得到了迅速发展。近年来金属的生产无论是数量上还是品种上都跃入了世界先进行列。日用金属制品不但满足了国内日益增长的需求，还远销世界各地，深受各国人民喜爱。

6.1　铝制品

6.1.1　概述

1. 铝制品的发展概况

铝是一种白色金属，俗称“钢精”，因此铝制品也称钢精制品。铝制品具有质轻、美观、坚固耐用、导热快、节约燃料等特点，深受人民群众欢迎。

我国铝蕴藏量极为丰富，制铝工业发展非常快。通过技术革新和采用新技术，我国铝制品的花色品种也不断增加，产品质量不断提高。目前，铝制品已成为人民日常生活中的常用日用品。

2. 铝的种类

铝制品的原料主要有生铝、熟铝和铝合金三种。

生铝也称铸铝，杂质含量在 2%以上。这种铝比较脆，在碾轧时容易碎裂，不能冲压成形，只能用翻砂法铸造成形。

熟铝是指纯度在 98%以上的铝，也称精铝。这种铝的性质比较柔软，适合于碾压成片或冲压成各种日用铝制品。

铝合金是指在铝中加入适量的硅、铜、镁、锰等金属元素所形成的金属。目前使用的铝合金主要是铝锰合金，锰占 1%～1.6%，其强度显著提高，抗腐蚀性和硬度也相应提高，因此延长了铝制品的使用寿命。

3. 铝的性质

铝呈银白色，反光能力很强，打磨后微带蓝色。铝的密度比较小，纯度在 99.3%的铝，密度为 $2.7g/cm^3$，是铜的 1/3，含杂质较多时，密度稍大。铝的延展性非常好，越纯的铝越柔软，可以把它压成不到报纸 1/10 厚的铝箔。因此，铝锅的厚度一般不到 1mm，而铁锅的厚度通常为 4～5mm，相比之下铝制品非常轻巧灵便。铝的熔点较低，纯铝的熔点是 660℃，含杂质的铝熔点更低，铝制品使用时应避免干烧。铝的比热容较低，远远低于铜和铁，因此传热较快，适合做各种炊具，既省时间，又省燃料。

铝有一定的防蚀性，这是因为铝在空气中能同空气中的氧发生化学反应，生成一层三氧化二铝薄膜，这层膜精细致密，能阻止内部的铝同其他物质发生反应，起到保护作用。铝的耐酸、耐碱性都比较差，因为铝是两性金属，性质比较活泼，既能和酸反应，也能和碱反应。使用中应注意铝摄取过多会导致神经系统疾患。

6.1.2 铝制品的制造工艺

1. 熟铝制品的制造

① 熔铝、浇铸和洗块。
② 热轧、冷轧和热处理。
③ 切片、揩油和冲型。
④ 剪卷边、压光和表面处理。
⑤ 初检、冲孔、铆把和检验。
⑥ 轧商标、装箱出厂。

2. 生铝制品的制造

生铝性质脆硬，只能用压铸或浇铸成形的方法来制造。

（1）压铸成形

将铝锭和杂铝熔化成铝液，倒入模型的母模内，放下子模压铸，稍压冷却后提起子模，取出毛坯，再用砂轮磨去毛边飞刺或车光表面，就形成了制品。一般大件制品采用此法。

（2）浇铸成形

浇铸用模具多为阴阳两个模合在一起，模具有浇液口和料道。将铝液从浇液口倒入，经料道流入模具内，模具注满后冷却片刻，即可开模取出毛坯，然后磨去毛边飞刺，即成为生铝制品。一般小件制品采用此法。

3. 铝制品的表面处理

表面处理是铝制品成型后，为提高其质量而进行的重要加工过程。它不但起到装饰效果，而且可以提高产品的性能和延长使用寿命。常用的表面处理方法有洗白、砂光、抛光、阳极氧化、电洗、瓷质氧化和喷漆等。

（1）洗白

洗白是一种化学表面处理方法，先利用 12%左右的氢氧化钠水溶液进行浸洗，使产品表面的油污皂化，再用热水清洗两次，然后用 6%的硝酸浸洗 2～10 秒，中和残留碱，最后用清水清洗，热炉烘干。这种方法操作简便，成本低。洗白处理后的制品表面呈现细腻柔和的银白色，显得洁净。这种处理方法不破坏制品表面的自然氧化膜，而且还使其强度有所增加，比砂光、抛光制品耐用，但美观性较差。这是一种常用的表面处理方法。

（2）砂光

砂光也称磨光，将铝制品紧套在旋转的砂光台上，用 25 号或 30 号的砂布紧贴在制品的表面，随着砂光台的旋转，利用砂布的摩擦作用去除铝制品表面的污垢。这种方法操作简单，成本低。砂光后的制品表面具有银白色光泽和隐约可见的有规律的条纹，对制品起到一定的装饰作用。砂光会破坏制品原有的氧化膜，使制品的耐腐蚀性变差，同时制品沾污后也较难清洗干净。

（3）抛光

铝制品的抛光多采用机械抛光法。机械抛光是将砂光或洗白后的产品紧贴在旋转的布轮上，加上抛光皂打磨制品的表面。抛光后的制品表面形成精细的氧化膜，光亮如镜，较为美观，但用手摸时易留下印痕。抛光制品的耐腐蚀性比砂光制品强，较洗白制品弱。

（4）阳极氧化

阳极氧化是用电化学的方法在制品表面形成一层人工氧化膜的处理方法，因铝制品在阳极完成氧化过程，故称为阳极氧化。

铝与空气中的氧发生反应生成的氧化膜为自然氧化膜。自然氧化膜的厚度较薄，为 0.0001～0.00015mm，且厚度不均匀，抗腐蚀能力较低。为提高抗腐蚀能力，可用阳极氧化的方法增加氧化膜厚度。阳极氧化后氧化膜厚度可达 0.005～0.02mm，最厚可达 0.3mm。阳极氧化制品具有耐腐蚀、耐磨、使用寿命长的特点，并具有良好的附着力，能进行染色，提高制品的装饰效果和艺术性。

（5）瓷质氧化

瓷质氧化是阳极氧化的一种，是以草酸和硫酸组成的混合酸液为电解液进行的氧化处理。基本工艺与普通阳极氧化相同，不同的是氧化前后都要进行抛光处理，氧化时间长，氧化膜厚，是普通制品的两倍以上。瓷质氧化制品表面光亮，有接近瓷釉的光亮度，抗腐蚀能力强，寿命长，可以印花，色泽鲜艳，但耐磨能力低于普通阳极氧化制品。现在常用的铝制品属于此类。

（6）氧化着色

阳极氧化的工艺过程分两大步：一是在电解液中进行氧化，形成一层粗糙的蜂窝状的氧化膜；二是在蒸汽罐中进行封闭处理。如果在封闭前对制品进行染色，封闭后则形成有色制品，这种工艺即为氧化着色。由于着色剂对氧化膜有一定的影响，所以氧化着色制品的耐腐蚀能力不如普通阳极氧化制品。

（7）电洗

电洗也称轻氧化，是阳极氧化的一种，只是时间短，生成的氧化膜薄，约为 0.002mm，呈微黄色，耐腐蚀能力优于洗白制品。电洗也是一种常用的表面处理方法。

（8）喷漆

喷漆也称静电喷漆，利用静电发生器产生高压静电场，用喷枪将漆雾喷入静电场，雾状漆粉就被吸附到铝制品表面。喷漆法主要用于背带水壶、军用饭盒等，漆色多为草绿色、咖啡色等。

6.1.3 铝制品的规格和品种

1. 铝制品的规格

铝制品种类繁多，按照商业习惯可分为铝锅和铝杂件两大类。铝锅按外形可分为高锅、砂锅、浅底锅、提梁锅、双耳蒸锅、菊花锅、厚底锅、光复锅、压力锅、单蓖蒸锅、双蓖蒸锅、电饭锅等十几种。铝杂件的品种和式样也比较多，大致有铝壶、茶壶、口杯、面盆、痰盂、调羹、铲刀、水瓢、衣架等几十种。

铝锅的规格以锅壁上口内径的尺寸为标准，铝壶以壶底的外径尺寸为标准，以厘米为计量单位。例如，22cm 的铝锅是指锅上口的内径为 22cm。

铝制品分两个等级：一等品和二等品。其余的则为等外品，不投入市场。

2. 铝制品的品种

（1）铝锅

铝锅的规格以锅口内径为标准，以厘米为单位取整数，并采用偶数系列编号，如 16、18、20、22、24、26、28、30cm 等。铝锅的容量、锅身高度、锅壁和底的厚度随锅口增大而增大。铝锅的内外一般采用砂光处理；也可采用外面抛光，里面砂光、全部洗白及阳极氧化处理。蒸格均经洗白处理。图 6.1 是几种常见的铝锅。

图 6.1 几种常见的铝锅

（2）铝杂件

铝杂件主要有铝水壶、铝盆、饭盒、菜盒和其他杂件。

铝水壶有精铝水壶、背带水壶、咖啡壶等，规格有 12、14、16、18、20、22、24、26cm 8 种。

铝盆主要有菜盆、面盆、洗衣盆等，它们之间的区别主要是大小不同。

饭盒、菜盒和形状比较多，规格有特大、大、中和小号 4 种。

其他杂件有铝铲、汤勺、漏勺、水舀、痰盂等。

6.1.4 铝制品的质量

1. 铝制品的质量要求

铝制品的质量，一般取决于三个方面：规格尺寸和组成部件的配合、理化性能和表面质量。

铝制品底部和壁的厚度要配合适当，厚底薄壁制品，底与壁的厚度之比不得小于 1.7∶1。铝制品的内径和盖的配合要松紧适当，内径的误差在±0.1～±0.5mm 之间。锅柄铆接要牢固，在锅内装入重量比该锅容水量重两倍的均匀物质，以 1s 提起 1m 的速度连续提起 10 次，锅柄不变形、无松动为合格。胶木配件要结实，将配件放入沸水中，煮 15min 取出，用冷水迅速冷却到常温，以没有裂纹和气泡为合格。

2. 铝制品的外观疵点

铝制品的外观疵点是判定铝制品等级的重要依据。

熟铝制品容易出现的外观疵点有以下几种。

① 起皮。起皮也称重皮或爆皮，是指制品表面爆起极薄的铝皮。熔铝时杂质未能消除干净，轧片时就会产生这种现象。如果起皮在制品底部或在同一位置两面都有，则会降低制品的使用寿命。

② 麻坑。麻坑也称麻点，是指产品表面有浅的黑色小点。在熔化铝锭或浇块过程中，杂质未除干净，轧片或冲压毛坯时就会出现麻点，影响产品外观。

③ 气泡。气泡指产品表面鼓起的小泡。气泡是在熔化铝锭时，因铝液中气体没有排净造成的。气泡会降低制品的使用寿命，影响程度视气泡大小、数量及位置而不同。

④ 划伤。划伤也称斜道子或拉伤，指产品表面的斜形道痕，是在制造操作时不慎造成的。轻微的划伤只影响美观，大的或在底部的划伤则会降低制品的使用寿命。

⑤ 烙印。烙印也称垫坑、瘪印，指制品表面有小米粒似的小坑，而从反面看不出痕迹。烙印是在轧片、冲压时，由于涂抹的油脂不干净或模具上有沙粒、杂物造成的。烙印降低制品的使用寿命，若烙印在器皿底部则影响更大。

生铝制品常见的外观疵点有以下几种。

① 灰渣与夹灰。在浇铸铝制品毛坯以前，如果未去掉铝液中的灰渣，浇铸时灰渣就会混进毛坯，这会降低生铝制品的机械强度及使用寿命。

② 气孔与空洞。熔铝时某种气体如二氧化碳、氢气等被铝液吸收，在浇铸时就会产生气孔与空洞。气孔与空洞的存在，会降低制品的机械强度。

③ 缩孔与松心。在浇铸铝制品毛坯时，由于铝液凝固，体积缩小，浇口处常易产生缩孔。若在缩孔周围产生大量小孔，就形成松心。这会破坏制品邻近部位，降低使用寿命。

案例 6-1

从日常饮食看铝的危害

铝于 1989 年被世界卫生组织正式列入食品污染物名单，到底铝对人体有何危害？平时又该如何减少铝的摄取？

铝质轻，不生锈，传热快，光洁度佳，价格又便宜，因此常用于制造炊具。但近年来，医界研究报告指出，老年痴呆病患脑组织中的铝含量，高出健康者为10～30倍。这表示蓄积在人类脑中的铝将导致脑神经退化、记忆力减退、性格异常甚至痴呆。因此，如何在日常饮食中防范铝摄取过量，变成养生保健的新焦点。

铝是人体非必要的微量元素，进入人体内的铝会随着粪便排出体外，仅有少部分会留存在内脏组织及脑部。若长期过量食入，囤积在体内，将引发健康危机。目前有多项医学研究报告指出，铝对人体的危害，至少有下列数项。

① 老年痴呆：脑内蓄积过量的铝，会导致脑神经退化、记忆力减弱、健忘，最后变成老年痴呆。

② 提早老化：体内铝含量过多，容易引发早衰、降低心肺功能、体弱无力、皮肤加速出现皱纹。

③ 肠胃疾病：铝会降低胃蛋白酶的活力，减少胃液的分泌，导致腹胀和消化不良等肠胃疾病。

④ 骨质疏松：摄取过多的铝，会影响磷和钙的正常代谢，使骨骼变脆，导致骨质疏松。

⑤ 贫血：铁锅的铁是无机铁盐，能形成人体易吸收的可溶性铁盐，是人体得到铁质的重要途径之一，故长期用铝锅取代铁锅烹食，将导致缺铁性贫血。

减少铝对人体的危害，应从日常饮食着手。营养师表示：人们每天都会从饮食中摄入铝，尤其是铝制容器、炊具经常在烧水、煮饭、烹调及保存食物中，使铝溶出，进入饮用水及食物中，为人体吸收，进而危害身体。所以，为了减少铝的摄取量，请牢记下列饮食须知。

① 忌过食油条、烧饼。油条、烧饼掺有明矾，而明矾正是含铝的食物添加剂。

② 忌过食面食、糕点。蒸制的面食、糕点（如馒头、花卷、发糕）中的发酵粉，也是含有铝的食物添加剂。

③ 忌喝过量的浓茶。茶叶中有铝成分存在，嗜饮浓茶者摄取铝的量更多。

④ 慎用铝制容器、炊具。用新铝壶烧水或新铝锅烹煮食物之前，多煮沸几次，倒掉水，让铝释出，以减少铝的含量。并且忌用铝制品烹调或盛装酸性、碱性或过期的食物，避免起化学作用，增加铝的释出量。

3. 铝制品使用的注意事项

① 铝制品不能长期存放酸性、碱性、盐性等食物，制品使用后应及时洗净，以免腐蚀破坏制品。

② 制品表面沾污时，可用餐具洗涤剂进行清洗，切勿用炉灰、沙子等硬物摩擦，以免擦伤表面。

③ 铝制品最好经常使用，长期不用时应擦干存放于干燥通风处。

④ 铝制品切忌干烧，因铝的熔点较低，干烧时会出现熔化现象。

⑤ 新的铝制品烧水时，内壁会出现变黑现象，这是水中铁盐同铝发生化学反应造成的，这种产物无毒无害，也不会降低制品的使用寿命。首次使用可先煮一次稀饭，能避免变黑现象发生。

6.2 不锈钢制品

6.2.1 不锈钢的分类及特点

不锈钢是在钢中加入合金元素形成的特殊钢种。不锈钢具有不易生锈、化学稳定性好、光亮清洁、不会产生致癌物质等优点，深受人们的喜爱。在经济发达的国家，厨房用具已基本上不锈钢化，1980 年日本家用不锈钢厨房设备普及率已达 80%，很多国家已形成了规模巨大的生产不锈钢厨房用具的独立行业。我国不锈钢厨房用具的生产开始于 20 世纪 60 年代，最早在上海设立专业厂，发展速度很快，目前全国已有很多生产不锈钢厨房炊具和设备的专业企业。

1. 不锈钢的分类

不锈钢按其合金成分的不同，主要分为铬不锈钢和铬镍不锈钢两大类。

（1）铬不锈钢

铬不锈钢是在钢中加入含量超过 12.5%的铬形成的。当钢含碳量较低时，钢的电极电位就由低变高，同时在其表面形成一层致密的三氧化二铬薄膜，从而显著地提高了钢的耐锈蚀性。

常用的铬不锈钢的含铬量为 13%～18%。器皿和餐具常用的是 13—0、18—0 两种型号，前面的数字表示含铬的百分数，后面的数字表示含镍的百分数，它们的国际牌号是 SUS410、SUS430。13—0、18—0 型不锈钢在弱腐蚀介质中，温度不超过 30℃时，有良好的耐蚀性。

（2）铬镍不锈钢

铬镍不锈钢平均含铬 18%，含镍不低于 8%，所以简称 18—8 型不锈钢。

铬镍不锈钢具有比铬不锈钢更好的耐蚀性。这是因为大量的铬、镍不仅在钢的表面能形成致密的三氧化二铬保护膜，提高钢的电极电位，而且经淬火后能得到单相的奥氏体组织，非常稳定，常温下即使浸入 20%的硫酸中也不会被腐蚀，这种钢也称为奥氏体不锈钢。

铬镍不锈钢的国际牌号为 SUS304。

（3）两种不锈钢的区别

铬不锈钢，即 13—0、18—0 型不锈钢呈银白抛光色泽，有铁磁性，能被磁铁吸起，所以铬不锈钢又称为不锈铁。铬镍不锈钢，即 18—8 型不锈钢呈暗的银灰色光泽，无铁磁性，不能被磁铁吸起。

2. 不锈钢的特点

（1）机械强度

不锈钢具有较高的强度和硬度，使其制品不易磨损和破坏，使用寿命长。

（2）化学稳定性

不锈钢表面有一层致密的三氧化二铬保护膜，化学稳定性好，耐酸碱，耐腐蚀，无毒无味。不锈钢制品可较长时间存放酸性、甜性等食物，使用过程中不会产生氧化现象，不会产生致癌物质，安全可靠。

（3）光洁

不锈钢表面光洁，材质细腻，表面光亮耀眼，不易沾污，易于洗涤，清洁卫生；还可进行独特的磨花装饰，美观大方。

（4）保温性

不锈钢导热性较差，保温效果好，炊煮时间短，风味独特，但使用不锈钢制品时不宜用大火，以免局部烧焦。

6.2.2　不锈钢制品的制造

不锈钢制品的制造从板料到成品，经过工序较多，根据产品的用途选择不同的材料，而不同材料的加工工序也不完全相同，一般来讲，少则数道，多则几十道。下面是制造不锈钢制品的主要生产工序：落片→拉伸→切边→卷边→打砂→抛光→安装附件→检验。

6.2.3　不锈钢制品的品种和规格

不锈钢制品种类很多，大致可分为 10 个大类、100 多个品种、200 多种规格（见图 6.2）。下面是不锈钢制品的主要品种和规格。

图 6.2　各类不锈钢制品

1. 锅类

（1）压力锅

不锈钢压力锅分平边型和圆弧型两种，以 18—8 型不锈钢为原料，底、壁、盖的厚度比为 1.5∶1∶1。不锈钢压力锅做饭快、省时间、省燃料、结实耐用，规格有 22、24cm 两种。

（2）蒸锅

不锈钢蒸锅的外形与铝双蓖蒸锅相似，分一格和两格两种。用 18—8 型优质不锈钢制造，厚度为 0.6～0.7mm，锅盖为胖盖型，规格较多。

（3）长柄锅

长柄锅是介于高锅和浅底锅之间的一种锅，锅柄比较长，材料选用 18—8 型优质钢材，锅身、锅盖厚度均为 0.5mm，规格有 14、16、18、20、22、24cm，6 件一套。

（4）菊花锅

菊花锅是浅型锅，用 18—8 型钢材，厚度为 0.5 毫米，外形与铝菊花锅相似，造型线条简洁美观，结构简单，价格低廉，经济实惠，规格有 18、20、22、24cm，4 件一套。

（5）高锅

高锅是一种深型锅，配有双耳胶木柄，外形基本同铝高锅，用途广泛。用 18—8 型优质钢材，厚度为 0.5mm，规格有 18、20、22、24、26、28cm，6 件一套。

（6）炒菜锅

造型采用传统炒菜锅形状，呈半球形，两边有耳，选用 18—0 型钢材，厚 0.5mm，规格有 26、30、34cm 3 种，并配有炒菜锅盖供顾客配套选购。

2. 西餐具

不锈钢西餐具一般可分为高、低档两种，高档制品用铬镍不锈钢制作，低档制品用铬不锈钢制作。

（1）铬镍不锈钢西餐具

该类产品主要用途是供国内各大宾馆、饭店使用及出口到国外，也可作为馈赠亲友的礼品。产品造型由流线型的优美曲线和刚直的直线组成，刚柔结合，显得典雅华贵，立体感强。产品柄部由两片深色胶木嵌成，且呈椭圆形，握持平稳且舒适，不烫手。柄部还镶有 2～3 只铝铆钉作为装饰，黑白分明，光洁明亮，给人以画龙点睛之感；也可在柄上嵌红木、镶银丝组成福、禄、寿、喜等吉祥字样，还可镶上贝壳、玉石等显示豪华、吉祥且具有艺术性。

（2）铬不锈钢西餐具

该类产品造型轻巧，外形线条刚直，饰以传统图案或简单几何图形，线条饱满，轮廓清爽，体块厚实。由于产品制作工艺简单，适于组织大批量生产，因而是价廉物美的大众餐具，如中百系列餐具、低档方格餐具等。

3. 其他

（1）拌料盆

拌料盆适合宾馆、饭店配菜使用，也可用于其他用途，如图 6.3 所示。外形同面盆相似，规格有 18、20、22、24cm，4 件一套。材料选用 0.5mm 的 18—8 型板材。

图 6.3　拌料盆

（2）菱花盆

材料为 0.8mm 的 18—8 型板材，有菱形花边，适合作为家庭、宾馆装饰性的摆设，也可盛放糖果之类的零食。

（3）口杯

外形同普通搪瓷杯，选用 0.5mm 的 18—8 型板材，规格从 8cm 到 13cm 都有供应。

（4）壶类

不锈钢壶有水壶、咖啡壶等，造型美观，做工精细。一般用 13—0 型不锈钢，厚度为

0.5mm，经济实用。

（5）桶类

有圆底桶、冰淇淋桶等，配件组合精密，造型别致。选用 18—8 型优质不锈钢，厚度为 0.5mm，坚固耐用。

（6）盘类

有油煎盘、汤盘、圆盘、高档组合拼盘等。可用 18—0 型、18—8 型不锈钢，厚度为 0.5mm，坚固耐用。可单独选购，也可配套使用。

6.2.4 不锈钢制品的质量

1. 不锈钢制品的质量要求

不锈钢制品的质量要求目前尚无国家标准，下面是企业制定的一等品部分与客户有关的检验标准。

圆度要求：圆周要圆、均匀，身、盖配合正确，口径变形不超过 1mm。

高度要求误差不超过±1mm。

卷边边缘要求呈 3/4 圆形，不允许有三角形、快口边和断边。

锅盖要求小眼无毛刺，偏心不超过±1mm。

钢印要求字母图形清晰，位置与标准要求基本相同。

点焊外观要求无毛刺、焦斑，不对称度小于 1.5mm，高低误差小于 1mm。点焊强度要求牢固可靠，装配后置规定重物，点焊件不脱落。

抛光要求达镜面光泽，光亮均匀，不允许有瘪、焦砂眼。内打砂、底打砂要求光亮细洁、整齐，不准有油渍、杂物等污迹。

胶木配件要求符合装配尺寸，色泽光亮无“哈夫”痕迹，无缺口裂缝。

不锈钢餐具应造型完整，边缘光滑，标记、花纹清晰，无明显砂眼、丝缕，表面清洁光亮，无颗粒油灰，各种餐具经 1 小时耐蚀试验后不生锈。

2. 不锈钢制品的使用与保养

① 不锈钢制品大都经过抛光处理，表面光亮，使用时应避免与锐硬物体碰撞、摩擦，以免产生划痕，影响美观。

② 不锈钢制品使用一段时间后，表面会起一层“雾”，影响光亮度。这时用软布加上洗涤剂擦洗，即能恢复原来的光亮度。

③ 制品表面被烟气熏黑时，应及时擦去，但不可用硬物摩擦，可用软布加洗涤剂擦去。

④ 不锈钢导热系数较小，使用时，由于底部散热慢，容易产生局部过热而糊锅。因此，使用时火力不宜过大，使底部受热均匀，避免食物被烧焦。

⑤ 往锅内倒油时，应让锅底离开火头或在凉锅时倒入，以免食物粘底变焦。

⑥ 不锈钢制品长期不用时，应用干布揩干，放置于干燥通风处。这是因为不锈钢不是绝对不生锈，只是生锈量少且速度极慢，人们不能觉察。但若使用不当或在潮湿环境中，也会较快被腐蚀。

⑦ 虽然不锈钢强度较高，韧性较好，但因一般制品都选用较薄钢板制作，所以过大的冲

击或失手跌落也会使制品产生印痕或变形，使用时必须小心。

6.3 压力锅和不粘锅

6.3.1 压力锅

1. 压力锅的分类

按闭合形式不同可分为旋合式压力锅、压盖式压力锅、落盖式压力锅、夹钳式压力锅等。国内以旋合式压力锅应用最为普遍，其次是压盖式压力锅。

按最大公称工作压力分，常见的有100kPa、90kPa、80kPa的压力锅。100kPa的压力锅在高原地区尤为适用。

按锅口内径分，常见的有18cm、20cm、22cm、24cm、26cm、28cm的压力锅。

按锅身容积分，常见的有3L、4L、5L、7L、9L的压力锅。

按锅体的材料可分为铝压力锅和不锈钢压力锅。

2. 压力锅的结构

旋合式压力锅由锅身、锅盖、密封胶圈、手柄、限压阀、安全阀、开合盖安全装置、泄压装置、防堵装置等构成。

限压阀（限压装置）的作用：在烹调过程中，锅内压力达到工作压力时，限压阀通过排气孔排气，使锅内压力保持在一定的范围内，达到烹调的目的。

安全阀的作用：在烹调过程中，由于限压阀排气管堵塞，造成锅内压力过高，这时通过安全阀排气，以保证压力锅的安全。

泄压装置的作用：在烹调过程中，当限压阀和安全阀均失灵时，泄压装置自动排气，避免爆锅。

合盖安全装置的作用：当锅盖与锅身未完全扣合时，使锅内压力不能上升，确保使用安全。因为在未完全扣合状态下，压力锅盖与锅身的结合强度大大降低，如果锅内压力继续上升，则极易造成爆锅。

开盖安全装置的作用：当压力锅内有一定压力时，打不开锅盖，避免因锅内有压力开盖而伤人。

3. 选购压力锅注意事项

选购时，应到较大的商场、超市或信誉好的商家购买压力锅。

购买压力锅产品时，可根据家庭人口的多少、每次烹调量的大小来选购合适容积的压力锅。

选购时可借助标志识别压力锅的口径、锅身盛水量、压力锅的公称工作压力。

例：A 24－6.8－80。

A表示旋合式压力锅。

24表示锅口内径为24cm。

6.8表示锅身容积为6.8L。

80 表示公称工作压力为 80kPa。

注意产品标记，看制造厂名和商标、型号、配件以及所执行的标准号是否齐全，锅盖与锅身有无外伤和变形。

注意选新标准的压力锅。在选购铝压力锅时，尤其应注意执行的标准号和压力锅出厂日期，避免买到旧标准的压力锅。这些可在压力锅的锅身、锅底或锅盖上看到。铝压力锅新标准 GB 13623—2003《铝压力锅安全及性能要求》于 2004 年 1 月 1 日实施。

用手轻轻拉一下密封胶圈，然后观察其是否能够自动还原。弹性较差的胶圈，通常其材质不符合国标要求，而且使用寿命很短。另外，密封（胶）圈上应有压力锅制造商的商标（或厂名）和规格。

可用手指试一下，看能否碰到下手柄的紧固螺钉。若能碰到，则在锅内有压力的情况下，端锅时可能触及手柄紧固螺钉，造成烫伤以及引发更大的伤害事故。

查看是否有泄压装置。泄压装置是压力锅的新增安全措施，合格的装置可以有效防止因压力锅超压而爆锅。

4. 如何安全使用压力锅

要保持防堵罩、限压阀排气孔的清洁。使用前，要认真检查限压阀排气孔是否畅通，防止排气孔堵塞。

使用时，锅内食物和水不得超过锅身高度的四分之三；易膨胀的食物，如海带、豆类等，不得超过二分之一。

当限压阀开始连续排气时，应减小火力。这样既安全又节能。

合盖时要确认扣合到位，防止因扣合不到位，降低盖、身结合强度，造成危险。

压力锅上影响安全性能的装置，不得随意更改。若安全装置无法正常工作或动作，则不能继续使用，应及时与厂家或商家联系。

对使用 8 年以上的压力锅应及时淘汰更新。密封胶圈应经常清洗，如有异常应及时更换。

6.3.2　不粘锅

1. 概述

不粘锅是在锅内表面涂有聚四氟乙烯涂层的锅，具有不粘、耐腐蚀、易清洁等特点，如图 6.4 所示。

不粘锅产品按使用功能不同可分为煮锅、煎锅、炒锅、奶锅。按内表面不粘涂层系统可分为一层系统锅、二层系统锅和三层系统锅。一层系统是指由单一涂料组成的不粘层，二层系统是指由底层和面层两种涂料组成的不粘层，三层系统是指由底层、中层和面层三种涂料组成的不粘层。按产品外表面处理方法可分为搪瓷、耐高温漆、抛光不粘锅。

选购不粘锅时，消费者可根据自己的需要选择不粘锅品种和款式。挑选时，消费者应注意观察不粘层的表面质量。表面应光滑，色泽一致，无气泡，不脱落，无脏物、裂纹和爆点等明显缺陷。不粘锅外表面应光滑，色泽均匀，无脱落等缺陷。不粘锅手柄应牢固。另外，消费者应选择知名企业生产的产品。

图 6.4　不粘锅

2. 怎样使用和保养不粘锅

① 首次使用前，要把标签撕去，用清水冲洗并擦干，涂上一层薄薄的食用油（牛油及猪油除外）作为保养，再清洗后方可使用。

② 烹调时应用耐热尼龙、塑料或木制的锅铲，避免尖锐的铲具或金属器具损害不粘锅的表面。

③ 不粘厨具传热均匀，使用时只用中至小火，便可烹调出美味食物。采用大火时，锅内必须有食物或水。

④ 使用后必须待温度稍降，再用清水洗涤，不能立即用冷水清洗。遇上顽固污迹，可以用热水加上洗洁精，以海绵清洗，切勿以粗糙的砂布或金属球大力洗擦。

3. 不粘锅的检验

（1）外观质量

标准要求锅内不粘涂层应光滑，颜色、遮盖力、光泽应基本均匀一致，无气泡，不脱落，涂层应完全热熔，无脏物、裂纹和爆点等明显缺陷。

（2）手柄载荷强度

标准对双柄锅的要求是 $W=1/2W_1+3/2W_2$，而对单柄锅的要求是 $W=W_1+3W_2$（注：W=载荷力，W_1=试件自重力，W_2=试件最大容水重力）。经试验后，手柄支架不松动，不变形，手柄无裂纹。

（3）基体材料厚度

产品基体材料应选用能满足产品使用性能要求的铝及铝合金材料。煎锅、炒锅基体材料的最小厚度分别为 2.0mm 和 2.5mm，煮锅、奶锅基体材料的最小厚度分别为 1.6mm 和 1.8mm。规定基体材料厚度有两个方面考虑：一是考虑产品有一定强度，二是保护不粘涂层。一只不粘锅在燃气灶上使用，如果基体材料较薄，会使锅底金属横向热传导面积减少，造成热分布不均匀，从而出现热点。这些热点如果超过涂层承受程度，会对不粘涂层造成永久性损伤，缩短不粘锅的使用寿命。

（4）不粘涂层厚度

标准要求煎锅、炒锅不粘涂层的平均厚度大于或等于 25μm，煮锅、奶锅不粘涂层的平均厚度大于或等于 20μm。这是不粘锅的一项重要指标，会影响不粘锅的使用寿命和性能。

（5）不粘性

不粘性是不粘锅的一项重要指标，涉及涂料本身的性能，也涉及涂层固化质量。根据标准，用沾有植物油的软布轻拭试样不粘涂层表面，用温水加洗涤剂清洗，然后用清水洗净，擦干后进行煎蛋试验，从而鉴定不粘锅不粘性的优劣。

习题

一、简答题

1．简述铝制品的表面处理方法。
2．不锈钢制品有哪些性质特点？

二、能力分析题

1．如何选购压力锅？
2．上网查询不粘涂层的发展状况。

第 7 章　塑料制品

7.1　概述

7.1.1　塑料的发展概况

塑料是一种合成材料，它是以合成树脂为主要成分，在一定温度、压力条件下可以制成一定形状，且在常温、常压下保持形状不变的材料。树脂分天然树脂和合成树脂。天然树脂取自动植物的分泌物，如虫胶、松香、琥珀等，其特点是无固定形状，受热后软化变形，冷却后变硬。合成树脂以石油、煤、天然气等资源为原料，经过化学合成而形成的一种具有天然树脂特性的高分子聚合物。

塑料的发展可分为两个阶段：第一个阶段是 19 世纪中期至 20 世纪初期，这一阶段主要是对天然高分子物质的加工及应用；第二个阶段是从 20 世纪初到现在，这一阶段主要是发展各种合成的高分子物质及其成形加工方法。塑料作为一种新材料，各国都组织了大批人员、集中了大量资金进行探索研究和应用开发。展望未来，塑料工业必将得到进一步的发展。

7.1.2　塑料的分类和组成

1. 塑料的分类

塑料的种类繁多，目前主要有以下几种分类方法。

（1）按制品形态分类

按制品形态可分为薄膜、模塑品、泡沫体、层压板等。

（2）按应用范围分类

① 通用塑料：指价格便宜、成型性好、应用广泛的塑料，如聚乙烯塑料、聚丙烯塑料、酚醛塑料等。

② 工程塑料：指具有相当强度、刚性，可做工程结构、机械部件等的材料，如聚酰胺、ABS 塑料、玻璃纤维增强塑料等。

③ 特种塑料：指具有特殊性能的塑料，一般价格较贵，如耐辐射塑料、超导塑料、医用塑料、感光塑料等。

（3）按塑料的受热行为分类

① 热塑性塑料：这类塑料在温度超过某临界点时会变软、流动，温度下降又会凝固，这种变软和凝固的过程可反复进行，如聚乙烯塑料、聚丙烯塑料、尼龙等。

② 热固性塑料：这类塑料一旦成形，受热就不会变软、熔化，只会碳化，如酚醛塑料、氨基塑料等。

2. 塑料的组成

塑料的组成可分为主要成分和添加剂两部分。

塑料的主要成分是合成树脂，重量占塑料的 40%～100%。它决定塑料的性能，又是塑料的黏结剂，在一定温度下能把所有的组分黏结成一个整体。

添加剂是能影响塑料性能而又不明显改变聚合物分子结构的物质，对改善塑料的性能十分重要。常用的添加剂有增塑剂、稳定剂、润滑剂、着色剂、填充剂、增强剂等。

7.1.3 塑料的特性

塑料工业经过一个多世纪的发展，现已有 300 多个品种投入了工业化生产，其中主要的也有几十种。尽管塑料品种很多，性能差别较大，但塑料与其他材料相比，仍有其共同特性。

1. 美观轻巧

塑料易于着色，色彩丰富，美观鲜艳，为解决交通运输、飞机、火箭、卫星等有关技术问题作出了贡献。

2. 耐化学腐蚀

塑料具有优良的耐化学腐蚀能力，不与普通的酸、碱、盐、溶剂发生化学反应。

3. 优异的电绝缘性能

几乎所有的塑料都是电绝缘体，是电气和电子行业不可缺少的材料。

4. 成形性好

塑料在一定温度下具有可塑性，成形较为方便，耗能低。一般塑料制品都是一次成形，省时省力，成本低。

5. 良好的防护性能

塑料是电、声、热的绝缘体，可用于各种防护措施。

塑料除具有上述优良特性外，也有美中不足的方面。

第一，耐热性差，通用塑料一般只能在 100℃以下使用。

第二，刚性差，容易变形。

第三，塑料的线膨胀系数大，尺寸不稳定，不太适合制造精密器件。

第四，塑料容易出现老化现象。塑料在光、热、氧等因素作用下，会出现颜色变深、质地发脆、表面龟裂等现象，降低塑料的使用寿命。

7.2 通用塑料及其制品

通用塑料是指塑料中产量大、用途广、价格低的塑料。其产量约占塑料总产量的80%。

7.2.1 聚乙烯塑料及其制品

聚乙烯常用英文缩写PE表示，其制品的商业名称为“乙塑”，化学式为

$$\{CH_2-CH_2\}_n$$

聚乙烯是发展最为迅速的塑料，随着石油化工工业的发展，已成为塑料工业中产量最大的品种。

聚乙烯塑料的外观呈蜡状，手摸时有滑腻的感觉，用火点燃，一边燃烧，一边一滴一滴地往下淌。

聚乙烯塑料比水轻，无毒、无嗅、无味，加工方便，化学稳定性好，适合做食品包装材料。

聚乙烯塑料按制造时的压力可分为高压、中压和低压聚乙烯。中压聚乙烯由于工艺复杂，成本高，发展较慢。高压聚乙烯密度低，在0.91～0.93g/cm^{3}之间，呈乳白色半透明状，质地柔软，适宜制造薄膜及一些软性日用品，如奶瓶、皂盒、玩具、杯子、塑料花等，长期使用温度在80℃以下。低压聚乙烯密度高一些，在0.94～0.97g/cm^{3}之间，也呈乳白色半透明状，质地硬一些，适宜制造绳索、包带等，也可做管道、中空制品、电缆的绝缘包覆层等。

另外，一些日用品如热水瓶外壳、水桶、痰盂、提桶、面盆等，是将高压、低压聚乙烯按一定比例混合后制造的。这样取长补短，可使塑料制品具有一定硬度、不易变形和提高耐冲击的性能。

聚乙烯制品如图7.1所示。

图7.1　聚乙烯制品

聚乙烯塑料在使用和保管中应注意以下几个方面。

① 聚乙烯塑料具有一定的透气性。一些油脂、染料、油墨等对聚乙烯有渗透作用，长期使用能使塑料溶胀。鉴于以上特性，聚乙烯塑料不适合制作香味浓郁的食品、酒类、香料等商品的包装材料，也不适合长期存放植物油、矿物油等；同时，保管时应注意防止串色污染。

② 聚乙烯塑料表面涂饰有一定困难，油墨的印刷牢度不理想。

③ 聚乙烯塑料的耐热性差，高温下使用容易变形。

7.2.2 聚氯乙烯塑料及其制品

聚氯乙烯是用途非常广泛的通用热塑性塑料，英文缩写符号为PVC，制品的商业简称是“氯塑”，化学式为

$$\left[\mathrm{CH_2} - \underset{\displaystyle \mathrm{Cl}}{\underset{|}{\mathrm{CH}}}\right]_n$$

聚氯乙烯密度大，为 1.36g/cm^3，分子聚集紧密，水、酸、碱、气体对其渗透极难，所以它具有较好的耐水性、气密性和耐化学腐蚀性。

聚氯乙烯具有较高的透光性，透光率达 90%。其表面装饰性较好，因有极性侧基，故无须进行特殊的表面处理，就能印上鲜艳的颜色。

聚氯乙烯在火中能燃烧，但离火即灭，具有难燃性。聚氯乙烯塑料外观变化比较大，根据使用增塑剂的多少可分为以下几种。

① 硬质聚氯乙烯只加少量或不加增塑剂，质地较硬，应用于工业管道、灰色塑料管等。

② 半硬质聚氯乙烯加入 10%～20 %的增塑剂，机械强度好，常用来制作皂盒、梳子、洗衣板、文具盒等，也可制成带珠光的制品。

③ 软质聚氯乙烯加入 30%～60 %的增塑剂，质地柔韧，有弹性，透光性、气密性优良，是较好的农用薄膜材料，也常用来制造雨衣、台布、手提袋等薄膜制品，还可用来制造发泡或不发泡的塑料鞋及人造革制品。

聚氯乙烯制品如图 7.2 所示。

图 7.2　聚氯乙烯制品

聚氯乙烯塑料在使用和保管中应注意以下几个问题。

① 聚氯乙烯塑料耐热及耐寒性差，温度低时会发硬、变脆，容易损坏，使用时要避免磕碰；温度高时易发生变形而损坏，长期使用温度在 60℃以下。

② 聚氯乙烯塑料因有极性侧基而易吸尘吸污，且较难清洗，制品易失去透明性并影响外观。使用中应勤洗，并力争每次洗净。

③ 聚氯乙烯塑料容易老化，受外界因素影响会使制品颜色变深、质地变脆、性能变差，尤其是遇热会加速老化，故使用时应远离火源，也不宜用热水刷洗。

④ 聚氯乙烯塑料中常含有具有一定毒性的增塑剂和稳定剂，所以不宜做食品的包装材料。目前也有无毒聚氯乙烯配方，产量较少。

7.2.3　聚丙烯塑料及其制品

聚丙烯塑料是一种常用的热塑性通用塑料，英文缩写符号为 PP，制品的商业名称为“丙塑”，化学式为

$$\left[\mathrm{CH_2} - \underset{\displaystyle \mathrm{CH_3}}{\underset{|}{\mathrm{CH}}}\right]_n$$

聚丙烯塑料是除泡沫塑料外，密度最小的一种，为 0.90～0.91g/cm^3。它无毒、无味，化学稳定性好，卫生性能好；耐热性能好，长期使用温度可以在 110℃左右，所以可以制成饭碗、茶杯、汤勺等食具，可以用沸水消毒。聚丙烯力学强度较好，常用来生产纤维、绳索、容器等。聚丙烯的耐曲折性特别好，可以反复对折而不损坏，因此可以做文具盒、仪器盒的铰链。

综上所述，聚丙烯是一种性能良好的通用塑料，用它可以制造各种日用品，如脸盆、痰盂、口杯、提桶、水桶、热水瓶壳等，如图 7.3 所示。

图 7.3　聚丙烯制品

聚丙烯塑料在使用和保管中应注意以下几点。

① 聚丙烯耐低温性差，低温下发硬、发脆，抗冲击强度显著减小，故低温下使用应防止磕碰，以免脆裂。

② 聚丙烯与聚乙烯一样有一定的透气性和渗透性，所以聚丙烯不宜作为香味浓郁商品的包装材料，也不适宜长期存放植物油、矿物油等液体，保管时要注意串色污染等。

③ 聚丙烯容易老化，在受光照射或与铜直接接触时都会加速老化，使用时应注意。

7.2.4　聚苯乙烯塑料及其制品

聚苯乙烯塑料是一种常见的热塑性塑料，常用的英文缩写符号是 PS，制品的商品名称是“苯塑”，其化学式为

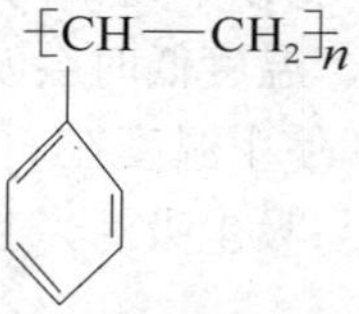

聚苯乙烯塑料无色透明，且有荧光感，着色性能好，可以染成各种鲜艳颜色，而且颜色不易迁移窜色，稳定性好。

聚苯乙烯成型性好，成品收缩极小，尺寸稳定，在 80℃以下及一般低温条件下，都具有实用强度。

聚苯乙烯卫生性能好，它耐水、无毒、无嗅、无味，可做食品包装材料。

聚苯乙烯电气性能也佳，除做开关按钮外，还可在高频电路中做线圈骨架。

综上所述，聚苯乙烯是制造日用品的良好材料，常用来制作塑料茶盘、糖缸、皂盒、烟盒、学生尺、梳子等。用聚苯乙烯制造的薄膜制品有一定的透气性，是良好的食品包装材料。

聚苯乙烯塑料在使用和保管中，应注意以下几个方面。

① 聚苯乙烯塑料抗冲击强度低，易脆裂，在使用和保管中应防止摔跌、碰撞和重压。

② 聚苯乙烯塑料耐热性较差，最高使用温度不能超过 95℃，长期使用时温度不能超过 75℃，否则会产生变形而损坏。

③ 聚苯乙烯塑料表面硬度较低，容易擦毛而降低透明度，使用时应避免与硬物摩擦。

④ 聚苯乙烯易老化，会逐渐变黄，性能变差，使用中应避免日晒、高温，以免加速老化。

7.2.5　酚醛塑料及其制品

酚醛塑料是热固性塑料，是世界上最早工业化生产的塑料。酚醛塑料的英文缩写符号为 PF，俗称电木或胶木塑料，是由苯酚和甲醛反应制成的聚合物。

酚醛塑料有较好的耐热性能，长期使用温度可在 150℃左右。加入木粉或玻璃布增强的层压材料，力学强度好，表面硬度高，电气绝缘性能优良。它是良好的低频绝缘材料，常用来制造日用电器制品，如插头、插座、开关、灯头等；也用来制造日用品，如纽扣、瓶盖、锅柄、铝壶提手等。但酚醛塑料颜色单调。

酚醛塑料使用和保管中应注意以下几点。

① 酚醛塑料脆性较大，怕撞、怕压、怕摔。

② 酚醛塑料具有一定的吸水性，不宜在潮湿的环境中或露天使用，否则易发生霉变。

③ 酚醛塑料所用原料苯酚和甲醛都有一定的毒性，制品固化后，还有一些游离的苯酚和甲醛存在，因此酚醛塑料不宜做食品容器。

7.2.6　氨基塑料及其制品

氨基塑料是热固性塑料，也是常用的通用塑料。氨基塑料是以氨基化合物——尿素或三聚氰胺与甲醛为原料，经缩聚反应而制成的。尿素和甲醛反应制成的塑料为脲醛塑料，英文缩写符号为 UF，俗称电玉。三聚氰胺与甲醛反应制成的塑料为密胺塑料，英文缩写符号为 MF。

1. 脲醛塑料

脲醛塑料表面硬度大，光滑而有光泽。脲醛塑料着色力强，可制成各种颜色的半透明或不透明制品，色泽鲜艳美观，半透明者如玉石，不透明者如象牙。脲醛塑料电气绝缘性能好，常用来制作低压电器。

脲醛塑料在使用保管中应注意的事项与酚醛塑料基本相似，但它的耐热性较差，用它做的桌面板不能放很热的物品。电玉吸水性强，不宜露天存放，否则会因吸水而产生龟裂、破碎等变质现象。电玉制品也有一定的毒性，不宜制作食具。

2. 密胺塑料

密胺塑料强度大，表面硬度高，不易变形。它的外观和手感极似瓷器，但其抗冲击强度比瓷器高三倍，制品从 1 米的高度落地，不会破裂。它的耐热性和耐水性都好，在 110℃水中沸煮消毒不会开裂退色，烟头余火不会将其烫焦。它的卫生性能也好，无嗅、无毒、无味。

鉴于以上特性，密胺塑料常用来制造各种杯盘、碗筷等餐具以及烟缸等日用品，如图 7.4 所示。另外，塑料装饰贴面板也是由密胺塑料制成的。

密胺塑料在使用和保管中不要硬碰重摔，也不宜长期在日光下暴晒，否则会影响色泽，有时会爆裂。

图 7.4　密胺塑料制品

7.2.7　有机玻璃及其制品

有机玻璃是一种透明的热塑性塑料。有机玻璃是其商业名称，其学名为聚甲基丙烯酸甲酯，常用英文缩写符号为 PMMA。有机玻璃的最大特点是高透明度，它的透光率达 92% ，紫外线的透过率为 75%，而无机玻璃只能通过 85%的光线和不到 10%的紫外线。有机玻璃强韧，不易破碎，其耐冲击强度比无机玻璃高 10 倍以上，故有“不碎玻璃”之称。有机玻璃质轻，密度为 1.18g/cm^3，是无机玻璃的一半。有机玻璃表面光滑而有光泽，着色性好，可染成五颜六色、珠光、荧光等，外观漂亮。它耐大气性能好，易于加工成型，不易老化。

综上所述，有机玻璃是一种性能优良的塑料，在日用品和工业品中都得到广泛的应用，在日用工业品中常用来制造各种纽扣、烟嘴、发夹、眼镜、伞柄及各种文具等。

有机玻璃在使用保管中应注意以下几点。

① 有机玻璃是耐老化性能较好的材料，但也应注意不要长期在日光下使用，否则也会泛黄、透明度降低甚至产生裂纹。

② 有机玻璃耐热性较差，超过 100℃就会软化，长期使用温度应在 80℃以下。

③ 有机玻璃表面硬度低，容易划伤擦毛，使用时要避免与硬物摩擦。

7.2.8　ABS 塑料及其制品

ABS 塑料是为改进聚苯乙烯塑料易碎裂这一缺点而研制成的新品种。它有较好的综合性能，是一种原料易得、价格便宜的工程塑料，也称改性聚苯乙烯塑料。

ABS 塑料是由丙烯氰、丁二烯、苯乙烯三种单体共聚而成的，所以其全称是“丙烯氰—丁二烯—苯乙烯共聚塑料”。为了便于称呼，就将这三种单体的英文名称的第一个字母组合起来，作为它的简称，即 ABS 塑料。ABS 塑料有较高的强度和表面硬度及较好的化学稳定性，其制品结实、不易碎裂。ABS 塑料耐热性好，长期使用温度在 110℃ 左右。ABS 塑料表面容易电镀，这样既能使表面有金属光泽，又能提高其表面性能。

市场上供应的 ABS 塑料制品主要有食品勺、衣架、梳子、面盆、旅游箱和某些运动器械、电镀塑料聚光碗、儿童玩具等。

ABS 塑料耐气候性较差，使用保管时不能暴晒，以免老化变质。

7.2.9　聚四氟乙烯塑料

聚四氟乙烯塑料是一种热塑性工程塑料，俗称塑料王。其英文缩写符号为 PTFE。

聚四氟乙烯塑料具有许多独特的性能，其耐高、低温性能均好，可在 250℃下长期使用，在−260℃下仍有较好的韧性。它耐化学腐蚀性也好，所有的酸、碱、溶剂都不能侵蚀它，即使是最强的酸——王水也奈何不了它。其表面光滑，摩擦系数很小，两块聚四氟乙烯塑料间的摩擦系数只有两块很光滑的不锈钢间摩擦系数的一半。所以，它可做不粘锅的表面涂层，也可做电熨斗的表面涂层。聚四氟乙烯塑料具有优异的介电性能，它的电气击穿强度高，介电损耗很低，是制造高频微波设备的较佳材料。

聚四氟乙烯塑料虽然具有很多优异性能，但它的强度、硬度都比不上其他工程塑料，并有较大的冷流性。这些方面的弱点可用添加填料、增强剂等办法来加以改进。

7.3 常用塑料的鉴别

塑料制品品种繁多，数量巨大，性能各异，同一形式的制品可用几种不同的塑料来生产，同一类塑料又可以制成许多不同形式的制品。因此，塑料的鉴别很重要，不仅在回收利用时需要鉴别，而且通过鉴别，还可以有目的地根据塑料的种类在使用中进行防护，在稍有损坏时就采用适当的修补方法，使其继续使用，可见塑料的鉴别很有实用价值。下面是几种简单的塑料鉴别方法。

7.3.1 简易鉴别法

塑料的品种不同，其外观特征也不一样。根据塑料的不同外观特征，能基本判断出塑料的品种，这种方法就是简易鉴别法。运用简易鉴别法必须掌握塑料的外观特征，下面是常用塑料的外观特征。

① 聚乙烯塑料为乳白色半透明体，手摸有石蜡的滑腻感，质地柔软，能弯曲，放在水中能浮出水面，在沸水中显著软化。

② 聚丙烯塑料的本色为乳白色半透明体，手摸润滑但无滑腻感，质地硬挺而有韧性，放入水中能浮于水面，在沸水中软化不显著。

③ 聚氯乙烯塑料外观形式较多。硬质塑料坚硬平滑，色泽鲜艳，敲击时声音发闷。半硬质塑料富有弹性，放入水中能下沉。薄膜制品透明度高，遇冷变硬、变脆，有特殊的气味。

④ 聚苯乙烯塑料表面较硬且有光泽，透明度高，敲击时声音发脆如金属声，色泽鲜艳，质地较脆，扭折时容易碎裂。

⑤ 有机玻璃外观似水晶，透明度高，色彩鲜艳，有韧性，敲击时声音发闷，用柔软物摩擦其表面，能产生水果香味。

⑥ 电木塑料表面坚硬，质脆易碎，断面结构松散，为黑色或棕色不透明体，敲击时有木板声。

⑦ 电玉塑料表面坚硬，质脆易碎，断面结构紧密，颜色鲜艳，大都为浅色半透明体。

⑧ 密胺塑料表面光滑，坚韧结实，外观似瓷器，可染成各种颜色。

⑨ ABS 塑料表面硬度高，有弹性，断面结构紧密，为不透明体，表面易于电镀。

根据塑料的上述外观特征，即可用感官定性判断出塑料的种类。

7.3.2 燃烧鉴别法

燃烧鉴别法是指将塑料试样放在火焰上燃烧，仔细观察其燃烧的难易程度，火焰的颜色、气味和冒烟情况，熄灭后塑料的色泽、形态等，根据这些特征，大致可确定属于哪一类塑料。

常见塑料的燃烧特征如下。

① 聚乙烯塑料容易燃烧，火焰上端为黄色，下端为蓝色，燃烧同时有熔融物滴落，离火后能继续燃烧，有石蜡燃烧的气味。

② 聚丙烯塑料燃烧性能与聚乙烯塑料相似，但火焰上端有少量黑烟。

③ 聚氯乙烯塑料难燃，不能延燃，离火即灭，火焰呈黄色，有刺激性酸味。

④ 聚苯乙烯塑料容易燃烧，为橙黄色火焰并冒浓黑烟，离火后能继续燃烧，有聚苯乙烯单体味。

⑤ 有机玻璃容易燃烧，为浅蓝色火焰，顶端呈白色，离火后能继续燃烧，有水果香味。

⑥ ABS 塑料容易燃烧，为黄色火焰并冒黑烟，离火后能继续燃烧，有特殊的香味。

⑦ 酚醛塑料（电木）在火焰上能慢慢燃烧，塑料膨胀开裂，为黄色火焰，离火后就自动熄灭，有木材和苯酚味。

⑧ 脲醛塑料（电玉）难以燃烧，在火焰上膨胀开裂，为黄色火焰，离火后自动熄灭，有甲醛气味。

⑨ 聚四氟乙烯塑料不能燃烧。

根据上述塑料的燃烧特点，仔细观察，也可定性鉴别出塑料的种类。

7.3.3 相对密度鉴别法

不同品种的塑料有着不同的密度，据此特性可将试样放入事先调制好的具有一定密度值的溶液中，看它是沉是浮，从而粗略判断是哪种塑料。这种方法只适用于没有加入助剂和填充料的塑料品种。下面是常用的几种溶液。

① 浓度为 51.6%的酒精溶液，25℃时密度为 0.91g/cm^3。放入试样，聚丙烯上浮，聚乙烯下沉。

② 浓度为 45.2%的酒精溶液，25℃时密度为 0.925g/cm^3。放入试样，高压聚乙烯上浮，低压聚乙烯下沉。

③ 水，25℃时密度为 1g/cm^3。放入试样，聚乙烯、聚丙烯上浮，聚氯乙烯、聚苯乙烯、ABS 塑料、有机玻璃下沉。

④ 饱和食盐溶液，25℃时密度为 1.19g/cm^3。放入试样，聚苯乙烯、ABS 塑料上浮，聚氯乙烯下沉。

⑤ 饱和氯化钙水溶液，25℃时密度为 1.27g/cm^3。加入试样，有机玻璃、ABS 塑料上浮，聚氯乙烯下沉。

上述 5 种溶液配合使用，能够鉴别出塑料的品种。

以上是塑料的几种简单鉴别方法，它们在实际工作中往往是综合运用的。

7.4 日用塑料制品的挑选和使用

7.4.1 模塑制品的挑选和使用

模塑制品在商业上是指模压制品、注塑制品、中空制品及热挤冷压制品。

1. 塑料容器

在商店的塑料柜台里，经常可以看到脸盆、提桶、奶瓶等塑料容器。它们无毒、无味，不会污染所盛装的物品，并且十分轻便，脆性小，受到挤压也不会破碎，有其独特的优越性。

消费者挑选塑料容器一般应注意两个方面：一是塑料容器应有均匀的本色，这类制品一般不染色，若有色，颜色应均匀一致；二是塑料容器的壁厚应基本一致。器壁厚薄均匀很重要，如果个别地方太薄，使用时薄壁处会鼓起，引起破坏。检验的简单办法是举起容器朝着光亮的地方看，壁薄的地方会显得亮些。

在使用方面需要注意，聚乙烯塑料较软，强度稍低，有一定的透气性，不宜存放挥发性的液体或饮料、汽油、煤油及洗涤剂等，长期存放会使容器开裂。油溶性染料、油墨、圆珠笔油等对容器有一定的渗透作用，会给容器留下洗不掉的颜色，所以只能做专用容器或一次性应用。容器短期盛放植物油是可以的，长期存放会导致器壁溶胀，使容器强度降低，加速损坏。

2. 塑料鞋

塑料制的凉鞋、拖鞋，不仅款式大方，而且易洗易干，穿着轻便，在楼板上走路时无噪声，深受人们的喜爱。

塑料鞋的材料有软聚氯乙烯及其泡沫塑料、改性的聚乙烯泡沫塑料、乙烯—醋酸乙烯共聚塑料等，它们可以单独制鞋，也可以在一双鞋上用几种材料。例如，鞋底是泡沫塑料做的，装的襻是聚氯乙烯或人造革做的。其中，注射发泡成形鞋之前需要在鞋表面喷涂一层聚氨酯等涂料，增加光泽和美感。

选用塑料鞋时，除注意尺寸、款式及颜色外，还要注意不同的材质。软质聚氯乙烯注射成形的鞋子比发泡的聚氯乙烯鞋耐磨，但柔软性及弹性较差；用泡沫塑料做的鞋子中，聚乙烯—醋酸乙烯泡沫塑料制成的鞋子尤为轻巧舒适；用橡胶改性的聚乙烯泡沫塑料鞋比聚氯乙烯泡沫塑料鞋优越些，聚氯乙烯泡沫塑料鞋穿着有黏脚的感觉，易龟裂，并且会越穿越小，产生缩码现象。

穿着塑料鞋时应注意如下问题：不要踩尖锐锋利的物体及滚热的物体如烟头等，以免鞋底被划伤或被烧焦；聚氯乙烯制的鞋子，不要接触有机溶剂，以免使鞋失去光泽或发生溶胀；塑料鞋脏了，可用清水或肥皂水洗刷，但不要用烫手的热水浸泡，洗净后不要在烈日下暴晒或烘烤，以免损坏；塑料鞋穿久了会出现底部磨光打滑现象，可用热的烙铁烫些花纹或用热熔方法再贴一层有花纹的塑料片，这样可以继续穿用。

3. 塑料食具、茶具

用塑料制的食具、茶具外观漂亮，质轻，脆性小且不易破碎，尤其是密胺餐具，外观似瓷但质轻、结实，还能蒸煮，这种塑料餐具很受欢迎。

使用食具、茶具时，会接触到不同温度的食品，因此制造它们所用的塑料也不一样。茶杯、水壶、碗、筷、汤勺等都会接触到沸水，所以要用低压聚乙烯、聚丙烯、密胺塑料等来制造；茶杯盖、水果盘、糖缸等，可用耐热性较低的聚苯乙烯、有机玻璃来制造，由于它们是高度透明材料，所以显得更为清雅。

使用塑料食具、茶具时必须注意以下几点：聚苯乙烯制品脆性大，容易碎裂，且裂口锋利，使用时应防止磕碰；聚乙烯制品容易退色，最好选用本色制品；塑料碗、杯上易留下垢斑，所以塑料食具要勤洗，力争每次洗净；低压聚乙烯、聚丙烯、密胺塑料制的茶具、食具可用沸水消毒，不宜接触沸水的高压聚乙烯、聚苯乙烯等制的食具可用洗洁精来消毒。另外，除密胺塑料制品外，其他塑料食具都不能放在高压锅里蒸煮，否则制品易坍塌。

4. 塑料梳、刷、皂盒等洗漱用品

现在市场上见到的梳子、刷子、皂盒等，几乎都是用塑料做的，颜色鲜艳，式样繁多。

塑料梳子所用材质较多，聚丙烯梳子强度高，耐磨；聚氯乙烯梳子软硬适中，富有弹性，颜色多样；布基酚醛梳子由于强度大，即使做成很细的齿，也结实耐用，且可做得很薄，理发店用更为合适，因其在电吹风的温度下也可使用。

选购梳子时应根据家庭用、旅游用等需要和自己的爱好选购单排齿的或多排齿的。选择时应挑选表面光亮、齿尖圆滑、齿距均匀的梳子，还可根据用途选用不同质地的梳子。

目前牙刷基本上都是由尼龙丝做成的，软硬适度，富有弹性，选用时应注意挑选材质较柔软、排数较少的制品，这样使用安全，效果好。

塑料皂盒多用彩色的聚乙烯、聚氯乙烯或聚丙烯做成，盒盖上往往有花鸟图案。若用聚苯乙烯制造皂盒的盖，则更是晶莹透明，惹人喜爱。

选购皂盒时，主要根据消费者的爱好和用途来确定。经常外出的人，不宜选用透明的聚苯乙烯皂盒，因其易碎；浴室用皂盒因同时放肥皂和浴皂，可适当选大些的；选用带有短齿的皂盒，可给洗头带来方便。

7.4.2 薄膜及人造革的选择与使用

1. 塑料薄膜的选择与使用

塑料制品中，薄膜占了很大的比重。它们与传统的纸、布等材料相比，耐水耐磨，透气和透湿率低，防护性能好，优点明显，在物品包装和家庭陈设方面被广泛应用。不同的塑料薄膜有不同的性能特点。下面是常用塑料薄膜的性能特点。

① 聚氯乙烯薄膜透明性好，强度大，透气和透湿率低，表现为印刷性能好，能印出各色的花纹图案，适宜做密封性包装材料。

② 聚乙烯薄膜呈乳白色，半透明，质地较柔软，耐低温，但易被划破、穿孔，印刷性能也较差，有一定的透气性，气密性较差；但加工方便，主要做零售商品的包装材料。

③ 聚丙烯薄膜相对密度小，透明度和表面光泽可与玻璃纸媲美，富有弹性，耐折性好，不易撕裂，不易擦伤，耐热性能也较好；但其印刷效果及气密性不佳，封口时热合性能较差。

④ 聚偏二氯乙烯薄膜具有极好的防潮性和气密性，耐热性好，耐热温度可达 100℃，能够加热消毒，透光性也好，主要做食品的包装，适宜长期保存食物；但热合困难，薄膜无挺力，故一般做成复合薄膜以提高其性能。

⑤ 聚酯薄膜也称涤纶薄膜，其力学强度大，耐热、耐寒性好，透气、透水率极低，是防潮、防水的好材料，其透明度也高；但热熔合困难，一般不单独做密封性的包装材料，而与热合性好的薄膜组成复合薄膜。

上面提到的几种薄膜各具特色，因而也各有其适当的用途。然而，单一品种的薄膜往往

不能完全满足保护商品、美化商品和适应现代包装技术的要求。于是，人们着手研制具有特殊使用性能的由两种或两种以上薄膜复合在一起的复合薄膜，以便取长补短，收到良好的使用效果。

2. 人造革的选择与使用

在日常生活中到处可看到人造革制品，如手套、鞋子、冬装、手提包、旅行袋、衣箱、座椅及沙发的外皮等，特别是泡沫人造革及合成革的商品，更受到人们的欢迎。

聚氯乙烯人造革是将聚氯乙烯树脂、增塑剂、稳定剂等组成混溶物，涂覆到基材上，再经过一系列的加工工艺而制成的，其质地柔软，强度高，耐磨耐折，耐腐蚀性也好。其中泡沫人造革较普通人造革有更好的手感、弹性和保暖性。人造革表面装饰性好，可做成光面革、花纹革、印花革、套色革等；但其透气性差，遇冷变硬，还有聚氯乙烯特有的气味。

合成革是人造革的新品种，微孔聚氨酯薄膜贴层革就是合成革。先将聚氨酯制成微孔聚氨酯薄片，再将它与无纺布贴合、压花、表面处理，就制成了合成革。其特点是重量轻，弹性好，能透气透湿，与天然皮革十分接近，且比天然皮革耐水，不易霉变、虫蛀。

选择和使用人造革时，应根据用途及各种人造革的特性来决定。以市布或帆布为底材的人造革强度高，伸缩率小，但手感较硬，缺乏弹性；泡沫人造革有柔软的手感，但不透气，二者都有聚氯乙烯特有的气味；合成革性能较好，且没有气味，但价格较高。

案例 7-1

塑料制品回收标志

我国早在 1996 年就开始实行国家标准《塑料包装制品回收标志》中所要求的塑料制品材质标志。这个标准的主要目的是通过不同的标志区分塑料制品材质，以便于回收。

每个塑料容器都有一个“身份证”，一般就在塑料容器的底部。如图 7.5 所示，三角形中有数字 1～7，每个编号代表一种塑料容器。这套标志将塑料材质辨识码打在容器或包装上，从 1 号到 7 号，让民众无须费心去学习各类塑料材质的异同，就可以简单地加入回收工作的行列。

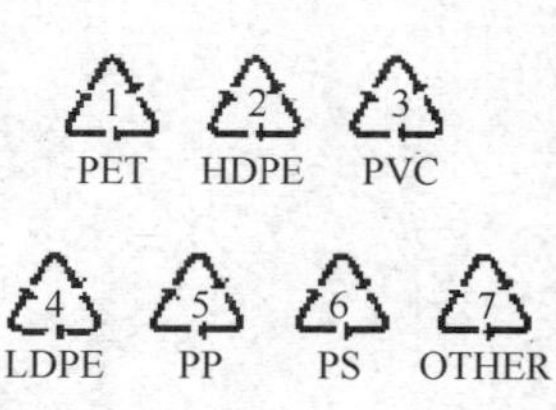

图 7.5　塑料制品材质标志

1 号：PET（聚乙烯对苯二甲酸酯），这种材料制作的容器就是常见的装汽水的塑料瓶，俗称“宝特瓶”。耐热至 70℃易变形，有对人体有害的物质溶出。1 号塑料品用了 10 个月后，可能释放出致癌物 DEHP。不能放在汽车内晒太阳，不要装酒、油等物质。

2 号：HDPE（高密度聚乙烯），清洁剂、洗发精、沐浴乳、食用油、农药等的容器多以 HDPE 制造。容器多半不透明，手感似蜡。不要用来作为水杯，或者用来做储物容器装其他物品。清洁不彻底，不要循环使用。

3 号：PVC（聚氯乙烯），多用来制造水管、雨衣、书包、建材、塑料膜、塑料盒等器物。可塑性优良，价钱便宜，故使用很普遍，只能耐热 81℃，高温时有有害物质产生，很少被用于食品包装。难清洗，易残留，不要循环使用。若装饮品，不要购买。

4 号：LDPE（低密度聚乙烯），随处可见的塑料袋多以 LDPE 制造，常见保鲜膜、塑料膜等。高温时有有害物质产生，有毒物随食物进入人体后，可能引起乳腺癌、新生儿先天缺陷等疾病。保鲜膜别进微波炉。

5 号：PP（聚丙烯），多用于制造水桶、垃圾桶、箩筐、篮子和微波炉用食物容器等，常见豆浆瓶、优酪乳瓶、果汁饮料瓶、微波炉餐盒 。熔点高达 167℃，是唯一可以放进微波炉的塑料盒，可在小心清洁后重复使用。需要注意，有些微波炉餐盒，盒体以 5 号 PP 制造，但盒盖却以 1 号 PE 制造，由于 PE 不能经受高温，故不能与盒体一并放进微波炉。

6 号：PS（聚苯乙烯），由于吸水性差，多用于制造建材、玩具、文具、滚轮，以及速食店盛饮料的杯盒或一次性餐具。常见碗装泡面盒、快餐盒 。不能放进微波炉中，以免因温度过高而释出化学物。装酸（如橙汁）、碱性物质后，会分解出致癌物质。避免用快餐盒打包滚烫的食物。别用微波炉煮碗装方便面。

7 号：其他。常见 PC 类，如水壶、太空杯、奶瓶；PA 类，即尼龙，多用于纤维纺织和一些家电等产品内部的制件。PC 在高温情况下易释放出有毒的物质双酚 A，对人体有害。使用时不要加热，不要在阳光下直晒。

习题

一、简答题

1. 简述塑料的组成。
2. 简述常用密胺塑料制品的优缺点。

二、能力分析题

如何对塑料制品进行感观鉴别？

第 8 章　洗涤用品和化妆品

8.1　洗涤用品

洗涤用品是千家万户的日常必需品，长期以来为保护人体健康和清洁环境，起着十分重要的作用。洗涤用品包括肥皂和洗涤剂两大类，每类中又有品目繁多、各成系列的花色品种。洗涤用品总的发展趋势是，传统产品向对人体安全性和对环境相容性更高的产品转变，节能、节水、安全、环保型产品将得到较快的发展。

8.1.1　肥皂和合成洗涤剂的概念

1. 肥皂

高级脂肪酸与碱反应生成的高级脂肪酸盐即为肥皂。这类肥皂是水溶性的，在水中发生可逆的水解反应，水溶液呈碱性。脂肪酸非碱金属盐称为金属皂，这类皂不溶于水，不能作为洗涤剂。人们日常所说的肥皂主要是碱金属皂，即钾皂和钠皂。

2. 合成洗涤剂

合成洗涤剂是指以去污为目的而设计配成的制品，由必需的活性成分和辅助成分构成。作为必需的活性成分的是表面活性剂，作为辅助成分的有助洗剂、抗再沉淀剂、荧光增白剂、酶、填充剂等。合成洗涤剂种类较多，外观形态也多，如粉状产品、液状产品、膏状产品等。

8.1.2　肥皂和合成洗涤剂的发展概况

1. 肥皂的发展概况

肥皂是最古老的洗涤剂，历史悠久，至今仍被广泛应用。关于它的起源还不明确，有一种说法是公元前 600 年在凡尼亚最初制造肥皂；另一种说法是从公元前 2500 年左右起，在美索不达米亚、斯美利亚开始用肥皂洗涤衣物。

到了公元 900 年，肥皂生产扩大到意大利、西班牙、法国等地中海国家，其规模逐渐变大。

我国自 1903 年开始建立肥皂工业，至今也有 100 多年的历史了。新中国成立后，肥皂工业逐步发展壮大，新技术、新工艺不断出现，产量连年递增，肥皂的品种也有了很大发展，特别是香皂，种类繁多，琳琅满目。

第二次世界大战后，由于合成洗涤剂的出现，在洗涤衣物的领域，肥皂的主导地位已经丧失；但在洗手和沐浴方面，香皂仍占有压倒性优势。

2. 合成洗涤剂的发展概况

合成洗涤剂发展较晚，但因其性能优良，发展速度很快。第二次世界大战以前，世界上合成洗涤剂的产量很少。第二次世界大战后，由于石油工业的发展，特别是 1946 年美国实现了四聚丙烯烷基苯磺酸钠的工业化生产，从而降低了成本，使合成洗涤剂的市场急速扩大，再加上羧基甲基纤维素钠、三聚磷酸钠的配合使用，去污效果得到改善，进一步巩固了合成洗涤剂的地位。至 1953 年，美国合成洗涤剂的产量率先超过了肥皂的产量。

我国于 1958 年开始合成洗涤剂的工业化生产，但至 1960 年全国产量还不到肥皂产量的 3%，至 1978 年也只达到肥皂产量的 50%。进入 20 世纪 80 年代以后，我国合成洗涤剂工业才得到迅速发展。目前，合成洗涤剂已基本取代了洗衣皂。

从世界范围看，合成洗涤剂的发展经历了以下几个阶段。

① 20 世纪 40～60 年代，合成洗涤剂发展迅速，逐渐取代了洗衣皂。

② 20 世纪 60～70 年代，由于发现了四聚丙烯烷基苯磺酸钠不容易被微生物分解，大量使用后，发生泡沫泛滥、污染河水的严重问题。1964 年西德、1965 年美国先后以法律形式禁止使用四聚丙烯烷基苯磺酸钠，其他各国也相继停产。1965 年以后，经研制改革，采用了大量磷酸盐，尤其是三聚磷酸钠，使合成洗涤剂的发展得到一次量的飞跃，产量大幅度提高。

③ 20 世纪 70～80 年代，许多国家先后发现，由于合成洗涤剂中配入了大量的磷盐，产生磷肥过氧化，刺激河道、湖泊中水藻猛长，水生物的正常营养遭到破坏，引起水生物大量死亡的新问题。许多国家开始限制甚至禁止洗涤剂中配入磷盐。

④ 20 世纪 80 年代以后，经过研制，无磷合成洗涤剂开始上市，世界各地都积极限制合成洗涤剂中磷的含量，开发生产无磷洗涤剂。

8.1.3 肥皂

1. 肥皂的分类和成分

（1）肥皂的分类

日用肥皂是钾皂和钠皂。钾皂是氢氧化钾与油脂起皂化反应生成的肥皂，因其质地较软，也称软皂。钠皂是氢氧化钠与油脂起皂化反应生成的肥皂，因其质地较硬，也称硬皂。家用肥皂主要是钠皂，大致可分为 4 种：洗衣皂、香皂、药皂和皂片。

① 洗衣皂。

洗衣皂指洗涤衣物用的固体块状皂。洗衣皂的形状一般有长方形和长条形两种，呈淡黄色，无油腥臭味，质量一般为 200～333g，其中 300g 最普遍。

② 香皂。

香皂是重要的化妆洗涤用品，用质量较好的天然油脂做原料，总脂肪物含量为 75%～80%，香精含量高，香型多，游离苛性钠的含量在 0.05%以下，对皮肤刺激性小。

③ 药皂。

药皂的成分与肥皂基本相同，再加入碳酸精萘粉和邻甲苯酚经碾压而制成。药皂一般有枣红、橘红和赭红三种颜色，有石炭酸气味，具有消毒、杀菌作用。

④ 皂片。

皂片是不加任何填充料的、呈小菱形的片状肥皂，因含游离碱少，也称中性皂片。可用它洗涤丝、毛织品。因合成洗涤剂的发展，其需求量减少。

（2）肥皂的成分

肥皂是一种多组分的物质。它是以高级脂肪酸钠为主要成分，加入助洗剂和其他辅助材料所配制的产品。其成分由三部分构成。

① 高级脂肪酸钠。

高级脂肪酸钠是钠皂的洗涤活性物，是洗涤去垢的主要成分。高级脂肪酸钠是高级脂肪酸与氢氧化钠起皂化反应生成的产物。高级脂肪酸钠可用通式 RCOONa 表示，它具有以下特点。

- 高级脂肪酸钠在水中会发生水解，反应式如下：

$$RCOONa+H_2O \rightarrow RCOOH+Na^+ +OH^-$$

因此，肥皂的水溶液呈碱性，pH 值为 10.5 左右，即使是香皂、中性皂片，其水溶液也呈碱性。

- 高级脂肪酸钠能与硬水中的钙、镁离子发生反应，生成不溶性的钙皂和镁皂。反应式如下：

$$2RCOONa + Ca^{2+} \rightarrow (RCOO)_2Ca\downarrow + 2Na^+$$

$$2RCOONa + Mg^{2+} \rightarrow (RCOO)_2Mg\downarrow + 2Na^+$$

这种钙皂和镁皂对洗涤衣物是不利的，它们是一种絮状的、黏性的污垢，易沾到衣物上，很难漂洗干净，干燥后使织物泛黄、变硬。

- 钠皂在储存和使用过程中，受光、热、潮湿等外界因素影响。高级脂肪酸钠能够氧化分解，产生低级脂肪酸，使肥皂表面产生黄黑色斑点，同时产生刺激性的不良气味。这种现象称为肥皂的酸败。

② 助洗剂及辅助材料。

- 松香皂。实际制造肥皂时，允许用松香酸代替部分脂肪酸，这样就生成了部分松香皂。松香皂本身并无去污能力，但能稳定泡沫，主要起降低成本的作用。用量不能超过 30%。
- 硅酸钠。硅酸钠也称泡花碱或水玻璃，是肥皂的主要助洗剂，能增加肥皂的光滑程度，缓冲溶液碱性，并有一定的去污力。含量为 2%～10%
- 香料。香料是香皂中必须加入的主要助剂，有各种香型，洗衣皂中为消除不良气味也加少量香料。香皂中含量为 1%～2.5%，肥皂中含量为 0.3%～0.5%。
- 荧光增白剂。荧光增白剂是一种无色或微带黄色的荧光染料。这种染料吸收紫外线后，会转变成蓝色可见光，可使白色织物增白，有色织物鲜艳。

除了以上助剂外，还有着色剂、杀菌剂、多脂剂等用于不同类型的肥皂。

③ 加工过程中的一些残留物。

主要有 NaOH、NaCl 和未皂化物。这些物质对肥皂的洗涤作用和保管都起着不良影响。苛性钠会增加肥皂的碱性，易腐蚀纤维，刺激皮肤；氯化钠使皂体发酥，保管中易“出汗”变质；未皂化物容易酸败，引起肥皂变质。

2. 肥皂的品种

家用肥皂主要包括洗衣皂和香皂两大类，洗衣皂因其自身的缺陷，已大部分被合成洗涤剂取代；但香皂具有洗手、沐浴的独特功能，仍保持一定的市场。为了克服肥皂在低温下溶解度低和不耐硬水的缺陷，市场上还出现了各种复合皂和功能皂，以增强竞争力。下面是常见肥皂的品种。

（1）洗衣皂

块状硬皂，主要成分是高级脂肪酸钠，一般为淡黄色，无油腥臭味，具有去污能力。洗衣皂的规格按总脂肪物含量通常分为42、47、53、60型4个型号，型号的数字表示肥皂中总脂肪物的百分含量。

（2）香皂

块状硬皂，带有香味，总脂肪物含量高，一律为80型。香皂所用原料油较好，加的香精较多。香皂除含高级脂肪酸盐外，还有抗氧剂、香精、着色剂、多脂剂及钛白粉等添加物，可制成不同外形、色泽和香型的制品。其性能温和，有乳状泡沫，对皮肤无刺激，具有清洁和护肤的功能，用于洗脸、洗澡，用后留香持久。香皂一般用蜡纸及外包装纸两层包装，较高级的香皂用蜡纸、白纸板及外包装纸 3 层包装或用盒子包装。

（3）过脂皂

过脂皂也称润肤皂、富脂皂，为块状硬皂，除含一般香皂成分外，还含有羊毛脂、脂肪酸、矿物油、海龟油等过脂剂。其制法同香皂，对皮肤有滋润作用。

（4）美容皂

固体块状皂，皂体细腻光滑，皂型别致。美容皂除含普通香皂成分外，还加有蜂蜜、人参、珍珠、花粉、磷脂等营养物质和护肤剂，配有高级香精，香味幽雅，泡沫稠密，符合高级香皂的标准。

（5）香药皂

固体硬皂，加有一种或多种杀菌剂、消毒剂或中草药药剂。香药皂除具有普通香皂的性能外，还有消毒、杀菌和祛臭的功能。使用时，将香药皂涂于身体上，停留 5～10 分钟，然后冲洗干净。

（6）半透明皂

半透明皂中有微小的结晶颗粒，能部分通过光线，呈半透明状，泡沫丰富，性能温和，去污力好。半透明皂一般为72型，可供洗衣、洗脸或沐浴用，同时具有洗衣皂和香皂的功能，是一种物美价廉的洗涤用品。

（7）儿童香皂

儿童香皂的主要成分是皂片，还含有少量羊毛脂、硼酸、中性泡花碱等添加剂以及儿童喜爱的香精，有的还加有起健肤作用的药剂。其特点是毒性低，性能温和，对皮肤无刺激，适合儿童使用。

上面是常见的洗衣皂和香皂的品种。除此之外，还有为了改善肥皂性能而生产的复合皂、液体香皂等，专为旅馆、宾馆设计的小块旅游皂，以及一些新品种如大理石花纹皂、浮水皂等，以满足不同消费者的需要。但总的来说，由于合成洗涤剂的出现，肥皂占有的市场份额呈减少的趋势。

3. 肥皂的质量

肥皂作为洗涤剂，大多是在手工搓洗的情况下使用。所以，高质量的肥皂不但要有优良的洗涤性能，还要有一定的硬度和形状，便于手握。

（1）洗衣皂的外观质量要求

① 色泽。洗衣皂正常的色泽应为淡黄色，淡黄色说明所用油脂较纯，并经过很好的脱色，松香的质量好，用量适当。这种洗衣皂不易酸败，使用不发黏，泡沫力高，去污力好。

② 外观形状。洗衣皂的外观形状要端正，表面字迹要清楚。外形要求收缩均匀，不得有歪斜、变形、缺边、缺角等现象。

③ 硬度。洗衣皂的硬度要求软硬适中，用手指捏一下皂体表面，如果刚好能显示出指头印迹，说明软硬合适，否则就是太硬或太软。太硬的肥皂溶解度小，使用时不易擦下；太软的肥皂容易糊烂，不耐用。

④ 气味。洗衣皂应有淡淡的香味，不能有油脂的腥臭味。若有，说明肥皂已发生酸败，已变质。

（2）香皂和药皂的外观质量要求

① 外观形状。皂型应端正，字迹、图案清晰，不得有歪斜、缺裂、字迹模糊等缺陷。

② 硬度。用手触摸皂体应有干硬、细腻的感觉，表面及内部组织应均匀，无裂纹、气泡等缺陷。

③ 色泽。皂体色泽应均匀一致，不能有变色、退色、色泽不匀、斑点等缺陷。

④ 香味。二级和二级以上的产品，香味应定型，留香持久，无油脂酸败等异味。

肥皂是一种易变质、难于保管的商品，所以在肥皂的保管中必须注意防潮、防热、防冻、防压。保存期间要经常检查，保存期一般不能超过 3 年。

8.1.4 合成洗涤剂

1. 合成洗涤剂的分类和成分

目前市场上衣物、衣料种类繁多，除了传统的天然织物棉、麻、丝、毛织物外，还有各种各样的人造纤维、合成纤维及混纺织品，使服装色彩鲜艳，款式新颖。衣料的种类繁多，对洗涤剂也提出了更高的要求。为此，合成洗涤剂的种类也日益增多，目前市场上已有 250 多种，并逐渐由通用型向特殊用途或专用型发展。

（1）合成洗涤剂的分类

合成洗涤剂种类很多，根据用途的不同，可分为工业用和民用两大类。家用洗涤剂属民用洗涤剂。一般民用合成洗涤剂可根据商品性状、活性物含量、洗涤对象、泡沫多少等进行分类。

① 按商品状态分，可分为空心颗粒状洗涤剂、液状洗涤剂、膏状洗涤剂、浆状洗涤剂和块状洗涤剂等。

② 按洗涤对象分，可分为以下三类。

- 丝、毛类洗涤剂。它碱性小，溶液的 pH 值为 6.5～8.5，适合洗涤丝、毛织品及化纤织成的细软织品。
- 通用类洗涤剂。pH 值不大于 10. 2，碱性较小，适合洗涤各种纤维织品。
- 棉、麻一般类洗涤剂。pH 值在 10.5 左右，碱性较大，只适合洗涤棉、麻及一般化纤织品。

③ 根据活性物的含量可分为以下三类。

● 30 型合成洗涤剂。表面活性剂的含量为 30%，碱性较低，去污力强，是高级洗涤剂。

● 25 型合成洗涤剂。表面活性剂的含量为 25%，碱性较高，适合洗涤棉、麻织品，属中档洗涤剂。

● 20 型合成洗涤剂。表面活性剂的含量为 20%，碱性较高，适合洗涤棉、麻织品，属低档洗涤剂。

④ 根据泡沫的多少分为以下三类。

● 高泡型洗涤剂。加有发泡剂，泡沫丰富，适合手洗。

● 中泡型洗涤剂。有一定的泡沫，可用于手洗，也可用于洗衣机洗涤。

● 低泡型洗涤剂。加有消泡剂，泡沫较少，适合洗衣机洗涤。

（2）合成洗涤剂的成分

合成洗涤剂是一种混合物，它是由起洗涤作用的表面活性剂和能改善、提高洗涤效果的助洗剂组成的。

① 合成洗涤剂用表面活性剂。

合成洗涤剂用表面活性剂主要是阴离子型表面活性剂，其中应用最广泛的是直链烷基苯磺酸钠、脂肪醇硫酸钠和α-烯烃磺酸钠三种。一些高级洗涤剂中，阴离子型和非离子型表面活性剂复配使用，运用协同效果可提高其性能。液体洗涤剂中广泛运用非离子型表面活性剂，其性能温和，无毒无害，洗涤效果良好，主要用于餐具、食品用洗涤剂。

② 助洗剂。

● 聚磷酸盐。常用的聚磷酸盐是三聚磷酸钠（$Na_5P_3O_{10}$），俗称五钠。它是良好的硬水软化剂，可将水中的钙、镁离子变成复合离子，使硬水变成软水；可使溶液保持一定的碱性，有利于临界胶束浓度的降低；能使洗衣粉保持良好的流动性和颗粒度，使产品不易吸潮结块，是一种重要的助剂。含量一般为 30%～50%。中性洗涤剂基本不含此类助剂。

● 硅酸钠（Na_2SiO_3）也称泡花碱或水玻璃，能缓冲溶液的碱性，使溶液保持一定的 pH 值；具有胶束结构，有一定的去污能力；能使粉状颗粒保持干爽、不结块，是一种重要的助剂。含量一般为 5%～10%。

● 硫酸钠（Na_2SO_4）主要起降低成本的作用，一定程度上也能降低溶液的临界胶束浓度。含量随不同产品差别很大，最高可达 50%，一般越是高档的产品，含量越低。

● 抗再沉淀剂。一般用水溶性高分子胶体物质，常用的是羧基甲基纤维素钠。它能使污垢质点很好地悬浮、分散在溶液中，不再沉淀到织物上，防止织物被重新污染。含量一般为 1%～2%。

● 荧光增白剂。其作用与在肥皂中的作用相同，含量一般为 0.1%～0.5%。

除以上助剂外，洗涤剂也视用途加入一些其他的助剂，如酶制剂、色素、柔软剂、消毒剂、香料等。

2. 合成洗涤剂的品种

合成洗涤剂品种较多，按照其外观形态的不同可分为合成洗衣粉、液体洗涤剂、浆状洗涤剂和块状洗涤剂。

（1）合成洗衣粉

① 高泡洗衣粉。

外观为洁白的空心颗粒，流动性好，不易吸潮结块，有效成分含量高，适合于各种水质，泡沫丰富，去污力强。1%的水溶液在 25℃下，pH 值为 10～10. 2，有一定的碱性。

② 低泡洗衣粉。

外观为洁白的空心颗粒，采用阴离子和非离子复配性表面活性剂，并加入肥皂和消泡剂。其泡沫少且稳定性差，易于漂洗，去污能力良好，溶液 pH 值在 10.5 左右，碱性较大。

③ 加酶洗衣粉。

外观为白色粉加蓝绿色颗粒酶，一般加入碱性蛋白酶，能催化蛋白质分解，使蛋白质污垢变成水溶物而被除去，对血渍、奶渍、汗渍、茶渍、果汁等污斑有特效。酶在 pH 值为 9 ～10，温度为 50～55℃时，能发挥最佳作用。

酶是生物催化剂，具有活性，使用加酶洗衣粉时应注意：把水温调到稍感烫手（50℃），然后放入加酶洗衣粉溶解，不能用沸水冲化，因高温会使酶的活性立即丧失；将衣物完全浸于洗涤液中 30 分钟，再行洗涤可得到良好效果；不能洗涤丝、毛织品，因酶对丝、毛织品有一定的破坏作用。

④ 浓缩洗衣粉。

外观为洁白或着色颗粒，具有芳香气味，含有 100%的有效成分，不加任何填充料。同体积情况下去污力比普通洗衣粉高 2～3 倍。粉质为实心颗粒，视密度大，可节省包装材料和仓储面积。性能良好，泡沫较低，冷水中也能发挥大的去污力。溶液的 pH 值在 10.6 左右，碱性较大。

⑤ 彩漂洗衣粉。

粉内加有含氧漂白剂，能使白布增白，色布、花布鲜艳；也可加入酶制剂，使其具有全面的洗涤效果。其去污力好，漂白性强，泡沫中等，易于漂洗。加有酶制剂时，使用中应注意保持酶的活性，同时不能把干粉直接撒在衣服上揉搓，以免局部脱色。

⑥ 中性丝毛洗衣粉。

外观为白色或带色的中空颗粒，溶液的 pH 值为 7.5～8.5，呈中性。洗涤后衣物柔软、滑爽，不损伤纤维，泡沫中等，易于漂洗。因含填料较多，去污力中等，不太适合洗涤棉、麻类织品。

⑦ 消毒洗衣粉。

外观为白色、微黄色或蓝色的空心颗粒，加有杀菌剂（一般为含氯型杀菌剂，故有氯气的刺鼻气味），兼有清洗和消毒作用。溶液的 pH 值为 9～11，碱性较大，泡沫较少，去污力好。因杀菌剂具有挥发性，使用时应将洗衣粉溶于冷水或温水中，将衣物浸泡 5～10 分钟，再行洗涤。

（2）液体洗涤剂

① 轻垢液体洗涤剂。

外观为透明液体，可以着色，溶液 pH 值为 7～7.5，呈中性或偏酸性。其耐硬水性好，黏度适中，不易变质，-5℃时不结冰，具有芳香气味，泡沫力较高，去污力较强，是精细织品的理想洗涤剂，适合洗涤毛料、围巾、丝绸产品。一般在 30℃下轻轻揉搓，就能达到理想的洗涤效果。

② 干洗剂。

外观为透明液体，具有芳香气味。特点是去油污快，有一定的挥发性，洗后不用漂洗；不留水痕和油迹，不损伤衣料。溶液 pH 值为 8 左右，碱性小，活性物含量大于 10% ，去污力较好，适用于呢绒、丝绸等高级衣料的干洗。使用方法为：将干洗剂用清水稀释，具体稀释倍数看使用说明；用软毛刷刷洗，可局部洗涤，也可全部洗涤；等泡沫产生最多时，用干净的湿毛巾吸附泡沫，晾干后即为干净的衣物。如果在快干时进行熨烫整理，效果更佳。

③ 领洁净。

外观为透明或带色的乳状液体，能有效地除去衣领、袖口上的斑迹和油性污垢，不损伤衣物，供棉、麻、化纤等织品干洗之用。使用时，将本品涂擦在领口或袖口上，稍等片刻，用手轻搓，使污垢分散，再进行机洗或手洗。切勿先浸湿衣物，以免降低功效。

（3）浆状洗涤剂

浆状洗涤剂也称洗衣膏，为白色、粉红色或浅蓝色膏体。膏体细腻、均匀，总固体物含量为55%～60%，填充料为水，于40℃下储藏不分层。其泡沫丰富，去污力大于普通洗衣粉，用法和用量与普通洗衣粉相同。

（4）块状洗涤剂

块状洗涤剂也称洗衣净，呈固体块状，质地细腻光滑，软硬适中，能耐硬水，呈中性，使用中耐磨，不糊烂，不开裂。其性能优良，使用方便，用法同普通肥皂。

3. 合成洗涤剂的质量

（1）合成洗涤剂的质量要求

在实际经营活动中，主要靠外观质量来判断商品的质量。下面是合成洗涤剂的外观质量要求。

① 色泽。粉状洗涤剂要求白净，没有深黄色或黑色颗粒，有色粉色泽要求均匀一致；液体洗涤剂要求清澈透明，不应浑浊；浆状合成洗涤剂应均匀，不分层，不析水。

② 气味。要求除洗涤剂固有的气味外，无异常气味。

③ 颗粒度。洗衣粉的空心颗粒大小应均匀，颗粒直径一般为0.5～0.8mm。颗粒太细，流动性差，易结块；颗粒太大，影响溶解度。

④ 视密度。视密度指单位容积内洗衣粉的重量。要求洗衣粉保持一定的视密度，否则影响产品的包装。

⑤ 流动性。流动性指粉粒在给定倾斜角上自动流动的程度。流动性反映了粉粒的大小和含水量的多少。流动性差，说明含水较多，颗粒细，易结块，影响使用。

⑥ 稳定性。稳定性指成品在储存过程中因外界因素的影响，有无泛红、变臭的现象，有无失透明、变稠的现象。这种性质能在很大程度上反映出洗涤剂的组成和内在质量。要求产品在储存过程中不出现泛红、变臭和失透明、变稠现象。

（2）合成洗涤剂的使用

合成洗涤剂中大类产品主要是洗衣粉和液体洗涤剂。液体洗涤剂易溶于水，使用方便；洗衣粉使用时须注意基本程序。下面是洗衣粉的使用常识。

① 洗涤前，先把织物用清水浸湿，再行洗涤，否则对纤维的强力会有影响，最后也不易把泡沫漂洗干净。

② 配制洗衣粉溶液，放水量与衣物重量之比应约为10:1，放入洗衣粉，配制成浓度约为0.3%的溶液，即具有良好的去污能力。配制浓度太低，达不到去污目的；浓度太高，不仅造成浪费，也造成漂洗困难。

③ 衣物在溶液中浸泡 10～15 分钟，再行洗涤，能达到最佳的洗涤效果。时间太短，洗涤剂不能充分发挥作用；时间太长，会影响衣物强力，甚至会引起污垢的再沉淀。

④ 如果领口、袖口太脏，可撒少许干粉轻轻揉搓。

⑤ 洗涤温度不宜太高，一般以 40℃左右为宜。

8.1.5 肥皂与合成洗涤剂的比较

1. 肥皂

（1）肥皂的优点

① 皂体呈固体块状，有利于手洗。

② 肥皂在软水中去污力强，大于合成洗涤剂的去污力。

（2）肥皂的缺点

① 肥皂的水溶液呈碱性，pH 值高，对皮肤有刺激作用，不宜洗涤丝、毛织品。

② 肥皂在硬水中去污力降低。它能与水中的钙、镁离子生成不溶性的、黏性的钙皂和镁皂，沾到衣物上，使衣物发黄变硬。

③ 肥皂不适合在酸性或含盐多的溶液中洗涤。肥皂在酸性溶液中能分解成脂肪酸和盐而失去洗涤作用；在盐溶液中，因溶解度降低，也影响洗涤作用。

④ 肥皂不适合在热水中洗涤，在高温下肥皂会生成酸性皂而不溶于水，失去洗涤作用；肥皂也不适合在冷水中洗涤，在冷水中溶解度小。

⑤ 制造肥皂所用原料以天然油脂为主，受自然资源的限制。

2. 合成洗涤剂

（1）合成洗涤剂的优点

① 合成洗涤剂在水中不会产生游离碱，可配制适合洗涤丝、毛织品的中性洗涤剂。

② 合成洗涤剂抗硬水性好，内含抗硬水剂，能使硬水转化成软水，所以合成洗涤剂即使在硬水中，去污力也很好。

③ 合成洗涤剂耐高温，在热水中，其性能稳定，且去污力有所提高。

④ 合成洗涤剂可在酸性或含盐多的溶液中洗涤，不会发生分解，也不会产生沉淀，仍有很好的去污力。

⑤ 所用原料来源于石化产品，原料丰富，成本低。

（2）合成洗涤剂的缺点

① 高泡洗涤剂大量使用，易造成泡沫污染；含磷洗涤剂大量使用，易造成磷肥过氧化污染。所以，合成洗涤剂易造成环境污染。

② 合成洗涤剂中有些表面活性剂和助剂生物降解性差，很难被微生物分解，易形成长寿垃圾。

3. 肥皂与合成洗涤剂的配合使用

肥皂和合成洗涤剂各有特点，二者可配合使用。先用合成洗涤剂溶液浸泡，再用肥皂搓洗脏处，能达到良好的洗涤效果。原因如下。

① 合成洗涤剂除具有洗涤作用外，还能把硬水变成软水，而肥皂在软水中有很好的去污能力，配合使用能提高洗涤效果。

② 肥皂具有一定的碱性，能降低溶液的临界胶束浓度，有利于提高溶液的去污力。

③ 肥皂是合成洗涤剂的一种消泡剂，配合使用能减少泡沫，有利于衣物的漂洗。

需要注意的是，由于肥皂碱性较大，配合使用不能洗涤丝、毛织品。

8.2 牙膏

8.2.1 概述

1. 牙膏的发展概况

牙膏是口腔卫生用品之一，主要功能是在牙刷的配合下，去除口腔中的食物残屑和牙垢，使牙齿清洁美观，同时又有清凉爽口和预防牙病的作用。

牙膏的生产具有悠久的历史，自 19 世纪末第一支牙膏问世以来，发展非常迅速。按阶段来分，牙膏的第一代产品是肥皂型，这类牙膏都是洁齿型牙膏，因其存在较多缺点，目前已基本被淘汰；20 世纪 50 年代以后，开始生产第二代产品——合成洗涤剂型牙膏；在此基础上，又逐步出现了第三代产品——疗效型牙膏。近几年，我国大力发展第三代产品，利用丰富的中草药宝库，经过多种药物复配精制成各种药物牙膏，也可利用氟化物和酶制剂制造第三代产品。在洁齿和疗效并重的前提下，目前药物牙膏已占市场销售量的 50%。展望未来，今后牙膏品种的发展趋势是：名牌洁齿型牙膏在市场上仍占一定的地位；药物牙膏由于具有防治口腔疾病的功能，日益显示其强大的生命力，预计将进一步取代洁齿型牙膏，成为今后牙膏市场的发展方向。随着生活水平的提高，各种彩色牙膏、透明牙膏以及专用的旅游牙膏、儿童牙膏、除烟渍牙膏等将成为牙膏品种中的新秀。

2. 牙膏的分类

牙膏的种类很多，香型各具特色，功能各有所长，级别也不一样，重量有大有小。因此，牙膏的分类方法较多。

（1）按牙膏香型分类

目前国内生产的牙膏香型主要有留兰香型、薄荷香型、水果香型、茴香香型、豆蔻香型和沙土香型 6 种。牙膏传统的流行香型为前 3 种。

（2）按摩擦剂分类

以二水合磷酸氢钙为摩擦剂的牙膏，膏体细腻，光洁美观，一般为甲级牙膏。二水合磷酸氢钙是一种比较温和的优良摩擦剂，它与牙釉有亲和性，摩擦力适中，主要用于生产高档牙膏，但它与多数氟化物不相溶，不能用于含氟牙膏中。

以碳酸钙为摩擦剂的牙膏为乙级牙膏或一般牙膏，低档牙膏中也广泛使用它。碳酸钙有轻质、重质和天然碳酸钙 3 种。轻质碳酸钙质地纯洁，色泽洁白，摩擦力良好，应用较多；重质碳酸钙和天然碳酸钙由于摩擦力过强，一般不单独使用。

（3）按牙膏的功能分

洁齿型牙膏为传统型牙膏，着重于清洁牙齿，也称普通牙膏或卫生牙膏，产品种类较多。

疗效型牙膏也称药物牙膏，在膏体内加有药物，着重于对口腔常见病和多发病的治疗作用，同时也具有洁齿的功能。

8.2.2　牙膏的原料和制造

1. 牙膏的原料

牙膏的原料按其在膏体中的作用，有摩擦剂、黏合剂、发泡剂、润湿剂、甜味剂、香料和水 7 部分。

（1）摩擦剂

摩擦剂是牙膏的主体原料，一般占配方总量的 40%～50%，作用是去除污屑和黏附物，以防止形成污垢。常用的摩擦剂有碳酸钙、二水合磷酸钙、无水二氧化硅和热塑性树脂等。

（2）黏合剂

黏合剂也称胶合剂、增稠剂，加入黏合剂的目的是把膏体各组分黏合在一起，使膏体增稠达到一定的黏度，防止存放期间分离出水。配方中用量一般为总量的 1%～2%。常用的黏合剂有海藻酸钠、羧甲基纤维素钠、羧乙基纤维素等。

（3）润湿剂

润湿剂也称保湿剂，其作用是防止膏体中水分逸失，并能从空气中吸收水分，使不盖时膏体也不致干燥而挤不出，同时还能增强膏体的耐寒性。一般用量占配方总量的 20%～30%。常用的润湿剂有甘油、山梨醇、丙二醇和聚乙二醇等。

（4）发泡剂

发泡剂也称洗涤剂，是一种表面活性剂。其作用是洗涤去污和增加泡沫力，同时使膏体在口中迅速扩散，香气易于散发。配方中用量一般占总量的 2%～3%。常用的发泡剂有月桂醇硫酸钠、月桂酰甲胺乙酸钠等。

（5）甜味剂

甜味剂能使牙膏具有甜味，以掩盖其他不良气味。因牙膏中加入的香料成分大多是苦味的，摩擦剂也有粉尘味等，所以牙膏中必须加入甜味剂。用量一般占总量的 0.05%～0.25%。常用的甜味剂有糖精、蔗糖和缩二氨酸钠等。

（6）香料

香料能掩盖膏体中的不良气味，使产品气味芳香，同时有一定的防腐杀菌作用。用量一般占总量的 1%～2%。香料的香型很多，一般用各种花香型香料。

2. 牙膏的制造

牙膏制造方便，上述原料加水搅拌就可制成牙膏的膏体。为了便于保存，视情况有时也加入防腐剂、缓蚀剂、颜料等。对原料的精心选择和准确配方直接决定牙膏的质量。

8.2.3　牙膏的品种

1. 洁齿型牙膏

洁齿型牙膏也称普通牙膏或卫生牙膏，为细腻的白色膏体，pH 值为 7～10，无刺激性，从软管中挤出时呈稀稠适度的条状，具有属物理性质的摩擦作用和吸附作用、属化学性质的发泡作用和中和作用、属生物性质的杀菌和抗菌作用，从而达到洁白牙齿、清洁口腔、防止口臭和龋齿的功效。膏体要求均匀细腻，无分离，无结粒，洁净无杂质；香味定型，无异味；软管端正，上面的图案和字迹清楚、鲜明。

2. 疗效型牙膏

疗效型牙膏因所加药物品种的不同，种类较多。

（1）含氟牙膏

含氟牙膏也称氟化物牙膏，为白色或有色膏体，pH 值为 5～10，膏体中加有能离解出氟离子的水溶性氟化物，含量一般占总量的 0.1%～0.4%。由于氟有腐蚀性，所以包装应采用有特殊内涂层的金属管，还要在膏体中加入缓蚀剂。氟化物牙膏是药物牙膏中的重要品种，牙膏中的氟离子对牙齿的亲和力很强，能够生成难溶于水的氟磷灰石，使牙齿的牙釉具有耐酸、坚硬、抗磨等性能，从而收到防治龋齿的独特功效。

（2）加酶牙膏

加酶牙膏也称酶制剂牙膏，为白色或有色膏体，膏体中加有蛋白酶、淀粉酶、葡聚糖酶等不同类型的酶制剂，借酶的催化作用，杀死口腔中的某些病原菌。蛋白酶有较强的去污力，能清除牙齿表面的蛋白质污垢；又是良好的消炎剂，可使牙部炎症水肿消退，牙出血现象明显好转，对龋齿和牙周病有预防作用。淀粉酶、葡聚糖酶能分解粘在牙齿上并形成牙垢的淀粉、葡聚糖，消除菌斑，从而消除龋齿发生的根源。

（3）脱敏牙膏

脱敏牙膏为白色或带色膏体，膏体中除普通成分外，还加有化学药品或复方药物，也可加入中草药剂。常用的药物有甲醛、福尔马林、氯化锶等。这些药物对牙本质过敏以及因过冷、过热、过甜、过酸或物理刺激而产生的牙齿酸痛有疗效。

（4）消炎止血药物牙膏

消炎止血药物牙膏是防治牙周炎、牙龈炎等口腔病的牙膏。牙周炎、牙龈炎是由于牙结石和牙菌斑对牙周组织刺激而引起的慢性炎症，症状为牙龈出血，牙周组织发炎。消炎止血药物牙膏能抑制牙结石和牙菌斑的形成。常用的药物有季铵盐类化合物、柠檬酸盐、芦丁、草珊瑚、两面针、叶绿素等。这些药物都具有抗菌消炎、止血止痛、消除口臭的功能。

（5）防感冒牙膏

防感冒牙膏为白色或带色膏体，内加多种防感冒的中草药，如紫苏、柴胡、鱼腥草、细辛、连翘、板兰根、银花藤等，按一定的配方组成复方，均匀加入膏体中，使牙膏既能洁白牙齿，清洁口腔，又能防治感冒。为保证药效，防感冒牙膏必须通过药理检验和临床考察。

3. 特种牙膏

随着人民生活水平的不断提高，各种特型牙膏、专用牙膏、特效牙膏等相继出现，为牙膏家族又添新成员。

（1）彩条牙膏

在白色膏体上附有几行彩条，以增加牙膏的美观性，增强产品的竞争能力，激发消费者的购买欲望。一般制造方法是按常法制成白色膏体，然后取出一部分用食用染料着色，再分别装入牙膏管中。牙膏管的出口处开有几个小孔，使用者在挤压牙膏管时，着色的膏体也通过小孔被压出，一个小孔形成一个彩条，几行彩条同时附着在白色膏体上，就成为彩条牙膏。彩条牙膏要求色彩鲜艳、清晰，富有美感。

（2）透明牙膏

膏体呈透明或半透明状，色泽有红、绿、蓝等多种，晶莹美观，鲜艳夺目。配方的特点是用二氧化硅做摩擦剂，甘油做润湿剂。润湿剂的用量很大，以形成透明的外观。透明牙膏也可制成药物牙膏，增加牙膏的花色品种。

（3）彩粒牙膏

彩粒牙膏以透明牙膏为基础，掺入各种彩色小粒子，使牙膏美观悦目。彩色粒子可用彩色摩擦剂粒子、食用染料粒子；也可用内装药物的微胶囊，胶囊在刷牙时破裂，放出内容物，可保持药效及香味的稳定。

（4）旅游牙膏

旅游牙膏是为方便人们旅游、出差而设计生产的一种牙膏，采用了 3～15g 小包装，可制成洁齿型牙膏或药物型牙膏。要求原料高档，品质优良，装潢美观，香味舒适。旅游牙膏也可供宾馆、饭店、酒家作为一次性用品使用。

（5）儿童牙膏

儿童牙膏是根据儿童的生理特点设计的。儿童身体的各个器官均处于成长发育阶段，又喜爱吃糖果和各种零食，极易发生龋齿。儿童牙膏采用适合儿童乳牙发育的原料，摩擦剂的摩擦值小，不损伤牙釉质；pH 值接近中性，不刺激口腔黏膜，并添加防治龋齿的药物。它既是儿童的口腔卫生用品，又是儿童乳牙的保护用品。

（6）除烟渍牙膏

膏体内加有除色素剂，对牙垢、牙锈、烟锈、斑釉有清除和脱色作用，又不损伤牙齿珐琅，对清除因长期吸烟、饮茶和服中药而形成的烟油、污渍和色斑有特效。

8.2.4　牙膏的质量

1. 牙膏的质量要求

牙膏的质量好坏，不能只凭某种原料的多少或泡沫的多少加以评定，一般应从以下几点来考虑：稠度要适当，从软管中挤出成条，既能覆盖牙齿，又不致飞溅；摩擦力适中，既有好的洁齿效果，又不伤牙釉；膏体稳定，在存放期间不分离出水，不发硬，不变稀；pH 值稳定；药物牙膏在有效期内保持疗效；膏体光洁美观，没有气泡；泡沫适中，便于使食物碎屑悬浮去除；香味、口味适宜。

牙膏的感官质量要求如下：

① 膏体应均匀，无水分分离，细腻无结粒，洁净无杂质，香味定型，无异味。

② 软管应端正，管尾封扎牢固整齐，无漏水现象；盖帽螺纹与管口紧密结合，不得歪斜滑牙；软管外图案、字迹清晰，色泽鲜明。

③ 小包装纸盒的图案印刷清晰、套色准确，盒身挺直端正，洁净无破坏；中包装纸盒及大箱应干燥，尺码大小内外配合。

2. 牙膏常见的质疵

（1）膏体发黑

这种现象多发生在铅锡软管上，由管壁污染所致。现铅锡软管已被铝管、复合塑料管所代替，此类疵点已很少发生。

（2）膏体发硬或膏水分离

这由原料配比不当造成。例如，甘油用量过少，会造成膏体发硬甚至挤不出；制造时温度掌握不准或碾磨次数过多，没有充分溶解等都能造成膏体过稀、过稠或膏水分离。此类疵点严重影响牙膏的质量。

（3）软管破裂

因软管质地不纯、有砂眼等，致使软管在使用时破裂。这是一种不允许出现的质疵现象。

8.2.5 牙膏的保管和使用

1. 牙膏的保管

牙膏是一种容易变质的商品，因此保管时要注意以下几点。

（1）防热防冻

牙膏遇热或遇冷都会加速变质，因此要存放在干燥通风的库房，温度控制在 0～35℃，相对湿度在 85%左右，避免日晒雨淋，切勿露天储存。

（2）防震防压

牙膏的软管较软，容易变形，出入库搬运时要轻拿轻放，件数多时可压缝堆码，纸箱高度一般不超过 6 箱，以防压坏。

（3）陈列品常换

橱窗、柜台陈列的样品受外界因素影响较大，应经常调换。

（4）控制保存时间

牙膏的保质期为 1 年左右，保存时间不宜过长，要按批标明进库日期，严格掌握先进先出的原则，并要经常组织检查，尤其是保存超过半年的进货，每 1～2 个月要开箱检查一次。库房也要经常检查是否漏雨等。药物牙膏保存时间更不宜过长，否则会降低药物效力，应在 1 年内或更短的时间内销售出去。

2. 牙膏的使用

牙膏的使用注意事项如下：

① 挤牙膏时要从尾部往上挤，不要从软管上部或中部挤压，否则易造成软管破裂。

② 牙膏用后应及时将盖拧紧，以免造成膏体被污染或水分蒸发，导致膏体干缩和香味散失。

③ 在使用牙膏过程中，如发现膏体有发黑或有油水分离现象，说明牙膏已变质或染上污物，不宜继续使用。

④ 儿童应选用专用的儿童牙膏，因其配方适合儿童，还加有防龋齿的药物；老年人因牙齿磨损过度，牙神经易外露而易过敏、发炎，应选用脱敏药物牙膏或消炎止痛药物牙膏。

⑤ 使用药物牙膏时，最好早晚各刷一次牙，使牙膏在口腔中停留时间稍长，以达到应有的疗效，用量与普通牙膏基本相同。

案例 8-1

正确的刷牙方法

刷牙是清除菌斑、预防牙周病发生最主要的手段。

首先要选择设计良好的牙刷，使其在口内便于转动，能清除牙齿各个部位的食物残片，符合牙弓形态和牙齿大小。

坚持正确的刷牙方法，能刷除牙菌斑，同时还可对牙龈进行按摩。健康人一般每天刷牙 1～2 次，但对有牙龈或牙周疾病的人应强调早晚刷牙，午饭后也要增加一次，每次刷 3 分钟。

正确的刷牙方法是短横刷法和竖转动法。

短横刷法（又称水平颤动法）：人们习惯的横刷法是长的拉锯动作，这种横刷法如果加上硬毛牙刷就会给牙周带来损害（刷毛损伤牙龈边缘、牙龈退缩、根颈部楔状缺损等）。短横刷法用短颤的横刷动作最能洁净菌斑，故又称沟内刷牙法。置刷毛毛尖与牙齿牙龈面成 45° 角而轻度加压，刷毛顶端部分进入龈沟而部分在沟外，然后前后向颤动 6～8 次，颤动时刷毛移动仅为 1 毫米。刷上下前牙的舌腭面时，如牙弓狭窄，可将牙刷头竖起做短横刷颤动。同时还应拉刷后牙咬合面，清洁牙合面的窝沟点隙。

竖转动法：能有效地去除菌斑及软垢，且能刺激牙龈角化，维护牙龈外形的正常。可供选用的牙刷面较广，硬毛、中硬毛牙刷均可，但老年人、儿童或牙周病手术后应选用中硬或软毛牙刷。刷唇颊面和后牙舌腭面的动作是使刷毛与牙的长轴平行，贴向牙面，刷毛指向龈缘，加压扭转牙刷，使刷毛与长轴成 45° 角，转动牙刷，即刷上牙时刷毛顺着牙间隙向下刷，刷下牙时从下往上刷。注意动作稍慢一些，带一点震颤，同一部位要反复 5～6 次。刷前牙舌腭面用上述相同的转动动作，牙弓狭窄者可将牙刷垂直，部分毛束压在牙龈上，顺着牙间隙向牙冠方向拉刷，同时拉刷后牙的咬合面。

牙膏含有摩擦剂和洁净剂，它们能防龋、消炎、止血、防酸、止痛、抑制牙石、减轻口臭，所以刷牙时使用牙膏可增强洁净牙齿的效果。

8.3　化妆品

8.3.1　概述

1. 化妆品的发展概况

化妆品的生产和应用是一门古老的技术。公元前 5 世纪，在许多宗教仪式上，在采用香花、香木焚烧的同时，也用芳香产品混合油脂涂于人体上，作为护肤用品。从公元前 5 世纪到公元 7 世纪，在西方的罗马帝国，人们对皮肤、毛发、指甲、口唇等也注意美化与保养，罗马人用红色植物的汁掺入适量的白脱油做成胭脂、唇膏，用各式各样的花粉和矿石粉混合在一起做成香粉。约在公元 300 年，意大利罗马理发店已开始使用香水，那不勒斯地区成为芳香业的中心，用固体香膏、液体香油和香粉。

公元 7 世纪至公元 12 世纪，化妆品在阿拉伯国家发展并取得重要成就。阿拉伯人采用蒸馏的方法加工香料，提高了香料的纯度，这是化妆品技术上的重大成就。

13 世纪至 16 世纪，在欧洲文艺复兴时代，随着文化的繁荣，化妆品开始从医药中分离出来。17 世纪至 19 世纪，由于商业和合成香料工业的发展，化妆品生产逐渐成为单独的行业。

中国是文明古国，化妆品也早有发展，在古籍《汉书》中就有画眉、点唇的记载，《齐民要术》中也介绍了有丁香芳香的香粉。在理论方面，我国宋朝韩彦直所著《枯隶 》（公元 1178 年著）是世界上芳香方面较早的专门著作。我国近代化妆品工业最早创办的是广生行，1905 年在我国香港建厂，以后又在广州、上海、营口建厂；中国化学工业社也于 1911 年在上海成立。

进入 20 世纪以后，由于化学、物理学、生理学和医药学的空前发展，许多新的原料、设备和技术被应用于化妆品生产，使化妆品的生产发生了巨大变化，从过去小型家庭生产转变为大规模的工业化生产，化妆品生产技术也逐渐发展成为一门新的、专业化的科学技术。随着科学技术的日益发展和人民物质、文化生活水平的不断提高，目前化妆品的品种已是千姿百态、琳琅满目。

展望未来，化妆品的发展趋势有以下几个方面。

① 疗效性。现代化妆品不仅要求美容，还极其注意疗效，要求化妆品在确保安全的同时，能在促进皮肤细胞的新陈代谢、保持皮肤的组织活力、延缓皮肤衰老方面收到一定效果。因此，目前化妆品中经常加入各种营养物质，以期取得这种效果。

② 功能性。现代化妆品除具美容、护肤的功效外，还要求有多种功能。例如，供不同年龄的人使用的有儿童化妆品、青年化妆品、老年化妆品；供不同时间使用的有早霜、午霜和晚霜；目前男、女化妆品已经泾渭分明，不再混用；旅游化妆品、体育运动化妆品也应运而生；另外，供粉刺皮肤用、祛狐臭用、制止大汗用的专用化妆品也开始进入市场。

③ 天然性。在“一切返回到自然中去”的世界热潮中，化妆品原料也热衷于采用天然成分，诸如羊毛脂、水解蛋白、各种草药萃取液和浸汁、动物内脏萃取液等已成为热门的天然添加剂。天然化妆品已是目前化妆品百花园中的佼佼者。

2. 化妆品的概念和分类

化妆品是清洁美化人体皮肤、毛发以及口腔等处的日常生活用品，具有令人愉快的香气，能美化人体，给人以容貌整洁、讲究卫生的好感，并有益于身体的健康。希腊文中“化妆品”的词义是“装饰的技巧”，意思是把人体自身的优点多加发扬，而把缺陷加以弥补。

化妆品按作用不同，可分为以下 5 类。

（1）清洁类化妆品

能去除面部、皮肤以及毛发上的脏污物质，清洁口腔和牙齿，如清洁霜、清洁奶液、净面面膜、泡沫浴液、洗发香波、牙膏及含嗽水等。

（2）护肤类化妆品

能保护面部、皮肤以及毛发的柔软光滑，以抵御风寒、烈日、紫外线辐射等外界因素影响，防止皮肤干裂，如雪花膏、奶液、冷霜、防晒霜和防裂油膏等。

（3）营养类化妆品

能营养面部、皮肤以及毛发，增加组织活力，保护皮肤角质层的含水量，减少皮肤细小皱纹，促进毛发生机，如人参霜、荷尔蒙霜、蜂王浆霜、维生素霜、珍珠霜等。

（4）美容类化妆品

能美化面部、皮肤及毛发并散发香气，如粉底霜、粉饼、香粉、胭脂、唇膏、香水、喷雾发胶、染发剂、卷发剂、指甲油、眼影膏、眉笔和睫毛膏等。

（5）疗效类化妆品

用于卫生或治疗常见皮肤病，如雀斑霜、粉刺霜、祛臭剂、奎宁发水、防秃发生发水、药性发乳、药性头蜡、痱子水等。

8.3.2 化妆品的原料

化妆品是由各种不同原料按照配方加工而成的一种复杂的多组分物质。化妆品的质量除了取决于配方、加工技术及制造设备条件外，主要取决于所采用的原料。

制造化妆品所需要的原料品种繁多，根据其用途与性能，大体上可分为基质原料和辅助原料。基质原料也称主体原料，是组成化妆品的主体，在配方中占的比重比较大；辅助原料也称配合原料，是赋予化妆品色、香以及其他特定作用的原料，在化妆品的配方中占的比重比较小，但极为重要。主体原料和辅助原料之间没有绝对的界线，某种原料在这种化妆品中起主体原料的作用，而在另一种化妆品中可能仅起辅助原料的作用。例如，表面活性剂在香波中是起洗涤作用的主体原料，而在膏霜类化妆品中仅作为乳化剂，为辅助原料；香精在香水中是发香的基质原料，而在其他化妆品中仅是赋香的辅助原料。

1. 主体原料

主体原料是组成化妆品的主体，或化妆品内起主要功能的物质。它主要包括油脂和蜡类原料、粉质原料、溶剂类原料等。

（1）油脂和蜡类原料

这类原料是组成雪花膏、冷霜、奶液、发乳等乳化体化妆品及发蜡、唇膏等油蜡基化妆品的基本原料。它们对皮肤都有不同程度的渗透性，能把原料本身所含的营养成分直接从表皮或表面渗透到皮肤及毛发的内部，起到滋润、保护等作用。此类原料包括天然的动植物油脂及由这些油脂分离的脂肪酸、脂肪醇等单体原料，天然的矿物性油、蜡和合成的油、蜡等，如羊毛脂、蜂蜡、鲸蜡、杏仁油、茶油、海龟油、硬脂酸、石蜡等。

（2）粉质原料

粉质原料是组成香粉、爽身粉、胭脂等化妆品的基本原料。一般是不溶于水的固体，经研磨制成细粉状，具有遮盖、滑爽、吸收等作用。用于香粉类化妆品的原料主要有高岭土、赭石粉、钛白粉、氧化锌、碳酸镁、淀粉等，用于爽身粉的主要有滑石粉、氧化镁等。

（3）溶剂类原料

溶剂类原料是组成冷霜、雪花膏、发水、香水、花露水、指甲油等膏状、浆状、液体化妆品的主要部分，主要起溶解和稀释作用，与配方中其他成分互相配合，使产品保持一定的物理性能，便于使用。常用的溶剂有酒精、丙酮、丁酮、苯二甲酸二丁酯、液体石蜡、葵二酸二乙酯、甘油、丙二醇等。

2. 辅助原料

辅助原料在化妆品中占的比重较小，但它在化妆品中起主要作用，赋予化妆品特定的性状。辅助原料主要包括乳化剂、防腐剂、抗氧剂、滋润剂、营养剂、香精、色素等。

（1）乳化剂

乳化剂是使油脂、蜡与水制成乳化体的原料，常用的主要是各种表面活性剂。化妆品的原料比较复杂，有油性原料，也有水性原料，它们互不相溶，不能形成一种稳定的状态。乳化剂有特殊的性能，能使一种原料稳定地分散到另一种原料中，形成稳定的乳化体。

根据油相、水相用量的多少，乳化体化妆品可分为两种：一种是水包油型化妆品，俗称水质化妆品，是油以微粒的形式分散到水中，在乳化剂的作用下，形成稳定的乳化体；另一种是油包水型化妆品，俗称油质化妆品，是水以微粒的形式分散到油中，在乳化剂的作用下，形成稳定的乳化体。

（2）防腐剂与抗氧剂

具有防止微生物生长繁殖作用的物质称为防腐剂，具有延迟油脂酸败作用的物质称为抗氧剂。

雪花霜、清洁霜、奶液、睫毛膏等化妆品含有大量水分，并含有油、蜡等多种成分，易使细菌繁殖。为延缓化妆品变质，要加入防腐剂。化妆品中的防腐剂必须考虑到色、味、毒性、刺激性、过敏性等指标，所以适用于化妆品的防腐剂种类不多。常用的防腐剂有尼泊金酯、脱氢醋酸等。

含有油脂类物质的化妆品，特别是具有不饱和键的化合物，很可能因氧化而引起变质，这种氧化变质称为酸败。酸败后发出恶臭，对化妆品质量影响很大。所以，化妆品要加入抗氧剂。常用的抗氧剂主要是酚类、醌类、胺类、有机酸和醇类等。

（3）滋润剂

滋润剂是使产品在储存和使用时有良好的湿度，并对皮肤起滋润作用的原料。常用的滋润剂为多元醇类，如甘油、丙二醇、山梨醇等。

（4）营养剂

人体的皮肤有一定的吸收作用，某些物质可以通过表皮而被真皮吸收，对皮肤产生影响。利用皮肤的这种吸收作用，可以在化妆品中加入各种营养成分，保养皮肤。常用的营养成分有人参、水解蛋白、蜂王浆、珍珠粉水解液、维生素等。

（5）香精和色素

在常温、常压下，物质的蒸气或微粒能分散于空气中，引起人们嗅觉上特殊的快感，这种物质总称为香料。各种化妆品除具有各自特殊的功能外，都要求具有幽雅舒适的香味。所以，化妆品中要加入香精。香精的品种很多，按来源可分为天然香料、人造香料两类。天然香料又可分为动物香料和植物香料两类。合成香料在芳香工业中发展很快，目前已知的香料几乎都能人工合成，在香料行业中起着主导作用。

色素对化妆品来说极为重要。消费者选购化妆品时是根据视觉、触觉和嗅觉三方面来判断的，而色泽是视觉方面的重要一环。色素是指那些具有浓烈色泽的物质，当和其他物质相接触时能使其他物质着色。色素包括颜料和染料两种：颜料是指一些白色或有色的化合物，不溶于指定的溶液中而有良好的遮盖力，能使其他物质着色；染料是指一些具有浓烈色彩的化合物，能溶解在指定的溶剂中，以溶剂为媒介而使其他物质染色。除常规色素外，还有一类珠光颜料，能呈现珍珠般的闪光，增加色泽效果。它的用途也越来越广泛，如天然鱼鳞片、氯氧化铋和氧化钛等。

8.3.3 化妆品的品种

化妆品的种类繁多，分类方法也不相同。按化妆品的用途不同，通常可分为清洁类化妆品、护肤类化妆品、美容类化妆品、发用化妆品、芳香化妆品、特殊功用的化妆品等。

1. 清洁类化妆品

清洁类化妆品是具有清洁皮肤、去除体臭作用，使肌肤卫生滑爽、感觉舒适的化妆品。它与人们的生活休戚相关。皮肤是人体的外屏障，需要经常清洁才能健美。中、青年由于皮肤脂腺分泌旺盛，毛囊口角化不全，易生痤疮、脂溢性皮炎等影响美容的皮肤病，或者由于经常化妆，皮肤需要定期进行清洁保护，故常用清洁类化妆品。清洁类化妆品是需求量较大的一类化妆品。

（1）清洁霜

清洁霜又称洁肤霜，是一种新型的颜面洗净剂，可用于清除面部的脏污、油垢，特别适用于洗脱油性化妆品。有油包水型和水包油型乳化膏霜两类，pH 值比肥皂低，呈中性。主要成分是液体石蜡和固体石蜡及白色凡士林等。其去污过程是用油相溶解污垢和油性化妆品，用水相溶解水溶性污垢，然后用脱脂棉或纱布擦拭，污物即随清洁霜一起除去，皮肤即被洗净，故可用于无水的条件下。油包水型清洁霜有油腻感，适用于干性皮肤；水包油型清洁霜有舒适的使用感，适用于中性皮肤。清洁霜使用方便，便于外出旅游携带。

（2）清洁露

清洁露也称清洁蜜、清洁乳液，是一种温和的洗面剂，属水包油型乳液，油相含量少，用非离子型表面活性剂做乳化剂精制而成。清洁露比清洁霜稀，使用时有更好的舒适感，适用于脂性皮肤。清洁露同清洁霜功能相似，能除去面部和头颈的污垢、油腻、粉底和皮屑，用于卸妆可去除香粉、胭脂、唇膏和眉笔迹等，以去除眼影膏最为适宜。清洁露使用方法与清洁霜相似，最后用脱脂棉擦拭或用清水冲洗。使用后不会使皮肤粗糙，并有柔软、润滑皮肤的功能，因此发展很快，并有取代清洁霜之势。

（3）液化膏霜

液化膏霜又称卸妆油，为非乳化性膏霜。主要是油性成分，并配有表面活性剂，能借皮肤温度均匀溶化，吸附油性化妆品。该品质地柔软，对皮肤无刺激，频繁使用对皮肤无不良影响，可供电影界和戏剧演员对油彩和油性厚妆卸妆用。

（4）洗面奶

洗面奶是一种温和的清洁化妆品。主要采用氨基酸型活性剂作为皮肤清洁剂，含碱量小于香皂，有较好的清洁皮肤的效用，对皮肤无刺激性，洗完后在脸上能形成极薄的保护膜，使皮肤十分光滑。

（5）磨砂膏

磨砂膏也称磨面膏、皮肤按摩清洁膏、磨面清洁霜。它是在普通的护肤霜中加入直径为0.1～0.2 毫米的固体颗粒，作为摩擦剂。磨砂膏中的“砂”即指这种固体颗粒，常用的有聚烯烃粉末、椰子果实粉末、杏仁粉末、核桃粉末等。

为了保持颜面的清洁卫生与健美，保持皮肤的细嫩并延缓皮肤的衰老，必须及时去除皮肤表面的各种污垢和微生物细菌，并将尚未脱落的陈腐衰老的角质细胞去除干净，以达到清洁肌肤的效果。磨砂膏不仅能有效地清除皮肤陈腐的角质层和深藏的污垢，而且能促进血液循环及新陈代谢，促进皮肤软化，加强皮肤对营养物质的吸收，使皮肤清洁、健康、光滑、软，使毛孔紧缩，改善面部皮肤的状况。

使用磨砂膏时，必须根据自己的皮肤类型正确使用。油性皮肤一般每周 2～3 次，每次磨面约 10 分钟；中性皮肤一般每周使用一次，每次磨面约 8 分钟；干性皮肤一般每月或更长时间使用一次，每次磨面不超过 8 分钟。

2. 护肤类化妆品

护肤类化妆品应用最广泛，它们的共性是保护皮肤，滋润皮肤，减少风吹、日晒等对皮肤的刺激，以保护皮肤健康，防止皮肤过早衰老。

（1）雪花膏

雪花膏也称润肤霜或香霜，一般为白色膏体，涂在皮肤上能立即消失，在皮肤上只留下一层肉眼看不见的透明薄膜，好像雪花，又似白霜，因此称之为雪花膏或护肤霜；又因有扑鼻的香气，故又称香霜。

雪花膏一般都是水包油型的乳化体，俗称水质雪花膏。pH 值不大于 8.5，无油腻感，香味纯正。主要用于面部润肤，也可在搽粉前用于打底，以黏附香粉。产品要求膏体洁白细腻，没有粗颗粒，搽用时不能有搓起“面条”现象，不刺激皮肤，无变色、出水、干缩、霉变、发酵等变质现象。

（2）冷霜

冷霜又称香脂或护肤油。冷霜是希腊人在公元 100—200 年，首先用蜂蜡、橄榄油和部分玫瑰水溶液制成的一种乳化体。当时乳化体不够稳定，常有水分离出来，敷在皮肤上因有水分蒸发吸热，使皮肤有阴凉的感觉，故得名冷霜。

冷霜有水包油型和油包水型两种乳化体，但膏体的组成和作用与雪花膏有所不同，一般含脂量较高，膏体光亮油润。油包水型冷霜，油相和水相的比例基本为 2:1，油脂含量高，水分含量为 10%～40%。蜂蜡和硼砂制成的油包水型乳化体是典型的冷霜。水包油型冷霜，油脂含量较低，但也在 50%以上，以非离子型乳化剂为主，水分含量一般在 45%以上。此类冷霜的优点是敷于皮肤感到滑爽和油润，减少了油腻程度，膏体的耐寒性好，柔软、油润，可做粉底霜用。目前，冷霜有向水包油型方向发展的趋势。冷霜有瓶装与盒装两种包装。凡水质型冷霜都采用玻璃瓶包装，因水包油型冷霜易使铁盒生锈。铁盒装的冷霜都属于油包水型乳化体，能随身携带，使用方便。

（3）滋润霜

滋润霜为乳剂型膏霜，油分和水分的含量近于平衡，油润感适中，膏体一般呈中性。这类膏霜一般加入各种不同功能的营养剂，如人参、珍珠粉、鹿茸、银耳、蜂王浆、荷尔蒙、维生素、胎盘组织液等，同时加入较高级的香精和防腐剂。此类护肤霜膏体稳定，营养成分不受破坏，主要用于滋润皮肤，免受外界冷暖、干湿等不利因素的刺激，补充皮肤的水分和乳化油脂，使之保持滋润、柔软和富有弹性的健美状态。同时，营养成分能通过皮肤被吸收，达到营养的目的。

（4）婴幼儿护肤霜

婴幼儿护肤霜为乳剂型膏霜，含油分较高，易于涂抹，内加无刺激性的香料或不加香料。

膏体为中性或微酸性，对皮肤无刺激和过敏现象，并有一定的杀菌作用。婴幼儿护肤霜用于保护和滋润婴幼儿的皮肤，防止干裂和受外界刺激。

（5）乳液类

乳液也称奶液、蜜，为液体状乳剂，含固体油蜡较少，一般为水包油型乳剂，也有适合干性皮肤使用的油包水型乳液。其 pH 值与皮肤的酸碱度相适应，搽用后能在皮肤上形成一层极薄且均匀的油膜。产品使用方便，油腻感小，感觉舒适，主要用于滋润皮肤，也可加入各种各样的营养物质或药剂制成各种乳液。

（6）香蜜类

香蜜也称甘油蜜，是一种经济实惠的冬季护肤用品。香蜜一般含 98%～99%的甘油和 1%～2%的香精，因此具有甘油的性质和作用。

甘油学名为丙三醇，有很强的吸水性，能从空气中吸收水分，使皮肤保持湿润，防止干裂。用来润肤的甘油必须含有 20%的水分，否则甘油会将皮肤中的水分吸出，不仅不能润肤，反而使皮肤干裂。甘油蜜中的甘油一般含水 20%，如果是纯甘油，则需要加 20%的水后再用。

3. 美容类化妆品

一般的化妆品都十分重视色彩和香味，其目的在于使产品更加悦目、芳香，使消费者乐于使用。化妆品为了达到某些修饰目的，特别着重发挥色彩和芳香的效果，这些化妆品称为美容类化妆品。

（1）粉底

粉底是最常用的修饰底色的化妆品。它可以掩盖皮肤上的瑕疵，调整皮肤的色调，使皮肤的质感更加润滑。粉底的主要成分为油脂、水分和色粉，油脂和水分是皮肤必不可少的基本成分，它可以使皮肤滋润、柔软并富有弹性；色粉则决定粉底的颜色。根据水分、油分、颜料以及其他配剂各自的用量、质量和制作方法的不同，粉底可分为以下几种类型。

① 固体粉底：也称粉底锭。这种粉底在制作时，用特殊的方法把粉体用油分和水分包裹起来，使之成为湿粉，然后再制成固体状。它能消除皮肤的油脂和光泽，涂后不用再搽干粉。由于这种粉底会吸取皮肤的水分，所以干性皮肤的人不宜使用，而适合油性皮肤的人使用。

② 粉底蜜：为液体粉底。油脂含量少，一般为 15%～25%，是一种稳定的乳状液。它容易涂抹，使用方便，在短时间内即可满足修饰美化皮肤及改善质感的需要，特别适合频繁社交时进行快速修饰之用。但其遮盖能力较差，适合夏季用。

③ 粉底霜：为膏状粉底，有无水油膏型及油包水或水包油乳剂型膏霜。但无论属于何种剂型，其膏体均较细腻、均匀，涂展性良好。粉底霜的油相和粉料含量高，涂抹后对香粉有较强的附着能力，具有较强的遮盖力，能掩盖面部原有的肤色和疵点，但应注意色彩与肤色的协调。

（2）香粉类

香粉类化妆品是化妆品中最流行的一种，主要成分是滑石粉、碳酸钙、碳酸镁、氧化锌、陶土粉、色料、香精等。其基本特性为：具有遮盖能力，能遮盖皮肤的本色；具有吸收性，能够吸收香精、油脂和水分，并慢慢散发香气；具有黏附性，容易黏附到粉底上；具滑爽性，使用时具有滑爽易流动的性能，易于涂敷均匀。香粉的品种大体上可分为粉状香粉、块状香粉、液体香粉和粉纸 4 种。

① 粉状香粉：这是最常用的一种香粉，为细滑的固体粉末。一般为白色、肉色、赭黄色和粉红色，香气持久。它具有一定的遮盖、涂展、附着和吸收性能，适用于面部的化妆。用粉底霜打底后，再用粉扑敷香粉，能够遮盖原有的褐斑、雀斑，也可吸收过多的皮肤脂而消除油光，化妆成合意的肤色。轻质型香粉适于淡妆，重质型香粉适于脂性皮肤，普通型香粉适用于一般皮肤。选用时应注意粉质的细腻度。搽粉化妆过的脸和颈部就寝前要洗净。

② 块状香粉：又称粉饼，用油料、粉料混合压制而成，呈薄饼形粉块，一般为肉色。其携带方便，对皮肤附着性好，用途与香粉相同。饼块要求不过硬，也不易碎，颜色均一，表面平整洁净，无异色杂质的星点，香气悦人。

③ 液体香粉：俗称水粉，为固体粉末与水、醇等的混合物。静置后发生沉降分层，上部液体澄清透明，下部粉料匀细一致。可用于颈、肩、手臂部位皮肤的化妆。用时先摇动，使之悬浮均匀，用海绵涂搽。适于夏季化妆，对皮肤无刺激。

④ 粉纸：又称香粉纸，采用特殊的方法把粉质黏附在长方形的粉纸上，类似一本小本子。使用时，只要撕下一张涂搽面部，即可收到与一般香粉相同的效果。

（3）胭脂类

胭脂是涂敷于面颊，使面色显得红润、美丽的一种化妆品。胭脂的主要成分基本上与香粉相同，但香精用量少于香粉，而色剂较多。胭脂大致可分 6 个色系：自然色系，类似面部自然的红润色，能显示肤色的健康，主要有浅灰红、浅棕红、浅朱红、浅火红等；粉红色系，使肤色显得娇嫩可爱，给人一种年轻、质丽的感觉，主要有粉红、浅桃红等；玫瑰色系，适宜于装饰性面妆或舞会妆等，对于表现成熟的女性美及高雅的风度有良好的效果，主要有浅玫瑰红、深玫瑰红、深色桃红、浅紫红等；橙色系，有消除肌肤晦暗的作用，可增强皮肤的透明感，主要有橘红、橘黄等色；棕色系，起修饰脸型的作用，称为阴影色胭脂，主要有浅棕、土红、深棕、棕红等色；明色系，作用在于淡化面部的颜色，可与阴影色配合使用，以加强面颊部分的立体感，主要有淡黄色、白色、肉色等。胭脂的主要品种有胭脂块和胭脂膏。

① 胭脂块：胭脂块的原料与香粉的原料大致相同，只是色剂较多。其色泽明亮、均匀，质地细腻紧密，易于搽抹，并有一定的遮盖力和附着力。化妆时，在粉底用品使用之后，用胭脂刷将胭脂涂于面颊适宜的部位，以呈现立体感与健美的魅力。

② 胭脂膏：胭脂膏是以油脂和颜料作为主要原料调制而成的，色调明亮，色泽均匀，膏体细腻稳定，使用方便，能增加皮肤的光泽和质感，适合于干性皮肤使用。

（4）唇膏类

唇膏又称口红，是点涂于嘴唇，使其具有红润健康的色彩，以达到美容效果的产品，同时还具有润唇和营养的作用。

① 唇棒：又称唇膏，由油脂和蜡类加入色素配制而成，是色泽光亮、质地细密、易于涂展的棒形固体。要求其表面无气泡，无色素及油脂类析出；香味纯正，膏体耐热和耐寒性好，热天不渗，冷天不开裂和变色；一年之内不应收缩；色泽鲜艳均匀，不应有深浅之分；容易涂搽，对皮肤无刺激。

② 液体唇膏：是唇膏生产者为改变唇膏的传统形态而制成的无色透明、有色透明或具有珠光的黏稠性胶状液体。这种唇膏是一种酒精溶液，当酒精挥发后，留下一层光亮鲜艳的薄膜。但液体唇膏是用瓶装的，携带和使用都不如唇棒方便，因此不如一般唇膏受欢迎。

（5）眉笔

眉笔是用来画眉毛的一种化妆品，其历史悠久。眉笔虽然是一种化妆品，但是很少在化妆品工厂生产。由于它的生产设备和工艺操作同蜡笔、铅笔的生产较为接近，故一般在铅笔厂生产。眉笔是用油脂、蜡和颜料配制而成的，一般有两种形式：铅笔式和推管式。由于制造方法的不同，铅笔式眉笔较硬；推管式眉笔较软，但放置一定时间，也会逐渐变硬。眉笔的使用不同于普通的铅笔，笔芯应削成逐渐变薄的扁铲形。描眉时一般只描黑眉部的眉毛，而非眉部的皮肤；仅在需要时，才将无毛的眉梢描黑或加长。

（6）眼影类

眼影类化妆品又称眼黛化妆品。根据外形，大致可以分为 3 种：眼影块、眼影膏、眼影笔。

① 眼影块：也称眼影粉。主要成分是滑石粉、硬脂酸、高岭土、无机颜料、胶合剂等。一般压制成粉状块，色彩鲜艳丰富，配套包装在精美的塑料盒中，使用方便。

② 眼影膏：主要成分是无机颜料、白凡士林、二氧化钛、白油、地蜡等。一般制成浓稠的乳膏，易于涂展，不易脱落又易于卸妆，色调多种多样，艳丽多彩。可搽于上下眼皮和外眼角，造成阴影，突出眼部的立体感，富有光泽。

③ 眼影笔：眼影笔外形与铅笔相似，组分大致与眼影膏相同，只是较粗，笔芯较软。它便于使用，颜色自然，缺点是色调变换较少。

（7）指甲用化妆品类

指甲的美观在化妆艺术中历来占有很重要的地位。指甲用化妆品主要有指甲油和指甲油去除剂。

① 指甲油：指甲油是用来修饰和增加指甲美观的化妆品。其主要成分是成膜剂、树脂、增塑剂、溶剂和色素等。指甲油有透明型、珠光型和不透明的有色型 3 种。指甲油要求涂敷容易，干燥成膜快，光亮度好，不开裂，并能牢固地附着在指甲上，具有良好的抗水性。

使用指甲油时，应先将指甲洗涤修好，把指甲底部的皮肤推上，露出月牙状的白色指甲根端，然后均匀涂上指甲油。为形成良好的膜层，需要反复涂敷几次。

② 指甲油去除剂：也称去光水，专供去除指甲上的指甲油膜。其主要成分是溶剂，为减少溶剂对指甲引起的干燥感觉，可适量加入一些油脂。指甲油去除剂可使陈旧而浓厚的指甲油变薄、浊化而易于剥落，为重新涂抹指甲油提供方便。

（8）芳香类

芳香类化妆品是以赋香为主要目的的产品，包括香水、科隆水、花露水 3 种。其主要成分是香精，并加入不同比例的乙醇配制而成。

① 香水：为透明溶液，具有芬芳、浓郁、持久的香气。主要成分是香精和乙醇。香精含量一般为 15%～25%。香水香型较多，可分为花香型和幻想型两大类。香水一般采用中性玻璃作为包装容器，美观而不易变质。香水有高低档之分，高档香水里的香精多采用天然花果的芳香油，而低档香水里的香精多为人造香精。最高贵的香水是用天然动物香料和经过陈化的酒精配制的，香味持久。西方国家生产香水历史悠久，有很多世界闻名的名牌香水。

② 科隆水：也称古龙水，最早是由意大利人在德国 Colongne 城生产的一种柠檬香型的芳香产品。德法战争时，法国士兵将它带回法国，称为古龙水，产品由此得名，沿用至今。该品为透明的有色溶液，主要成分是乙醇、蒸馏水、香精和微量色素；香精用量少，在 3%～8%之间。香气清新淡雅，不如香水浓郁。采用男性香型，适合男性使用。

③ 花露水：为带色的透明液体，以乙醇、香精和蒸馏水为主体，加入淡色湖蓝、绿或黄色，给人以清凉的感觉。香精含量低，一般为2%～5%，酒精含量为70%～75%，价格比较低廉。花露水除具有香味外，同时具有消毒、杀菌、止痒、除痱之功效，属夏季卫生用品。

（9）面膜类

面膜是敷在皮肤上的一层薄薄的物质，目的是将皮肤与外界空气隔绝，使皮肤温度上升，面膜中的营养物质，如维生素、水解蛋白等，就能有效地渗进皮肤里，起到增进皮肤机能的作用。经过一段时间后，再除去面膜，皮肤上的皮屑等也随之被除去，不仅使皮肤清洁如新，还可起到滋润皮肤、促进新陈代谢的作用。面膜的种类较多，主要适用于冬、春季节。夏季炎热，皮肤分泌物较多，敷膜后影响散热和汗液挥发，故不宜使用。

① 粉状面膜：为白色粉末，由粉体、油和分散剂制成。主要成分是高岭土、石膏粉、绿豆粉、滑石粉和适当的药物。使用时用蒸馏水（家庭可用温开水）或化妆水以1:1调成糊状，涂于皮肤，约经20～30分钟后形成硬壳，再取下或用温水洗下。石膏在凝固过程中产生温热作用，能增强皮肤的血液循环，促进皮肤的吸收作用。粉状面膜有吸附作用，能减轻脸上色斑，使皮肤光滑细嫩。若用消炎杀菌药剂调配，则对痤疮也有较好疗效。

② 胶状面膜：也称剥离型面膜，呈透明或半透明的胶冻状，由成膜剂、增溶剂和保温剂制成。特点是涂于皮肤后，溶剂很快挥发，形成一层薄膜。面膜干燥时的收缩作用，使皮肤绷紧，毛孔变小，细小皱纹即被消除。停留20～30分钟后，从面膜边缘自上而下缓慢揭去，脸上的污垢即被脱去。面膜中所含的保温剂、油分和营养剂对皮肤还有滋润作用，从而使面部皮肤洁白柔软，清新舒爽。

③ 膏状面膜：主要成分是高岭土、滑石、油分及天然瓜果、蛋、奶等的提取物，制成膏状即为成品。因含有多种维生素、蛋白质、氨基酸及微量元素等，可增加皮肤营养，改善新陈代谢，延缓衰老，减少皱纹，并易于涂抹，易于洗脱，如美容丝瓜面膜、美容蛋黄面膜、草莓面膜、苹果面膜和中药面膜等。

4. 发用化妆品

发型在今天的美容化妆中占有重要地位。光泽的头发、漂亮的发型已成为当今男女共同的追求，因此发用化妆品琳琅满目。

（1）头油

头油也称发油，为浅黄色或黄绿色透明状液体油混溶物，有适度香味。主要成分是植物油、白油和羊毛脂，为防止酸败，还需要加入香精和抗氧化剂等。其作用是补充头发中油分的不足，增加光泽，起到滋润保护作用。油液要求澄清透明，无沉淀，无酸败气味，在0℃时能流动。

（2）头蜡

头蜡也称发蜡、发脂，大多以凡士林为原料制成，也可将凡士林和蜡类、白油、植物油混合使用。外观为胶冻状或半凝固油状，有一定的黏度，用于修整发型，使头发服帖、油亮，光亮度可保持2～3天，适用于难以梳理定型的硬性头发。但头蜡的油性较大，有黏稠的油腻感，较难清洗，为克服此缺点，现配制有可洗性发蜡，用水能够洗除。头蜡加入香精量较头油多，搽涂头发的用量一般较头油量少。

（3）发乳

外观为洁白的膏状，质地均匀，稠度适宜。其主要成分是液体油和水分，经乳化而制成油包水型或水包油型乳剂。水包油型发乳，水占 60%，油占 40%；油包水型发乳，油占 55%，水占 45%。头发使用发乳后易于梳理定型，发乳中的油脂部分能均匀地分布在发丝上，以保持头发中的水分，使头发油润光亮。发乳为男女皆宜的发用化妆品。膏体要求 pH 值在 5～8.5 之间，并不析出水分。

（4）头水

头水的主要成分是酒精，含量为 80%左右，还加有毛发营养剂、杀菌剂、清凉剂等。头水具有滋养发根、改善头皮血液循环、增强皮肤功能的功效。使用后头皮感觉舒服而爽快，利于头发的梳理。因头水中常用盐酸奎宁作为消毒剂，所以习惯上也称奎宁水。

（5）润丝膏

润丝膏也称漂洗护发膏、护发素，主要成分是阳离子型表面活性剂，再加上油相和水相形成乳膏状的产品。阳离子型表面活性剂能附着于毛发表面，形成一层薄膜，从而使头发柔软，具有光泽；还能抑制静电的产生，使头发易于梳理。使用时，可先用香波洗去头发的污垢，然后取适量的润丝膏涂在头发上，轻轻按摩并保持 2～3 分钟，最后用清水冲洗。使用后，头发光泽自然、柔润舒展并富有弹性。注意使用润丝膏后，不宜过分冲洗。

（6）喷发胶

喷发胶为气溶胶型化妆品，含有醇溶性树脂和抛射剂等。包装容器封装严密，安全可靠，喷出的雾点微小匀细，无大雾点和射流成线的现象，在头发上可形成具有一定透明感、平滑性、强韧性的薄膜，起到保持发型的作用。胶膜具有光泽，可以洗掉，无毒、无刺激性。

（7）染发剂

头发是由皮质层和髓质层组成的。髓质层中有颗粒状的黑色素存在，所以正常的头发是黑色的。由于年龄增大、内分泌失调或其他某种原因，头发中的黑色素会消失，头发会变成灰白或花白。要想使头发变成黑色，就需要进行染发。

染发剂有膏状、液状和粉状等剂型，装于非金属、密封的容器内，以避免氧化变色。主要成分是氧化染料，还要加入一些稳定剂、表面活性剂、调理剂等。染发剂被氧化后，变成不溶性色素，染色牢固耐久，不但遮盖发丝表面，而且渗透到发丝内层，不会被洗发剂冲洗掉。但过一段时间后，头发内长出来的头发仍然是白色的。染发药剂分为含氧化染料的 1 号药剂和含氧化剂的 2 号药剂两部分。由于氧化染料对某些人的皮肤有过敏作用，所以使用前最好做皮肤过敏试验。使用时，1 号药剂与 2 号药剂以 2:1 的比例尽快搅拌混合成起泡的膏状，再用适量水稀释之。染发时，应使之渗染均匀，经过 10 分钟左右，检查发色状态，一直染到所需色度，用温水冲净，最后用中性香波洗涤。应该注意的是，头部有伤口时，不能染发。

（8）烫发剂

烫发剂是使头发卷曲，便于做成各种发型的用品。烫发有电烫和冷烫两种，烫发剂也分为一般烫发剂和冷烫剂两种。一般烫发剂用于电烫，主要成分是亚硫酸盐，另外加入一定量的碱，使头发变软，并能受热挥发，还可加入少量脂肪物及富麻油等，以增加润湿性并使头发烫后留有光泽。烫发时，先将头发洗净，将烫发剂均匀地涂敷于头发上，然后用烫发工具加热至 100℃左右，对头发卷曲加热，加热完毕后，用水或稀酸冲洗残留在头发上的碱液，待干燥后，就能保持卷曲的状态，并可做成各种发型。冷烫剂用于冷烫，不借助热和机械即可使头发卷曲变形。药液分为冷烫液和中和液两部分。使用时，先将头发洗净，再分次涂上冷烫液，并卷在适当粗细的棒上，保持 20～40 分钟后，拆除卷棒，用剩余的中和液润湿全部头发，最后用水冲洗干净。冷烫剂对头发损伤小，省时间，弯曲度大，波型持久，适合于家庭烫发。

（9）洗发香波

洗发香波是英文 Shampoo 的音译。Shampoo 是洗发剂的意思，译成香波比较好听，现已成为一种通用的叫法。香波按外观大致可分为膏状香波、乳液状香波和透明液体香波等几类。

① 膏状香波也称洗发膏，为不透明的膏体，可着上不同的浅淡颜色。其主要成分是硬脂酸钠和月桂醇硫酸钠等阴离子型表面活性剂和增稠剂。膏状香波的活性成分比液体香波多，去污能力强，膏体软硬适中，易于分散，但膏状香波的 pH 值高，不宜加入营养成分。膏状香波可加入一些药物，制成疗效型香波。

② 乳液状香波外观呈乳液状，属合成洗涤剂型香波。其特点是去污力好，泡沫丰富，刺激性小，脱脂力适中，性能温和。可在配方中加入各种营养成分和药物，制成各种洗发香波。也可加入阳离子或两性离子表面活性剂作为调理剂，使其具有洗发和护发的功能，制成调理香波。

③ 透明液体香波外观为澄清透明的液体，可带有各种浅淡颜色。主要成分为烷基硫酸钠和烷基醇酰胺或钾皂和抗硬水剂。液体洗发香波流动性好，使用方便，泡沫丰富，易渗入发根，易于冲洗，适用于各种水质，对头皮无刺激，洗后头发柔软而富有光泽。

8.3.4 化妆品的质量

1. 化妆品的质量要求

化妆品的品种比较多，形态变化也比较大，所以化妆品的质量要求也比较复杂。同时，化妆品直接接触人体的皮肤，对卫生安全性能的要求也比较严格。

化妆品的质量指标分为外观指标和理化指标两部分。其理化指标的测定往往需要一些试剂和仪器，而这些都是商店和顾客所不具备的，主要靠合格证来判断。所以，在日常生活中，对化妆品质量的检验，只能通过化妆品的外观质量来判断。

（1）膏霜类化妆品的质量要求

化妆品外包装整洁，瓶盖无脱漆、生锈或滑牙等情况，瓶内浇蜡封口平整、不露缝隙。膏体应纯洁细腻，稀稠软硬适度，无渗油和油水分离现象。搽在皮肤上应滑润不起条。香味要纯正，无酸败气味。

（2）奶液类化妆品的质量要求

外包装要整洁，瓶盖内的软木塞或衬纸不应发霉。如有此现象，说明已经变质。奶液应稀稠适度，呈半流动状态；乳液稳定，不得有油水分离现象；香气淡雅，无酸败异味。

（3）粉质类化妆品的质量要求

外观整洁，不得有污物和退色现象。盒装粉的盒盖要松紧适度，既要容易打开，又要关盖严密，用手拿盒盖时，盒体不会自行脱落。香粉的衬面纸应无皱纹和污点，密封应牢固，无漏粉现象；粉质应洁白或色泽纯正，细腻滑润，无粗粒或硬块，带色香粉应与标明的色泽相符。

（4）液状化妆品的质量要求

要求外观整洁，封口严密。检查时可用嗅觉来辨别。如嗅到较浓的香味，说明封口不严；倒置时如有液体流出，也说明封口不严。液体应清澈透明，无明显沉淀或杂质等。液体在低于 12℃时，不分层；在 0℃时，不凝固。香味应符合规定的香型，不得有异味。

2. 化妆品的挑选和使用

（1）化妆品的挑选

合格的化妆品能起到清洁、保护和修饰的作用，而假冒伪劣、过期变质的化妆品则会引起接触性皮炎、化妆品痤疮、皮肤感染等疾病。所以，在选购化妆品时，要注意以下几点。

① 化妆品的标签上必须注明厂名，地址，省、市级以上质检部门的批准文号和出厂日期。以上4项无一缺失方可考虑购买。化妆品的储存期一般是2～3年，应购买近期出厂者。为了避免购买假冒伪劣化妆品，消费者最好到生产、质检设施较完备的化妆品生产厂的专销店或较有信誉的商店去购买。

② 购买化妆品应注意其感官性状，如乳化体应无油水分离、无絮状物，膏霜类化妆品不能有干缩、变色、气泡、异味等。化妆品的外观质量要符合前面讲的化妆品的质量要求，如不符合上述要求，则是假冒伪劣产品或过期变质商品。

③ 选购香水时应注意性别。男性和女性所用香水有实质上的差异。选购时，要看清瓶上“男用”或“女用”的字样，如果没有注明，应向售货员询问清楚。年龄不同，使用的香水也有所不同。一般年轻的女士可选用活泼的花香型，年纪大些的女性可选择深沉的木香型。

④ 护肤类化妆品是化妆品中的一个大类。皮肤的性质一般可分为4类：油性皮肤、中性皮肤、干性皮肤和混合性皮肤。根据皮肤性质的不同，生产有各种类型的化妆品，选购时要根据自己的皮肤性质来确定。

（2）化妆品的使用

化妆品的品种较多，使用方法也各不相同，如果使用不当，也会给生活带来麻烦。化妆品使用时，要注意以下几个方面。

① 药物性化妆品对皮肤有一定的疗效作用，但因人体皮肤的吸收功能很有限，所以药物性化妆品的疗效也很有限，属防病型。如果患有面部色素沉着或痤疮等，应及早到医院诊治。

② 当买到一种新牌号的化妆品时，为慎重起见，不妨自己做一个皮肤试验：将少许该化妆品涂到耳后颈部皮肤上，面积约小纽扣大小，上面盖一张玻璃纸，再用胶布固定，48 小时后，除去胶布和玻璃纸（这期间若出现刺痒、疼痛或其他不适，可随时除去胶布和玻璃纸）。如果感到皮肤不适或出现红斑、丘疹、水疱等，即说明皮肤不适合这种化妆品。若使用化妆品后出现问题，应及时到医院诊治。

③ 有些人迷恋进口化妆品，认为进口化妆品质量过硬，但事实却是使用进口化妆品而患皮肤病的比例始终居高不下。这是因为西方国家的化妆品最适合白种人的皮肤，而东、西方人的皮肤不完全相同，白种人的皮肤远不像东方人那样动辄过敏。因而，进口化妆品使用中也易出现各种问题。另外，西方人脸型立体感强，适合冷色调化妆，使其脸部更富立体感，而东方人脸部比较平坦，适合用暖色调的化妆品，所以化妆品使用不能盲目西方化。

④ 化妆品的日霜、晚霜不能互换。日霜的作用主要是防止外界因素对皮肤的侵蚀，晚上必须洗掉；晚霜主要是营养皮肤。若白天用晚霜，其中的成分在紫外线照射下会对皮肤产生不良影响，对有些人甚至会引起褐斑。

⑤ 使用香水应点状涂抹或喷洒在一定的部位。喷洒香水可根据自己的需要，希望自己身上哪个部位引人注意，就可洒在哪里。但喷洒香水也有一定的规律，按专家的意见，香水一

般洒在下列部位：洒在发根和发丝上，一动便能生香；洒在鬓边和耳后，以及手腕和腿肚的内侧，这些部位体温较高，易使香气飘逸远散；洒在手掌，借以除去手上的异味；洒在脚踝内侧，走路时可使香味散发。应注意，香水不能洒在腋下，因出汗后会产生难闻的混合气味。

⑥ 不同的色调可以引起人们对生活的不同联想，如火焰、太阳使人感到温暖，而天空、海洋让人感到清冷。暖色调具有膨胀感，而冷色调具有收缩感，化妆中可利用这种感觉，增强化妆效果。例如，涂眼影时，暖色可使凹陷的眼窝显得丰满，而冷色可使浮肿的眼睑有所收敛。化妆时要正确运用颜色，不可用错。

8.3.5 化妆品的保存

化妆品的品种虽然繁多，但它们的保存方法基本相同，除油脂、粉质类化妆品不怕冻外，一般化妆品都怕冻、怕热、怕潮等。因此，存放化妆品的库房要求阴凉、干燥、通风，简易库房或露天仓库不宜存放化妆品。

膏状类化妆品库存温度以不超过30℃为宜，粉质及液体类化妆品以不超过35℃为宜，否则易产生过分挥发及加速变质。夏季对温度高的库房应采取降温措施。雪花膏、奶液等化妆品，因含有大量水分，遇冷易冻结，会破坏乳化体和外包装，所以在严寒季节，应将该类商品存放于暖库，最好使库温保持在 5℃以上。库内的相对湿度以不超过 80%为宜。相对湿度过高，会引起化妆品吸潮结块或生霉变质。化妆品应避免与肥皂、食糖等易潮解商品堆放在一起。在潮湿的季节要及时除潮，可用生石灰或氯化钙等吸潮剂，也可用空气去湿机除潮。

化妆品不能与带有异味的商品混放在一起，如橡胶、药材等，以免串味。花露水、香水、发油等因含有大量酒精，遇火易燃烧，且燃烧迅速，不能与其他易燃商品混存，以防发生意外。

化妆品在保存期间要经常检查，一般每隔 3 个月倒垛抽查一次。阴雨季节、炎热夏季或严寒季节，对化妆品每月至少抽查一次。零售商店对一些销售较慢的化妆品也应经常检查，查出问题应及时解决。

总之，化妆品不宜久存，化妆品中的香精、水分、酒精等都是易挥发物质，储存期间会发生质量变化。所以，在保管中要做到先进先出，零售店要经常更换陈列品。

习题

一、简答题

1. 简述肥皂外观质疵现象及香皂外观质疵情况检验。
2. 简述合成洗涤剂与肥皂之间的优缺点比较。
3. 简述化妆品的质量要求。

二、能力分析题

1. 通过洗涤剂的外观，如何检验洗涤剂的质量？
2. 日常生活中购买牙膏时，从哪些方面判断牙膏的质量？
3. 上网查询洗涤剂的去污原理。

第 9 章 硅酸盐制品

硅酸盐制品主要有玻璃制品和陶瓷制品。

9.1 玻璃制品

玻璃是由二氧化硅和多种金属氧化物按照一定的比例配合，经过高温熔融、冷却固化而形成的非结晶无机物，在特定条件下也可成为晶态。

日用玻璃制品是以玻璃为原料，经过不同的加工方法而形成的各种制品。

9.1.1 玻璃的分类

玻璃主要按玻璃的用途和成分进行分类。

1. 按玻璃的用途分类

（1）器皿玻璃

用于制造各种器皿的玻璃，可分为普通玻璃和优质玻璃，如各种瓶罐、茶具、糖缸、烟缸、保温瓶等所用的玻璃。

（2）建筑玻璃

用于建筑物的各种玻璃，如窗用平板玻璃、压花玻璃、夹丝玻璃、玻璃砖、空心玻璃、装饰玻璃等。

（3）电器用玻璃

各种电器上所用的玻璃，如灯泡、灯罩、灯管、电子管等所用的玻璃。

（4）医药及光学用玻璃

用于医学和光学上的玻璃，如注射器，针剂，光学上的透镜、棱镜，光学仪器等所用的玻璃。

（5）实验室用玻璃

实验室所用的各种玻璃，如烧瓶、烧怀、滴管、蒸馏器、载玻片等所用的玻璃。

（6）安全玻璃

用于防护、确保安全用的玻璃，如钢化玻璃、夹层玻璃、玻璃纤维、防护玻璃等。

2. 按玻璃的成分分类

玻璃的成分决定着玻璃的性质，不同成分的玻璃具有不同的性质和作用。

（1）钠玻璃

钠玻璃是普通玻璃，主要成分是二氧化硅、氧化钠和氧化钙，也含有少量的氧化镁和三氧化二铝。因含氧化钠较多，故称为钠玻璃。

钠玻璃的化学稳定性较差，易受化学药品的侵蚀，机械强度和热稳定性较小；但其熔点低，易于熔解，便于制造加工。适于制造包装瓶罐、窗用玻璃、一般日用玻璃制品等。

（2）钾玻璃

钾玻璃的成分与纳玻璃相似，只是以氧化钾代替了氧化钠，并适当提高了二氧化硅的含量。

钾玻璃质地较硬，也称硬质玻璃，有较好的光泽，耐热性和化学稳定性比钠玻璃好，可用于制造化学仪器和档次较高的日用玻璃制品。

（3）铅玻璃

铅玻璃也称晶质玻璃，主要成分是二氧化硅、氧化钾和氧化铅。在铅玻璃中，二氧化硅的含量低于其他玻璃，而氧化铅的含量可高达15%以上。

铅玻璃有较好的光泽和折光率，化学稳定性好，表面硬度较小，便于加工装饰。铅玻璃适宜制造高级玻璃制品、艺术品、装饰品和光学仪器，尤其适宜制作玻璃酒杯，碰击时有清脆悦耳的声音。

（4）硼硅玻璃

硼硅玻璃的主要成分是二氧化硅和氧化硼，有时还加少量的氧化铝。

硼硅玻璃具有很高的热稳定性和化学稳定性，并有较好的机械强度、光泽和绝缘性。硼硅玻璃适宜制造优质的光学仪器、绝缘材料、耐热制品及钢化制品等。

（5）铝硅玻璃

铝硅玻璃的主要成分是二氧化硅和氧化铝，氧化钠和氧化钾的含量极低。

铝硅玻璃具有极强的热稳定性和化学稳定性，有很好的机械强度，多用于制造火焰直接加热的烹饪制品。

（6）石英玻璃

石英玻璃是用电热熔化纯石英制成的，二氧化硅含量为 100% ，分透明和不透明两种。透明石英玻璃是用水晶熔制的，不透明的石英玻璃是用纯净的石英砂熔制的。

石英玻璃具有极高的耐热性，可耐1100～1200℃的高温，热稳定性可达温差1000℃，有良好的化学稳定性、较高的机械强度和绝缘性，有“玻璃之王”之称。石英玻璃主要用于制作优质的光学仪器。

3. 特种玻璃

对玻璃进行特殊工艺处理，可制出具有特殊性能的玻璃。

（1）套料玻璃

在透明的玻璃上套上一层或多层不同颜色的不透明玻璃，称为套料或套色玻璃。此类玻璃经过磨花或雕刻装饰后，显得格外美观，艺术价值很高，可制成高级花瓶、艺术品等。

（2）雪花玻璃

雪花玻璃表面分布着许多微细均匀、不规则雪花状的纹路，制品主要有玻璃杯，也称玻璃雪花杯。它是经过特殊的淬火工艺形成的，能反映出玻璃体洁净透明、折射率高的特点，盛装冷饮后，映出晶莹的光彩，给人以雪花般的纯净、清凉之感。

（3）大理石状玻璃

这种玻璃是在成形时，将无色的玻璃料泡放在板上滚沾尺寸为 4～8 毫米的各种颜色玻璃小块，再把料泡放到窑中加热软化，然后吹制而成的。在玻璃表面呈现出多种颜色和不规则的几何图形，自然和谐，很像大理石，商业上称为自然景玻璃。常见的品种有玻璃杯等。

（4）乳浊玻璃

在玻璃中加入乳浊剂（冰晶石、萤石、氟硅酸钠、磷酸钙等），从而形成与玻璃体不同折射率的微小结晶，使之产生乳浊现象。玻璃体中析出的颗粒越多，乳浊现象就越明显。乳浊玻璃呈乳白色，透光而不透明，如果加入某些颜色就很像瓷器，素雅大方，给人以古色古香之感。常见的有乳浊玻璃杯、乳浊冷水瓶、乳浊花瓶及乳浊灯罩等。

（5）钢化玻璃

钢化玻璃按照工艺不同，可分为物理钢化玻璃和化学钢化玻璃两种。

物理钢化也称玻璃的淬火，是将玻璃加热到接近软化温度后，进行均匀的快速冷却，因玻璃导热性较差，玻璃外部迅速冷却而固化，而内部冷却较慢，当内部冷却后，因体积收缩而对表面产生有规则和均匀的压应力。这种工艺提高了玻璃的强度和热稳定性。

化学钢化是用化学方法使玻璃表面产生均匀的压应力。一般用离子交换法进行，用半径较大的离子交换玻璃表面半径较小的离子，使玻璃表面产生压应力。这种方法适合于结构复杂的玻璃制品的钢化。

钢化玻璃受力产生的张应力存在于玻璃的内部，玻璃破裂时，能使玻璃保持在一起成为布满裂纹的集合体，当内力增大到每平方厘米 300～320 牛顿时，可以产生 0.6 平方米的断裂面，相当于把玻璃粉碎到 10 毫米左右的颗粒。所以，钢化玻璃破裂时，形成小块颗粒，不易伤人。

（6）镭射玻璃

镭射玻璃是一种新型的装饰玻璃，是运用特殊技术将光学介质融合于玻璃之中形成的，是激光技术在玻璃制造业中的应用。其特点是折光性能非常强，在光线的照射下，通过玻璃的折射和镀层的反射，将光线分解成多层次的、绚丽多彩的七彩光，显示出迷人的色彩。镭射玻璃也可进行钢化处理，增加强度。其花色品种很多。

9.1.2 玻璃制品的装饰

为了使玻璃制品的外表美观并有艺术性，一般的玻璃制品都要经过装饰。常用的装饰方法有以下几种。

1. 毛面装饰

毛面装饰指在制品表面形成一部分无光泽的毛面来衬托表面的光泽，可用喷砂法或腐蚀法来进行。

（1）喷砂法

首先用铁皮或橡胶制成图案模板，然后覆盖在制品表面，用喷砂机高速喷吹石英砂和金刚砂，喷射到模板镂空处，高速砂粒摩擦玻璃表面使其失去光泽，其他部分因有保护仍为光亮的表面。喷砂法可在制品表面形成不透明的毛面图案，工艺简单，成本较低。

（2）腐蚀法

腐蚀法利用氢氟酸的腐蚀作用而得到毛面。一般是在制品需要腐蚀的部位涂上氟化物蚀刻膏，保持2～4分钟，用冷水洗去膏剂，再用40～60℃的水冲洗产品。采用此法能得到比喷砂法更细的毛面，适用于形状复杂的制品，且不需要动力设备。

2. 蚀花

蚀花也称蚀刻或细线蚀刻，是在制品表面涂上一层保护层（一般为50%的树脂和50%的石蜡混合物），用专用机床按照一定的图案用针刻去保护层，然后浸入蚀刻槽中，经过一定时间侵蚀后取出，用水冲洗残留液，再以热水溶除保护层，即在制品表面形成不透明的图案。蚀花的图案具有线条细腻、清秀、雅致的特点。浸蚀液的组成一般为35%的氢氟酸占51%，80%的硫酸占20%，水占29%。

3. 刻花

刻花也称艺术雕刻，利用刻花机对制品表面进行研磨，在制品表面刻出花纹图案。刻花可分为手刻和机刻两种，一般刻成深浅不同的复杂的毛面图案，具有较高的艺术价值，常制成高档制品。

4. 磨花

磨花也称琢磨，用特制的砂轮，将制品磨制成各种形状的外形。磨花对于套料制品的装饰具有特殊意义，由于不同颜色玻璃的衬托，图案晶莹夺目，有较高的艺术价值。

5. 彩饰

彩饰指在制品表面进行彩色装饰。彩饰的方法很多，主要有以下几种。

（1）印花

印花指将易熔的有色玻璃磨细，混合油剂调制成彩釉，用彩釉以印刷的形式将需要的花样和图案印于制品表面，经过烘烤，彩釉便与制品的表面层熔融在一起，各种花纹图案即牢固地附着在制品上。这是一种常用的装饰方法，机械化生产，成本较低。

（2）冰花

冰花也称蒙砂法，用高铅易熔釉的颗粒，撒在有黏结胶水的玻璃制品的表面，经过烘烤，就成为有各种颜色的、附着砂粒状闪光点的制品。

（3）贴花

把印有彩釉的贴花纸反贴在玻璃表面，待稍干后，用水浸湿纸背，把纸揭去，花纹就转移到制品的表面，再经烘烤即为成品。

（4）移花

把彩釉印在织物上，然后切成带状，用转移印花机转印到玻璃制品表面，再经烘烤即为成品。此法每分钟可印40个以上，能印5～6种颜色，成本较低。

（5）描花

用笔将彩釉描绘在玻璃制品表面，描绘成各种图案，再经烘烤即为成品。描花富有艺术性，但生产效率较低。

6. 器皿上金

器皿上金也称焙烧法、烧结法，在玻璃表面涂上一层均匀的金水（12%的液态金制剂），在室温下干燥 30～40 分钟，然后在烤花窑内进行煅烧，金属溶液分解还原成金属，在制品表面形成很薄的金属层，紧密地烧结在器皿上，形成均匀、光滑的表面。常用的是金、银制剂。玻璃上金是玻璃制品的重要装饰形式，高档制品多采用这种装饰方法。

9.1.3 玻璃制品的品种和规格

玻璃制品的种类很多，按其用途一般可分为食具、容器和装饰品，如玻璃杯、保温杯、酒杯、糖缸、烟缸、花瓶等。

1. 玻璃杯

玻璃杯是玻璃制品中数量最多的一类，主要有以下几种。

① 吹制玻璃杯：表面光滑，杯壁较薄，精致美观，花色较多，可进行各种装饰，耐热性能好，如圆底平光杯、印花杯、鼓形平光杯、套料磨花杯等。

② 压制玻璃杯：杯身较厚，形状准确，表面较粗，常有斑点和合缝线等，耐热性较差，但可在制品表面压制出花纹，如星底直条杯、金口印花杯、柳条杯等。

③ 钢化玻璃杯：指经淬火处理的玻璃杯。杯壁较厚，耐热性良好，机械强度高，不加任何修饰，如钢化平光杯、钢化鼓形杯等。

④ 旅行杯：容量大，有盖能密封，水不外流，适于旅行用，如聚乙烯盖杯、螺口盖杯等。

⑤ 保温杯：其保温原理与保温瓶相同，常用半号瓶胆，具有保温、轻巧、易于携带的特点，如聚乙烯壳杯、聚丙烯壳杯等。

2. 酒杯及其他玻璃制品

（1）酒杯

酒杯根据外形不同，可分为高脚酒杯和普通酒杯两类。

① 高脚酒杯：吹制成型，杯壁较薄，质地纯洁，多采用刻花装饰，精致美观，如普通高脚酒杯、香槟高脚酒杯、鸡尾高脚酒杯等。

② 普通酒杯：压制成型，杯壁较厚，表面不够光滑，一般不加修饰，价廉，如束腰形杯、筒形杯、方底杯等。

（2）啤酒杯

压制成型，壁厚，花纹图案在压制过程中形成，也可采用印花装饰。此类杯属冷饮杯，耐热性很差，使用温度在 36℃以下，如工农啤酒杯、双喜啤酒杯、直形啤酒杯等。

（3）玻璃冷水瓶

吹制成型，壁薄均匀，耐热性好，分瓶身、瓶盖两部分，可进行各种装饰。玻璃冷水瓶多为成套型，一只冷水瓶配上六只玻璃杯。容量有 2、3、4 磅等几种，耐温差在 95℃左右，如印花冷水瓶、磨花冷水瓶、冰花冷水瓶、拉丝冷水瓶、乳白冷水瓶等。

（4）玻璃糖缸

玻璃糖缸多为压制成型，壁厚，口与盖碰撞不易产生玻璃渣，缸盖大于缸口，以防灰尘落入，坚固耐用，可在压制时形成花纹图案；吹制成形的玻璃糖缸壁薄，表面光洁，可采用印花、磨花等装饰，如美术糖缸、龙眼糖缸、双喜糖缸、菊花糖缸等。

（5）玻璃烟缸

一般为压制成型，形成各种不同的形状，花纹在成形的同时形成，也可用优质原料形成高级制品，通过刻花形成复杂图案，具有较高艺术性，如八角烟缸、插烟烟缸、圆形烟缸、水晶烟缸等。也有吹制成形烟缸，用刻花、雕花、套料等进行装饰，形成优美的外观，如柿形烟缸、拉丝烟缸等。

（6）玻璃茶盘、果盘

一般为压制成型，多数经过喷砂、磨花、刻花等装饰，外观晶莹美观。茶盘通常成套出售，另有一只冷水瓶、六只玻璃杯。果盘按外口径可分为 8、10、12 寸等不同规格，如喷花茶盘、磨花茶盘、克罗茶盘、珍珠果盘等。

（7）玻璃花瓶

玻璃花瓶多为吹制成型，用料少，式样精致美观，瓶身可以黏附花瓣或瓶耳等，可进行各种装饰，如竹节花瓶、仿古花瓶、自然景花瓶、套料花瓶等。玻璃花瓶也有压制成型的，外形规则，装饰较少，色泽单调，如六角花瓶、圆筒形花瓶等。

玻璃制品的规格比较复杂，没有统一的规定，根据传统，一般有以下三种划分方法。

① 以容量大小来确定，如玻璃口杯，以盎司或两为单位，一般为 5～12 盎司。

② 以制品的直径大小来确定，如玻璃茶盘、果盘，单位为厘米（公分）、寸等。

③ 把以上两种归纳、简化并系列化，以号为单位划分，如康福杯、糖缸、花瓶等有特大号、大号、2 号、3 号等。

9.1.4 玻璃制品的质量

玻璃制品质量的基本要求是具有一定的规格和形状，有必要的坚固性和耐热性，外表美观，图案花纹清晰等。

（1）规格

这指制品尺寸、重量、容量方面的规定，要求规格在一定的公差范围内。具体的规格国家没有统一规定，由各厂按传统结合工商部门的要求制定执行。

（2）结构

这指制品的形状，主、附件的配合情况等。结构不良，不仅影响玻璃制品的美观，降低制品的坚固性与耐热性，而且使用不便。例如，制品的高度与直径比例不应过大，盖子大小与杯口要吻合，杯柄要端正、高低适中等。

（3）色泽

无色玻璃制品应透明洁净，有光泽；有色玻璃制品应颜色鲜艳悦目，深浅均匀；有彩色图案装饰的制品，花纹图案要清晰、美观。

（4）耐温急变性

这指玻璃制品耐温度变化的性能，是玻璃制品质量的重要指标，关系到使用中是否炸裂。

现行标准规定，玻璃制品在 1～5℃的水中静置 5 分钟，取出立即投入沸水中，不炸裂者为合格。

（5）耐水性

盛水的玻璃制品应有较强的耐水性，否则使用过程中易失去光泽，发生失透明现象。严重者，由于易溶物的溶入，会影响身体健康。检验方法是用蒸馏水清洗制品，然后倒入盐酸甲基红制备的酸性溶液，在水浴锅中煮 30 分钟，指示液为玫瑰红色，若变成橙黄色或黄色，即酸被中和，为不合格品；若颜色不变，则为合格品。

（6）外观缺陷

玻璃制品的外观缺陷不仅是鉴定玻璃制品质量的重要指标，也是评定玻璃制品等级的主要依据。玻璃制品的外观缺陷较多，易于出现又对质量有影响的主要有以下几种。

① 砂粒指玻璃中含有透明或不透明的粒状物。主要是由个别未熔化的石英砂或原料中含有的难熔杂质造成的。砂粒的存在不仅会影响制品的美观，由于砂粒和玻璃的膨胀系数不一样，还会显著降低制品的耐温急变性，使用中易炸裂。

② 斑纹指制品内有呈波浪形、山形、滴形等凝块，有无色、黄色和绿色等多种。斑纹会严重影响制品的美观，由于斑纹的存在，还会导致玻璃的厚薄不一致，降低其耐温急变性。

③ 气泡指玻璃体内的气体包含物，分大气泡和小气泡两种。小气泡的产生是由于玻璃澄清时，未能把熔体中气泡完全排除造成的；大气泡是由于蘸料时，吹管转动太快把空气卷入造成的。小气泡只影响产品的美观；大气泡不仅严重影响美观，还会降低制品的坚固性和耐温急变性。

④ 口不圆指玻璃制品的口不是正圆形或存在玻璃滴。一般是在烘口时形成的，既影响外观，又影响使用。

⑤ 装饰不良主要有装饰色彩不调和、图案不准确、研磨不平整、图案不牢等，严重影响制品的外观和等级。

9.1.5 玻璃制品的使用注意事项

玻璃制品是一种易损坏的物品，在使用和保管中应注意以下几点。

① 玻璃制品大都是脆性体，除钢化玻璃制品外，在使用中均要注意防止磕碰、撞击，以免破碎。

② 玻璃容器中有热饮、冷饮制品之分。新购置的热饮制品应在常温下用 60～70℃的水洗涤后再冲入开水，冲开水后不能与较冷的物质接触；冷饮制品不能冲入开水。

③ 玻璃制品脏了可用洗涤剂进行洗涤、冲净，不可用沙子、炉灰等硬物摩擦，以免破坏其光泽和透明度。

④ 玻璃制品不能长期存放酸、碱、盐类物质，以免被腐蚀、破坏，影响透明度。

⑤ 玻璃制品使用中不能接触氟化物，如氢氟酸等，否则将受到破坏。

⑥ 玻璃制品存放处应阴凉通风、防水、防潮。玻璃制品受潮或受酸、碱腐蚀后，易产生霉斑，影响制品的透明度。如发现潮湿，应及时晾晒；有霉味时，可用醋酸和酒精擦洗。

9.2 陶瓷制品

9.2.1 陶瓷的概念和分类

1. 概念

陶瓷是由结晶物质、玻璃态物质和气泡构成的复杂体系，是以黏土及其他天然矿物岩石为原料，经加工烧制成上釉或不上釉的硅酸盐制品，如日用陶瓷、建筑卫生陶瓷、普通电瓷等皆属之。

陶瓷具有一系列优良的性能，如高绝热性，良好的热稳定性、化学稳定性和机械性能，以及很强的装饰能力。因此，日用陶瓷制品深受人们喜爱，在日常生活中广为使用。

2. 陶瓷的分类

陶瓷制品种类繁多，它们的性质、制造工艺及用途等各不相同。如何对它们进行分类，现今国际上尚无统一的方法。我国制定的日用陶瓷分类标准如下。

① 日用陶瓷按其胎体特征分为陶器和瓷器两大类，它们应符合以下的规定。

陶器：吸水率一般大于3%，具有不透光性，胎体未玻化或玻化程度低，结构不致密，断面粗糙，敲击声沉浊。

瓷器：吸水率一般不大于3%，具有透光性，玻化程度高，结构致密细腻，断面呈石状或贝壳状，敲击声清脆。

② 陶器按其特征分为粗陶器、普通陶器和细陶器。

③ 瓷器按其特征分为炻瓷器、普通瓷器和细瓷器。

9.2.2 陶瓷的装饰

装饰是对日用陶瓷制品进行艺术加工的重要手段。日用陶瓷的装饰方法很多，有时几种方法配合使用，可以使装饰更加生动别致。

1. 色釉

色釉是在白釉中加入适量颜料，烧成的制品即呈各种颜色。色釉装饰法是日用陶瓷制品简便而廉价的装饰方法。

按烧成温度不同，色釉分成高温色釉与低温色釉两种，其界限温度为 1250℃。陶器通常用低温色釉，而炻器与瓷器则用高温色釉。

我国传统的色釉大都以铁、铜、钴为着色剂。以铁氧化物为着色剂，主要可制成青色釉，如龙泉釉、豆青釉等；以铜和铜的化合物为着色剂，主要可制成红色釉，如祭红、钧红及窑变花釉等；以钴氧化物为着色剂，主要可制成天青釉、雾青釉、宝石蓝釉等。

2. 釉上彩绘

釉上彩绘是在经过素烧的瓷器上用低温色料进行彩绘，然后再将彩绘好的制品放在特别的烧花窑内于600～900℃的温度下进行烤烧。

釉上彩绘的优点是色调丰富，颜色鲜艳，生产效率高，成本低。缺点是烧出的花面不够光滑；色料的化学稳定性差，易受酸、碱侵蚀，易溶出有害金属铅、镉，有害于人体健康。我国典型的釉上彩绘有釉上古彩、粉彩和新彩三种。另外，釉上贴花、刷花、喷花等也属于釉上彩绘。

3. 釉下彩绘

釉下彩绘是在生坯（或素烧釉坯）上进行彩绘，然后施一层透明釉再进行烧制。可分为釉下手工彩绘、釉下贴花彩绘和釉下喷花彩绘。

这种彩绘方法的优点是在使用瓷器时，花面不易破损。缺点是所用色料受到限制，这是因为色料需要和釉一起在高温下烧成，所以只能使用高温釉，不能使用乳浊釉；另外，色调也不如釉上彩绘。我国传统的釉下彩绘有青花、釉里红、釉下五彩等。

4. 青花

青花是我国名贵釉下彩制品。过去青花制品是采用含钴的天然青花料作为颜料的，由于各地青花料成分不同，故历代的青花制品颜色也不完全相同。现在用工业氧化钴为主要颜料，在坯上进行装饰，再罩上一层透明釉，经高温还原烧成，其色调与历代青花制品也有所差异。

5. 其他装饰

（1）玲珑和青花玲珑

玲珑是在生坯上镂刻一个个的米粒状小孔，使之组成设计要求的花纹图案，然后对小孔涂釉多次，填平小孔，再入窑烧制而成。青花玲珑是指青花与玲珑两种工艺综合的装饰。在青花玲珑瓷器上描金加彩，再烘烧而成的制品称为加彩青花玲珑，也称斗彩青花玲珑。

（2）堆花

堆花是在生坯上直接堆塑凸出的花纹图样；或先制作好雕刻有花纹图样的橡皮凹板，在凹板里填满泥料后，贴在生坯上，待凹板里的泥料黏附在生坯上后，把橡皮凹板取下，生坯上就呈现出凸形花纹。

（3）刻花

刻花是在未上釉的生坯上直接刻出花纹图样的一种艺术装饰方法。

（4）镂雕

镂雕是在未上釉的生坯上直接刻出一个个通孔（镂孔），使之组成设计要求的花纹图样的一种艺术装饰方法，如龙船、镂空通花瓶、玲珑塔等。

（5）刻瓷

刻瓷是在瓷器成品的表面刻出花纹图样，再在画面上涂饰墨水或色彩的一种特种工艺装饰。

9.2.3 日用瓷器的品种

日用瓷器按器型与用途大致可分为碗、盘、碟、壶、杯、盅、匙、套具、坛、罐、缸、钵、盂、雕塑陈列品等。

1. 盘碟类

盘碟主要用来盛装菜肴、点心和调味品。盘与碟的划分，多数产地习惯为 5 寸以上为盘，4 寸以下为碟。

盘的品种虽多，但主要有如下几类。

（1）平盘

平盘的盘面比较平坦，边缘略高于中部。

（2）汤盘

汤盘的盘边平而中间较凹。

（3）正德盘

正德盘也称锅盘，是一种撇口深盘，盘边朝上向外撇，口底平。

（4）鱼盘、鹅盘

鱼盘和鹅盘都是椭圆形的长盘，有平坦阔边和锅型深凹两种造型。

（5）坝盘

坝盘也称高脚盘，盘面为浅锅形，盘底有喇叭形、高脚形。

（6）和合盘

和合盘是一种带盖的深型凹盘，造型古雅大方。

碟主要用于盛装酱油、醋、小菜以及做碗、杯、匙的垫托，也可以装点心、糖果、瓜子、花生等。

碟按口沿形状又可分为 4 种：圆口，即口部边沿为圆平形；荷口，即口部边沿为荷叶边形；直口，即口部边沿为上竖直形；撇口，即口部边沿稍向外撇。

2. 碗类

碗是日用瓷器中的大宗商品，品种繁多，器型规格复杂，各产地产品都有自己的传统特征。

（1）按外形特点分

碗大多是圆形的，但也有方形的，如生菜碗、禾斛碗等；还有椭圆形的，如鸭碗、木鱼盖碗等；又有多角形的，如多角碗、博古碗等。

碗的外形又有高型、矮型之分。高型的特点是外高而内深，直口夸肚，如江西生产的桶碗、广东生产的厚口碗等；矮型碗的特点是体矮而平坦，撇口宽底，如兜碗（为出口品种）。

从碗的口沿上区分，有撇口（反口）碗，碗的口沿稍向外撇，如正德碗；有平口（企口）碗，碗的口沿是平竖的，如罗汉型碗；有荷口碗，碗的口沿呈荷叶边形，如荷叶型碗；有莲口碗，碗的口沿有莲花瓣纹，如莲花碗。此外，还有绳边碗，碗的边沿有绳状的凸纹；侧纹碗，碗的边沿有斜线条组成的凸纹。

（2）从器型系列上分

碗的器型很多，各有特点，但部分品种已基本上形成了传统的器型系列，主要有以下几种。

① 正德型：器型的特点是撇口而底部较小，因创制于明朝正德年间而得名。

② 汉型、罗汉型：这两种器型相似，特点是直口而肚部较丰满，因形似罗汉的大肚子而得名。不同的是汉型稍矮，罗汉型略高。

③ 荷叶型：器型的特点是撇口夸肚而体矮，因形似荷叶而得名。

④ 兜碗型：器型特点是撇口尖底而稍矮。

⑤ 荷莲型：器型的特点是撇口夸肚，并有可用于握住的大高脚，因形似莲蓬而得名。

⑥ 英碗型：器型的特点是直口尖底，并有可用手抓住的高脚。

⑦ 石榴型：器型的特点是撇口夸肚而略深，因形似石榴花而得名。

⑧ 锅型：器型的特点是直口半圆而稍平坦，因形似锅而得名。

（3）从规格上划分

碗按规格通常分为特大型、大型、中型、小型 4 种。碗的直径在 250 毫米以上的为特大型，175 毫米以上的为大型，110 毫米以上的为中型，110 毫米以下的为小型。

碗的规格标准及习惯叫法，在各产地不尽相同，即使同一产地，也因采用量具不同而叫法不一，归纳起来有以下几种。

① 以各种特定的名称表示规格大小。例如，江西以“品、顶、二、大、工、汤、级”表示从大到小的规格系列，其中品碗最大，级碗最小；广东的博古、英碗以“大海、二海、大斗、小斗”表示规格系列，其中大海最大，小斗最小；福建以“梅海、二海、海、大品、汤、斗”表示规格系列，其中梅海最大，斗最小；河北以“大面、二面”表示规格系列等。

② 以尺寸表示规格大小。有的用公制，如湖南、河北的公分碗；有的用英制，大多为出口型碗，如英碗、兜碗、绳边碗、侧纹碗、庆莲碗；有的用市制，如北方的各种寸碗。

③ 以“号”表明规格大小。例如，江西的皮碗以“大号、二号、三号、四号、五号”来表明规格系列，河北的丰收碗以“一号、二号、三号、四号”来表明规格系列。

3. 壶类

壶是盛水、沏茶、盛酒、装酱油和醋的容器，器型很多，形状各异，归纳起来可分为高、中、矮、扁、圆、方、棱等几种类型。在各种类型中，又有上大下小、上小下大、上下小中间大、上下一样大等形状。壶的式样主要有把壶和提梁壶两类。

（1）把壶

把壶壶身的两侧一侧有嘴，一侧有把，如四合壶、圆壶、气球壶。

（2）提梁壶

提梁壶有两种：一种是在壶身的一侧有嘴，壶身的顶端有对称的两块双眼瓷牌，使用时配上两条金属活动提环，称为桶壶；另一种是壶身顶端没有双眼瓷牌，而有一条固定的提梁（环），称为桥梁壶。壶类规格的叫法也不一致，大体上有以下三种。

① 以“件”区分规格大小。

② 以“合”区分规格大小。

③ 以“号”区分规格大小。

4. 杯盅类

杯盅是人们喝茶、饮酒以及盛装饮料和其他流质食物的器皿。杯和盅的器型很多，式样各异，概括起来，杯盅类可分为有柄（耳）有盖杯、有柄（耳）无盖杯及无柄（耳）无盖杯 3 种。

（1）有柄有盖杯

有柄有盖杯的式样虽多，但一般器型均为高竖筒形，因此又称水筒。有的上下一样粗，如大矮茶杯、中山茶杯；有的下段为半圆形，如胜利茶杯、白玉茶杯；有的像水桶，如直纹茶杯、银柱茶杯；有的像半截瓜果，如金瓜茶杯；有的是撇脚，如金菊茶杯；有的是直脚，如金钟茶杯。

（2）有柄无盖杯

有柄无盖杯称为耳盅、耳杯或耳饭，如鸡心耳盅、莲子耳盅、大耳盅、桶耳盅、大耳饭、咖啡具、茶具等。

（3）无柄无盖杯

无柄无盖杯因其大多器型较小，所以习惯上称为盅。盅的器型也很多，有高有矮，有大有小，大多数造型是上大下小。品种有江盅、正德令盅、汉令盅、石榴令盅、罗汉盅、闪沿盅、打花盅、直口杯等，还有少数民族喜爱的玉兰盅、大肚盅等。

此外，还有两种传统的泡茶杯：一种是有盖有托的，大号的为马蹄饭杯，二号的为马蹄茶杯，三号的为马蹄参杯，因杯形似马蹄而得名；另一种是有盖无托的，大号的为庄大饭杯，小号的为庄二饭杯。

杯盅的规格有两种叫法。一种是单一器型，只有一个规格，以特定名称定名，如白玉茶杯、胜利茶杯、迎春茶杯、石榴令盅、虎酒杯等；另一种是单一器型、多种规格，以“号”来区分规格大小，如大号金钟茶杯、二号金钟茶杯、大号盖杯、二号盖杯、大江盅、二江盅、大令、二令等。

各地生产的杯壶品种、器型很多，除传统品种外，还有很多新品种，如各种新式样的茶杯、酒杯、旅行杯、保温杯、汽水杯、高脚酒杯等。

5. 其他瓷器类

除以上四大类品种外，还有匙、套具、坛、罐、缸、钵、盂类等。此外还有品锅、酒斗、衣钩、帽筒、筷筒、茶桶、瓷枕、饭古、笔筒等，品种极多，不胜枚举。

9.2.4 陶瓷的质量

1. 陶瓷的内在质量

瓷器的内在质量主要指瓷胎质地是否致密，瓷化程度和吸水率是否合乎标准，对于日用细瓷、日用普通瓷、日用粗瓷分别做出了具体规定。此外，还对铅、镉溶出量做了规定。

日用瓷器的内在质量关系着产品的机械强度、热稳定性和化学稳定性等主要性能。因此，对其内在质量必须严格检验。

根据我国国家标准 GB 3532—83，日用细瓷产品内在质量应满足下列规定。

① 吸水率不超过 0.5%。

② 热稳定性以盘、碗类中型产品为代表，从 200℃投入 20℃水中热交换一次不裂。

③ 白度不低于 65°，特殊色泽除外。

④ 与食物接触面的铅溶出量不大于 7ppm，镉溶出量不大于 0.5ppm。

根据我国行业标准 QB 870—83，日用普通瓷产品内在质量应满足下列规定。

① 吸水率不超过 1.0%。

② 热稳定性为从 180℃投入 20℃水中热交换一次不开裂。

③ 白度不低于 55°。

④ 与食物接触面的铅溶出量不大于 7ppm，镉溶出量不大于 0.5ppm。

2. 陶瓷的外观质量

瓷器的外观质量主要指产品表面的光泽、白度和允许的常见缺陷的程度。对于日用细瓷、日用普通瓷和日用粗瓷，其白度要求各不相同，同时按照产品外观的常见缺陷对产品质量的影响程度划分等级，并在各等级中规定了允许的外观缺陷的程度。

根据我国国家标准 GB 3532—83，日用细瓷产品外观质量应满足下列要求。

① 日用细瓷的规格分为特型、大型、中型、小型 4 种。

② 口径等于或大于 60 毫米的制品，允许误差为-1.0%～+1.5%；口径小于 60 毫米的制品，允许误差为±2.0%。

③ 壶类在倾斜 70° 时，盖子不脱落；当盖子向一边移动时，盖子与壶口的距离不得超过 3 毫米。壶嘴的口部不得低于壶口 3 毫米以上。

④ 一套产品的釉色、画面色泽应基本保持一致，规格尺寸应相称。

⑤ 不许有炸釉、磕釉、裂穿和渗漏缺陷。

⑥ 按外观质量，产品分为一级品、二级品、三级品、四级品。它们分别符合下列规定：外观缺陷不超过 4 种者为一级品，外观缺陷不超过 5 种者为二级品，外观缺陷不超过 6 种者为三级品，外观缺陷不超过 7 种者为四级品。

根据我国行业标准 QB 870—83，日用普通瓷产品外观质量应满足下列要求。

① 产品放在平面上基本平稳。成套产品的釉面、画面色泽应基本一致。

② 壶类在倾斜 70° 时，盖子不许脱落，壶嘴的口部不得低于壶口 3 毫米以上。

③ 产品的口径尺寸规格允许有±1.5%的误差。各级产品不许有裂穿、渗漏缺陷，口部边沿不允许有磕碰和开口泡。

④ 根据外观缺陷，产品分为一级品、二级品、三级品。它们应符合下列规定：外观缺陷不超过 5 种者为一级品，外观缺陷不超过 6 种者为二级品，外观缺陷不超过 7 种者为三级品。

9.2.5 陶瓷制品的选用

1. 陶瓷制品的挑选

陶瓷制品的挑选也就是判断它的质量。通常采用感官检验，即通过看、听、量的方法检验。这种检验方法对于生产企业在产品出厂时的逐件检查、商业部门验收时的抽查复检，以及顾客在零售商店中挑选陶瓷制品都适用。

（1）看

以目测为主，正看瓷器的顶端和内部，翻看瓷器的底部，转看瓷器的外部四周，并把瓷器放在水平面上观察平稳程度，再观察瓷器釉面是否光润、纯正，装饰彩绘是否鲜艳绚丽等。还要看各种产品的釉色、画面、白度、光泽等是否一致，各套的器件式样是否相互协调、彼此衬托。

（2）听

轻轻敲击瓷器，根据发出的声音来判断瓷器质量的好坏。通常将产品放在桌面上，用竹筷子轻敲口沿，注意听声音。如声音清脆，即表明瓷器的瓷胎致密，瓷化完全，质量良好；如声音沙哑，即表明瓷器有破损，或没有烧结好，瓷质低劣。

（3）量

对成品的规格和表面缺陷大小进行测量。测量的工具采用国家计量局规定的量具。测量产品内外口径时，内径不包括沿宽，外径包括沿宽；测量带盖产品的全高时，可将产品放在水平面上，盖的顶点放上一平面物，从平面物垂直量至放置产品的水平面；测量产品内高时，在产品口沿上置一平木尺，从平木尺垂直量至产品内底面中心处；测量产品底径（足径）时，一般不测其内径，而以外径为检验标准。

通过看、听、量检验后，即可确定产品的等级。当有争议或不能通过看、听、量检验时，才按照规定的方法，采用仪器进行测量。感官检验既简便，又重要。

2. 陶瓷制品的使用

日用陶瓷制品长期以来为广大消费者所喜爱，因其具有以下特点。

① 陶瓷易于洗涤和保持洁净。日用陶瓷的釉面光亮、细腻，使用沾污后容易冲刷。

② 陶瓷的热稳定性较好，传热慢。日用陶瓷器具有在经受一定温差的急热骤冷变化时不易炸裂的性能。它是热的不良导体，传热缓慢，用来盛装沸水或滚烫的食物，端拿时不太烫手。日用陶瓷如砂锅接触明火也不易炸裂，可用于煮食物，并能较好地保持食物的色、香、味的纯正。

③ 陶瓷化学性质稳定，经久耐用。日用瓷器具有一定的耐酸、碱、盐及天气侵蚀的能力，不易与这些物质发生化学反应，不老化，经久耐用。

④ 瓷器的气孔极少，吸水率很低，用日用瓷器储存食物，严密封口后，能防止食物中的水分挥发、渗透及外界细菌的侵入。陶器结构致密度较瓷器稍差，气孔较多，吸水率比瓷器高，但用陶器盛装食物也不易使食物变质变味。例如，一些名酒佳酿就是用陶器盛装，密封后经过多年窖藏，才变得更加浓郁芳香、醇厚味正。

⑤ 陶瓷的彩绘装饰丰富多彩。日用瓷器不仅实用，而且美观，是实用品与艺术品的统一体，很受人们喜爱。

当然，日用陶瓷制品也有美中不足之处。最大的弱点是抗冲击强度低，不耐磕碰，容易破损，是一种易碎商品。此外，一般来说日用瓷器不适合直接做炊具用，有些还不耐蒸煮；餐具用过后要及时洗涤，洗涤时应使用餐具洗涤剂，不能用碱水煮洗，以免损伤制品，失去光泽，洗刷时还要避免磕碰，以免破损。

习题

一、简答题

1. 简述玻璃制品的常用装饰方法。
2. 简述陶瓷制品的常用装饰方法。

二、能力分析题

1. 如何用感官方法挑选陶瓷制品？
2. 玻璃制品的使用注意事项有哪些？

第10章 纸　张

10.1 概述

纸和纸板是由悬浮在流体中（如水和空气中）的纤维（如植物纤维、动物纤维、矿物纤维、合成纤维等）在网上形成的厚薄均匀的纤维层，再经过压榨和干燥之后制成的产品。根据纸张所需的不同性质，在纤维中可添加各种辅助材料。

纸是记载和传播文化的重要工具之一，与人们的文化生活有着密切的关系，每天都有大量的纸张用于书写、绘画，用于印刷书报、杂志。纸的用途还跨越了人们的文化生活领域，成为工业、农业、交通以及建筑等方面不可缺少的材料。造纸工业也已经成为轻工业系统中一个相当重要的组成部分。纸的制造和应用是在我国首先开始的，是我国历史上的重大发明之一。公元105年（东汉和帝元兴元年），蔡伦总结了前人经验，创立了造纸方法，采用树皮、麻头、破布、鱼网等原料造纸。由于原料来源丰富，制造方法简便，遂使造纸业在我国得到了迅速的发展。到唐、宋时期，造纸技术有了很大发展，已能制造出种种绚丽多彩的纸张。直到目前，我国手工造纸技术在世界上仍居首位。例如，我国手工制造的宣纸，质地洁白鲜明、细腻强韧，适用于绘画、印刷，可长期保存而不变质。

10.2 纸浆

纸张是由纸浆制成的。纸浆是以某些植物为原料，利用化学方法或机械方法除去其中全部或大部分杂质，得到的纯净或近于纯净的植物纤维。

10.2.1 纸浆的主要原料

从理论上说只要是含有纤维的植物都可用来制浆。但是，事实并非如此简单，还要看这种植物的产量、采集的难易、获浆率的高低、纤维是否易于离解等条件后方能确定。通常作为纸浆原料的植物大体可分为4类：茎秆类、韧皮类、种毛类和木材类。

① 茎秆类：竹、芦苇、稻草、麦秆、蔗渣、高粱秆、棉秆、麻秆等。

② 韧皮类：亚麻、黄麻、苎麻、大麻、棉秆皮、桑树皮、檀树皮等。

③ 种毛类：棉花等。

④ 木材类：针叶木（如松木、杉木）、阔叶木（如杨木、桦木）。

10.2.2 纸浆的成分

纸浆中除了构成纤维的主要成分纤维素外，还含有不同程度的半纤维素、木素、树脂和色素等物质。就造纸来说，纤维素和半纤维素是构成纸浆的基本成分，而其他成分存在于纸浆中会对纸的质量有所影响，故在制浆过程中，应尽量将其除掉。

1. 纤维素

纤维素呈纤维形态存在于植物体中，是植物体的主要组成部分，在木材中约占总量的50% 。纤维素属于高分子的碳水化合物，其分子组成复杂，可用通式（$C_6H_{10}O_5$）$_n$来表示。纤维素的化学性质很稳定，不受稀酸、碱、氧化物以及微生物的侵蚀，也不溶于普通溶剂。

2. 半纤维素

半纤维素以两种形态存在于植物体中，一类与纤维素紧密联系，在制浆的蒸煮过程中不能全部溶于药液，而部分地留在纸浆中；另一类与木素紧密结合，制浆时通过药液的蒸煮而被除掉。半纤维素的化学稳定性较纤维素差，在酸性或碱性溶液中经较长时间的蒸煮后，能变成可溶性物质而溶解于溶液中。纸浆中保留半纤维素，可以提高获浆率，有利于打浆操作，增加纸的强度；但是会影响纸张吸湿性的增加和不透明度的降低，使纸张变得硬而脆。

3. 木素

木素是植物体中仅次于纤维素的重要组成成分，在木材中约占总量的20%～30%。木素能溶于较高温度的稀酸和稀碱溶液，并可在氧化剂作用下发生分解。木素受日光和氧的作用会生成脆硬的褐色物质，所以用含有木素较多的纸浆制的纸，在保管过程中易发黄变脆。

4. 树脂和色素

树脂的存在会给造纸操作带来困难，色素会影响纸的色泽，所以这些物质均应从纸浆中除去。

除上述各种物质外，在纸浆中还可能含有果胶、灰分等成分，但其含量较少，对造纸影响很小。

10.2.3 纸浆的种类

纸浆依采用原料和制取方法的不同而分成很多种类，制成的各种纸浆的性能和用途也各异。纸浆的主要种类如下。

1. 机械木浆

机械木浆也称磨木浆。机械木浆最大的特点是获浆率高，成本低，所制之纸具有良好的适印性。但因纤维短而粗，韧性不强，交织力差，故所制之纸疏松而不紧凑，强力也较差。同时，由于木素、树脂等物质绝大部分仍留在纸浆内，因此所制成的纸不耐长期保存，易发黄变脆。

机械木浆通常是指白色机械木浆。除此之外还有一种褐色机械木浆，其制法是在磨制前先用蒸汽蒸煮，使一部分木素分解，树脂被除掉，纤维变软。用褐色机械木浆所抄之纸具有较大的机械强度。

机械木浆是抄制新闻纸的主要原料，也可配入其他纸浆中抄制书写纸和印刷纸；褐色木浆多用于制造包装纸和纸板。

2. 亚硫酸木浆

亚硫酸木浆的纤维较长，性质柔软，韧性好，强力大，容易漂白，并有极好的交织能力。依其精制程度不同，分为未漂、漂白和半漂三种。

未漂亚硫酸木浆因含有少量木素和有色杂质，故呈灰黄色，纤维也较硬，多用以抄制中等印刷纸、薄包装纸，以及强韧性要求较高的半透明纸和防油纸等。

漂白亚硫酸木浆纤维洁白，质地纯洁而柔软，但由于经过漂白处理，纤维强度较未漂者低。此种纸浆多用以抄制各种高级纸。

半漂亚硫酸木浆中含有大量缩水戊糖，多用以制造透明的描图纸和仿羊皮纸。

3. 硫酸盐木浆

硫酸盐木浆在蒸煮过程中，因为药液作用比较和缓，纤维未受强烈侵蚀，故强韧有力，所制之纸耐折、耐破、抗撕等性能极好。硫酸盐木浆一般用于抄制工业上所需性能强韧的纸张，如纸袋纸、高级包装纸、电器绝缘纸、电容器纸等。

4. 稻草浆

稻草浆通常以稻草为原料，采用氢氧化钠法制成。稻草浆的特点是纤维较短，柔软性差，交织能力低；浆中含有许多齿形和环形细胞，这类细胞含灰分较多，混在纤维中犹如填料，对制成纸的物理机械性能有一定影响，但能使纸张组织紧密，表面平滑。

漂白稻草浆用于抄制书写用纸，也可配入其他化学纸浆中抄制高级纸张；本色稻草浆多用于抄制纸板，也可用以抄制低级包装用纸。

5. 苇浆

苇浆是以芦苇为原料，采用亚硫酸盐法蒸煮而成的。此种浆的特点是杂质含量较少，品质较纯；但是较亚硫酸木浆的纤维短小，柔软性和强韧性也差，并常常带有苇膜，易在纸上形成透明点。

漂白苇浆大多用以抄制普通书写纸和凸版印刷纸，本色苇浆多用于抄制包装纸。

6. 蔗渣浆

蔗渣浆是以甘蔗榨糖后所剩的渣滓作为原料，用氢氧化钠法或亚硫酸盐法制成的。

蔗渣浆的纤维比一般草类纤维长而匀、粗，容易漂白和打浆，交织力良好，同时由于纸浆滤水较快，可使所抄之纸组织均匀。漂白后的蔗渣浆可单独用以抄制高级印刷纸、打字纸等。本色蔗渣浆配入机械木浆，可以制造新闻纸。

7. 竹浆

我国利用竹浆造纸已有悠久的历史，早在11世纪即已开始，国产的一些高级手工纸，大多是利用竹浆制成的。竹浆纤维细而长，柔软强韧，交织能力良好，可用以抄制各种高级纸张。

8. 棉浆

采用破布或废棉为原料，经氢氧化钠或氢氧化钙溶液处理制成。利用氢氧化钠溶液蒸煮的目的是除去原料上的油污和用漂白剂所不能除去的色素。此种纸浆品质纯，纤维长，颜色洁白，富有韧性和弹性。制成的纸坚固耐久，机械性能很好。这种纸浆多用以制造较高级的纸张，如打字纸、钞票纸、高级书写纸等。

9. 麻浆

麻浆是以废麻或次麻为原料，经过碱液的蒸煮而制成的。麻浆的纤维长，韧性强，绝缘性好，打浆时易于水化和帚化。所制之纸韧性好，强度大，多用以制造机械强度要求较高的卷烟纸和麻板纸等。

10. 废纸纸浆

废纸纸浆是利用使用过的废纸或印刷厂裁下的纸边为原料，经机械力量搅碎并经漂白或脱墨处理制成的。随着我国经济文化的迅速发展，纸张的生产和消费不断增长，废纸来源日益增多，对大量废纸充分加以利用，对增加造纸原料的供应和促进生产的发展具有极重要的现实意义。

废纸纸浆的纤维强度和性能，根据废纸所用纸浆种类而定，但是由于纤维再次遭受药液侵蚀，或受到机械力的损伤，所以较原来的纤维性质差。废纸纸浆按原废纸的质量高低，分别用于抄制印刷纸、书写纸等；一般的废纸纸浆多用来抄制纸板或较低级的纸张。

11. 合成纸浆

由于造纸原料不足导致纸浆供应紧张，从20世纪70年代开展了对合成纸浆的研究。目前的合成纸浆（SWP）是指能在水中分散，并能在普通的纸机上抄成纸张的聚烯短纤维。合成纸浆被认为是第二代的纸浆材料，目前产量尚低，估计今后将会有较大的发展。

合成纸浆纤维的形状和大小与木浆相似。合成纸浆具有良好的水分散性和与纤维素的相容性，可以采用100%合成纸浆或与普通纸浆混合，在不需要特殊设备的条件下，利用普通造纸机抄造纸张。合成纸浆也是一种对传统纸浆有价值的添加物，可用以改善纸张的某些性能。在普通纸浆中加入合成纸浆能提高疏松度、不透明度、白度、耐化学性和非导电性，但会影响其强度。用它制成的包装纸可用于热封包装；用于糊墙纸或装饰纸，可提高其抗水性，并可热压花纹。

10.3 纸和纸板

纸是从悬浮液中将植物纤维、矿物纤维、动物纤维、化学纤维或这些纤维的混合物沉积到适当的成型设备上，经干燥后制成的均匀的薄片。

纸板则是具有较高挺度的某些纸的通称。通常定量小于225克/平方米的被认为是纸，定量在225克/平方米以上的被认为是纸板，但是区分纸和纸板主要是根据其特性，有时还根据其用途。许多定量小于225克/平方米的，如某些折叠盒纸通常被称为纸板；而许多定量大于225克/平方米的，如吸墨纸和图画纸通常被称为纸。

10.3.1 纸的质量

纸的质量是由纸的组成成分、外观以及物理、机械性能所决定的，因此在评定纸张质量、了解其是否符合使用要求时，也要从这几个方面进行分析。

1. 组成

纸的组成成分是决定纸的性能和质量的基本因素。属于这方面的指标有以下几个。

（1）浆料配比

纸浆是造纸的基本原料，每种纸浆又各有特点，采用的纸浆种类和配合数量不同对纸的性能有很大影响。因此，在标准中一般都规定每一种纸的浆料配比，即所采用浆的种类和每种浆所占的比例。

纸浆的种类和每种纸浆所占的百分比，可以通过用特殊试剂对纸样加以染色，然后根据各种纤维对试剂颜色反应的不同来加以确定。

（2）灰分

纸经完全燃烧后所剩余不能再燃烧的部分称为灰分。纸中灰分的主要来源是加入的填料，故通过灰分含量可以了解所加入的填料。灰分含量的多少随纸的用途而不同，在各种纸的标准中都有规定。

（3）水分

根据纸张性能的要求，水分含量应在一定范围之内。水分过低会使纸质变脆易破；过高也会降低纸的机械强度，且使纸不易保管。

2. 物理性能

纸张所具有的各项物理性能，通常通过尺寸、偏斜度、定量、厚度、紧度、透气度、施胶度和伸缩率等指标来说明。

（1）尺寸

纸张的尺寸，根据纸张的不同形式有两种要求。平板纸要求长和宽，卷筒纸和盘纸只要求宽度。纸的尺寸规格是根据用途方面的要求来确定的，尺寸单位为毫米。

（2）偏斜度

对于平板纸不仅要注意到长与宽，同时也要检查其四角是否成直角。纸的偏斜度用尺寸误差来表示。

（3）定量

定量是指单位面积的重量，以每平方米的克数表示。纸的种类和用途不同，对定量的要求也不同。

（4）厚度和紧度

厚度表示纸张的厚薄程度，单位为毫米。用途不同，对所选用的纸在厚度方面的要求也不同。

紧度用于表示纤维组织间的紧密程度。紧度小表示纸张的质地结构较松散，在使用时易掉毛。紧度以每立方厘米的克数来表示。

（5）透气度

透气度表示纸层中空隙存在的程度，也是测定纸张防潮性能的重要指标。透气度以一定体积的空气，在一定压力下，通过一定面积的纸所需的时间（秒）来表示。纸中纤维交织紧密则透气度小，防潮能力强。

（6）施胶度

施胶度是指水溶液在纸面上渗透和扩散的程度，对纸张的书写、印刷使用极其重要，而且对于提高纸张的强度和抗水、防潮等性能也有很大的作用。表示施胶度大小的方法很多，通常采用的有两种：一种是用水溶液通过纸张所需的时间表示，以秒为单位，包装用纸大多采用此法；另一种是墨线法，用标准墨水在纸上画线，以不扩散也不渗透的线条最大宽度表示，单位为毫米。

（7）伸缩率

伸缩率是纸张经浸水后伸长和再经干燥收缩尺寸的相对变化，以尺寸的增减对试样原来尺寸的百分率来表示。根据使用要求，有些纸张仅规定浸水后的伸缩率，有的要测定浸水并干燥后的伸缩率。伸缩率对于胶版印刷纸有特别重要的意义。

3. 机械性能

当纸受到各种外力作用时，抵抗外力的能力，以及纸的强韧性和坚固性，可以通过抗张力和裂断长、伸长率、耐折度、耐破度、撕裂度来表示。

（1）抗张力和裂断长

抗张力和断裂长都是用来表示纸张裂断强度的指标。抗张力表示纸受垂直引力的牵伸而不致发生破裂时的最大荷重，以千克/平方厘米为单位。

纸的裂断强度除了部分厚纸用抗张力表示外，大多数都以裂断长来表示。裂断长表示纸条不能承受本身的重量而自行断裂时的长度。由于裂断长是一个与纸的厚度无关的表示强度的概念，因此根据裂断长来比较定量不同的纸是较方便的。由于纸脉的影响，一般纵向抗张力要大于横向抗张力，因此裂断长也有纵向与横向之分。有时也采用纵向与横向的平均数，即平均抗张力和平均断裂长来表示。

（2）伸长率

伸长率是用以表示纸张伸长性能的指标，当纸被垂直引力拉断后，纸的长度也会发生被拉长的变化，所伸长的长度与原长相比的百分数称为该纸的伸长率。由于纸脉的影响，纵向伸长大于横向伸长。伸长率对纸张性能的影响在于可以减轻突然外力的破坏作用，因纸张要在伸长至极限之后才会断裂。各种纸张对伸长率的要求依用途的不同而不同。

（3）耐折度

耐折度表示纸张耐折的能力，以往复揉折至断裂时所需次数表示。所能经受的次数越多，纸的耐折度就越大。纸的耐折度一般是纵向大于横向。

（4）耐破度

耐破度表示纸张经受垂直压力而不致破裂时所能承受的最大压力。耐破度的大小对于包装纸和水泥袋纸具有很重要的意义。耐破度以千克/平方厘米为单位。

（5）撕裂度

撕裂度表示纸张抵抗被撕裂的强力，其大小以被撕裂时所需力量的克数表示。撕裂度主要取决于纤维长度和纤维本身的强度，同时和纤维的结合强度也有密切关系。横向撕裂度较纵向撕裂度大。

4. 外观

外观也是决定纸张质量的重要因素，因为它不仅影响纸的美观，某些外观缺点更会影响使用。

（1）白度

除色纸应具有均匀一致的鲜艳色彩外，对于白纸一般要测定其洁白的程度。很多种纸都要求有较好的白度。白度通常采用与标准白度板相比较的方法来测定。

（2）平滑度

平滑度是表示纸张表面平滑和粗糙程度的指标。很多种纸都要求有平滑而光泽的表面，以便适合于书写和印刷。但是对于某些用途的纸张如吸墨纸、图画纸，则不需要有平滑并带有光泽的表面。

（3）尘埃度

尘埃是指纸中所含有的与纤维颜色有显著不同的污点，有尘埃存在不仅影响纸面的洁净度，同时对使用也有影响。尘埃的多少通常用尘埃度表示。尘埃度是指一定面积的尘埃，在1平方米的纸面上所存在的个数。

（4）纸病

纸病的种类很多，比较常见的有透光、褶子、皱纹、脏点、斑点、纤维束、疙瘩、透明点、孔眼、窟窿、条痕、裂口、起毛、边不整齐、颜色不一致等。其产生原因主要是由于抄制过程中技术操作掌握不好，原料处理不当，或忽视卫生条件和包装操作所引起，各种纸病均在不同程度上影响着纸的质量。纸张对于纸病所允许存在的程度，应根据纸的用途所要求的性能来决定。

纸张所应具有的性能取决于纸的用途，由于各种纸的用途不同，因此对不同种类和品级的纸在性能方面的要求也就不同，总之应以满足使用要求为标准。在评定各种纸的质量时所应采用的指标，以及对这些指标所要求达到的程度，并不是完全一致的。

10.3.2 纸的分类和品种

纸和纸板的种类很多，用途很广，估计目前纸张的品种在5000种以上。日常生活中常见的品种约在数百种左右。

1. 按重量和厚度分类

纸张按重量和厚度大体可分为纸和纸板两大类。如前所述，每1平方米的重量不大于225克或厚度在0.1毫米以下的统称为纸，225 克以上或厚度在0.1毫米以上的称为纸板。

2. 商业分类

商业部门对于纸张分类，一方面受市场传统习惯的影响，另一方面因大部分专业用纸由工业内部调拨供应，所以商业部门经营的纸张商品目录和工业产品目录不同。在分类方法和产品名称方面也都有所不同。商业部门首先将纸张分为机制薄纸和机制纸板两大类，然后再各分成小类。机制薄纸分为新闻纸、胶版纸、铜版纸、凸版纸、书写纸、牛皮纸、有光纸、打字纸、其他机制纸。机制纸板分为白板纸、箱板纸、麻板纸、草板纸、瓦楞原纸、茶板纸、青灰板纸、牛皮板纸、卡片纸、其他机制板纸。

3. 按抄制方法分类

纸张按照抄制方法可分为机制纸、手工纸和加工纸。

（1）机制纸

机制纸包括印刷用纸、书写用纸、技术配套用纸、包装用纸、生活用纸、机制纸板、其他纸等。

（2）手工纸

手工纸包括文化纸、宣纸、国画纸、手工卫生纸、其他手工纸等。

（3）加工纸

加工纸包括单面印刷涂料纸、双面印刷涂料纸、压花印刷涂料纸、涂料画报纸、压花书皮纸、铁笔蜡纸、晒图纸、静电复印描图纸、彩色皱纹纸、气相防锈纸、涂料邮票纸、硫化氰分析纸、水松纸、电火花记录纸、半透明力感记录纸、光敏静电记录纸、静电记录纸、黑色静电记录纸、湿式电化学记录纸、热敏记录纸、湿式声纳记录纸、深井防水记录纸、深井涤纶卡纸、氯化钾记录纸、长形仪表记录纸等。

4. 根据教学需要分类

纸与纸板的种类很多，根据教学需要，将其主要品种分为印刷纸、书写纸、包装纸、纸板、加工纸、手工纸 6 类。

（1）印刷纸类

印刷纸指印刷使用的纸。该类纸所应具有的主要特性是：易于吸收油墨，组织均匀，厚薄一致，纸面平滑，富有弹性，不得有起毛、皱纹、褶子等外观疵点。在这类纸中比较重要的有新闻纸、凸版纸、胶版纸、招贴纸、铜版纸、字典纸等。

① 新闻纸。

新闻纸又称白报纸，分为一号、二号两种，定量在 48～52 克/平方米，主要用于印刷报纸及不需要经常使用和长期保存的书刊。新闻纸白度较低，纸面尘埃较多。包装分卷筒和平板两种，卷筒专用于轮转印刷机，平板适用于一般平板印刷机。目前卷筒纸宽度一般有 1575 毫米、1562 毫米、787 毫米和 781 毫米 4 种规格。平板纸尺寸为 787 毫米×1092 毫米和 850 毫米×1168 毫米。新闻纸的特点是纸质松软，具有较强的吸收性能，一般不施胶，在印刷时能很快吸附油墨使字迹固定；纸面经机械压光，双面平滑，可以两面印刷；由于它主要是用机械木浆制成的，所以易发黄变脆，不耐长期保存；为保证高速轮转印刷机不发生断纸现象，新闻纸要求有一定的断裂长度；因为报纸是两面印刷品，所以新闻纸应具有一定的不透明性，以免发生重影、透印等毛病。

② 凸版纸。

凸版纸分为特号、一号、二号、三号、四号 5 种，定量有 52 克/平方米和 60 克/平方米两种。特号、一号、二号多用于印刷高级出版物，如经典著作和其他重要的书籍、杂志等；三号、四号多用于印刷一般图书、教科书、杂志等。各种凸版纸主要用漂白化学纸浆制造，都经过施胶，质地比较柔韧，不透明度和白度的要求都比新闻纸高，尘埃度要求也比较严格。凸版纸还要求坚实，不掉毛、掉粉，以免在凸版印刷时产生“糊版”现象。

③ 胶版纸。

胶版纸分特号、一号、二号3种，定量在80～120克/平方米，是专供胶版印刷美术图刊、图片、插图等用的双面印刷纸。特号、一号供高级彩色印刷之用，二号供普通彩色印刷之用。胶版纸用于多色套印，除要求白度好、尘埃少外，对于纸的紧度、抗张力、耐折度、施胶度等指标的要求都比较高，特别是伸缩率要小，以防套印时套色不准。胶版纸一般用漂白木浆、竹浆、棉浆、龙须草浆制造。

④ 招贴纸。

招贴纸按照用途不同，分为套版印刷招贴纸和单色印刷招贴纸。套版印刷招贴纸多供印刷彩色图画、宣传画、卷烟商标以及封面等，单色印刷招贴纸多供印刷宣传画、商品包装、书写等。该类纸的特点是一面光滑以供印刷，另一面粗糙便于粘贴。

套版印刷招贴纸的品质要求与胶版纸基本相同而稍低，主要是纸面洁白，伸缩率小，易吸收油墨，印刷时不起毛。单色印刷招贴纸除符合一般印刷用纸的要求外，应具有较高的施胶度。

⑤ 铜版纸。

铜版纸是由原纸经涂布白色涂料加工的印刷用纸，此种纸专用于网线铜版印刷，印刷高级图书杂志的插图、封面、人物像、精致机械样本目录、罐头食品商标等。铜版纸的质量要求，最重要的是纸面必须非常光洁平滑，以便获得精致而清晰的图案。在各种纸中，平滑度的要求以铜版纸为最高。为了提高平滑度，在纸坯上涂的涂料干燥后，还要经过超级压光机进行压光。还要求涂层厚薄均匀，不得起泡，否则影响网线与纸面接触；不得表面脱粉，否则印刷出来的彩色浓淡不匀。另外，要求对铜版印刷专用油墨有适当的吸收性，不可过高，也不能过低，以保证印迹清晰。铜版纸在保管时不能受潮，以防纸面涂料相互黏结，日久使纸面发黄或产生霉斑；也不能被日光直接照射，以防变脆掉粉。

⑥ 字典纸。

字典纸分一号、二号两种，是专供凸版印刷字典、袖珍手册、工具书、科技资料等的高级印刷用纸。字典纸的特点是纸质薄，紧度大，白度好，平滑度高，尘埃度小。由于该类纸的纸质很薄，又要求两面进行印刷，故对施胶度和不透明度的要求也高于其他印刷用纸。

（2）书写纸类

这一类纸的特点是：颜色洁白，尘埃少，纤维组织紧密均匀，纸面平滑并具有光泽，书写流利，不挂笔尖，书写时不发生扩散现象。书写纸不允许有窟窿、褶子、皱纹、残缺、破损、裂口、毛边等纸病。透明点、砂眼应极少，并具有一定的抗张强度与耐折度。属于书写纸类的纸张主要有书写纸、有光纸（单面光书写纸）、打字纸、拷贝纸等。

① 书写纸。

书写纸分特号、一号、二号、三号、四号5种，定量在45～80克/平方米，是专供钢笔两面书写的纸张。主要用于制造账簿、表格、练习簿、记录本以及其他书写用的纸制品。特号、一号、二号主要用做保存期较长的账簿和书写用纸制品。三号、四号则用做一般账簿、表格、练习簿等。

书写纸要求正、反面光滑，特号至二号都要经过超级压光机压光。书写纸的质量要求，最重要的是用墨水书写时绝对不允许有字迹扩散和渗透现象。因此，对施胶度的要求特别严格，另外白度和紧度对此类纸也具有重要意义。由于多用于两面书写，故其透明度必须小。

② 有光纸。

有光纸是用圆网单烘缸造纸机生产的单面光薄纸，分为特号、一号、二号 3 种，主要供书写、办公、包装及做簿册、表格、练习簿等。该类纸的最大特点是一面光滑，对其物理、机械性能和纸病的要求较书写纸略低。有光纸定量范围为 18～40 克/平方米，一般以草浆制造。

③ 打字纸和拷贝纸。

打字纸和拷贝纸都是薄型的高级纸张，主要用于各种文件、单据的打字和复写。两种纸都是用长网机进行生产的两面平滑一致的双面光纸。拷贝纸的生产技术要求比打字纸高。

“拷贝”是英文的音译，是复写的意思。市场上对于复写打字用的薄型纸张，较厚的称为打字纸，较薄的则称为拷贝纸。打字纸和拷贝纸的区别，主要在于纸张的厚薄和强度。标准规定，打字纸的定量分为 24 克/平方米、26 克/平方米、28 克/平方米、30 克/平方米 4 种，拷贝纸的定量分为 15 克/平方米、17 克/平方米、19 克/平方米 3 种。打字纸的裂断长要求较低，纵横向平均值特号在 3000 米以上，一号和二号在 2500 米以上；拷贝纸要求较高，纵横向平均值特号在 4500 米以上，一号在 4000 米以上，二号在 3500 米以上。因此，在原料配比方面，打字纸可以用木浆加入部分破布浆和草浆，而拷贝纸一般要用纯净的高级漂白化学木浆。打字纸和拷贝纸的质量要求，主要是纸张厚薄一致，纤维组织均匀，迎光检查时透光度均匀，不许有云彩花、纤维束、沙子、硬质块和针孔眼等纸病；纸面必须平正，不许有毛布痕、“泡泡纱”和起拱现象。彩色打字纸和拷贝纸除以上的要求外，还要求颜色匀净。

（3）包装纸类

包装纸的种类很多，与工农业生产和商业部门的关系十分密切，是保护商品质量、装饰商品外观不可缺少的材料。在此类纸中主要有牛皮纸、纸袋纸、包装纸、羊皮纸、半透明纸、防油纸、薄页纸、邮封纸、玻璃纸和蜡光纸等。

① 牛皮纸、纸袋纸和包装纸。

牛皮纸是强度较高的纸张，原料全部采用硫酸盐木浆。因为纸张的颜色带黄褐色，质地非常强韧，为形容其与牛皮相似，故称牛皮纸。牛皮纸的裂断长、耐破度、耐折度等强度指标都比一般纸张高，用途非常广泛，多用于包装呢绒、绒线和棉、毛、丝、麻织品，以及小五金、工具、仪器零件等，也可用于加工制作卷宗、文件袋等，是一种用途十分广泛的工业包装用纸。牛皮纸有双面光、单面光、条纹 3 种。条纹牛皮纸是用带有条纹的毛布抄制的单面光纸，定量一般为 40～60 克/平方米，纸面特别光滑，条纹清晰。双面光牛皮纸要求纸面平滑，但光泽度没有单面光牛皮纸高。

纸袋纸主要供工业部门包装产品使用，可用于装水泥、化工原料和农药等，也可用于包装五金、工具等商品。纸袋纸的原料绝大部分用硫酸盐木浆，纸袋纸质量要求基本和牛皮纸相同，纸张强度比牛皮纸要高。纸袋纸主要用于装粉状和颗粒状的产品。将产品装入纸袋时，或整袋商品在搬运过程中，袋内空气受到压力往往会将纸袋爆破，因此纸袋纸特别要求具有较大的透气度，使袋内空气容易透泄出来，避免纸袋爆破。

包装纸过去和牛皮纸并无明确区别，现在规定使用 100%硫酸盐木浆作为原料的称为牛皮纸，其他则统称为包装纸。包装纸按不同的原料配比，分为一号、二号、三号 3 种。一号包装纸一般使用 50%的硫酸盐木浆配合未漂化学木浆、竹浆、草浆等抄制，分为双面光、单面光和条纹单面光 3 种，纸张强度比牛皮纸略差，质量要求接近牛皮纸，基本上可以代替牛皮纸使用。二号包装纸也称杂浆包装纸，原料是未漂化学木浆、竹浆、麻浆、草浆和废纸等，一般分为双面光和单面光两种，强度远不如牛皮纸，主要用于针棉织品及日用百货的内包装。三号包装纸原料是草浆和废纸，纸张强度很低，一般都是单面光纸，主要用于市场上零售商品的包装。

牛皮纸、纸袋纸和包装纸有两个共同的主要质量指标，即耐破度和施胶度。耐破度按纸张的定量比例增加，也就是纸张越厚，耐破度越大。牛皮纸和纸袋纸对施胶度要求较高，包装纸则要求略低。这两项指标对于保护被包装商品的安全影响很大。用施胶度不合格的纸袋纸包装水泥，往往会使水泥受潮结块而成废品，由于包装纸破裂而造成商品损失更是常见的事。用高度施胶的较厚的牛皮纸包装商品，在遇到小雨时也不致受潮变质。

② 羊皮纸、半透明纸和防油纸。

羊皮纸也称植物羊皮纸或硫酸纸，半透明纸也称仿羊皮纸，防油纸也称牛油纸，都是半透明的高级包装纸。主要用于包装乳制品、油脂和糖果、茶叶、药品等怕潮的商品。这三种半透明的纸张外观基本相同，但纸张的性能特点有显著的差别，在具体用途上也有所不同。

羊皮纸是用原纸经过硫酸加工处理制成的。制羊皮纸的原纸，要求具有良好的吸水性和均匀度，最好用棉浆抄制。羊皮纸原纸用一定浓度的硫酸浸渍 10 秒钟左右，纸张就变成半透明的乳色薄膜，纤维交织形态基本消失，经过清水洗净，再用甘油浸渍，使纸形固定，然后烘干即成羊皮纸。由于纸张的纤维经过硫酸的“羊皮化”作用，质地更为紧密，坚挺而富于弹性，具有高度的抗水性和不透油的特性，特别是经过强酸处理，已无细菌，因此最适合用于需要长期保存的油脂、茶叶等食品和药品的包装。又由于防潮性能较好，也适用于包装精密仪器和机械零件。透明度较高的还可以代替描图纸使用。羊皮纸由于主要用于直接包装食品，因此绝对不许含有砷盐和铅盐等有毒物质；铜、铁的盐类杂质和硫酸也要极力除净，以免油脂性食品和纸张接触后变色、变质。

半透明纸是用漂白硫酸盐木浆，经过长时间的高黏度打浆而制成的双面光纸。采用一般施胶方法提高抗水性，再用超级压光机强力压光，以提高透明度，纸张质地柔韧，特别光滑。这种纸具有一定的防油性，但比羊皮纸差，一般适用于不需要久藏的乳制品、蛋制品、油脂、糖果、饼干等食品及香烟、药品等的包装，也可以作为电气机件的绝缘材料。

防油纸是用未漂化学木浆经过长时间黏状打浆制成的单面光纸，透明度较差，采用硬脂酸和石蜡施胶，具有高度的抗水性和防油性，主要用于包装油脂性的食品，因此一般称为牛油纸。这种纸张因直接和油脂食品接触，所以不允许存在铜、铁等盐类杂质。

以上三种半透明的包装纸，在外观方面，以半透明纸透明度最高，最为光滑，质地也较柔软；防油纸透明度较低，光泽度也较差；羊皮纸透明度低，而且纸面基本没有光泽，质地略带硬性。在迎光透视下，半透明纸和防油纸都可以看出纤维组织的形态；而羊皮纸则看不出纤维组织，但仔细观察纸面，可以看出有未经完全“羊皮化”的细小纤维现出的白花。在强度方面以羊皮纸为最高，防油纸次之，半透明纸最低。

③ 薄页纸和邮封纸。

薄页纸和邮封纸都是高级包装用纸中最薄的单面光纸。由于纸张很薄，所以对生产技术条件的要求也较高。

薄页纸主要是经过加工上蜡后供包装食品等用，也可直接用于多页单据的复写。

邮封纸由于过去主要用做邮票衬纸而得名，目前多做包装卷烟的铝箔衬纸，或加工上蜡后用做糖果的包装纸。邮封纸比打字纸薄而强韧，一般也用于多页复写和印制单据、传票、凭证等代替打字纸。邮封纸在包装仪器、化妆品、水果等方面的用途也日益广泛。

薄页纸和邮封纸的区别主要在于纸张的厚度和强度。在外观方面，邮封纸要求纸面有极高的光泽度，薄页纸则并不要求特别高的光泽度。部颁标准规定：薄页纸的定量为16克/平方米、18克/平方米两种；平均裂断长，特号在4700米以上，一号在4000米以上，二号在3800米以上。邮封纸的定量为18克/平方米、20克/平方米和22克/平方米三种；平均裂断长，特号在2800米以上，一号在2500米以上，二号在2300米以上。薄页纸和邮封纸的主要质量要求基本上和打字纸、拷贝纸相同。由于包装上的使用要求，纸张横向要有一定的抗张强度；为了保证包装水果、糖果时纸张不会被扭折破裂，也要求其有一定的撕裂度。

④ 玻璃纸。

玻璃纸是一种高级的包装装饰用纸。最适合包装糖果、饼干、茶叶、卷烟、药品等容易受潮变质的商品。由于透明度和光泽都特别高，用来包装丝织品、针棉织品、化妆品等，能起到美化商品的作用。

玻璃纸与普通纸张的制法不同，它不是由纤维错综交织而成的，而是将纸浆首先经氢氧化钠处理成为碱化纤维素，再以二硫化碳对碱化纤维素进行硫化处理，生成纤维素磺酸钠，然后使其溶解于碱液制成纤维胶；被稀释到一定浓度的纤维胶通过喷射器制成黏液薄膜流入作为凝固剂的酸液中，使纤维素凝固而形成纸页；再经脱硫、漂白、干燥和塑化等处理阶段，即可制成柔韧无色的透明玻璃纸。若制造带色玻璃纸，则在纤维胶中加入适量的色料。

玻璃纸的特点是：色泽透明，厚薄一致，纸面光滑，纸质柔软，具有不透气、不透油、不透水等特性。玻璃纸因经过塑化处理含有甘油，故吸水性较大，受潮后易生皱纹甚至黏结成块。在高温的影响下会因水分蒸发而使纸质发脆，也会黏结成块。玻璃纸的纵向强度大于横向，这是纤维素微晶体纵向平行排列的结果。玻璃纸的强度虽较好，但若存在裂口，则受很小的力即会破裂。

⑤ 蜡光纸。

蜡光纸是一种单面涂色的加工纸，主要用于印制商品商标、糊裱盒面以及其他美术装饰等方面。蜡光纸一般均为平板纸，尺寸为702毫米×508毫米。

蜡光纸所用的涂料是由染料、硫酸钡、碳酸钙等制成的色基，与作为胶粘剂的牛皮胶或乳酪素、作为防腐剂的氯化汞、作为柔软剂的甘油以及为了增加纸面光泽和抗水性的蜂蜡等混合而成的。在制取蜡光纸时，利用染色机将涂料均匀涂布于原纸的表面，经过干燥再放于磨光机上进行磨光，等纸面现出极强的光泽后，经裁切而为成品。

蜡光纸的特点是单面涂色，表面特别光亮，颜色鲜艳，具有良好的抗水性，虽经摩擦或折叠，涂料也不易脱落。对蜡光纸的质量要求是纸面紧密、平滑，不应有褶子、皱纹、破损以及毛刷印和条痕等纸病。

（4）纸板类

① 板纸。

草板纸也称黄板纸，主要用以制造纸盒、账册封皮、书皮、皮箱衬板等。草板纸的定量以号数来表示，根据部颁标准分为4号、6号、8号、10号、12号、14号、16号7种，规定4号定量为200克/平方米，每加一号增加55克。

草板纸每吨规定为40令，每令重量为25千克。因此，每令纸张数依定量的不同而不同，可根据纸板的定量乘以每张纸的面积，计算出每张纸板的重量，再除以每令纸板的重量，即计算出每令纸板的张数。

草板纸是采用未漂稻草浆制成的，故呈草黄色，机械性能也较低。草板纸的质量首先取决于纸板的紧度与抗张力；其次要求纤维组织均匀，表面平整，水分在标准限度以内；在外观方面要求不许有疙瘩、草壳、鼓泡以及变形、不平整等现象。

② 白板纸。

白板纸是以漂白化学纸浆做面浆，各种杂浆做里浆制成的。主要用以制造卷烟、化妆品、药品、食品以及文具用品等商品的包装盒。定量有200克/平方米、220克/平方米、250克/平方米、300克/平方米、400克/平方米等数种。每令25千克，张数视重量和尺寸规格而不同。在种类方面有双面和单面、特级和普通之分。

白板纸的质量要求分印刷和制盒两方面。印刷上的要求主要是表面洁白光滑，双面板纸白度一般在80度以上，单面板纸白度一般在70度以上，不许有露底现象；纸板应平整，厚薄一致，纸面不起毛，并不许有突起的硬粒；质地紧密，伸缩力不大，水分不超过12%，一般要能适应5～7色套印。在制盒方面，主要是要有适当的身骨，特别是要具有一定的耐折强度，使制成的纸盒质地紧挺，在轧制纸盒的转折压线处不易破裂和折断，平均抗张力应不小于200千克/平方厘米，平均耐折度应不小于20次。

③ 箱板纸。

箱板纸是一种制造较坚固纸箱用的纸板。由于纸箱体积小、重量轻，代替木板箱装运商品，可以节约大量木材，减少商品运输费用。箱板纸广泛用于包装针纺织品、日用百货、五金交电和食品等。

箱板纸为平板纸板，尺寸为850毫米×1060毫米、960毫米×1060毫米、1060毫米×1200毫米。箱板纸分特号、一号、二号和三号4种。特号为牛皮箱板纸，配用50%以上的牛皮木浆、竹浆挂面，50%以内的废纸、废麻、化学草浆、褐色磨木浆、化学半料木浆等挂底；一号为强韧箱板纸，配用30%以上废麻浆或野生植物皮纤维，70%以内的废纸、化学草浆、褐色磨木浆或化学半料木浆；二号为普通箱板纸，配用化学草浆、褐色磨木浆、化学半料术浆等；三号为轻载箱板纸，配用100%化学半料草浆。

箱板纸要求质地坚韧，机械强度好，表面平整，不起泡，不起皱。箱板纸不施胶，不加填，经纸机压光机压光。水分应为8%～14%，水分过大，制成纸箱不耐压，易破裂；水分过小，又容易发脆而破裂。

（5）加工纸

加工纸以原纸为基础，经涂布、复合、成形、变性、整饰加工，改变或提高纸张原有形状、外观和物理化学特性。主要有印刷类加工纸、复合类加工纸、防护类加工纸、感应记测类加工纸、复印类加工纸、装饰类加工纸、黏合类加工纸、技术用加工纸、变性加工纸等。

① 皱纹纸。

皱纹纸是一种柔软而富有伸缩性的薄纸，多用于扎花和装饰环境等。皱纹原纸定量为18克/平方米，要求具有一定的吸水性，以利于染色。每张纸卷成一个纸卷，尺寸为596毫米×2286毫米。每百卷为一个包装单位，重为4.3千克。

皱纹原纸用亚硫酸盐漂白木浆制作。原纸通过湿润胶辊，将原纸染成各种不同颜色的色纸，色纸被引到起皱烘缸，在起皱烘缸的缸面附近装有一把钢质起皱刮刀，原纸每碰一下，刮刀便卡入细缝，又立即被拉出。一缩一伸，就使纸面出现了连续不断的皱纹。然后皱纸再到另一只高温干燥烘缸进行干燥。皱纹的密度和深度可以通过调节刮刀与起皱烘缸之间的角度来掌握。皱纹纸要求皱纹细致均匀，色泽鲜艳，伸缩率达35%～50%。

② 多层复合纸。

多层复合纸是将聚乙烯等热塑树脂，从挤出机扁平机头的狭缝中挤成熔融状树脂薄膜，并立即通过双辊将熔融状薄膜压在纸、布、铝箔等基材表面上，冷却后制成的复合材料。多层复合纸品种很多，挤压涂布的树脂可用高密度或低密度聚乙烯、聚丙烯、软质聚氯乙烯、乙烯—醋酸乙烯共聚物、乙烯—丙烯酸乙醋共聚物；基材可用牛皮纸，铜版纸，胶版纸，各种特定要求的防锈、防水、防霉、防蛀的原纸等纸类，金属箔，布类，树脂薄膜；黏合剂可用聚乙烯醇、淀粉、水玻璃、环氧树脂等。多层复合纸在现代商品包装中占有重要地位，主要用于药品、食品包装和各种特殊包装防护技法。

③ 钙塑纸。

钙塑纸是含三分之二无机物的新型纸张。它是用无机填料（碳酸钙、亚硫酸钙微晶等）和树脂混合（聚乙烯等），再加入一定量助剂（如发泡剂、交联剂、脱模剂、稳定剂等），放在搅拌机内混合均匀，经过混炼、压延等工艺形成的。钙塑纸主要用来制作钙塑纸箱，两层钙塑面纸中间夹一层瓦楞芯纸经过成形机加工制成钙塑纸箱。钙塑纸箱质量轻、强度大、成本低，是一种较为理想的包装材料。

④ 钢纸。

钢纸以其机械强度高而得名，用漂白化学木浆或棉浆经过适当的打浆和加色后，抄制成原纸；再把原纸浸泡在对纤维素具有强烈润胀和胶化特性的氯化锌溶液里处理几秒钟，使部分纤维素分子转变为纤维素糊精，提高了纤维间的黏合力；然后经过脱盐，在胶化机上层层黏合，老化，干燥，整形，就制成了钢纸。厚度超过 1 厘米的钢纸，是在高温高压下，用酚醛树脂把几层钢纸黏合在一起而成的。钢纸的品种有平板、卷筒、管状、棒状等。

钢纸的强度接近金属铝，而密度只有铝的50%，具有很高的介电强度和弹性，是一种优良的电气绝缘材料和结构材料。它的抗油性和耐腐蚀性好，能长期耐-40～100℃条件。可以承受各种机械加工，如切削、碾压、钻孔、冲制、研磨等。由于钢纸具备上述优良特性，故在机械工业、电气工业、纺织工业和日常生活中用途极其广泛，如制造齿轮、安全帽、提箱、运动鞋等。

（6）手工纸

我国的手工纸生产历史悠久，造纸技艺精良，形成了独特的风格。所谓土法造纸的基本生产过程是：选料→浸泡→发酵→蒸煮→洗浆→堆晒→碾浆→抄帘→压榨→烘干→成纸。

我国的手工纸早在隋、唐、宋时期就已达到很高的水平，特别适合书画要求。

① 宣纸。

宣纸在唐代又称玉板纸，产于安徽省泾县宣州府，因产地而得名。宣纸以100%檀皮为原料，近代以檀皮浆和少量稻草浆抄造。檀皮现用化学法蒸煮成浆，稻草则用土法制浆，采用竹帘手工捞纸。宣纸分“生宣”和“熟宣”两大类，尺寸有丈六、丈二、八尺、六尺、四尺等。纸质柔韧，洁白平滑，细腻匀整，尤其以色泽耐久而著称。宣纸吸墨性好，不易起皱，不掉毛，多用于装裱书画，可以长期保存，享有“纸寿千年”的美誉。

② 毛边纸。

毛边纸原产于福建省龙岩、连城等县，采用嫩竹做原料，石灰发酵，不施胶，一般加黄色染料。纸质泛黄色，柔韧，吸水润墨性强，印刷、书写易干，字迹经久不变，多用于文书和印刷。

③ 连氏纸。

连氏纸原产于福建省邵武、江西省铅山等县。相传是古代连氏二兄弟发明，因而得名。连氏纸以竹浆为原料，经碱煮、漂白加工而成。纸质薄而洁白，常用做高级印刷品、碑帖、信笺、扇料等。

④ 红辛纸。

红辛纸俗称高丽纸或桑皮纸，以桑皮为原料，原产于河北迁安县。纸质强韧，色灰，半透光，用于冬季糊窗，防风、透光性好。

⑤ 草纸。

草纸又名黄草纸，以稻草为原料，用石灰沤制，手工抄成。纸质粗糙，用做卫生纸。

10.3.3 纸的包装和保管

纸张的合理包装、储存和运输，对于保护纸的质量具有重大意义。为了正确地进行包装、储存和运输，首先必须很好地掌握纸的一般特性。这些特性主要是：受到机械外力的作用易发生破裂和磨损；遭受日光直接照射易发黄变脆；具有较强的吸湿性，在潮湿条件下易发生变形和皱纹，受潮严重时甚至可能霉烂；在外界条件影响下，纸张也容易发生燃烧和遭受污染。因此，保护纸张质量的主要任务是不使纸张受到机械力量的损伤，不遭受风吹、日晒、雨淋和潮湿。同时要特别注意，存放场所应保持干燥清洁，应有完善的防火设备。

1. 包装

对纸张进行包装的主要作用是便于储存和运输，防止受到日晒、潮湿、污染和外力损伤。包装方法分平板与卷筒两种。

（1）平板包装

在平板包装中，一般纸张普遍采用的是木夹板包装。包装时首先根据纸的长度和重量的不同，按一定数量（通常分 500 张、250 张和 125 张三种）打成小包。然后将一定数量的小包打成件，每件的重量依纸的定量而不同，定量小于 50 克/平方米的纸，每件净重不超过 175 千克；定量超过 50 克/平方米的纸，每件净重不超过 260 千克。最后将件的两面夹以木板，用铁腰扎牢。在包装时应注意纸要叠放平整，不得有折叠及窝角现象，四周不得参差不齐，纸边应呈直线且与纸面成直角，同时纸的正、反面也应一致。包装时所用的包装纸必须是施胶大、具有较强防潮性能的纸；包装所用木板要求干燥、平整、厚度一致，不应有较大窟窿和裂缝。为了加强木板的坚固性可钉上横木带，但注意板面不得冒出钉帽或钉尖。为了防潮和保护纸张，在木板与小包之间应放置防潮纸和黄板纸上下各一张。打件要牢固，以免发生散包和包装纸破裂、纸扭斜等现象。

除了最常用的木夹板包装外，还有包装低级纸的条形木夹板包装、包装纸板的框板包装、包装高级纸的木箱包装等。采用这些包装时所应注意的问题与木夹板包装基本相同。

（2）卷筒包装

筒芯的好坏对于卷筒包装的质量影响很大。筒芯要求干燥、硬实、不变形，并且其长度必须与纸的宽度相符合，误差不超过1毫米，筒芯厚度不小于10毫米，内径为70～73毫米。筒芯的两头应用木塞塞紧，木塞长为80～100毫米，其中一头的木塞中间应有一孔眼，以便用钩钩出。

卷筒纸必须卷得紧密，全幅松紧一致，卷筒两头纸边必须平直整齐，不许有凹凸现象。卷筒纸每卷的重量主要根据各种纸张的卷筒直径来加以控制，没有统一规定。卷筒纸外面应用质量不小于 120 克的包装纸包装。包装纸应长出卷筒宽度，并在卷筒两头分别垫上一层圆形包装纸，使粘有胶水的包装纸不直接与纸边接触，再在卷筒两头分别加贴一层圆形包装纸，将各层包装纸的折头盖没。然后用坚实草绳在卷筒两端最少各捆四道，中间最少捆三道。在包装好的卷筒纸卷筒两头，应贴上用强韧纸张印刷的说明书，内容包括：企业名称、产品名称、牌号、定量和等级、卷筒宽度、纸张实际面积（仅用于新闻纸、地图纸和印刷纸）、卷筒编号、卷筒净重、毛重、接头个数（仅用于新闻纸、地图纸和印刷纸）和表示卷纸方向的箭形标志等。

2. 储存和运输

储存纸张的仓库和运输纸张的车船必须清洁干燥，通风良好，绝不能存放在阴湿的地方。纸件不可直接放在地面上，要用木块和木架垫高，也不能靠近墙壁。不施胶的纸张更容易吸潮，在多雨季节更要注意。纸张也不可与容易潮解的商品如食糖、食盐、肥皂等放在一起，否则极易受潮变质。玻璃纸、描图纸、铜版纸、蜡光纸和各种彩色加工纸等，稍受潮就会变质、变色，更要事先注意，妥善防潮。

纸张必须防晒、防热，阳光直接暴晒会引起纸张发黄变脆和退色。板纸类含水分较多，被日光照射容易曲翘不平，影响使用。温度超过 38℃时，纸张强度会显著下降，玻璃纸和涂料加工纸会黏结成块或质地发脆，变成废品。纸张由植物纤维构成，属于易燃品，故在储运中应注意防火，不应与其他易燃或发火物品存放在一起，在储运场所更要有防火设备。

纸张稍受油渍污染就会变成废品，所以不可和油脂商品放在一起，也不可和有腐蚀性的化工原料等一同堆放，以防损伤纸质。在堆放纸张时，平板包装的纸应该平放，以免发生窜动和变形；卷筒纸可以立放。为了防潮，在纸垛的下面应加垫楞木。在码垛时还应注意高度，以防压力过大，使下面的纸发生变形。纸张在搬运时禁用铁钩，更不应从高处向下抛掷，以免发生散包和损伤。卷筒纸应按箭头指示方向在平坦的地面或跳板上滚动推送，以免发生松卷现象。

习题

一、简答题

简述纸制品的组成。

二、能力分析题

比较牛皮纸、纸袋纸和包装纸的特点。

第3篇

纺织品商品知识

纺织品是指纺织纤维经过加工织造而成的产品。中国是世界上最早生产纺织品的国家之一。

第 11 章　纺织品原料

纺织品的原料主要由三部分构成，即纺织纤维、纱线和染料。

11.1　纺织纤维

一般来说，直径小到几微米或几十微米，长度比直径大千百倍的纤细物质都可以称为纤维，如人的头发、羊毛等。但不是所有的纤维都可以用来纺纱织布，它必须具备相应的性质，才能满足人类衣着方面的要求，这些符合要求的纤维才能用做纺织品的原料，把它们称为纺织纤维。

11.1.1　纺织纤维的特性及分类

1. 纺织纤维的特性

（1）吸湿性

纺织纤维的吸湿性是衣着用纺织纤维所必须具备的。衣服中的纤维吸收人体表面的水汽，同时把水汽传递到衣服表面，发散到大气中去，使人体排泄的汗液蒸发，解除湿闷的感觉。纤维吸附水分使导电能力大大提高，降低纤维产生静电作用的可能性。

（2）热塑性

合成纤维有明显的软化点和熔点。在加热过程中，合成纤维的机械性能如弹性模量、弹性恢复系数等逐渐改变，在低于软化点的某一个或几个温度下变化特别显著，这时的温度称为玻璃化温度。在玻璃化温度以上纤维的变形，如拉伸伸长或织物折叠加压形成褶裥，会保持到温度降至玻璃化温度以下。除去外力后，这种变化也不再消失，而会长期存在。纤维的这一性能称为热塑性。合成纤维都具有这一特性。各种纤维的热塑性的显著程度以及玻璃化温度、软化点和熔点等都不相同，随纤维内部结构的不同而异。

纤维的热塑性被用来对纤维定形，称为热定形，在纺织加工中广泛应用。例如，腈纶拉伸定形后切制成高收缩纤维，和普通未经过定形的腈纶短纤维混纺成纱。在自由状态下加热到腈纶的玻璃化温度以上，已定形的高收缩纤维回缩使纱线缩短，未定形的正常纤维被压缩成直径较大的螺旋体，纱线便会变得蓬松而成为膨体纱。锦纶或涤纶长丝经过卷曲定形，便成为蓬松、伸长能力很强的弹力丝，涤纶混纺织物经热定形可获得免烫和洗可穿效应。

天然纤维和人造纤维没有热塑性，因而缺乏热定形特性。羊毛纤维在湿热条件下定形效果比合成纤维差得多，即使在严格控制的工艺条件下，毛织物热湿处理所获得的定形效果也会在使用中逐渐消失，难以达到永久定形的效果。

（3）弹性和强度

穿着用的织物应该柔软而具有弹性，即在外力作用下能够产生变形，当外力除去后应有充分恢复变形的能力。弹性好的纤维和织物，刚直板硬；回弹能力不足的纤维和织物，不挺括，缺乏身骨。羊毛和蚕丝的弹性很好，制成地毯或起绒织物，绒毛不倒伏，绒面平整。合成纤维的弹性优越，经过定形处理后恢复变形的能力更强。在目前大量生产的纤维中，涤纶的弹性最好。合成纤维拉伸至断裂的伸长率较大，常能达到未拉伸前长度的 40%或更多。在很大的拉伸变形下，外力除去后相当一部分的变形仍能恢复。

纤维的拉伸强度是决定纤维使用时坚牢程度的主要因素。合成纤维的拉伸强度比天然纤维大得多，制成的纺织品的坚牢耐用程度也比天然纤维织物高得多。在各种工业应用方面，合成纤维纺织品已能代替天然纤维纺织品，而且应用范围还在扩大。高强度合成纤维已成为重要的纺织材料。

（4）可纺性

除蚕丝外，天然纤维都是长度有限的短纤维，必须经过纺纱加工制成细纱，然后才能制成纱、线、绳、布匹和带子等。

纤维有一定的长度才能纺制成连续的细纱。纤维越细，纺成的细纱就越细越均匀。纤维的长度和细度是决定纺纱工艺和细纱品质的重要因素，也是评定纤维可纺性的重要指标。纤维的强度与细纱的强度有直接关系，细纱中纤维强度的作用，还与纤维表面的摩擦性状有关。纺纱中，每根纤维靠相互牵引而运动，纤维间需要有一定的摩擦力。但纤维间的摩擦力必须受到限制，不能干扰纤维间的相对运动。因此，纤维表面的摩擦性能对于细纱的性能和纺纱加工都有重要影响，因而也是评定纤维可纺性的重要标志。

2. 纺织纤维的分类

纺织纤维分为天然纤维和化学纤维两大类，如图 11.1 所示。天然纤维是自然界生长形成的。化学纤维是经过化学加工形成的，其中以自然界的物质为原料加工而成的适宜于纺织应用的纤维，称为人造纤维；天然原料经过合成后加工而成的纤维，称为合成纤维。

- 纺织纤维
  - 天然纤维
    - 天然纤维素纤维（棉、麻）
    - 天然蛋白质纤维（羊毛、蚕丝）
  - 化学纤维
    - 人造纤维（粘胶纤维、富强纤维、铜氨纤维等）
    - 合成纤维（涤纶、腈纶、锦纶、氯纶、丙纶、维纶、氨纶）

图 11.1 纺织纤维的分类

天然纤维的种类很多，长期大量用于纺织的有棉、麻、毛、丝 4 种。棉和麻是植物纤维，毛和丝是动物纤维。

11.1.2 天然纤维

1. 棉纤维

棉花是重要的纺织工业原料，占到纺织原料的 50%左右。棉花主要有三种：细绒棉、长绒棉、粗绒棉。

细绒棉又称陆地棉，品质一般，是棉纺中的一般原料；长绒棉又称海岛棉，品质优良，是棉纺中的高档原料；粗绒棉又称亚洲棉或非洲棉，纤维短、粗，适宜做起绒织物或絮片，目前已趋于淘汰。

直接从棉铃上采摘下来的称为籽棉；去籽后的称为皮棉，皮棉即可进入棉纺厂，作为纺织工业的原料。

（1）棉纤维的结构、形态

棉纤维是棉籽的表皮细胞经过伸长、加厚形成的扁平带状、上面带有天然转曲的管状体。

其断面结构分为以下三层。

① 表皮层，也称初生层，是细胞纤维的外层，在棉纤维的伸长期中形成。表皮层的外表是一层蜡质和果酸，它们能起到润滑作用，使纤维有很好的纺纱性，但不利于染料的吸收，在织物印染时经过煮炼，将其去除。

② 填充层，也称纤维素层、次生层。其主要成分是纤维素，是决定棉纤维性质的主要一层。

③ 中腔，位于纤维的最中心。中腔内有一些原生质细胞核的残余，结构比较疏松。中腔过大的纤维填充层很薄，纤维呈全透明或半透明状态，无转曲，或转曲很少，纤维无光泽，强力低，着色力低，在印染中易产生白点，称之为未成熟纤维；反之，中腔过小甚至没有，纤维近似圆棒形，转曲也很少，手感粗硬，成纱强度低，这种纤维被称为过成熟纤维，也不利于纺织。正常成熟的棉纤维应当是填充层较厚，一般约占纤维的三分之一，中腔面积为纤维横截面积的 10%左右。

（2）棉纤维的主要成分

棉纤维的主要成分是纤维素，它是棉纤维在生长过程中由二氧化碳和水经过光合作用形成的。纤维素决定了棉纤维的化学性质。

（3）棉纤维的主要性质

棉纤维有很好的吸湿性，这是因为在纤维素大分子上有很多亲水集团，且中腔有很多孔隙。在标准大气条件下，回潮率可达 8%。棉纤维吸湿后，强力会增大。

棉纤维的耐热性良好，在 110℃以下，只会引起水分蒸发，不会损伤纤维，并可在短时间内忍受 125～150℃的高温。

棉纤维保暖性、耐晒性都比较好。

在化学性质方面，棉纤维对碱的抵抗力较强，在常温、低温下，将棉纤维浸入 18%～25%的氢氧化钠溶液中，可引起纤维膨胀，这时施加张力，棉纤维可产生绢丝样的光泽，且强度增加。纺织工业中常利用此种方法处理棉织物，以提高其质量，这就是所谓的“丝光工艺”。

棉纤维对酸的抵抗力很差，特别是盐酸、硝酸、硫酸等无机酸，对纤维素的破坏作用很强，因此棉布服装极怕强酸，一小滴强酸，也很容易将衣服腐蚀出洞来。

由于纤维素是微生物喜欢的食物，所以棉纤维储存中容易发霉。

2. 麻纤维

麻纤维是从麻类植物的茎部、叶子或鞘部剥取下来的韧皮纤维和叶纤维的总称。麻类植物有千百种，作为纺织原料的主要是从麻类植物的茎部剥取下来的韧皮纤维，主要有亚麻、苎麻、黄麻、罗布麻等。叶纤维往往比较粗硬，不能用来纺纱织布。

（1）麻纤维的结构、形态和成分

单根的麻纤维的外观形态与棉纤维很相似，只是两端封闭，没有天然转曲。一般情况下，麻纤维都是成束地分布在植物的韧皮层中。

麻纤维的结构也分为表皮层、次生层和中腔三层。和棉纤维比，麻纤维的次生层很厚，中腔很小。

麻纤维的主要成分也是纤维素，但其含量比棉纤维低，并含有一定量的木质素。木质素使纤维脆硬，强度下降，所以木质素含量越少的麻纤维纺织价值越高。亚麻的木质素含量为2.5%～5%，而苎麻的木质素含量仅为 0.8%～1%。

（2）麻纤维的主要性质

麻纤维有很好的强度，在天然纤维中居首位。但弹性较差，织物易起褶皱。麻纤维有很好的吸湿性，在一般大气条件下，回潮率可达 14%左右，且散热速度快，是理想的夏季衣料。由于木质素的存在，麻织物不如棉织物柔软。麻纤维的化学性质和棉一样，也是耐碱不耐酸。

3. 蚕丝

蚕丝平滑柔软，富有光泽。织物轻盈美丽，穿着舒适，其优良性能非其他纺织纤维可比，是高档的纺织原料之一。我国是世界上最早种桑、养蚕、缫丝、织绸的国家，迄今已有 600多年历史。

蚕丝分为家蚕和野蚕两种。家蚕在室内饲养，以桑叶为食，故又称桑蚕丝，俗称真丝；野蚕在林中放养，以柞蚕丝为主。

（1）蚕丝的形态、结构与成分

桑蚕丝是蚕体内的丝液经吐丝口吐出，以空气凝固而成的。它由两根单丝组成，外面包裹着一层丝胶。

柞蚕丝也是由蚕体内的丝腺分泌的丝液，经吐丝口吐在空气中凝固而成的，两根单丝由丝胶包在一起，只是丝内有毛细孔，含有一定量的色素，颜色不如桑蚕丝洁白。

蚕丝的主要成分是丝素，其化学成分是蛋白质。

（2）蚕丝的主要性质

蚕丝有较好的强度，高于羊毛。但耐晒性差，是天然纤维中耐晒性最差的纤维。蚕丝的耐热性很好，温度在 110℃以下对生丝线基本没损害。蚕丝有很好的吸湿性，回潮率可达 35%，并且手感不潮湿。但蚕丝怕盐，在盐的作用下纤维会泛黄、变脆，强度下降。蚕丝对酸有一定的稳定性，但对碱的抵抗力很差。蚕丝还容易发霉。

4. 羊毛

羊毛是一种天然动物毛纤维，具有角质组织，呈现光泽，坚韧并有弹性。羊毛是人类在纺织上最早利用的天然纤维之一。人类利用羊毛的历史可追溯到新石器时代，由中亚细亚向地中海和世界其他地区传播，遂成为亚洲和欧洲的主要纺织原料。

羊毛纤维柔软而富有弹性，可用于制作呢绒、绒线、毛毯、毡呢等生活用和工业用的纺织品。羊毛制品有手感丰满、保暖性好、穿着舒适等特点。绵羊毛在纺织原料中占有相当大的比重。

绵羊毛按细度和长度分为细羊毛、半细毛、长羊毛、杂交种毛、粗羊毛 5 类。中国绵羊毛品种有蒙羊毛、藏羊毛、哈萨克羊毛。评定羊毛品质的主要因素是细度、卷曲、色泽、强度以及草杂含量等。

（1）羊毛的结构与成分

羊毛纤维是由微小的已经角质化了的细胞组成的。根据这些细胞的形状、性质和大小，在组织学构造上，羊毛纤维可分为三层：鳞片层、皮质层和髓层。

① 鳞片层由一层扁平的角质化表皮细胞组成。因其呈鳞片状，重叠覆盖在毛干的表面，故称其为鳞片层。无髓毛的鳞片像一个个套在轴上的环那样围在毛纤维的轴上，称环状鳞片。鳞片的根部附着于毛干，起梢部伸出毛干表面并覆盖在上一鳞片的基部。侧面观察之，细毛羊两侧呈锯齿状。有髓毛且由两个以上的鳞片环绕毛纤维表面，称为非环状鳞片。

完好的羊毛鳞片层，不仅可以保护毛纤维本身免受外界环境的有害影响，而且对羊毛的光泽、毡合性、缩绒性和回潮率都有一定影响。

② 皮质层由纺锤形的角质细胞组成。它们顺着羊毛长度方向彼此紧密地毡结在一起，是无髓毛的基本组成部分。毛纤维的强度、伸度和弹性都由皮质层的大小所决定。

③ 髓层是有髓毛的主要特征。髓层处于毛纤维的中央，它由菱形、多角形角质细胞重叠呈蜂窝状，是疏松的多孔组织，对光线呈散射光，在显微镜下观察时呈黑色。羊毛纤维的髓层越发达，其毛纺工艺价值越低。生活在酷寒和粗放饲养管理条件下的粗毛羊，其粗毛的髓层非常发达，具有一定的御寒生物学意义。

在纺织学上，羊毛按结构分为以下几种。

① 无髓毛：由鳞片层和皮质层组成。这类毛较细，卷曲多，颜色洁白，品质优良，纺纱性好。无髓毛又称绒毛。

② 两型毛：髓质层呈断续状，纤维粗细差异较大，纺纱性能较无髓毛差。

③ 有髓毛：具有连续的髓质层。这类纤维一般较粗长，无卷曲，无光泽，纺织价值较低。

④ 死毛：皮质层很薄，主要由鳞片层和髓质层组成。这类纤维呈扁平带状，脆硬易断，基本没有纺织价值。

（2）羊毛的主要性质

羊毛具有卷曲性，这使羊毛具有很好的成纱性。羊毛有很好有吸湿性，回潮率最高可达 40%，且不感觉潮湿。

羊毛具有缩绒性，即羊毛纤维在湿、热和机械力的作用下，能相互穿插纠缠，从而使织物面积收缩，厚度、保暖性增加。这主要是因为羊毛最外面的鳞片是定向排列的，可以互相咬合。纺织工业上利用羊毛的这一性质制作冬季的厚重衣料。而且由于羊毛鳞片层的存在，羊毛织物还有很好的藏灰性。

羊毛具有可塑性。这是指羊毛在湿热条件下，施加外力，可以改变其形态，冷却后其形态可保持不变。可塑性使羊毛服装有很好的外观形态。

羊毛耐热性较差，干热通常要求不超过 70℃，到 100℃就会变黄。但其耐低温性较好。

羊毛强度较低，是天然纤维中最低的纤维，但羊毛有很好的弹性，故织物比较耐穿。

羊毛对碱的抵抗力较差，对酸有较好的稳定性。

羊毛有很好的耐晒性，保管中要注意防虫蛀。

5. 其他动物毛纤维

（1）马海毛

马海毛是安哥拉山羊的毛，又称安哥拉山羊毛，是光泽很强的长山羊毛的典型，属特种动物毛。“马海”一词来源于阿拉伯文，意为“似蚕丝的山羊毛织物”，后来成为安哥拉山羊毛的专称。安哥拉山羊原产于土耳其安哥拉省，19 世纪末和 20 世纪初输出到南非好望角和美国的得克萨斯州等地。南非、土耳其和美国遂成为马海毛的三大产地。

马海毛的形态与羊毛相似，但某些特征不同。其鳞片平阔，紧贴毛干，而且很少重叠，使纤维表面光滑，具有蚕丝般的光泽。马海毛的强度高，具有优越的回弹性和较高的耐磨性以及排尘防污性，不易收缩也难毡缩，容易洗涤。马海毛的皮层几乎都是由正皮质细胞组成的，因而纤维很少弯曲，且对一些化学药剂的作用比一般羊毛敏感，具有较好的亲染性。马海毛的吸湿性与一般羊毛近似。由于在皮质细胞之间有空气间隙，毛质轻而有蓬松特性。马海毛直径为 10～90 微米，根据直径大小分级。美国规定纤维直径（平均）小于 23 微米的为优级细毛，大于 43 微米的为低级粗毛。马海毛的品质随山羊年龄增长而下降，大约由半岁到两岁半，纤维平均直径可由 25 微米变化至 40 微米，以后变化缓慢。一岁小山羊的马海毛直径为 10～40 微米，年剪毛量为 2.25 千克/头，纤维表面的鳞片少，约为细绵羊毛的一半，重叠程度低，表面光滑，有髓毛不到 1%，卷曲少，平均 1 个/厘米。大山羊的马海毛直径为 25～90 微米，有髓毛明显增加。纤维截面圆形性高是马海毛的特征之一，截面长径与短径之比很少超过 1.2∶1。优级马海毛很少含粗短毛；低级的则含粗短毛较多，影响可纺性能和染色性能。

马海毛属于多用性纤维，可纯纺或混纺织制男女西服衣料、提花毛毯、装饰织物、长毛绒、运动衣、人造毛皮、花边、饰带以及假发等。制品具有很好的弹性和手感，亮度高，光泽悦目，属于高级纺织品。

（2）山羊绒

山羊绒是从绒山羊和能抓绒的山羊体上取得的绒毛，属特种动物毛，是一种贵重的纺织原料。亚洲克什米尔地区在历史上曾是山羊绒向欧洲输出的集散地。国际市场习惯称山羊绒为“克什米尔”，中国谐音为“开士米”。

绒山羊一般生长于高寒地区，全身披有粗长的外层毛被，内层生有细软的绒毛，每年春夏之交绒毛自然脱落。饲养者一般在脱毛季节用铁抓在羊身上梳取绒毛。绒毛经初步加工、除杂和分梳处理，除去所含粗毛、杂质、尘土等物，分离出洁净的细绒毛，称为无毛绒，一般净绒含粗毛率在 0.5%以下。山羊绒有白、青、紫等颜色，以白绒最为珍贵。山羊绒有不规则的稀而深的卷曲，由鳞片层和皮质层组成。绒毛没有毛髓，粗毛则大多有毛髓。山羊绒鳞片密度为60～70个/毫米，纤维直径比细羊毛还小。

山羊绒具有细、轻、柔软、滑糯、保暖性好等优良特性，主要用于纯纺或与细羊毛混纺，可制作羊绒衫、羊绒围巾、羊绒花呢、羊绒大衣呢等高档贵重纺织品。

（3）兔毛

纺织用的兔毛产自安哥拉兔和家兔。安哥拉兔毛细长，毛质优良，而家兔毛品质较次。还有一种野兔毛品质低下，仅供制笔和填充料等用。安哥拉兔发源于中东，后来法国、英国、德国、俄罗斯、日本等先后培育成各自的安哥拉兔品系。我国从20世纪20年代起开始培育长毛兔品种。20世纪50年代以来发展迅速，华东各省农村普遍饲养，兔毛产量增加很快。20世纪80年代初年产量已达4500吨，占世界产量的90%，其中90%出口。

兔毛由绒毛和粗毛组成，在优良的长毛种兔毛中，绒毛占80%～90%。绒毛细软，细度分布范围很广泛，为5～30微米，80%的纤维细度在10～15微米范围内，有浅波状卷曲，每厘米有2～3个。粗毛刚直无卷曲，细度在31～100微米之间。兔毛的长度，随兔种和剪毛间隔的时间而不同，安哥拉兔每月剪一次的毛长约为25毫米，每三个月剪一次的毛长为70～90毫米，一年剪一次的毛长约在120毫米以上。兔毛品级按长度、色泽和含粗死毛量等区分，其中长度对纺织工艺性质影响较大。

兔毛由角朊组成，与羊毛和其他毛纤维相同，有些性质也很近似。兔毛的毛髓形状为方形梯纹结构，多数有1～3列，内含空气。兔毛的密度小，质量轻，粗毛密度为0.96克/立方厘米，绒毛为1.11克/立方厘米，平均为1.095克/立方厘米，因而保暖性极好，制品轻暖。兔毛的卷曲少，表面光滑，纤维之间的抱合力比较差，而且强度比较低。纺纱时易产生飞毛和落毛，故单独纺纱有困难，常与羊毛和其他纤维混纺，可以在毛纺精、粗纺系统设备上纺纱。兔毛的缩绒性比羊毛差，故用兔毛织造毡制品时，必须进行预处理。兔毛的染色性和羊毛接近，但染色的深度比羊毛浅。兔毛经机织和针织加工成的衣着产品细软柔和、穿着舒适、风格别致、外形美观。

（4）骆驼毛

用于纺织的骆驼毛多取自双峰骆驼，单峰骆驼毛粗短，无纺织价值。近代双峰骆驼是早期双峰骆驼和单峰骆驼杂交育成的。目前全世界有骆驼约为1500万峰（头），每峰骆驼的年产毛量约为2.25千克。骆驼毛的最大生产国是中国、蒙古、阿富汗，主要消费国有美国、德国和英国。

骆驼毛一般不用剪毛或抓毛，多依靠自然脱毛收集得来，经过洗涤、梳理等工序，净毛率为50%左右。骆驼毛的强度与同直径羊毛强度相近，富有光泽，保暖性好，缩绒性差。骆驼毛的色泽有乳白、浅黄、黄褐、棕褐等色，品质优良的细骆驼毛多为浅色。骆驼毛毛被中含有细毛和粗毛两类纤维。粗长纤维构成外层保护毛被，毛长达40厘米，通称驼毛。细短纤维构成内层保暖毛被，纤维长为4～12.7厘米，直径为5～40微米，通称驼绒。骆驼毛主要由鳞片层和皮质层构成，有的纤维还有髓质层。鳞片约为70～90个/毫米，鳞片边缘光滑。皮质层由带有规则条纹和含有色素的细长细胞组成。驼绒的髓质层较细，大多为间断型。驼毛的髓质层呈细窄条连续分布。

驼绒主要用来制作高级外衣织物、毛毯、地毯等。驼绒纤维鳞片少，缩绒性小，尤其适于做针织物或填充料以代替絮棉，有轻暖舒适的特点。驼毛可作工业用织品，如榨油滤布和填充料等。

(5) 牦牛毛

牦牛毛是构成牦牛毛被的粗毛和绒毛，属特种动物毛。从牦牛毛中分离出的牦牛绒是一种可与山羊绒媲美的高档毛纺原料。牦牛是产于中国青藏高原及其毗邻地区高寒草原的特有牛种。中国已有3000年以上的牦牛驯养史，现有牦牛1200多万头，分布于青海、西藏、四川、甘肃等省，占世界总头数的85%以上，其余则分布于蒙古、俄罗斯和中亚地区。牦牛可肉用、乳用和役用。牦牛毛可作为毛纺原料，中国自20世纪50年代开始用于现代纺织加工。

牦牛毛被厚密，牛颈、肩、背多绒毛，而体侧多长毛并与尾毛一起形成裙毛。每头牦牛年产毛量最低为2千克，最高可达25千克，含绒量为三分之一左右。牦牛毛的有髓毛少，而且毛髓也小，强度和伸长度大。牦牛绒很细，直径小于20微米，长度为3.4～4.5厘米，有不规则弯曲，鳞片呈环状紧密抱合，光泽柔和，弹性强，手感滑糯。粗牦牛毛直径大于55微米（小牦牛毛较细），长度可超过20厘米，外形平直，表面光滑，有的有连续毛髓，刚韧而有光泽，毡缩性低。牦牛毛中还含有两型毛，但细度较均匀，毛髓含量小。牦牛毛多为黑色、黑褐色或杂有白色，不利染色，中国甘肃产白牦牛绒则属珍品。剪取的牦牛毛粗细混杂，不利于分梳；抓取的主要为绒毛，经分梳后可得纯净的牦牛绒。牦牛绒中含有细度与其相近的两型毛。牦牛绒可与细羊毛混纺织制拷花大衣呢、顺毛大衣呢、毛毯、针织绒衫等，均为高档产品。含有少量粗毛的牦牛绒则为中低档毛纺原料。粗毛可做衬垫织物以及毛毡、帐篷等。牦牛尾毛可做假发和装饰品等。

11.1.3 化学纤维

用来生产纺织品的原料中，以棉、麻、丝、毛（羊毛）的历史最悠久。但是天然资源毕竟有限，棉花的产量约有50千克/公顷，养蚕吐丝也要种桑树，增产羊毛则要发展畜牧业。因此，化学家开始研究利用价格更便宜、来源更丰富的原料来纺纱织布，它们便是化学纤维。

化学纤维是用天然高分子化合物或人工合成的高分子化合物为原料，经过制备纺丝原液、纺丝和后处理等工序制得的具有纺织性能的纤维。

化学纤维具有强度高、耐磨、密度小、弹性好、不发霉、不怕虫蛀、易洗快干等优点。但其缺点是染色性较差，静电大，耐光和耐候性差，吸水性差。

化学纤维又分为以下两大类。

① 人造纤维，以天然高分子化合物（如纤维素）为原料制成的化学纤维，如粘胶纤维、醋酯纤维。

② 合成纤维，以人工合成的高分子化合物为原料制成的化学纤维，如聚酯纤维、聚酰胺纤维、聚丙烯腈纤维。

化学纤维发展十分迅速，自18世纪纺制了第一根人工丝以来，化学纤维的品种、成纤方法、纺丝工艺技术等都有很大的进展。如今，化学纤维的总产量已与天然纤维总产量相接近。据2002年的统计资料，世界化学纤维总量已占到世界纤维量的60%。化学纤维不仅用在衣着上，也应用于农业、工业、交通、国防、航空、医疗等各个领域，起着极其重要的作用。

1. 人造纤维

人造纤维是化学纤维中最早生产的品种，早在19世纪末再生纤维素纤维就已经生产，随后再生蛋白质纤维也研制成功，其中以粘胶纤维发展最快。到1950年产量已达到160万吨，占化学纤维总量的17%以上。

因为在自然界，天然高分子化合物来源有限，成本较高，所以人造纤维的品种少于合成纤维。但这类纤维的主要成分是天然高分子化合物，所以其织物在穿着的舒适性、洗涤保管条件、化学性等性能上也与天然纤维织物最接近。

（1）粘胶纤维

粘胶纤维属再生纤维素纤维。它是以天然纤维素为原料，经碱化、老化、黄化等工序制成可溶性纤维素黄酸酯，再溶于稀碱液制成粘胶，经湿法纺丝而制成的。

采用不同的原料和纺丝工艺，可以分别得到普通粘胶纤维、高湿模量粘胶纤维和高强力粘胶纤维等。

粘胶纤维具有良好的吸湿性，在一般大气条件下，回潮率在13%左右。吸湿后显著膨胀，直径增加可达50%，所以织物下水后手感发硬，收缩率大。

粘胶纤维断裂强度比棉小，为1.6～2.7cN/dtex；断裂伸长率大于棉，为16%～22%；湿强下降多，约为干强的50%，而天然棉纤维吸湿后强度上升，据此可区分这两类纤维。

粘胶纤维的弹性回复性能差，因此织物在穿着中易起褶皱。

粘胶纤维染色性好，但耐磨性差。

粘胶纤维的化学组成与棉相似，所以较耐碱而不耐酸，但耐碱、耐酸性均较棉差。

普通粘胶纤维具有一般的物理机械性能和化学性能，又分棉型、毛型和长丝型，俗称人造棉、人造毛和人造丝。

高湿模量粘胶纤维也是粘胶纤维的一种，我国统一命名为富强纤维。它的生产原料及原理与普通粘胶纤维基本相同，但富强纤维在制备纤维素粘胶液时，要求聚合度达到750～800，而普通粘胶纤维的聚合度只有 300～350。所以，富强纤维在性能上大有改进，特别是湿态强度有明显的提高，缩水变形较小。

高湿模量粘胶纤维具有较高的聚合度、强力和湿模量。这种纤维在湿态下单位线密度每特可承受22.0cN的负荷，且在此负荷下的湿伸长率不超过15%。

高强力粘胶纤维具有较高的强力和耐疲劳性能。

（2）醋酯纤维

醋酯纤维诞生于20世纪初，于20世纪20年代初由英国试制成功并实现工业化生产，它是纤维素与醋酐发生反应，生成纤维素醋酸酯，经纺丝而成的纤维。

和粘胶纤维比，醋酯纤维的强度低，吸湿性差，染色性也较差，但在手感、光泽、弹性和保暖性方面均优于粘胶纤维，在一定程度上有蚕丝的效应，所以醋酯纤维已成为化纤家族中独具风格和特色的高附加值纤维，是纤维素纤维中仅次于粘胶纤维的第二大品种。

醋酯纤维除用做内衣、各种服装面料外，还用于纸烟过滤嘴。中空醋酯纤维具有透析功能，常用于制造人工肾和化学工业净化及分离器等。

（3）铜氨纤维

铜氨纤维是一种再生纤维素纤维。将棉短绒等天然纤维素原料溶解在氢氧化铜或碱性铜盐的浓氨溶液内，配成纺丝液，在凝固浴中铜氨纤维素分子化学物分解再生出纤维素，生成的水合纤维素经后加工即得到铜氨纤维。

铜氨纤维的吸湿性与粘胶纤维接近，其公定回潮率为 11%，在一般大气条件下回潮率可达到 12%～13%，在相同的染色条件下，铜氨纤维的染色亲和力较粘胶纤维大，上色较深。

铜氨纤维的干强与粘胶纤维接近，但湿强高于粘胶纤维，耐磨性也优于粘胶纤维。

由于纤维细软，光泽适宜，铜氨纤维常用于制作高档丝织或针织物。其吸湿性好，极具悬垂感，服用性能近于丝绸，符合环保服饰潮流。

（4）竹纤维

竹纤维是继棉、麻、毛、丝四大天然纤维之后的第五大天然元素，目前有两种方法获取竹纤维。一种是以竹子为原料，制取竹浆，再纺成纤维。另一种是用物理方法从竹子中直接提取竹纤维。

竹纤维韧性高，柔软性强，属天然绿色材料，并保留了竹子抗菌、除螨、清热、解毒的特性和天然清香。同时，它亲肤性强，具有良好的透气性、吸湿性，还有独特的回弹性、瞬间吸水性，因此被称为“会呼吸的生态纤维”。

由于竹子的生长不需要施用各类化肥，而竹子自身又能产生负离子和防虫抗菌作用，因此在其生长过程中无病虫害而免除了化学农药的污染。同时，竹纤维又是一种可降解的纤维，在泥土中能完全分解，对周围环境不造成损害，是一种真正意义上的天然环保型绿色纤维。所以，以竹纤维为原料的竹纤维面料也被业内人士誉为“21 世纪最具有发展前景的健康时尚面料”。

2. 合成纤维

合成纤维是以煤、石油、天然气、水、空气、食盐、石灰石等为原料，经化学处理制成的人工纤维。它具有强度高、耐磨、密度小、弹性大、防蛀、防霉等优点。除做衣服以外，在工业或其他方面也很有用处。它的缺点是吸湿性和耐热性较差，染色比较困难。

合成纤维以低分子物为原料，先人工合成高分子化合物，再制造成纤维。自然界的低分子物来源广泛，所以合成纤维自问世以来，发展迅速，目前世界上已工业化的合成纤维品种有百余种。其中产量比较高的主要有以下几种。

（1）聚酯纤维（涤纶）

聚酯纤维是由有机二元酸和二元醇缩聚成聚酯，经熔体纺丝制得的合成纤维。已大量工业化生产的聚酯纤维是聚对苯二甲酸乙二醇酯制成的，我国商品名称为涤纶，其产量居合成纤维首位。

涤纶纤维密度为 1.38 克/立方厘米，软化温度为 238～240℃，熔点为 255～260℃，安全熨烫温度为 135℃。涤纶的强度较高，弹性回复率好，故其织物不易起皱，具有免熨烫性。但涤纶吸湿性差，标准大气条件下，回潮率为 0.4%左右，做内衣时，有闷湿感。这也使涤纶服装易洗快干。涤纶纤维容易产生静电，织物易起球，易吸附灰尘。涤纶纤维耐酸性很好，但耐碱性较差。其染色性也较差。

涤纶纤维具有许多优良的服用性能，故用途广泛，可以制成短纤维或长丝纯纺，也可与棉、毛、丝、麻等天然纤维混纺，或与其他化学纤维混纺。其织物品种繁多，广泛应用于服装、室内装饰织物、地毯及各种工业用布。

针对涤纶吸湿性差的缺点，目前正在进一步研究，对涤纶纤维进行化学改性和物理变形，以改善其吸湿性、起静电、染色性等性能。

（2）聚酰胺纤维（锦纶）

聚酰胺纤维是分子主链由酰胺键连接的一类合成纤维，我国商品名称为锦纶。聚酰胺纤维是世界上最早实现工业化生产的合成纤维，也是化学纤维的主要品种之一。聚酰胺纤维种类很多，常用的是脂肪族聚酰胺纤维。纺织业常用的是锦纶 6 和锦纶 66。

锦纶密度较小，为 1.14 克/立方厘米。在纺织纤维中，锦纶是较轻的，故其长丝适宜于做轻薄的丝织物原料。锦纶纤维有很好的强度，在合成纤维中最高，但锦纶受力很容易变形，做服装容易起皱。锦纶的耐磨性好，在纺织纤维中居首位。锦纶弹性好，适宜做针织物原料。锦纶耐热性和耐晒性差，吸湿性较差，耐碱不耐酸。

锦纶纤维的用途很广泛，长丝可以做袜子、内衣、运动衫等；短纤维与棉、毛、粘胶混纺后，能提高织物的强度和耐磨性。锦纶纤维还可以用做拉链、地毯、装饰布等。工业上主要用来制造帘子布传送带、渔网等。

（3）聚丙烯纤维（丙纶）

聚丙烯纤维是用丙烯做原料制得的合成纤维，我国称为丙纶。丙纶纤维原料丰富，生产工艺简单，价格低廉，加之性能优良，所以发展很快。

丙纶纤维密度很小，仅 0.91 克/立方厘米左右，比水还轻。强度高，弹性好，耐磨性也较好。但耐热性差，尤其是耐干热性差。丙纶纤维的吸湿性差，标准大气条件下，回潮率几乎为零，所以丙纶的染色性也很差。丙纶耐光性差，容易老化。其化学性能较好，耐酸碱，耐腐蚀。

由此可见，丙纶的性质在一定程度上限制了它在服装业上的应用。其产品有长丝、短纤维和各种特殊纤维（中空纤维、异形纤维、超细纤维等），主要用做地毯、装饰布、家具布、绳索、渔网、包装材料、工业用布等。衣着方面可与多种纤维混纺，制成衬衣、外衣、运动衣等。由丙纶中空纤维制成的絮被，质量轻，保暖性、弹性好，很受欢迎。

（4）聚丙烯腈纤维（腈纶）

聚丙烯腈纤维是指用 85%以上的丙烯腈和 15%以下的第二、第三单体共聚的高分子聚合物所纺制的合成纤维，我国商品名称为腈纶。

腈纶密度较小，在 1.14～1.17 克/立方厘米之间，以 1.17 克/立方厘米为多，在纺织纤维中属于较轻的纤维。腈纶吸湿性差，在标准大气条件下，回潮率为 1.2%～2.0%。腈纶纤维弹性好，且耐晒性好，染色性好，保暖性好，耐磨性差，耐酸不耐碱。

腈纶纤维性能优良，外观手感很像羊毛，有“合成羊毛”之称，故广泛用于代替羊毛的各种织物和毛线，可纺织，也适宜针织，还可用于室内装饰织物等。

（5）聚乙烯醇缩醛化纤维

聚乙烯醇缩醛化纤维是合成纤维的重要品种之一，其常规产品是聚乙烯醇缩甲醛纤维，我国商品名称为维纶。

维纶纤维的性质与棉花很接近，有“合成棉花”之称。密度为 1.26～1.30 克/立方厘米，比棉花小，强度与耐磨性优于棉花，弹性与棉花相似。吸湿性较好，在标准大气条件下，回潮率为 14.5%，在常用的合成纤维中吸湿性占首位。保暖性好，耐晒性好，耐酸碱，耐腐蚀，也不易霉蛀。其缺点是耐热水性差，弹性差，织物易起皱，染色性也差。

（6）聚氯乙烯纤维（氯纶）

聚氯乙烯纤维是由氯乙烯做原料制成的合成纤维，我国商品名称为氯纶。

氯纶纤维有难燃、耐酸碱、耐腐蚀、耐晒、耐磨等优点，且弹性、保暖性好。氯纶密度为 1.4 克/立方厘米，是较重的纤维。氯纶对热比较敏感，60℃时即开始收缩，所以不经熨烫。氯纶吸湿性差，染色性差。

根据氯纶的性质，它在服装方面的应用受到限制，常用做防燃的沙发布、室内装饰用巾、耐腐蚀的工作服及过滤布、保暖絮棉等。

（7）聚氨酯弹性纤维（氨纶）

聚氨酯弹性纤维是以聚氨基甲酸酯为主要成分的一种嵌段共聚物制成的合成纤维。我国商品名称为氨纶。氨纶弹性好，伸缩回复率大，断裂伸长率可达 550%～700%，当伸长达 600%时，其回弹率仍可达 98%。氨纶的耐热性也很好，在 100℃热水中长时间浸泡，强度也无明显变化。氨纶强度较低，吸湿性也较差，在标准大气条件下，回潮率仅为 0.4%～1.3%。氨纶纤维耐酸、耐碱、耐盐，染色性好。

氨纶弹性纤维可制作各种内衣、游泳衣、松紧带、腰带等，也可制作绷带，飞行服和航天服的紧身部分通常也用这种纤维，并与其他纤维交织或混纺，以提高织物的弹性。

11.1.4　纺织纤维的鉴别

1. 感官鉴别法

棉：纤维具有天然转曲，纤维较细而短，一般长为 38 毫米左右，弹性较差，手感柔软，光泽暗淡。

麻：纤维较粗，多呈片状，强力大，缺乏弹性和光泽，其织品手感粗硬，有凉的感觉。

羊毛：纤维较有弹性，通常是卷曲状，较棉粗而长，手感温暖，其织品揉搓时不易产生褶皱，手感滑爽挺括。

蚕丝：蚕丝是天然纤维中最长、最细、强力较大、柔软而富有光泽的纤维，手摸丝织品有冷凉的感觉，在干燥和湿润状态下拉断蚕丝，使用的力无明显区别。

合成纤维：合成纤维强力大，弹性好，手感光滑，但不够柔软。

2. 相似纤维的鉴别

（1）棉纤维与麻纤维

棉纤维与麻纤维都是刚近火焰即燃，燃烧迅速，火焰呈黄色，冒蓝烟。二者在燃烧时散发的气味及烧后灰烬的区别是：棉燃烧发出纸气味，麻燃烧发出草木灰气味；燃烧后，棉有极少量粉末灰烬，呈黑或灰色，麻则产生少量灰白色粉末灰烬。

（2）毛纤维与真丝

毛遇火冒烟，燃烧时起泡，燃烧速度较慢，散发出烧头发的焦臭味，烧后灰烬多为有光泽的黑色球状颗粒，手指一压即碎。真丝遇火缩成团状，燃烧速度较慢，伴有咝咝声，散发出毛发烧焦味，烧后结成黑褐色小球状灰烬，手捻即碎。

（3）锦纶与涤纶

锦纶学名为聚酰胺纤维，近火焰即迅速卷缩熔成白色胶状，在火焰中熔燃滴落并起泡，燃烧时没有火焰，离开火焰难继续燃烧，散发出芹菜味，冷却后浅褐色熔融物不易捻碎。涤纶学名为聚酯纤维，易点燃，近火焰即熔缩，燃烧时边熔化边冒黑烟，呈黄色火焰，散发芳香气味，烧后灰烬为黑褐色硬块，用手指可捻碎。

（4）腈纶与丙纶

腈纶学名为聚丙烯腈纤维，近火软化熔缩，着火后冒黑烟，火焰呈白色，离火焰后迅速燃烧，散发出火烧肉的辛酸气味，烧后灰烬为不规则黑色硬块，手捻易碎。丙纶学名为聚丙烯纤维，近火焰即熔缩，易燃，离火燃烧缓慢并冒黑烟，火焰上端黄色，下端蓝色，散发出石油味，烧后灰烬为硬圆浅黄褐色颗粒，手捻易碎。

（5）维纶与氯纶

维纶学名为聚乙烯醇缩甲醛纤维，不易点燃，近焰熔融收缩，燃烧时顶端有一点火焰，待纤维都熔成胶状火焰变大，有浓黑烟，散发苦香气味，燃烧后剩下黑色小珠状颗粒，可用手指捻碎。氯纶学名为聚氯乙烯纤维，难燃烧，离火即熄，火焰呈黄色，下端为绿色白烟，散发刺鼻辛辣酸味，燃烧后灰烬为黑褐色不规则硬块，手指不易捻碎。

11.2 纱线

纱线是由各种纺织纤维制成的具有一定细度、长度无限的产品，用于纺织、针织、刺绣、制线、制绳等。通常把由短纤维直接纺制而成的单根产品称为纱，由两根或两根以上单纱并全加捻得到的产品称为线。

11.2.1 纱线细度的表示方法

纱线的粗细一般用线密度来表示，即单位长度的质量。用纤维或纱线质量除以它的长度就可以得到线密度。纤维的粗细也可用线密度来表示。线密度是纤维和纱线很重要的物理特性和几何特征之一，它不仅影响纺织加工和产品质量，而且与织物的服用性能密切相关。纤维和纱线的线密度有多种表示形式，一般采用与纱线截面积成比例的间接指标来表示。常用的指标有特克斯（号数）、公制支数、英制支数、旦数等。总的来说，纤维和纱线的线密度指标主要分定长制和定重制两类。

1. 定长制

定长制是指一定长度的纤维或纱线所具有的重量，它的数值越大，表示纤维或纱线越粗。目前常用的有特（tex）、分特（dtex）、毫特（mtex）、旦（D）等。我国法定计量单位为特数制。

特克斯简称“特”，它是指1000米长的纤维或纱线在公定回潮率下的质量（克数）。特克斯对于棉型纱线俗称为号数。

在股线的线密度表示中，特数制以组成股线的单纱特数乘以合股数来表示，如 14×2。当股线中单纱的特数不同时，则以单纱的特数相加来表示，如 16+18。

旦数，也称纤度，是指在公定回潮率下，9000米纱线或纤维所具有的质量（克数）。它同样是定长制单位，克数越大，纱线或纤维越粗，常用来表示化纤长丝、真丝等。

2. 定重制

定重制是指一定重量的纤维或纱线所具有的长度，它的数值越大，说明纤维或纱线越细。具体指标有公制支数和英制支数。

公制支数是指在公定回潮率下，1 克重的纱线（或纤维）所具有的长度（米数）。

公制支数可表示成 20 公支、40 公支的形式，表示一克重的纱线有 20 米长或 40 米长。股线的公制支数，以组成股线的单纱的公制支数除以股数来表示，如 26/2、60/2 等。如果组成股线的单纱的支数不同，则股线公制支数用斜线分隔并列的单纱支数加以表示，如 21/42。

目前我国毛纺及毛型化纤纯纺、混纺纱线的粗细仍有部分地区沿用公制支数表示。

英制支数是指在公定回潮率下，1 磅重的纤维或纱线，具有一定码数为 1 英支。关于“一定码数”，因纤维或纱线的不同而不同。例如，对于棉纱，规定每磅 840 码为 1 英支；对于麻纱，规定每磅 300 码为 1 英支；对于精梳毛纱，规定每磅 560 码为 1 英支。

英制支数不是我国法定的纱线细度指标，但在企业中仍然被广泛使用，尤其是棉型纺织行业。

11.2.2　纱线的分类

1. 按纱线原料分

① 纯纺纱：由一种纤维材料纺成的纱。具体有天然纤维中的纯棉、纯麻、纯毛、纯丝纱线，以及各种纯化学纤维纱线。

② 混纺纱：由两种或两种以上的纤维混合所纺成的纱线，如涤纶与棉的混纺纱、羊毛与腈纶的混纺纱等。

2. 按纱线中的纤维状态分

① 短纤维纱线：用一定长度的短纤维经纺纱工艺加工而成的纱线。

② 长丝纱线：直接用长丝加工而成的纱线。具体又有单丝，即一根长丝形成的纱线；复合丝，即多根单丝合并而成的纱线；复合捻丝，即多根单丝并合加捻而成的纱线。

③ 缫出丝：从蚕茧上缫出的长丝。

④ 裂膜丝：聚丙烯薄膜片经过切、划、打孔、拉伸等技术加工制成的片线，常用做地毯和起绒织物底布等。

3. 按纱线粗细分

① 粗特纱：指 32 特及以上（18 英支及以下）的纱线。此类纱线适于粗厚织物，如粗花呢、粗平布等。

② 中特纱：指 21～32 特（19～28 英支）的纱线。此类纱线适于中厚织物，如中平布、华达呢、卡其等。

③ 细特纱：指 11～20 特（29～54 英支）的纱线。此类纱线适于细薄织物，如细布、府绸等。

④ 特细特纱：指 10 特及以下（58 英支及以上）的纱线。此类纱线适于高档精细面料，如高支衬衫、精纺贴身羊毛衫等。

4. 按纺纱工艺分

（1）精纺纱

精纺纱也称精梳纱，是指通过精梳工序纺成的纱，包括精梳棉纱和精梳毛纱。

精纺纱中纤维平行伸直度高，条干均匀、光洁，但成本较高，纱支较高。精纺纱主要用做高级织物及针织品的原料，如细纺、华达呢、花呢、羊毛衫等。

（2）粗纺纱

粗纺纱也称粗梳毛纱或普梳棉纱，是指按一般的纺纱系统进行梳理，不经过精梳工序纺成的纱。

粗纺纱中短纤维含量较多，纤维平行伸直度低，结构松散，毛绒多，纱支较低，品质较差。此类纱多用做一般织物和针织品的原料，如粗纺毛织物、中特以上棉织物等。

（3）废纺纱

废纺纱是指用纺织下脚料（废棉）或混入低级原料纺成的纱。

废纺纱品质差，松软，条干不匀，含杂多，色泽差，一般只用来织粗棉毯、厚绒布和包装布等低级的织品。

11.2.3 纱线的基本工艺过程

把短纤维加工成纱线的生产过程称为纺纱工程。根据纺纱原料的不同，纺纱工程又可具体分为棉纺工程、毛纺工程、麻纺工程、绢纺工程等，各工程的具体工艺有所不同。即使原料相同，由于其质量不同及对纱线的要求不同，纺纱的工艺流程也不同。

尽管在各种纺纱工程不同的纺纱系统中，其机械设备和工艺流程存在很大差异，但其成纱原理却基本相同，都可概括为开松及除杂、分梳、牵伸、加捻、卷绕5个环节。

1. 开松及除杂

将紧压成包的纤维集合体通过撕、扯、弹、打等机械作用，松解成松散的小纤维束，并清除土块、沙粒等杂质。

有时在开松、除杂时，还兼有混合的作用，即根据纱线的质量要求，把不同等级的原料混合在一起，以保证纱线质量的稳定性。

2. 分梳

利用表面具有钢针或锯齿的分梳机，将松散的小纤维束分梳成单纤维状，并进一步清除与纤维附着较紧密的细小杂质。

梳理次数越多，纱线越平顺、整洁。

3. 牵伸

经过梳理，纤维已基本呈单纤维状，但其纱条较粗，还未达到成纱要求，同时纱条中的纤维还存在很多弯钩和卷曲，在纺纱时会影响纱线的粗细均匀度，所以需要通过各种机械作用将纤维进一步顺直，这一工艺称为牵伸。在纺纱工艺中，为了提高纱线的粗细均匀程度，在牵伸的同时，往往进行并条。

4. 加捻

加捻是纺纱工艺中的重要工序。在纺纱工艺中，利用加捻机构，使纤维相对纱条的纵轴旋转排列。加捻增加纤维间的抱合力，形成纱线的强度。

5. 卷绕

将各工序的产品按一定大小，及时卷绕成规定的形状，以防止纱线紊乱，便于存储和运输。

11.2.4 纱线品质对织物的影响

1. 纱线的捻度与捻向

加捻是纺纱工艺中的一道重要工序，加捻的多少则是衡量纱线性能的重要指标，一般用捻度表示。捻度是指纱线单位长度上的捻回数（即螺旋圈数）。单位长度随纱线的种类变化而取值不同，其计量单位可表示为“捻/10 厘米”或“捻/米”，前者用于棉及棉型化纤纱线，后者用于精纺毛纱及化纤长丝纱。捻度影响纱线的强力、刚柔性、弹性、缩率等指标。随着纱线捻度的增加，其强力是增大的，但捻度不能超过一定的值，否则其强力反而下降，这一定值称为纱线的临界捻度。不同原料的纱线，其临界捻度是不一样的。一般，在满足强力要求的前提下，纱线捻度越小越好，因为捻度的增加会使纱线的手感变硬、弹性下降、缩率增大，这便是长丝纱一般尽量不加捻或少加捻的原因。此外，捻度对纱线的体积重量和直径也有影响，加捻作用使纱的紧密度增加。在一定范围内，纱的体积重量随捻度的增加而增大，纱的直径随捻度的增加而减小，从而使织物的覆盖性和舒适性等发生变化。

加捻的捻回是有方向的，称为捻向，也就是加捻纱中纤维的倾斜方向或加捻股线中单纱的倾斜方向。捻向分 Z 捻和 S 捻两种。若单纱中的纤维或股线中的单纱在加捻后，其倾斜方向自下而上，从右至左，则称为 S 捻，也称右手捻或右捻；若倾斜方向自下而上，从左至右，则称为 Z 捻，也称左手捻或左捻。

纱线的捻向对织物的外观和手感有很大影响。合理利用捻向可得到各种理想外观效果的织物面料。例如，平纹织物，经纬纱捻向不同，则织物表面反光一致，光泽较好，织物松厚柔软。斜纹织物如华达呢，当经纱采用 S 捻，纬纱采用 Z 捻时，由于经纬纱的捻向与织物斜纹方向垂直，则反光方向与斜纹纹路一致，因而纹路清晰。而当若干根 S 捻、Z 捻纱线相间排列时，织物可产生隐条隐格效应，如某些花呢衣料。捻度大小不等的纱线捻合在一起构成织物时，会产生波纹效应。

2. 纱线的细度和匀度

纱线细度不仅影响服装材料的厚薄、质量，而且对其外观风格和服用性能也有一定的影响。纱线越细，其织造的服装材料越轻薄，织物手感越滑爽，加工的服装越轻便。纺高支纱、织轻薄面料是近年来服装材料的一个发展趋势，如高支精梳棉衬衫、高档轻薄羊毛衫等已逐渐成为服装精品。

匀度是指纱线的粗细均匀程度。匀度不好，不仅织造时容易断头，而且会影响织物的外观，降低织物的耐穿性。

3．纱线的强度与伸度

纱线在外力作用下被拉伸时，能够产生一定的承受力，称为纱线的强度。在其他条件相同的情况下，纱线的强度越大，织物越坚固耐用。

伸度是指纱线被拉断时的伸长率。纱线具有一定的伸度，可以使纱线具有弹性和柔软性。伸度过大，纱线松弛，强度低；伸度过小，虽然可使纱线强度增加，但会使纱线变硬。

4．纱线的结构

纱线的结构与织物的保暖性有一定的关系。这是因为纱线的结构决定了纤维之间能否形成静止空气层，静止空气层可以减少热量的散失。结构紧密的纱线能防止空气在纱中通过，提高织物的保暖性。结构松散的纱线能使空气顺利通过，产生凉爽感。

5．纱线的外观疵点

纱线的外观疵点是指表现在纱线外观上的缺陷。外观疵点的存在不仅会增加织造上的困难，而且会影响织物的外观、着色的均匀程度及坚固耐穿性。

常见的纱线外观疵点主要有粗细节、油污纱、糙节、毛羽等。

习题

一、简答题

1．列出纺织纤维的分类表。
2．简述羊毛的缩绒性。
3．列举化学纤维“七大纶”。
4．试比较棉和涤纶的性能。
5．试述棉纤维的截面和纵向形态，并说明天然转曲的工艺意义。

二、能力分析题

根据所学知识，说出三种你喜欢的纤维名称，并简述理由。

第 12 章　织物的分类与形成

12.1　织物的分类

1. 按形成织物的加工方法分

① 机织物指用经纱和纬纱以有梭或无梭织机加工而成的织物。其布面有经、纬向之分。

② 针织物指采用一根或一组纱线为原料，以纬编机或经编机加工形成线圈串套所得的织物。

③ 非织造织物指不经传统的纺纱、织造工艺过程，由纤维层直接构成的纺织品（包括由线纱层构成的缝编非织造织物）。

2. 按织物的纱线结构分

① 纱织物指用单纱织造的织物。

② 全线织物指全部用股线织成的织物。

③ 半线织物指经纱用股线、纬纱用单纱织造的织物。

3. 按织物的纺纱系统分

① 精梳织物指由精梳纱织成的织物，多为高档织物。

② 粗梳织物指由粗梳纱织成的织物，主要是普通中档织物和工业用布。

4. 按纱线所用原料分

① 纯纺织物指由纯纺纱织成的织物，如棉织物、毛织物、麻织物、丝织物、纯化纤织物等。

② 混纺织物指由混纺纱织成的织物。混纺织物的命名原则是：混纺比大的在前，混纺比小的在后；混纺比相同时，天然纤维在前，合成纤维在其后，人造纤维在最后。

③ 交织织物指经、纬纱分别用不同纤维的纱线或长丝交织而成的织物。

5. 按原料和生产工艺分

① 棉型织物，商业上简称“棉布”，它是用棉纱或棉与化纤混纺纱线织成的织物。

② 毛型织物，商业上简称“呢绒”，它是以动物毛和毛型化纤为原料织成的织物。

③ 丝型织物，商业上简称“丝绸”。以桑蚕丝为原料织成的织物称为真丝绸，以柞蚕丝

为原料织成的织物称为柞丝绸。真丝绸和柞丝绸都是长丝织物，又可分成生丝和熟丝两种。生丝是指未经精炼的茧丝，熟丝是指精炼的茧丝，熟丝比生丝品质高。以下脚丝切断后纺成纱再织成的织物称为绢纺织物。此外，还有与各种化纤长丝交织的交织绸。

④ 麻型织物主要有苎麻织物和亚麻织物。黄麻等其他品种麻一般不作为衣料使用，只用做包装材料或工业用布。

⑤ 纯化纤织物主要有中长纤维仿棉、仿麻、仿毛、仿丝织物、化纤长丝织物、人造鹿皮和人造毛皮等。

6. 按印染加工方法分

① 本色布也称坯布，指未经染整加工而保持原来色泽的织物。本色布可直接市销，但大多数用做印染厂的坯布。

② 漂白布指经过漂白处理的织物。

③ 染色布指本色织物经过染色工序染成的单一颜色的织物。

④ 印花布指经过印花工序使表面有花纹图案的织物。

⑤ 色织布指经、纬纱用不同颜色的纱线织成的织物。

⑥ 色纺布是先将部分纤维或毛条染色，再将染过色的纤维或毛条与本色纤维按一定比例混合成纱织成的织物。

12.2 机织物

选用相互垂直的两个系统的纱线，在织布机上按一定规律交织成片材，这种方法称为机织，得到的织物称为机织物。其中，与布边平行的一组纱线称为经纱，与布边垂直的一组纱线称为纬纱。

12.2.1 机织物生产过程

1. 机织物的织前准备

机织物是由经、纬纱在织机上交织而形成的。在织造过程中，经纱与经纱之间，经、纬纱之间，经纱与织机上各种物件之间，反复发生着纵向、横向的摩擦和弯曲。为了使纱线有足够的强度、耐磨性和弹性，确保纱线在织造过程中不致因各种破坏力的作用而发生断线；为了使纱丝减少疵病，提高光洁度，以确保织造生产效率，获得优良的产品；为了增加纱线的卷装长度，利于连续生产，必须对经、纬纱进行织前准备，以提高经、纬纱的工艺性能。

2. 机织物的织造

经过织前准备的经纱、纬纱，要在织机上进行交织，最后形成织物。织机的品种、规格非常多。按织机的开口机构来分，可分为踏盘（凸轮）式织机、多臂式织机和提花织机三种。踏盘式织机一般用于织制平纹、斜纹等简单组织的织物，多臂式织机用于织制花纹稍复杂的小花纹织物，而提花织机则可以织制复杂的大花纹织物。

按织机上的梭箱数目，可分为单梭箱（织机两则各有一只梭箱）织机和多梭箱（织机一侧或两侧各有一只以上梭箱）织机。前者只能织制单色织物，后者可以织制花色织物。

根据引纬方法的不同，织机可分为有梭织机和无梭织机两类。前者靠梭子来穿引纬纱，后者则不用梭子。其中，靠剑状杆来引纬的称为剑杆织机，靠喷射气流来引纬的称为喷气织机，靠喷射水流来引纬的称为喷水织机，靠片状梭夹来引纬的称为片梭织机。还有采用其他方法引纬的新型织机。无梭织机正在以比较快的速度在中国和世界各地推广。

无论是何种织机，完成经、纬纱线的交织，一般都需要开口、引纬、打纬、送经、卷取五大运动的有机配合以及其他辅助运动的配合。

12.2.2　织物组织

1. 织物组织的概念

纺织品是在织机上由相互垂直的两个系统的纱线按一定的规律交织而成的，也就是经、纬线按一定规律相互沉浮，使织物表面形成一定的纹路和花纹，这种沉浮规律称为织物组织。

机织物中经纱与纬纱相互交织的规律是织物设计的一项重要内容，直接影响织物的外观风格和内在质量。织物组织分为原组织、变化组织、联合组织、复杂组织和提花组织等。

织物组织通常用画在方格纸上的图来表示，画成的图称为织物组织图（简称组织图）。组织图的纵列表示经纱，从左向右依次排列；横行表示纬纱，由下向上依次排列。方格纸上每一小格表示经、纬纱的交织点。

织物组织中凡经纱浮在纬纱之上的点称为经组织点或经浮点，凡纬纱浮在经纱之上的点称为纬组织点或纬浮点。一根经（纬）纱浮在一根或多根纬（经）纱上的长度称为浮长。

在组织图中，一般在对应织物中经浮点的格子内填上■或×等符号，对应纬浮点的留为空白格子。经浮点多于纬浮点的组织称为经面组织，纬浮点多于经浮点的组织称为纬面组织，经、纬浮点相等的组织称为同面组织。

经、纬纱交织规律的循环称为组织循环（完全组织）。构成组织循环的经纱根数称为组织循环经纱数（完全经纱数）。构成组织循环的纬纱根数称为组织循环纬纱数（完全纬纱数）。组织循环经纱数和纬纱数可以相等，也可不等。表述组织时一般画一个组织循环即可。

在织物组织中，两相邻经（纬）组织点的距离称为组织点的飞数，通常用纱线根数表示。沿经纱方向计算的相邻两根经纱上相应纬组织点的距离称为经向飞数。沿纬向计算的相邻两根纬纱上相应经组织点的距离称为纬向飞数。

2. 织物组织的分类

（1）原组织

原组织是织物组织中最简单、最基本的一类组织，其他的组织都是在原组织的基础上变化、联合、发展而成的。原组织的特征有：飞数是常数；每根经（纬）纱上只有一个经（纬）浮点，其他均为纬（经）浮点，即原组织的组织循环经纱数等于组织循环纬纱数。按组织循环纱线数与飞数的不同，原组织分为平纹组织、斜纹组织和缎纹组织三类，简称三原组织。

（2）变化组织

变化组织是在原组织的基础上变化而成的，通常有改变组织点浮长、飞数、织纹方向等几种，也可兼取几种变化方式。按原组织的不同，变化组织相应地分为平纹变化、斜纹变化和缎纹变化三类组织。各种变化组织虽然形态各不相同，但仍具有对应原组织的某些基本特征。

（3）联合组织

联合组织是指两种或两种以上的原组织或变化组织按照一定的方式联合而成的组织，有绉组织、凸条组织、模纱组织（或称透孔组织）、蜂巢组织和网目组织等。这类组织的织物都具有特定的外观效应。

（4）复杂组织

复杂组织是指经、纬纱中至少有一种为两个或两个以上系统的纱线组成的组织，包括二重组织和多重组织、双层和多层组织（包括管状组织、双幅织和多幅织组织、表里换层和接结双层组织等）、起绒组织（包括经起绒组织和纬起绒组织）、毛巾组织和纱罗组织等几种。复杂组织的织物结构、织造和后加工都比较复杂。

（5）提花组织

提花组织又称大花纹组织，组织循环很大，花纹也较复杂，只能在提花机上织造。根据所用的花、地组织不同，提花组织可分简单和复杂两类。花、地组织使用简单组织者，称为简单提花组织；花、地组织使用复杂组织者，称为复杂提花组织。

3. 三原组织的特点

（1）平纹组织

平纹组织是指经纱和纬纱以一上一下的规律交织的织物组织，是三原组织中最简单的一种，如图12.1所示。平纹组织由两根经纱和两根纬纱构成一个组织循环。平纹组织的织物正、反面外观相同，经、纬纱之间交织点最多。平纹组织应用极为广泛，如棉织物中的平布和府绸、毛织物中的凡立丁、丝织物中的塔夫绸、麻织物中的夏布，以及工业和国防用的织物等。

（2）斜纹组织

斜纹组织的组织点是连续的、成斜向纹路的，如图12.2所示。一个完全组织中有三根经、纬线，可以用分数的形式表示，如1/2↗右斜纹，可读成一上二下右斜纹或三枚右斜纹。其中，分子代表一根经线或纬线在一个完全组织内经组织点的数目，分母则表示一根经线或纬线在一个完全组织内纬组织点的数目。分子与分母之和表示一个完全组织的经纬线个数，简称枚数。↗表示纹路右斜向，↖则表示纹路左斜向。斜纹组织的经纬交织比平纹少，故不及平纹织物坚牢，但斜纹织物的手感柔软且光滑。

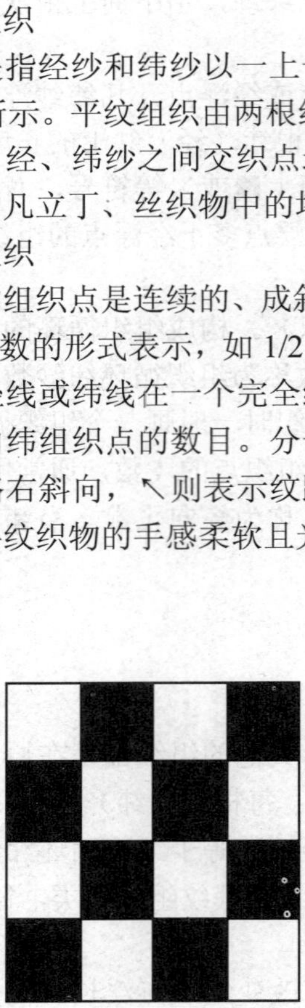

图12.1　平纹组织

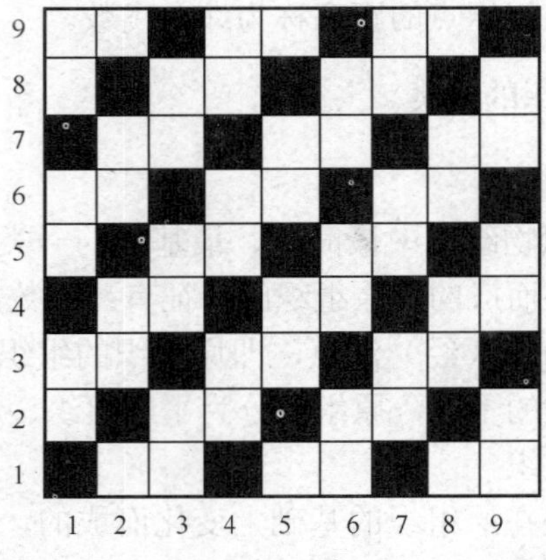

图12.2　斜纹组织

（3）缎纹组织

缎纹组织是三原组织中较为复杂的一种，如图 12.3 所示。其组织点间距较大，独立且互不连续，并按照一定的顺序排列。一个完全组织中最少有五根经、纬线，它也可以用分数表示。例如，5/3 纬面缎纹，可读成五枚三飞纬面缎纹。与斜纹组织不同的是，缎纹组织的分子代表一个完全组织的经、纬数，分母则代表飞数。飞数是指相邻两根线或相邻两个组织点之间相隔的线的根数，缎纹的飞数不少于 2。

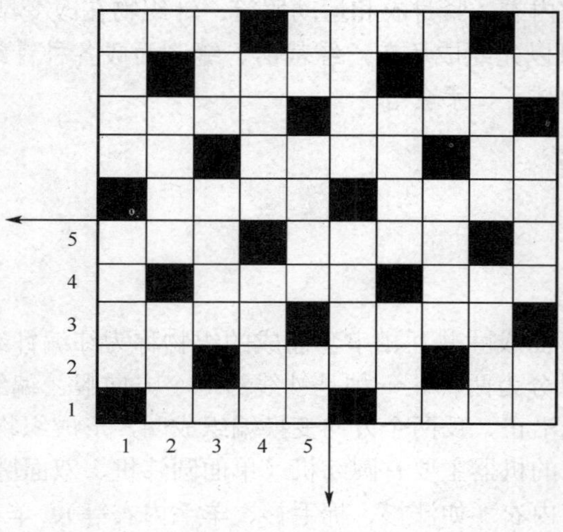

图 12.3 缎纹组织

缎纹组织的浮长线较长，坚牢度最差，但质地柔软，绸面光滑，光泽也好，最为富贵华丽，故在织物中应用很广泛。例如，织锦缎、花软缎等花组织中的地组织采用的都是缎纹组织。

12.3 针织物

12.3.1 针织物的概念及特点

针织物是用织针将纱线构成线圈，再把线圈相互串套而成的织物。在针织物中，线圈在横向排列的一行，称为一个线圈横列；纵向串套的一列，称为一个线圈纵行。在线圈横列上两个相邻线圈对应点间的水平距离，称为圈距。在线圈纵行上两个相邻线圈对应点间的垂直距离，称为圈高。

针织分手工针织和机器针织两类。手工针织使用棒针，历史悠久，技艺精巧，花形灵活多变，在民间得到广泛流传和发展。1982 年在中国江陵马山战国墓出土的丝织品中有带状单面纬编两色提花丝针织物，是至今已发现的最早手工针织品，距今约 2200 多年。根据这一文物可以推断中国手工针织的起源还要更早一些。机器针织始于 1589 年，英国人 W.李从手工编织得到启示，创制了第一台手摇针织机。它有 3500 多个零件，钩针排列成行，一次可以编织 16 个线圈。中国第一家汗衫针织厂在 1896 年创建于上海。中国第一家织袜厂于 1907 年在广州建立。

按生产方式的不同，针织分纬编和经编两类。在纬编织物中，每根纱线在一个线圈横列中形成线圈，一根纱线形成的线圈沿着织物纬向配置；在经编织物中，每根纱线在一个线圈横列中只形成一个或两个线圈，然后转移到下一横列再形成线圈，一根纱线形成的线圈沿着织物经向配置。因此，在纬编针织物中一根纱线可以形成一个线圈横列，而在经编针织物中则由很多根纱线形成一个线圈横列。

和机织物比，针织物具有手感柔软、延伸性好、弹性好、吸湿性好、抗皱性好等优点，但纬平针织物易散、易钩丝，尺寸稳定性差，容易卷边。

一般针织物适宜于做内衣、紧身衣和运动服等。针织物在改变结构和提高尺寸稳定性后，同样可做外衣。针织物可以先织成坯布，经裁剪、缝制而成各种针织品；也可以直接织成全成形或部分成形产品，如袜子、手套等。

12.3.2 针织物的分类

1. 按编织方法分

（1）纬编针织物

纱线沿纬向喂入，弯曲成圈并互相串套而成的织物称为纬编针织物。根据纱线喂入是单向还是双向，纬编又可以分为两种。一种是纱线沿一个方向喂，编织成圈，形成织物，称为圆机编织；另一种是纱线沿正、反两个方向变换编织成圈，形成织物，称为横机编织。

生产纬编针织物所用的机器主要有圆纬机（单面圆纬机、双面圆纬机）、袜机、横机等。纬编针织物常见的产品有内衣（如汗衫、棉毛衫、羊毛内衣等）、羊毛衫、袜品、手套等。

（2）经编针织物

纱线从经向喂入，弯曲成圈并互相串套而成的织物称为经编针织物。其特点是每一根纱线在一个横列中只形成一个线圈，因此每一横列是由许多根纱线成圈并相互串套而形成的。

生产经编针织物所用的机器主要有经编机（单针床经编机、双针床经编机）、缝编机、花边机等。经编针织物常见产品有家庭及宾馆装饰用布（如厚型、薄型窗帘布）、床上用品（如蚊帐、床罩、拉舍尔毛毯）以及部分产业用品等。

2. 按针织物的组织结构分

按针织物的组织结构可分为原组织、变化组织、花色组织。原组织是所有针织物组织的基础；变化组织是原组织的复合；花色组织则是上述组织的衍生结构，它具有显著的花色效应。

在针织物中，常见的组织结构有以下几种。

（1）纬平组织

纬平组织是最简单的纬编组织，由连续单元线圈串套构成。正面圈柱暴露呈纵向条纹，平坦有光；背面圈弧暴露较为阴暗。纬平组织横向延伸大于纵向两倍。当纵向密度相同时，纵向强力较横向大。

纬平组织易脱散，也易卷边，多用于汗布、袜子、手套。

（2）罗纹组织

罗纹组织由正面线圈纵行和反面线圈纵行，以一定比例相间配置而成。正、反面均呈现纬平组织的正面结构，所以又称双面组织（双正面组织）。与纬平组织相比，这种组织不易卷边和脱散，而且横向弹性很好，密度较大，多用于袖口和袜口。

（3）双罗纹组织

双罗纹组织是最常见的双面纬编变化组织。由两个罗纹组织复合，即在一个罗纹纵行中间配以另一罗纹纵行。双罗纹组织不易脱散，质地厚实，多用于冬季的内衣或外衣。

（4）双反面组织

双反面组织由正面线圈横列和反面线圈横列以不同比例交互配置而成。其正、反面均体现为纬平组织的反面。双反面组织纵向倾斜圈靠近。其纵向延伸性强，可与横向的近似。当正、反面线圈横列数目相等时，双反面组织不易卷边，但易脱散。

（5）经平组织

经平组织由一根经向喂入的纱线轮流在相邻的两纵行中形成线圈而成。这种组织的纵横方向均有一定程度的延伸，也不卷边。但纱线断裂时如对织物施加横向张力，则沿纵向脱散而使织物破开。经平组织可做衬衣料。

（6）经缎组织

经缎组织是由一根纱线在几个相邻纵行中依次形成线圈，如此反复，使正面表现出横向花纹的组织。这种组织易卷边，也会逆编织方向脱散，但织物不会破开。

12.4　非织造布

纤维不经纺织，直接制成片状物，此物称非织造布，在我国曾称为无纺布、无纺织布。它涉及最古老和最新的制布技术。利用羊毛的缩绒性，在一定的湿度和温度下，将散羊毛压制成片状毛毡，这就是最古老的非织造布。

今天的非织造布工业综合利用了现代物理学、化学、力学和仿生学的有关基础理论，结合了纺织、化工、塑料、造纸、染整、皮革等工业生产技术，根据产品的使用要求，进行了科学、合理的结构设计、工艺设计，使非织造布具有工艺流程短、投资少、产量高、成本低、品种变化快、原料来源广泛等特点，所以很快得到产业部门的重视和消费者的欢迎，如今产量已占到世界纺织总量的10%以上。

习题

一、简答题

1．请将织物按织物组织分类。

2．以棉纺为例简述纺纱的工艺过程。

二、能力分析题

1．绘制三原组织的组织图。

2．观察自己的衬衫、袜子、运动衣等物品，判断其组织结构，总结各种组织的特点。

第 13 章　纺织品的染整

经过纺纱织造后，从织布机上取下的织物称为坯布。坯布要成为最终的服装用材料，还要经过一个相当长的过程。其中，染整加工是必不可少的。

纺织品的染整工艺可分为炼漂、染色、印花和整理四个主要环节。染整主要是对坯布进行处理，有时根据需要，也对纤维、纱线等半成品进行类似的加工。

13.1　炼漂

炼漂是煮炼（或精炼）和漂白的简称。任何纺织纤维除含有主要的化学成分外，还含有各种辅助成分，如灰分、草刺、色素、油脂、蜡质等，这些辅助成分会对后续工序的加工造成不利影响，加上纺纱、织造过程中再次沾污的附加物，这些杂质和不纯物不仅会成为染色的障碍，产生各种染斑，而且使纤维原有的特点不能充分发挥，有损成品质量，因此必须在染色前加以去除。去除色素以外杂质的工艺过程称为煮炼（或精炼），去除色素的工艺过程称为漂白。

炼漂工艺可简单归纳为如下流程：烧毛→退浆→煮炼→漂白→丝光。

13.2　染色

染色是染料和纤维发生物理或化学的结合，使织物染上颜色的过程。

染色是服装材料进行染整加工处理的重要组成部分。服装材料天生并不具有色彩或很少带有颜色，唯有纺织印染加工才能使其变得五彩缤纷、花色繁多。同时，染色也可使材料原有的一些疵病得到掩盖和修复，提高了服装材料的服用性能。服装材料染色的效果随所用染料及染品而异，有的色泽鲜亮明快，有的则轻柔和缓，还有的表现出深沉肃雅之风，适合于不同气质的人穿着。

染色除要求色泽鲜艳、均匀外，还要求具有良好的染色牢度，包括日晒、气候、皂洗、汗渍、摩擦等牢度。

手工染色是指不同于社会化工业大生产的手工印染工艺和产品，包括手绘、扎染及泼染等技术。

1. 手绘

真丝绸手绘产品是艺术与工艺相结合的产品，具有欣赏与实用的双重价值。一直以来以方巾、长巾、手帕为主，但近年来已发展到件料服装，如真丝短袖衫、无袖衫、套装、长裙、夹克衫等女装。

手绘常采用的面料有双绉、电力纺、花绉缎、素绉缎、乔其等。所用染料主要为酸性、中性、直接、活性等几大类。常用技法有指弹射法、泼墨点缀法、喷雾法、勾勒深色法、压印与手绘相结合、扑印与手绘相结合、综合运用法等。

2. 扎染

扎染古称绞缬，为我国民间传统技艺。它不同于一般染织美术，不可复制为其重大特色。其形色变化自然天成，非笔墨所能随意画就。扎染的基本原理是防染。借助于纤维本身及运用不同的扎结方法，有意识地控制染液渗透的范围和程度，形成色差变化，从而表现出无级层次的色晕。

扎染的染色方法有煮染、浸染、套染、点染、喷染、转移染、综合染色法等。

3. 泼染

泼染产品可谓集染色与印花优点之大成，其图案形象生动，色彩丰富，风格多样，且花形抽象随意，造型神奇，有一般染色和印花所达不到的效果，因而极具吸引力。

泼染的原理：以手绘方式将染液绘制于织物面上，再用盐或其溶液汲取染液的水分，使上染部分的染料浓度增加，直至染液自然干燥。结果形成或如焰花四射、或如奇葩怒放、或如流星飞泻的变化多端的花纹图案。

泼染所用织物及染料：以双缎、素绉锻和真丝缎等厚重织物效果为好，染料以弱酸性染料为宜。

13.3 印花

印花是借助于原糊的载体作用，把各种不同的染料或颜料印到织物上，从而获得有色图案的加工过程。

印花和染色一样，都是使织物着色。但在染色过程中染料使织物全面着色，而印花仅是染料对织物的某些部分着色。为了克服染液的渗化而获得各种清晰的花纹图案，印花时，将染料和必要的化学助剂加原糊调成色浆，再印到织物上去。

印花有很多方法，而比较常用的方法按印花工艺分为如下几种。

1. 直接印花

把调好的印花色浆通过印花机直接印在布上，再经处理，即是直接印花。可采用直接、酸性、金属络合及活性染料等。这种印花方式只是在布的正面有花纹，反面基本上无色或仅有模糊的颜色。

2. 拔染（拔印）印花

拔染印花是将织物在印花前先染上地色，然后用清除地色的印花浆（拔染剂）在地色上进行印花。拔染印花一般都是印深色花布，能在深地色上得到浅花细茎的效果。这种印花织物的特点是：布的两面都有花形，只是正面明显，花形清楚鲜艳，花纹细致有立体感。拔染在真丝绸印花中受到重视。

3. 防染（防印）印花

防染印花是先在布上印上具有防染功能的印花浆（防染剂），然后再染地色，因为印花浆里含有防染剂，因此能防止印花着色，这样在染地色时仍能保持原来印上去的各色花纹。与拔染印花产品相比，防染印花产品精细度优良，防印地色与花色鲜艳度均较好。其印制的花布正、反面都有鲜艳的色泽图案，只是反面较正面差点。

4. 渗化印花

这种印花通过电子分色将原样中各种颜色分别制成分色片，获得黑白稿，或人工分色描稿，并用适当的工艺路线和印花色浆，在印花织物上表现富有立体感、由深到浅向四周逐渐渗化的印制效果。一般织物越薄，渗化越容易；而织物越厚，组织越紧密，渗化越难。就渗化难易程度而言，双绉＞斜纹绸＞电力纺。

5. 渗透印花

渗透印花为直接印花的一种。其关键在于利用色浆的渗透作用，使印在织物正面的色浆渗到反面去，达到正、反面色泽基本相近的印制效果。

6. 特种印花

特种印花是指非常规的印花方法，主要包括转移印花、泡沫印花、接枝印花及蜡防印花等。

（1）转移印花

转移印花通过热压将纸上的花纹图案转移至织物上。与常规印花相比，转移印花产品图案清晰、套色准确、层次丰富、花型逼真、立体感强和风格别致，特别适合于印制多套色满地花纹图案。其印制涤纶等织物效果最佳。

（2）泡沫印花

泡沫印花是利用一般呈现球状泡沫的印花色浆对织物进行印花的新型印花方法。其最大的特色是在印花浆液中引入空气，形成具有合适的黏度等性能的泡沫浆进行印花，有利于达到满意的织物手感，且比常规工艺染色浅。

（3）接枝印花

接枝印花是指用氨基磺酸处理接枝织物纤维而获得的印花方法。该方法印花具有防染、多色和仿“立体”的印花效果。

（4）蜡防印花

蜡防印花俗称蜡染。它借助人工难以描绘的蜡韵冰纹、块及点的防染作用，将染料多层次地相互叠加渗透，在织物上形成色彩浓艳华丽的图案，且具有朦胧感。多用于真丝绸织物，染头巾、高档时装、床罩和服及艺术品等，一般选用真丝双绉、真丝素绉缎、真丝桑波缎、斜纹绸、电力纺等面料。

13.4 织物的整理

织物经过炼漂、染色和印花后，还要通过物理或化学的方法采用一定的机械设备，改善手感和外观，提高服用性能，或赋予某种特殊功能，这一加工过程称为织物的整理。

服装材料的整理，因各种织物所用纤维不同，整理时的要求也不一样。一般可将整理划分为常规整理和特殊整理两大类。

1. 常规整理

织物的常规整理是指经过纺纱、织造或针织等工序后，织物中会产生各种形变，为了消除这些形变，须经过一系列的整理工序，从而使织物满足外观尺寸稳定和形态平稳等风格要求。

（1）棉麻织物的整理

一般须经过上浆、定幅、轧光等常规整理。

（2）丝织物的整理

丝织物的常规整理过程同棉织物差不多，所不同的是：丝织物不能上浆，而要经过汽蒸或呢毯整理机整理。经呢毯整理后的织物，可获得柔软挺爽的手感、悦目自然的光泽及较低的缩水率。

（3）毛织物的整理

毛织物的整理，一般须经过煮呢、洗呢、缩呢、刷毛及剪毛、热压、蒸呢等工艺。

（4）化纤织物的整理

化纤织物的整理过程一般与棉织物相似。

2. 特殊整理

服装材料除常规整理外，还有许多特殊的功能整理，这是近年来人们对整理织物的高级化更为关注的结果，不仅要求织物具有良好的外观风格及尺寸稳定性，更希望织物能满足各种特殊用途的需要，具有各种独特使用性能。特殊整理的目的，对天然纤维织物而言，是在不损伤固有的优越性能的情况下，赋予如合成纤维织物所具有的洗可穿性能。在这方面，防缩、抗皱整理最重要。对合成纤维织物来说，以谋求导入天然纤维织物的亲水性为目的。在这方面，亲水整理、防静电整理、防污整理等较重要。另外，近年来的手感整理、光泽整理及防燃整理、防蛀整理等也受到了重视，掀起了新的功能服装热。

（1）防缩抗皱整理

防缩抗皱整理在天然的棉、毛、丝织物中得到了大量使用。对棉型织物进行树脂整理，可得到耐久定型的全棉免烫织物；对丝织物进行防缩抗皱整理，不仅可使蚕丝绸的缩水率下降，而且使绸面的光泽和平整度以及手感柔软性等有所改善；毛织物的防缩处理则是针对其毡缩性进行的，因此人们提出了可机洗羊毛产品的概念，即羊毛产品在按照使用说明进行机器洗涤的情况下，在整个服用期内不会发生毡缩，这正成为当今人们追求的目标。

（2）防泛黄整理

蚕丝服装在穿着使用过程中，如不注意勤洗勤换，或储存于潮湿环境中，或洗涤后置于阳光下暴晒，易产生泛黄老化现象。为了克服蚕丝织物的这一缺点，对其进行防泛黄整理。

（3）防水拒水整理

防水拒水整理是指织物经过防水整理后，在织物表面形成一层不透水、不溶于水的连续薄膜，从而赋予织物防水性能。这种织物不透水、不透气，常用做装饰物和工业用品，如帷幕、帐篷等。织物经过拒水整理后，在织物表面不形成连续性薄膜，可使空气通过织物，但不易被水润湿，常用于制作雨衣、雨帽等。

（4）增重整理

增重整理是对蚕丝织物及合纤仿真丝织物的整理。由于这类织物柔软轻薄，很适合于衬衣及内衣制作，而面料缺乏厚重感，组织不够紧密，给外衣的制作带来一定的困难。增重整理可使织物纤维变粗、手感厚实、增加膨松性，同时使织物风格、光泽、身骨、弹性等都有所改善，提高了织物的服用性能。

（5）防污整理

涤纶和锦纶等合纤织物同棉织物相比，其吸水性、吸湿性很差，亲油性很强，表面易带静电，且易吸附灰尘和易沾污，并易发生洗涤后再沾污现象。为了克服这种缺点，须对这类织物进行防污整理，以增强纤维的亲水性，减少其憎水性，减少污垢的静电吸附，并且在洗涤时可防止污垢的再附着。

（6）抗静电整理

合成纤维织物吸湿性和导电性差，易造成摩擦电荷的积累，使其带上静电。织物带静电，会导致许多麻烦，不仅衣服易吸附灰尘变脏，而且会给穿着服用带来不便，如使裙子粘在腿上，外衣紧吸在内衣上等，严重的甚至会造成火灾事故。因此，对合纤织物进行抗静电整理是非常重要的。

（7）柔软整理

柔软整理是为了提高织物手感的柔软和滑爽程度而进行的，一般分机械整理和化学整理两种，多用于丝绸类织物。柔软整理不仅在感官上赋予真丝绸高品质化，而且在功能上赋予真丝绸复合功能，即在获得柔软手感的同时，还使织物具有了拒水、抗静电、防污、抗皱等功能。

（8）阻燃整理

一些特殊用途的服装，如消防服、军用服装、地毯等，要求有一定的阻燃性能，因此有必要对某些织物进行阻燃整理。经阻燃处理的织物具有不同程度的阻止燃烧或阻止火焰迅速蔓延的效果。

（9）防霉整理

服装长期处于潮湿状态或被放置在不通风处极易受微生物作用而发霉或腐烂，从而使织物强度下降并影响外观，降低了织物的服用性能。为了使服装不发生霉烂，有必要对织物进行防霉整理，尤其对棉、蚕丝织物更为重要。

（10）防蛀整理

羊毛和其他动物纤维易于受到某些衣蛾幼虫的蛀蚀，为了防止织物受蛀蚀，采取防蛀整理剂处理羊毛，使其具有防蛀效果，不再成为幼虫的食料。防蛀是羊毛加工中一个对成本影响很大的环节，也是消费者十分重视的服用性能。

此外，还有许多功能性整理，如蚕丝织物的砂洗整理，合纤的褶皱整理、亲水整理，羊毛织物的弹力整理、抗菌防臭整理及特殊外观效应的仿鹿皮起绒织物等。所有这些特殊整理都是适于服装功能化发展的必然结果。

13.5　新型染整技术

随着科学技术的发展，不少其他领域的新技术被应用于纺织工业。

13.5.1　微胶囊技术在染整工艺中的应用

微胶囊技术诞生于 20 世纪 50 年代，最初应用于无碳复写纸的生产，近年来已成功地应用于文化用品、医药卫生、农药、液晶检测器件等行业。随着人们环保意识的加强，作为无公害的技术，其已在染整行业得到了成功的应用。

所谓微胶囊技术，就是将细小的液滴或固体微粒包裹于高分子薄膜中，制成直径很小（500 微米以下）的微胶囊，固着到织物上的技术。如将染化料、整理剂等制成微胶囊，固着到织物上，在加工或使用过程中，在外部压力、摩擦、pH 值、酶、温度、燃烧等条件刺激下，由于微胶囊的破裂或通过微胶囊壁的扩散作用，使被包裹的染化料或整理剂释放出来，从而达到预期的染整效果。如将含有香料或杀菌剂等药物的微胶囊用黏合剂固着到织物上，就赋予织物香味或杀菌等功能，并具有一定的持久性。对于一些不耐洗的药物，利用微胶囊技术，可获得耐洗的效果。

微胶囊由囊芯和囊膜两部分组成，其外形呈球形、肾形、谷粒形或其他形状，直径一般在 500 微米以下。微胶囊是一门新技术，在染整加工中得到了应用，有利于节水、节能，属于环保型的染整技术，故发展很快，目前主要应用于以下几个方面。

1. 微胶囊染料和涂料的染色与印花

微胶囊染料或涂料是指芯材为染料或颜料的微胶囊，壁材为各种天然或合成高分子物质。胶囊大小一般为 10～200 微米，其形状为球形或多面体。染料类别根据应用对象而定，包括分散、酸性、阳离子、还原、活性及油溶性染料等，也可以是颜料，制造方法主要为相分离法和界面聚合法，也可采用其他方法制造。

2. 多色微粒子的印花

这是一种特殊的多色雪花状花纹的印花方法，采用的染料有分散、酸性、阳离子、活性染料等。由于染料储存在胶囊中，故在向纤维转移和上染固着后，呈现出微细的雪花颗粒状颜色。采用类似的方法还可制得酸性和碱性染料的微胶囊，可分别用于涤纶、棉、腈纶、锦纶、羊毛等产品上，采用简单的工艺便可获得多色印花效果，并有很好的重现性。若用于双面多色点印花也可得到新颖的印花效果。

3. 微胶囊转移印花

采用微胶囊技术将染料和溶剂制成微胶囊，再加工成转移印花纸，在转移印花时通过压力、高温或热湿的作用，使微胶囊破裂，在溶剂的作用下，使染料转移到织物上并固着在纤维上。该法不仅发挥了溶剂染色温度低、匀染性好、上染速度快等特点，而且溶剂用量少，成本低，加工方便。

4. 高介电常数染料溶液微胶囊静电染色

使用具有介电性能的壁材（高比电阻的高分子物，如乙烯树脂）将染料颗粒（由高介电常数液体、染料及助剂制成溶液或悬浮体）封闭起来，在静电场的作用下，将染料转移到织物上，以达到染色或印花的目的。但必须使用特殊的方法才能使织物上的染料固着在纤维上，即在封闭成微胶囊之前，先将染料分散在一种具有高介电常数的溶液中，这样可大大提高染料颗粒向电极移动的准确性，从而可获得较清晰的花纹。采用这种染色和印花工艺，不仅工艺简单，精细度高，而且不需要进行后处理，可获得常法不能得到的效果。

5. 染料微胶囊的非水系染色

它有两种方法：一种是用有机溶剂等介质代替水制成微胶囊，然后通过一定的方法加工，使微胶囊中的染料转移到纤维或织物上，并发生上染和固着，这就是转移印花；另一种是不用溶剂，在制成染料微胶囊后，通过染料升华，发生气相转移和固着。如可通过制成磁性染料微胶囊，在磁力场作用下使磁性染料微胶囊先吸附到纤维或织物表面，然后通过加热升华，使染料对纤维上染并固着在纤维上，残留的微胶囊则通过物理方法使其从织物上分离，完成整个染色过程。在染色全过程中，不需要用水，真正做到了无水染色。

6. 颜料微胶囊着色剂染色和印花

颜料着色剂是由颜料、有机溶剂和黏合剂作为芯材，热塑性或热固性高分子物为壁材组成的微胶囊，这是一种含有机溶剂的颜料微胶囊。所制得的着色剂可用于各种纤维织物的染色和印花。

7. 变色染料微胶囊染色和印花

变色材料是指对光、热、湿以及压力等因素敏感的一种染料，受到这些因素作用后颜色会发生可逆或不可逆变化。变色染料用于染色和印花需要将染料制成微胶囊的形式，这是因为，一些变色染料对纤维没有亲和力，只有加工成微胶囊后靠黏合剂固着在纤维上；另一些变色染料只有封闭在微胶囊中才能维持变色的条件产生变色效应；还有一些变色染料需要防止外界因素的作用，也需要制成微胶囊的形态。在应用于染色和印花的变色染料中，以热变色染料最为重要，故称为热敏变色染料，也有可逆和不可逆两类。按其结构又可分为无机和有机两类，其中以有机类效果最好。有机热敏变色染料也有多种结构，它们通常是一些结合质子能显色的物质，当受热达到一定温度后，随着环境介质中质子浓度的变化，这种染料的结构随之也发生变化，从有色（或一种颜色）变成无色（或另一种颜色）。这种染料变色是可逆的，当达到某一温度后，颜色消失或由一种颜色变成另一种颜色；而当温度低于这一温度后，又会显出原来的颜色。

13.5.2 生物酶在染整加工中的应用

生物酶是一种无毒、对环境友好的生物催化剂，其化学本质为蛋白质。酶的生产和应用，在国内外已具有 80 多年历史。进入 20 世纪 80 年代，生物工程作为一门新兴高新术在我国得到了迅速发展，酶的制造和应用领域逐渐扩大，酶在纺织工业中的应用也日臻成熟，由过去主要用于棉织物的退浆和蚕丝的脱胶，至现在在纺织染整的各领域的广泛应用，体现了生物酶在染整工业中的优越性。现在酶处理工艺已被公认为是一种符合环保要求的绿色生产工艺，它不仅使纺织品的服用性能得到改善和提高，而且无毒无害，用量少，可生物降解废水，无污染，有利于生态环境的保护。

生物酶技术应用于染整加工主要有两个方面。一是天然纤维织物的前处理加工，用生物酶去除纤维或织物上的杂质，为后续染整加工创造条件。二是织物的后整理加工，用生物酶去除纤维表面的绒毛，或使纤维减量，以改善织物的外观、手感和风格。

目前应用的生物酶主要有以下几种。

1. 果胶酶

果胶酶主要由果胶裂解酶、聚半乳糖醛酸酶、果胶酸盐裂解酶和果胶酯酶组成。果胶物质是高度酯化的聚半乳糖醛酸。果胶酶作用于果胶物质时，果胶裂解酶、聚半乳糖醛酸酶、果胶酸盐裂解酶直接作用于果胶聚合物分子链内部的配糖键上；而果胶酯酶则使聚半糖醛酸酯水解，为聚半乳糖醛酸酶和果胶酸盐裂解酶创造更多的位置。

2. 脂肪酶

脂肪酶能将脂肪水解成甘油和脂肪酸，脂肪酸进一步进行β-氧化，每次脱下一个 C2 物，生成乙酰 COA（N-环己基辛基胺），进入 TCA（三羧酸）环彻底氧化或进入乙醛酸环合成糖类。

3. 蛋白酶

由微生物分泌的蛋白酶因菌种不同而异。例如，枯草杆菌分泌明胶酶和酪蛋白酶，可以水解明胶和酪蛋白；费氏链酶菌分泌角蛋白酶，可以水解动物的毛、角、蹄的角蛋白。蛋白酶将蛋白质分解成肽，再经肽酶水解成氨基酸。

4. 纤维素酶

纤维素酶是一个多组分酶体系，纺织工业中应用的纤维素酶大多数是由木酶属真菌制造的。纤维素酶中的纤维素二糖水解酶又称为外切纤维素酶，由 CHBⅠ和 CHBⅡ两种酶组成，而内切葡聚糖酶，又称为内切纤维素酶，至少由 5 种纤维素酶（EGⅠ、EGⅡ、EGⅢ、EGⅣ、EGⅤ）组成。此外，还有 13-葡萄糖醛酶。这些纤维素酶在纤维素的水解中具有协同作用。

13.5.3 喷墨印花工艺

数码喷墨印花技术是一种全新的印花方式，它摒弃了传统印花需要制版的复杂环节，直接在织物上喷印，提高了印花的精度，实现了小批量、多品种、多花色印花，而且解决了传统印花占地面积大、污染严重等问题，因此具有广阔的发展前景。

自 20 世纪 90 年代以来，喷墨印花技术开始广泛运用在纺织品上，化学品、打印头、印刷机、织物以及软件制造商开始尝试互相合作。各行业的合作使纺织品的印花质量超过了传统的印花标准。然而合作新纪元的出现对用户来说既有优点也有缺点。大多数优点是各行业的合作出现了合适的机器、组件、化学品和软件，这些保证了程序的安全性。

与传统印花相比，数码喷墨印花具有生产过程灵活性高、重现性好、精度高、适应小批量快交货的市场营销体制、符合清洁性生产要求和可远程订货的优点，这些优点使数码喷墨印花成了重点研究对象。纺织品数码喷墨印花不仅对墨水和计算机软件开发有严格要求，对打印机、前处理设备、后处理设备、织物等级和幅宽也有要求。企业在投资喷墨印花时，要考虑材料的耗费，如墨水、化学品、织物，对员工的培训费也要考虑在内。

习题

一、简答题

1. 简述染整的基本步骤。
2. 简述常用的印花方法。

二、能力分析题

1. 自己动手制作一块蜡染布料。
2. 总结常用的染色方法。

第 14 章　机织物品种

机织物是纺织工业生产的重要组成部分，根据所用原料种类可分为棉型织物、毛型织物、丝型织物和麻型织物。机织物产量约占织物总产量的 70%～75%，品种多，用途广泛。

14.1　棉型织物

14.1.1　棉型织物的特点

棉型织物是指以棉纱或棉与棉型化纤混纺纱线织成的织品。它具有以下一些特点： 吸湿性强，缩水率较大，约为 4%～10%，耐碱不耐酸。棉布对无机酸极不稳定，即使很稀的硫酸也会使其受到破坏，但有机酸作用微弱，几乎不起破坏作用。棉布较耐碱，一般稀碱在常温下对棉布不发生作用，但强碱作用后，棉布强度会下降。常利用 20%的烧碱液处理棉布，可得到“丝光”棉布。棉布耐光性、耐热性一般，在阳光与大气中会缓慢地被氧化，使强度下降。长期高温作用会使棉布遭受破坏，但其可耐受 125～150℃短暂高温处理。 微生物对棉织物有破坏作用，棉织物不耐霉菌。

14.1.2　棉型织物的主要品种

1. 平布

平布的共同特点是采用平纹组织织制，经纬纱的线密度和织物中经纬纱的密度相同或相近。根据所用经纬纱的粗细，可分为粗平布、中平布和细平布。

① 粗平布，又称粗布，大多用纯棉粗特纱织制。其特点是布身粗糙、厚实，布面棉结杂质较多，坚牢耐用。市销粗布主要用做服装衬布等。在山区农村、沿海渔村也有用市销粗布做衬衫、被里的。经染色后可作为衫、裤用料。

② 中平布，又称市布，市销的又称白市布，用中特棉纱或粘纤纱、棉粘纱、涤棉纱等织制。其特点是结构较紧密，布面平整丰满，质地坚牢，手感较硬。市销平布主要用做被里布、衬里布，也有用做衬衫、裤、被单的。中平布大多用做漂布、色布、花布的坯布，加工后用做服装布料等。

③ 细平布，又称细布，用细特棉纱、粘纤纱、棉粘纱、涤棉纱等织制。其特点是布身细洁柔软，质地轻薄紧密，布面杂质少。市销的细布主要用处同中平布。细布大多用做漂布、色布、花布的坯布，加工后用做内衣、裤子、夏季外衣、罩衫等面料。

2. 府绸

这种织物也用平纹组织织制。同平布相比不同的是，其经密与纬密之比一般为1.8～2.2∶1。由于经密明显大于纬密，织物表面形成了由经纱凸起部分构成的菱形粒纹。织制府绸织物，常用纯棉或涤棉细特纱。根据所用纱线的不同，分为纱府绸、半线府绸（经向用股线）、线府绸（经纬向均用股线）。根据纺纱工程的不同，分为普梳府绸和精梳府绸。以织造花色分，有隐条隐格府绸、缎条缎格府绸、提花府绸、彩条彩格府绸、闪色府绸等。以本色府绸坯布印染加工情况分，又有漂白府绸、杂色府绸、印花府绸等。各种府绸织物均有布面洁净平整、质地细致、粒纹饱满、光泽莹润柔和、手感柔软滑糯等特征。府绸是棉布中的一个主要品种，主要用做衬衫、夏令衣衫及日常衣裤。

3. 麻纱

麻纱通常采用平纹变化组织中的纬重平组织织制，也有采用其他变化组织织制的。采用细特棉纱或涤棉纱织制，且经纱捻度比纬纱高，比一般平布用经纱的捻度也高，因此使织物具有像麻织物那样挺爽的特点。织物表面纵向呈现宽狭不等的细条纹。这种织物质地轻薄，条纹清晰，挺爽透气，穿着舒适，有漂白、染色、印花、色织、提花等品种，用做夏令男女衬衫、儿童衣裤、裙料等面料。

4. 斜纹布

斜纹布通常采用2/1↖组织织制，织物正面斜纹纹路明显，反面比较模糊。经纬向均用单纱，线密度接近，织物经密略高于纬密。用细特纱织制的称为细斜纹布，用中特纱织制的称为粗斜纹布。所用原料有纯棉、粘纤、涤棉等。斜纹布布身紧密厚实，手感柔软。少量市销，主要用做被里和内衣裤。大多加工成色布和花布。色细斜纹布用做制服、运动服布料和服装夹里。花斜纹用做妇女、儿童衣料。大花斜可用做被面。

5. 卡其

卡其为斜纹组织织物。品种按所用经纬纱线分，有线卡（经纬均用股线）、半线卡（经向用股线，纬向用单纱）和纱卡（经纬均用单纱）之分。线卡采用2/2↗组织织制，正、反面斜纹纹路均很明显，又称双面卡。半线卡采用 3/1↗组织织制。纱卡则采用 3/1↖组织织制。半线卡、纱卡都是单面卡。卡其所用原料主要有纯棉、涤棉等。这种织物的结构紧密厚实，纹路明显，坚牢耐用，染色加工后主要用于春、秋、冬季服装布料及风衣、雨衣面料。纱卡多用做外衣和工作服面料。

6. 哔叽

哔叽也用斜纹组织织制。根据经纬向所用材料的不同，分为纱哔叽（经纬均用单纱）和线哔叽（经向用股线，纬向用单纱）两种。前者用 2/2↖，后者用 2/2↗。哔叽比相似品种的卡其、华达呢结构松，纱哔叽又比线哔叽结构松软。这种织物，正、反面斜纹方向相反，质地厚实，手感柔软。所用原料主要有纯棉、棉粘和粘纤。哔叽多做漂染坯布，染色后用做男女服装、童帽的布料。纱哔叽还用于印花，加工后用做妇女、儿童衣料等。

7. 华达呢

华达呢也用斜纹组织织制。它的特点是经密比纬密大一倍左右，因此斜纹倾角较大。织物紧密程度小于卡其而大于哔叽，布身比哔叽挺括而不如卡其厚实。根据经纬向所用材料的不同，分为纱华达呢（经纬均用单纱）、半线华达呢（经向用股线，纬向用单纱）、全线华达呢（经纬均用股线），但都用 2/2↗组织。这种织物所用原料有纯棉、棉粘、棉维、涤棉等。织物的织纹清晰，质地厚实，布面富有光泽。织物经染色后用做春、秋、冬季男女服装的布料。

8. 横贡

横贡又称横贡缎，用纬面缎纹组织织制。其特点是纬密与经密的比约为 5∶3。因此，织物表面大部分由纬纱所覆盖。所用纯棉经纬纱均经精梳加工。织物表面光洁，手感柔软，富有光泽，结构紧密。染色横贡主要用做妇女、儿童服装的面料。印花横贡除用做妇女、儿童服装面料外，还用做被面、被套等。

9. 劳动布

劳动布又称坚固呢、牛仔布，多数由 2/1↖组织织制。其特点是用粗特纯棉纱、棉维纱等织制。经纱染色，纬纱多为本白纱，因此织物正、反异色，正面呈经纱颜色，反面主要呈纬纱颜色。按经纬所用材料不同，可分为纱劳动布（经纬均用单纱）、半线劳动布（经向用股线，纬向用单纱）、全线劳动布（经纬均用股线）。劳动布一般均经防缩整理。这种织物的纹路清晰，质地紧密，坚牢结实，手感硬挺。主要用做工厂的工作服、防护服，尤其适宜制作牛仔裤、女衣裙及各式童装。

10. 牛津布

牛津布用平纹变化组织中的纬重平或方平组织织制。其特点是，经纬纱中一种是涤棉纱，另一种是纯棉纱，纬纱经精梳加工；采用细经粗纬，纬纱特数一般为经纱的 3 倍左右，且涤棉纱染成色纱，纯棉纱漂白。织物色泽柔和，布身柔软，透气性好，穿着舒适，有双色效应。主要用做衬衣、运动服、睡衣等面料。

11. 青年布

青年布是用平纹织制的纯棉织物，一般经、纬纱的线密度相同，织物中经纬密度接近。主要特点是，在经纱和纬纱中，一种采用染色纱，另一种采用漂白纱（色经漂纬或色纬漂经），布面有双色效应。织物色泽调和，质地轻薄，滑爽柔软。主要用做衬衫、内衣面料及被套等。

12. 线呢

线呢是色织布中的一个主要品种，外观类似呢绒。按经、纬向用料分，有全线呢（经纬均用股线）、半线呢（经向用股线，纬向用单纱）；按使用对象分，有男线呢、女线呢。线呢所用的原料有纯棉、涤棉、维棉、涤粘、涤腈等。织制线呢用的经纬纱线，有用单色股线的、花色股线的、花式捻线的，也有用混色纱线的。所采用的织物组织，有用三原组织及其变化组织的，有用联合组织的，也有用提花组织的。利用各种不同色泽、原料、结构的纱线和织

物组织的变化，可设计织制多种色彩、花型和风格的产品。男线呢中代表性产品有派力司、马裤呢、绢纹呢、康乐呢等，女线呢中代表性品种有格花呢、条花呢、提花呢、夹丝女花呢、结子线呢等。线呢类织物手感厚实，质地坚牢，毛型感强。主要用做春、秋、冬各式外衣或裤子面料。线呢缩水率比较大。

13. 平绒

平绒又称丝光平绒，是采用起绒组织织制的纯棉织物。其特点是，经向采用精梳双股线，纬向采用单纱。按加工方法可分成经起绒和纬起绒，前者称割经平绒，后者称割纬平绒。织制后的织物再经轧碱、割绒，然后进行染色或印花一系列加工，最后形成成品。平绒织物具有绒毛丰满平整、质地厚实、光泽柔和、手感柔软、保暖性好、耐磨耐穿、不易起皱等特点。主要用做妇女春、秋、冬季服装和鞋帽的面料。

14. 灯芯绒

灯芯绒是用起毛组织织制的。由于采用纬起绒方法，表面绒条像一条条灯芯草，故称灯芯绒。根据所用材料，可分为全纱灯芯绒（经纬向均用单纱）、半线灯芯绒（经向用股线，纬向用单纱）和全线灯芯绒（经纬均用股线）。所用原料有纯棉、涤棉、氨纶包芯纱等。按加工工艺分，有染色、印花、色织、提花等不同的品种。按每 2.54 厘米（1 英寸）宽织物中绒条数的多少，又可分为特细条灯芯绒（≥19 条）、细条灯芯绒（15～19 条）、中条灯芯绒（9～14 条）、粗条灯芯绒（6～8 条）和阔条灯芯绒（<6 条）等规格。这种织物的绒条丰满，质地厚实，耐磨耐穿，保暖性好。主要用做春、秋、冬季男女服装、衫裙、牛仔裤、童装、鞋帽面料等。

15. 绒布

绒布是坯布经拉绒机拉绒后呈现蓬松绒毛的织物，通常采用平纹或斜纹织制。其特点是，织物所用的纬纱粗而经纱细，纬纱的特数一般是经纱的一倍左右，有的达几倍，纬纱使用的原料有纯棉、涤棉、腈纶。绒布品种较多，按织物组织分为平布绒、哔叽绒和斜纹绒，按绒面情况分为单面绒和双面绒，按织物厚满分为厚绒和薄绒，按印染加工方法分为漂白绒、杂色绒、印花绒和色织绒。色织绒按花式分又有条绒、格绒、彩格绒、芝麻绒、直条绒等。绒布手感松软，保暖性好，吸湿性强，穿着舒适。主要用做男女冬季衬衣、裤、儿童服装、衬里等。

16. 绉布

绉布又称绉纱，是一种纵向有均匀皱纹的薄型平纹棉织物。其特点是，经向采用普通棉纱，纬向采用强捻纱，织物中经密大于纬密，织成坯布后松式染整加工，使纬向收缩约为 30%，因而形成均匀的皱纹。所用原料为纯棉或涤棉。经起皱的织物，可进一步加工成漂白、杂色或印花织物。绉布质地轻薄，皱纹自然持久，富有弹性，手感挺爽、柔软，穿着舒适。主要用做各式衬衫、裙料、睡衣裤、浴衣、儿童衫裙等。

17. 泡泡纱

泡泡纱是一种布面呈凹凸状泡泡的薄型纯棉或涤棉织物。其特点是利用化学的或织造工艺的方法，在织物表面形成泡泡。按形成泡泡的原理，泡泡纱主要分为印染泡泡纱和色织泡泡纱。前者是利用氢氧化钠对棉纤维的收缩作用，使碱液按设计的要求作用于织物表面，使受碱液作用和不受碱液作用的织物表面由于收缩情况的差异而产生泡泡。若采用涤纶与棉相间隔的经纱或纬纱织造，则利用在碱液作用下两种纤维收缩率的不同也可形成泡泡。后者则是利用地经和泡经两种经纱，泡经纱线粗且超量送经，使其在泡经部分形成泡泡。根据所用材料的不同，泡泡纱分单纱泡泡纱和半线泡泡纱（经向用股线，纬向用单纱）。色织泡泡纱有的是半线泡泡纱。泡泡纱的外观别致，立体感强，质地轻薄，穿着不贴体，凉爽舒适，洗后不用熨烫。主要用做妇女、儿童的夏令衫、裙、睡衣裤等。

18. 条格布

条格布是色织布中的大路品种，花型大多为条子、格子。其特点是，经、纬纱线用两种或两种以上颜色的纱线间隔排列，且大多以平纹组织织制，也可用小花纹、蜂巢组织或纱罗组织织制。经纱用两种或两种以上颜色，得到的是色条或彩条；经纬均用两种或两种以上颜色，得到的是色格或彩格。原料有纯棉、涤棉、棉维等。按条型和格型以及色泽深浅可分为深色条布、深色格布、浅色条布、浅色格布。深线条格布大多为全纱织品，少数为全线织品。其他还有彩条格斜（以斜纹组织织制）、哔叽条格、嵌线条格（在条格边沿嵌色线）等。条格布质地轻薄滑爽，条格清晰，布面平整，配色协调。主要用做夏令衣衫、内衣衫裤、冬令衣里及鞋帽里布等。纯棉条格布缩水率比较大。

19. 纱罗

纱罗又称网眼布，是用纱罗组织织制的一种透孔织物。其特点是由地经、绞经这两组经纱与一组纬纱交织，常采用细特纱并用较小密度织制。所用原料常为纯棉、涤棉及各种化纤。按加工不同，可分为色纱罗、漂白纱罗、印花纱罗、色织纱罗、提花纱罗等。纱罗织物透气性好，纱孔清晰，布面光洁，布身挺爽。主要用做夏季衣料、披肩、蚊帐等。

20. 玻璃纱

玻璃纱又称巴里纱，是一种用平纹组织织制的稀薄透明织物。其特点是，经纬均采用细特精梳强捻纱，织物中经纬密度比较小，由于“细”、“稀”，再加上强捻，使织物稀薄透明。所用原料有纯棉、涤棉。织物中经纬纱，或均为单纱，或均为股线。按加工不同，玻璃纱有染色玻璃纱、漂白玻璃纱、印花玻璃纱、色织提花玻璃纱等。玻璃纱织物的质地稀薄，手感挺爽，布孔清晰，透明透气。主要用做妇女的衬衣、头巾等。

21. 烂花布

烂花布又称凸花布。其特点是织制织物所用的经纬纱一般为涤棉包芯纱，利用内芯纤维和外层纤维不同的耐酸程序，根据布面花型设计的要求，将含酸印花糊料印到坯布上，并经烘焙、水洗，使腐蚀、焦化后的棉纤维被洗除，得到半透明的花纹图案。烂花布所用的原料，除涤棉外，还有涤粘、维棉、丙棉等。按加工不同，烂花布有漂白、染色、印花、色织等品种。烂花布的花纹有立体感，透明部分如蝉翼，透气性好，布身挺爽，弹性良好。主要用做夏季服装、童装等。

22. 羽绒布

羽绒布又称防绒布、防羽布。其特点是织物的经纱、纬纱均为精梳细特纱，织物中经密、纬密均比一般织物高，从而可防止羽绒纤维外钻。所用的原料为纯棉或涤棉。一般采用平纹组织织制。按加工方法不同，通常有漂白、染色两种，且以后者为多，也有印花的品种。羽绒布结构紧密，平整光滑，富有光泽，手感滑爽，质地坚牢，透气而又防羽绒。主要用做登山服、滑雪衣、羽绒服装、夹克衫、羽绒被等面料。

23. 水洗布

利用染整生产技术使织物洗涤后具有水洗风格，这种织物称为水洗布。按所使用的原料分，有纯棉、涤棉、涤纶长丝等水洗织物。纯棉水洗布采用细特纱、平纹组织织制，为紧捻纱。织物有漂白、染色、印花等品种。水洗布的手感柔软，尺寸稳定，外观有轻微皱纹，免烫。主要用做各种外衣、衬衫、连衣裙、睡衣等面料。

24. 纬长丝织物

纬长丝织物又称涤棉纬长丝。其特点是，织物的经向为涤棉混纺纱，纬向为涤纶长丝，是一种交织织物。纬长丝织物一般以色织工艺加工，并采用小花纹组织织制，使纬丝在织物表面形成小提花，以突出其光泽。织物品种以府绸为多。这种织物质地轻薄，挺括滑爽，手感滑糯，光泽晶莹，色泽柔和，丝绸感强，易洗快干。主要用做男女衬衫、连衣裙等面料。

25. 氨纶弹力织物

氨纶弹力织物是用氨纶丝包芯纱（如棉氨包芯纱）作为经或纬，与棉纱或混纺纱交织而成的织物，也可以经纬均用氨纶丝包芯纱织制。这种织物，利用氨纶的弹性，形成非常优良的适体性。常见的品种有弹力牛仔布、弹力泡泡纱、弹力灯芯绒、弹力府绸等。这种织物的弹性良好，柔软舒适，穿着适体，服用性能好。主要用做运动服、练功服、牛仔裤、内衣裤、青年衣裤等面料。

14.1.3 棉织物的编号

棉织物的编号按 GB 406—78S 标准和 GB 411—78 标准，用四位编排。

第一位表示印染加工类别，规定如下：

1——漂白布类；

2——卷染染色布类；

3——轧染染色布类；

4——精元染色布类；

5——硫化元染色布类；

6——印花布类；

7——精无底色印花布类；

8——精元花印花布类；

9——本光漂色布类。

第二位表示本色棉布的品种类别，规定如下：

1——平布；

2——府绸；

3——斜纹；

4——哔叽；

5——华达呢；

6——卡其；

7——直贡、横贡；

8——麻；

9——绒布坯；

第三、四位是棉织物的顺序号。

若只有三位数，表示第一位没有代号，为本色棉布。

例：1130——漂白中平布；

6213——印花纱府绸；

125——本色中平布；

405——本色纱哔叽。

14.2　麻型织物

14.2.1　麻型织物的特点

麻型织物是指麻纤维纯纺织物及其混纺或交织物。

它具有以下特点：　麻纤维属纤维素纤维，其织物拥有与棉相似的性能。麻织物具有强度高、吸湿性好、导热强的特性，尤其强度居天然纤维之首。麻布染色性能好，色泽鲜艳，不易退色。麻织物对碱、酸都不太敏感，在烧碱中可发生丝光作用，使强度、光泽增强；在稀酸中短时间作用（1～2 分钟）后，基本上不发生变化，当然强酸仍对其构成伤害。抗霉菌性好，不易受潮发霉。

14.2.2　麻型织物的品种

麻型织物的品种比棉布和呢绒少得多，但因有其独特的粗犷风格和凉爽透湿性能，加之近年来的回归自然潮，使其品种日趋丰富起来。

1. 纯麻织物

（1）苎麻织物

苎麻织物是由苎麻纤维纺织而成的面料，分手工与机织两类。手工苎麻布俗称夏布，因其质量好坏不均一，故多用做蚊帐、麻衬、衬布用料；而机织苎麻布品质与外观均优于手工制夏布，布面紧密平整，匀净光洁，经漂白或染色后可制作各种服装。苎麻服装穿着挺爽、透气出汗，实属理想的夏季面料。

（2）亚麻织物

亚麻织物由亚麻纤维加工而成，分原色和漂白两种。

原色亚麻布不经漂白、染色，具亚麻纤维的天然色泽。漂白亚麻布经过漂炼、丝光，比原色布柔软光滑、洁白、有弹性。

亚麻布因布面细洁平整，手感柔软有弹性，穿着凉爽舒适、出汗不贴身等优点而成为各式夏令服装的面料，如外衣、衬衣、窗帘、沙发布等。

（3）其他麻织物

除苎麻布、亚麻布外，还有许多其他麻纤维织物，如黄麻布、剑麻布、蕉麻布等，这些麻织物在服装上很少使用，多用于包装袋、渔船绳索等。另外，近年来非常热门的罗布麻服装作为一种保健服饰，也日益为人们所认识和接受。

2. 麻混纺、交织织物

苎麻、亚麻纤维均可与其他纤维混纺或交织，大多为低比例麻纤维与化纤、天然纤维混纺或交织，目的是集各类纤维之长，补其所短，使面料性能更加优良，同时也可降低成本和价格，受到消费者的欢迎。

（1）麻棉混纺交织织物

麻棉混纺布一般采用55%麻与45%棉或麻、棉各50%比例进行混纺。外观上保持了麻织物独特的粗犷挺括风格，又具有棉织物柔软的特性，改善了麻织物不够细洁、易起毛的缺点。棉麻交织布多为棉作经、麻作纬的交织物，质地坚牢爽滑，手感软于纯麻布。麻棉混纺交织织物多为轻薄型，适合夏季服装。

（2）毛麻混纺织物

采用不同毛麻混纺比例纱织成的各种织物，其中包括毛麻人字呢和各种毛麻花呢。毛麻混纺布具有手感滑爽、挺括、弹性好的特点，适合制作男女青年服装、套装、套裙、马夹等。

（3）丝麻混纺织物

丝麻砂洗织物是近年来利用砂洗工艺开发出的新产品。它兼有真丝织物和麻织物的优良特性，同时还克服了真丝砂洗织物强度下降的弱点，产生了爽而有弹性的手感。此面料适合制作夏令服装。

（4）麻与化纤混纺织物

该类织物包括麻与一种化纤混纺的织物、麻与两种以上化纤混纺的织物，如涤麻、维麻、粘麻等织物及“三合一”织物。

① 涤麻布：指涤纶与麻纤维混纺纱织成的织物或经、纬纱中有一种采用涤麻混纺纱的织物，包括涤麻花呢、涤麻色织布、麻涤帆布及涤麻细纺、涤麻高尔夫呢等品种。涤麻布兼有涤纶与麻纤维的性能，挺括透气，毛型感强，适合制作西服、时装、套裙、夹克衫等。

② “三合一”混纺织物：指麻与两种纤维混纺的织物，如涤毛麻、涤麻棉、涤腈麻等。这种织物既具有麻织物的凉爽、舒适、挺括透气的特点，又具有其他两种纤维的优良特性，如涤毛麻既有麻的风格，又有毛涤花呢弹性好、不易起皱、易洗免烫的特点，可满足各种用途需要，非常适合制作男女各式时装、外套、裙料、裤料等。

14.3 毛型织物

14.3.1 毛型织物的特点

毛型织物是指以羊毛、兔毛等各种动物毛及毛型化纤为主要原料制成的织品，包括纯纺、混纺和交织品，俗称呢绒。毛型织物是众所周知的高档服装面料，具有很多优点。

呢绒面料的成分多为羊毛纤维，因此吸湿性很好，染色性能优良，但色泽以深色居多。

毛织物弹性大，导热性小，保温性能很好，与羊毛纤维具有天然卷曲、蓬松、含气量大也有一定关系。

毛织物耐酸不耐碱。羊毛属蛋白质纤维，因此对酸较稳定，一般稀酸对其不起破坏作用，在有机酸中也不会造成不良影响；但对碱较敏感，在 5%苛性钠溶液中煮几分钟就可使之溶解，可利用这一点进行毛织品的鉴别。

毛织物不耐高温，在 100～105℃温度下长时间放置会使纤维受到破坏，颜色变黄，甚至强力下降。毛织物的燃烧性能同丝织物，具有烧毛臭味，且燃烧后的灰烬为疏松的黑色小球，可压成粉末。

毛织物的耐光性较差，紫外线对羊毛有破坏作用，故不宜暴晒。

毛织物的防虫蛀性差，易被蛀虫蛀食，强力下降，甚至在呢面上形成破洞。

14.3.2 毛型织物的品种

毛型织物品种非常丰富，可将其归类，根据使用原料有全毛织物、含毛混纺织物、毛型化纤织物，根据生产工艺及外观特征有精纺呢绒、粗纺呢绒、长毛绒、驼绒等。下面就这些类型的一些具体品种加以介绍。

1. 精纺呢绒

精纺呢绒由精梳毛纱织造而成。其质地紧密，呢面平整光洁，织纹清晰，富有弹性，属高档服装面料。主要品种有华达呢、哔叽、花呢、凡立丁、派力司、女式呢、马裤呢、舍味呢等。

（1）华达呢

华达呢为精纺呢绒的主要产品，是采用 64 支毛条纺成股线，用 2/2 斜纹组织织成的斜纹织物。由于经密比纬密大 1 倍，故斜纹纹路倾斜呈 63°左右，呢面光洁平整，纹路清晰，呢身厚实紧密，有身骨和弹性，强度很高。常用做西服套装、制服等的衣料。

（2）哔叽

哔叽采用 2/2 斜纹组织织成。与华达呢相比，其经纬密基本一致，纱支较细，故织品呈现斜纹纹路约为 50°左右，纹路间隔宽于华达呢，呢面比华达呢平坦。哔叽可根据纱支粗细分为纱哔叽、半线哔叽和全线哔叽。哔叽具有呢面光泽柔和、手感润滑、有弹性、纱支条干均匀、美观大方等特点，用途同华达呢。

（3）舍味呢

舍味呢织物属精纺服装面料中的风格产品之一，采用混色毛条纺成的精梳毛纱作为经纬纱，以 2/2 斜纹组织织成。它属混色织物，色泽以灰色、咖啡色等混色为主，分毛面、光面和混纺舍味呢三种，具有呢面平整、光泽自然、柔软而富有弹性、手感温暖、外观均匀的夹花风格。舍味呢与哔叽相近，不同之处在于哔叽为单面。舍味呢适宜制作春秋男女西服、中山装及夹克衫等服装。

（4）花呢

花呢属精纺毛织物中品种变化最多的面料。常用于服装的花呢面料有以下几种。

① 单面花呢：花呢中最厚的产品，一般为采用 66 支纯毛或混用 55%涤纶纺成精梳毛纱织成的斜纹变化组织织物。其呢面具有凹凸条纹或花纹，正反面花纹明显不同，手感厚实，富有弹性。全毛花呢光泽柔和，膘光足。混纺花呢防缩耐磨，成衣保形性好，适合做西服套服。高档牙签条花呢是单面花呢的特色品种，深受国际市场欢迎。

② 薄花呢：花呢中的轻薄制品，采用平纹组织织成的浅色花呢织物，经纬纱捻度较大。具有质地轻薄、手感滑爽、穿着舒适挺括的特点，是理想的夏季衬衫、西裤面料。

③ 中厚花呢：比薄花呢厚重，纱支较粗，一般为斜纹或斜纹变化组织。具有色泽鲜艳、呢面光洁滑润、富有弹性的特点，如海力蒙、礼服呢等均属于中厚花呢类，适合制作春秋装、西服、裙衣等。

（5）凡立丁

凡立丁与派力司均属传统的轻薄精纺毛料。凡立丁是以较大捻度的精梳毛纱织成的平纹织物，具有质地细洁、轻薄滑爽、富有弹性的特点。它比派力司稍感柔糯，且以浅色居多，派力司则属混色织物。凡立丁适合用做夏季裙衣、西裤等面料。

（6）女式呢

女式呢也称女衣呢，是采用精梳单纱或股线织成的平纹或斜纹及其变化组织、提花组织织物。具有质地细结松软、轻薄、富有弹性、外观花纹清晰、色泽艳丽高雅、品种丰富、适应性强的特点。适于做各类女用服装和时装。

（7）马裤呢

马裤呢是精纺毛织物中最重的品种，属传统的高级衣料，是以 3/1 斜纹组织织成的斜纹纹路倾角呈 70° 左右的急斜纹织物，因其过去常用做骑马狩猎的裤料，故称“马裤呢”。马裤呢具有质地厚实、呢面光洁、正面斜纹粗壮、反面纹路扁平、手感挺实有弹性的特点，以军绿为主，故常用做军服、猎装材料。

2. 粗纺呢绒

粗纺呢绒由中、低级改良毛、土种毛等所纺的粗梳毛纱织造而成，其纱支低，毛纱内纤维排列不够整齐，条干均匀度差，毛纱表面呈毛绒状。粗纺呢绒须经缩绒和起毛工艺，因此其呢面绒毛覆盖，不露底纹，保温性能强，且使织物的厚度与坚牢增加，风格独特。粗纺呢绒的主要种类有麦尔登呢、海军呢、大衣呢、制服呢等。

（1）麦尔登呢

麦尔登呢是粗纺织物中最高级的品种，采用 2/2 斜纹组织织成，具有呢面细洁平整、呢身紧密挺实、手感丰满、有弹性、不露底、不起球等特点。适宜制作冬季长短大衣和中山装等。

（2）海军呢

海军呢质量仅次于麦尔登呢，是高级粗纺呢绒织品，所用原料以一、二级毛为主，混有少量精梳短毛，仍以 2/2 斜纹组织织成。具有质地紧密、呢面丰满平整、手感挺立、有弹性、不露底、耐磨性好及色光鲜艳等特点。因其多染成海军蓝、军绿及深灰色，故主要用于海军制服、海关人员工作服等。

（3）大衣呢

大衣呢是粗纺呢绒中较高档的品种，采用织物组织不同，可得到各种织品。大衣呢的基本特点是质地厚实，保暖性强。主要有平厚大衣呢、立绒大衣呢、顺毛大衣呢、拷花大衣呢、银枪大衣呢等品种。

① 平厚大衣呢：采用 5～12 支纱织成的平方米重为 430～700g/m^2 的大衣呢。具有呢面平整匀净、不起球、不露底、手感厚实的特点。

② 立绒大衣呢：采用 8～14 支纱织成的平方米重为 420～780g/m^2 的大衣呢。具有绒毛密立、丰满、手感柔软又富有弹性的特点。

③ 顺毛大衣呢：采用 8～14 支纱织成的平方米重为 380～780g/m^2 的大衣呢。具有绒毛平顺整齐且不露底、不脱毛、手感丰厚顺滑的特点。

④ 拷花大衣呢：采用 8～14 支纱织成的平方米重为 580～840 g/m^2 的大衣呢。其组织为双层组织，具有质地厚重、绒毛丰满、抗皱、挺括、保形性强、拷花纹路清晰、有弹性的特点。人字形或波浪形凹凸花纹成为拷花大衣呢的最明显外观特征。拷花大衣呢又分为立绒拷花、顺毛拷花及仿拷花等品种。适宜制作高档大衣。

⑤ 银枪大衣呢：因呢面中夹有均匀光亮的银白色枪毛而得名。外观乌黑丰满、呢面手感滑润、质地厚实、弹性好、保暖性强。枪毛一般采用马海毛，也有用涤纶、锦纶或腈纶异形丝的。适宜制作高档大衣，独具特色。

（4）制服呢

制服呢是粗纺呢绒中较低档的品种，纱中混有短毛或再生毛。呢面粗糙，色光较差，身骨较松软，露底纹，但织物较厚实，保暖性好。一般适宜制作上装。

（5）粗花呢

粗花呢是粗纺呢绒中花色品种规格最多的一类。常用两种或以上色纱合股织成平纹、斜纹或各种变化组织织物。具有花纹丰富（混色、夹花、显点等）、质地粗厚、结实耐用、保暖性好的特点。适宜制作男女三季服装。粗花呢中值得一提的是钢花呢，也称火姆斯本，呢面具有明显的散布状彩色粒点，给人以赏心悦目、素雅之感。

（6）法兰绒

法兰绒是粗纺呢绒中的混色缩绒品种，常以平纹或斜纹织成。具有绒毛丰满细洁、混色均匀、不起球、手感柔软有弹性、悬垂性和保暖性均较好的特点。多以灰色为主，适合制作春秋各种服装。

3. 长毛绒

长毛绒又名海虎绒或海勃龙，为起毛立绒织物。它是由两组经纱（地经与毛经）与一组纬纱用双层组织织成，经割绒后得到两片具有同样长毛绒的织品。具有绒面平整、毛长挺立丰满、手感柔软蓬松、质地厚实有弹性等特点。长毛绒通常用棉线作为地经与纬纱，只有毛经才用毛纱。可分为素色、夹花、印花、提花等品种。适用于冬季女装、童装、衣里、衣领、帽子及沙发等。

4. 驼绒

驼绒又称骆驼绒，属针织拉绒产品，因羊毛染成驼色而得名，用棉纱编织成地布，粗纺毛纱织成绒面，经拉毛起绒而形成毛绒。具有绒身柔软、绒面丰满、伸缩性好、保暖舒适等特点。适宜制作各种衣、帽、鞋的里料。不过，在裁剪时应注意驼绒绒毛的顺向，以免拼接不当，影响外观。常见的驼绒品种有美素驼绒、花素驼绒、条子驼绒等。

14.3.3 毛织物的编号

1. 精梳毛织物的编号

精梳毛织物的编号由五位数字组成。

第一位数字代表原料，2 代表面料是全毛的，3 代表混纺的，4 代表织物是纯化纤产品。

第二位数字代表产品类别，1 代表哔叽、舍味呢类，2 代表华达呢类，3、4 代表中厚花呢类，5 代表凡立丁、派立司，6 代表女衣呢，7 代表贡呢，8 代表薄花呢，9 代表其他类。

第三、四、五位数字代表顺序号，有的后面标有色号等标志。

2. 粗梳毛织物的编号

粗梳毛织物的编号也由五位数字组成。

第一位数字表示粗梳毛织品原料成分。0 表示全毛，1 表示毛混纺，7 表示全化纤，8 表示特种动物毛纯纺或混纺，9 表示其他（新型原料）。

第二位数字表示大类织物名称。1 表示麦尔登类，2 表示大衣呢类，3 表示海军呢类，4 表示制服呢类，5 表示女式呢类，6 表示法兰绒类，7 表示粗花呢类，8 表示学生呢类。

第三、四、五数字表示生产序号，为 001～999。

例如，01002 为全毛粗纺麦尔登，编号为 002；12016 为毛混纺大衣呢，编号为 016。

3. 长毛绒织物的编号

长毛绒织物的编号也由五位数字组成。

第一位数字是 5，表示是长毛绒织物。

第二位数字表示用途，1——服装面料用，2——衣里用，3——工业用，4——家具用。

第三位数字表示原料，0——纯毛，4——混纺，7——化纤。

第四、五位数字为产品顺序号。

14.4 丝型织物

14.4.1 丝型织物的特点

丝型织物主要是指以蚕丝为原料织成的纯纺或混纺、交织的纺织品，它因具有得天独厚的优良服用性，因此得到了广泛的使用，其主要特点如下。

蚕丝织物具有较好的强伸度和弹性，但抗皱性能差。蚕丝织物具有很好的吸湿性、染色性和光泽，所染织物色彩艳丽、光泽明亮。其含水率可达 11%～12%。蚕丝织物耐酸不耐碱。

对无机酸具有一定的稳定性，对碱反应敏感，但比羊毛稳定。洗涤时应用中性或弱酸性洗涤剂。蚕丝织物燃烧性能同羊毛，发出烧毛臭味。耐热性高于棉与呢绒，在120℃时几乎不受影响。丝织物的耐光性很差，注意防晒，以免泛黄。蚕丝织物抗霉菌性好于棉、呢绒和粘纤。

14.4.2 丝型织物的分类

丝型织物是高档的服装材料，主要以天然蚕丝纤维和各种人造丝、合成纤维丝制成。具有柔软滑爽、光泽明亮等特点，穿着舒适、华丽、高贵。其品种丰富，种类齐全，可按原料分类，也可按组织结构和外观特征加以区分。

1. 按原料分类

丝型织物按原料大体可分为四大类：真丝绸、人丝绸、合纤绸、交织与混纺绸。

（1）真丝绸

真丝绸是采用天然蚕丝纤维织成的织物。它又可分为桑蚕丝绸、柞丝绸、绢纺绸等。其中，桑蚕丝绸指经、纬全部采用桑蚕丝织成的织品，如塔夫绸、双绉、电力纺等，其具有光泽柔和、质地柔软、手感滑爽、穿着舒适有弹性等特点，是理想的夏季高档服装面料。柞丝绸是指经、纬均采用柞丝织成的丝绸，如柞丝纺、柞丝哔叽等，它具有质地平挺滑爽、手感厚实、弹性好、坚牢耐用等特点，比桑蚕丝绸价格便宜，但光泽和颜色不如桑蚕丝绸。绢纺绸则是指用绢丝织成的织品，如绢丝绸、棉绸等，虽然绢纺原料为丝织厂的下脚料、疵茧废丝，但其织物仍不失为高档的服装面料，具有光泽柔和、手感柔软、吸湿悬垂性好的优点，不过绢纺服装穿着后有易泛黄、发毛的缺点，多用于制作男女衬衫、睡衣、睡袍等。

（2）人丝绸

人丝绸是采用粘胶人造丝织成的织物，如立新绸、美丽绸、有光纺等。这类面料具有质地轻薄、光滑柔软、色泽鲜艳的特点，但由于粘胶丝湿强力低下，弹性较差，故人丝绸湿强低，弹性差，易起皱，穿着时衣服底边易变形。人丝绸的缩水率较大，剪裁前应预缩。

（3）合纤绸

合纤绸是采用合纤长丝织成的织品，包括涤丝绸、锦丝绸、涤丝绉、涤纶乔其纱等，这类织物具有天然丝织物的外观，但其绸面更平挺，身骨更坚牢，耐磨性、弹性更好，缺点是光泽不太柔和，吸湿、透气性差，穿着有闷热感。其服装缝纫和穿着时易扒丝。

（4）交织与混纺绸

交织与混纺绸是用人造丝或天然丝与其他纤维混纺或交织而成的仿丝绸织品，如织锦缎、羽纱、线绨、涤富绸等。面料的特点由参与混纺或交织的纤维的性质决定。

2. 按组织结构和外观特征分类

丝型织物按组织结构和外观特征分为十四大类，即纺、绫、缎、绉、绸、绢、绡、绨、纱、罗、葛、锦、呢、绒类。每类中有很多品种，下面就其主要品种进行介绍。

14.4.3 丝型织物的品种

（1）纺类

纺类指用桑蚕丝、绢丝、人造丝等为原料织成的平纹织物，经纬丝一般不加捻或加弱捻，织出织品后，再经炼染或印花。纺类织物质地轻薄，布面平整细密。常见的品种有电力纺、杭纺、绢丝纺、彩格纺、富春纺、华春纺、无光纺、有光纺等。

① 电力纺：用桑蚕生丝织成。质地紧密细洁，光泽肥亮，布身轻薄滑爽，比绸飘逸透凉，比纱密度大，适合制作夏季男女衬衫、裙子及羊毛衫里料等。

② 杭纺：因产地在杭州而得名，属桑蚕生丝织成面料。织品无正、反面之分，绸身质地粗犷厚实，手感柔挺，穿着舒适凉爽，为夏季衬衫、裙、裤等的材料。

③ 绢丝纺：以纯桑蚕绢丝为原料织成的丝织物。具有质地丰满柔软、织纹简洁、光泽柔和、触感宜人的特点，并有良好的吸湿、透气性。主要用来制作夏季服装，多为外销。

④ 柞绢纺：由柞绢丝织成，类同桑绢纺。质地丰厚糯爽，手感比桑绢纺略糙，绸面略带褐色。可做春、秋外衣料或装饰用绸。

⑤ 富春纺：由粘胶丝和人造棉交织而成的纺类织物，分素色、印花、漂白品种。质地丰厚，手感柔软，布面呈现横向细条（原因是经纱细、纬纱粗）。适合用做夏季连衣裙或被褥面料，也可用做冬季棉衣面料。其缺点在于湿强差、缩水大、易皱，须在制作前进行预缩或放码处理。

（2）缎类

缎类是以桑蚕丝或人造丝为原料织成的缎纹织物，分经面缎和纬面缎两种，一般经纱不加捻或少加捻。缎类织物外观明亮、滑润，但不耐磨、易起毛。常见的品种有素软缎、花软缎、九霞缎、花广绫、绣锦缎、绒面缎等。

① 素软缎：由桑蚕丝织成或由桑蚕丝和人造丝交织而成的缎类织物。具有经、纬密相差很大，质地柔软，缎面光亮、素静无花的特点，主要用做被面、妇女及儿童服装，或加工成工艺品、戏装等。

② 花软缎：以真丝与人造丝为原料织成的提花缎类织物。具有质地柔软、光滑、花纹鲜明突出、精致细巧的特点。花软缎根据花型大小分为大花与小花两类，主要用做妇女、儿童服装及少数民族服装。

③ 九霞缎：是平经绉纬的纯桑丝提花织物，即经纱采用两根并合丝，纬纱用强捻丝并以2S、2Z 捻交替织入的交织缎。具有绸面色泽光亮柔和、质地柔软、富有弹性的特点，尤其地组织呈现皱纹效应，光泽较暗淡，因此花纹就显得格外鲜艳明亮、灿烂夺目，这便是九霞缎名称的由来。这种绸缎一般染成深色和浅色织品，是制作妇女服装的最佳衣料之一。

④ 花广绫：是单经单纬的纯桑丝提花缎类织物，因此这种面料是在八枚经缎纹地上，显出八枚纬缎纹花，具有绸面光滑、质地柔软、花型分布均匀的特点。

（3）绸类

绸类指采用桑蚕丝、人造丝、合纤丝等纯织或交织而成的无其他类丝织物特征的各种花、素丝绸织物，一般采用平纹或各种变化组织。绸类丝织物比纺类稍厚重些，但其品种轻重、厚薄差异较大，轻薄型的绸质地柔软，富有弹性，常用做衬衫、裙料等；中厚型绸面层次丰富，质地平挺厚实，适宜做各种高级服装，如西服、礼服或供室内装饰之用。常见品种有双宫绸、绵绸、大同绸、四季料、塔夫绸、花线春等。

① 塔夫绸：采用平纹组织和高于一般绸织物密度织成的高档绸。具有质地紧密、绸面细洁光滑、平挺美观、光泽柔和自然、不易脏污等特点，缺点是易皱，折叠重压后折痕不易恢复，适用于夏季服装衣料及服饰配件头巾、伞布等用料。

② 双宫绸：纬纱采用双宫丝的纯桑蚕丝素色绸类平纹丝织物。因经细纬粗，绸面呈现均匀而不规则的粗节，质地紧密挺括，色光柔和，有色织与白织之分。双宫绸宜做西式服装面料和装饰用绸，也可用于贴墙装饰。使用时应注意绸身披丝现象，因为经细纬粗相差较显著。双宫绸是国际上颇为流行的品种之一。

③ 花线春：又名“花大绸”，是浙江杭州、绍兴的传统产品。采用桑蚕丝纯织或桑蚕丝与棉纱交织而成，属平纹地小提花织物。花线春织物的特点是布面为满地花图案，组织紧密，质地厚实、坚韧，光泽柔和丰润。适用于少数民族外衣和礼服、男女服装等。

④ 四季料：采用柞蚕丝与柞绢丝交织而成的绸类平纹丝织物。其特点是质地轻薄柔软，光泽柔和，既有丝的珠宝光泽，又酷似羊毛手感，同时具有良好的吸湿性和透气性。其产品多为染色绸和练白绸，宜做各式男女服装，尤其适宜做连衣裙、领带和高级内衣用料。

（4）绉类

绉类是采用丝线加强捻或运用绉组织等手段织制的外观呈现小颗粒状皱纹效应、富有弹性的丝织物，称为绉类丝织物。它的品种很多，其中以平纹组织织成的占大多数，如中薄型的双绉、花绉、碧绉，中厚型的缎背绉、留香绉等。

① 双绉：采用平经绉纬，以平纹组织织成的绉类丝织物。它采用了两种不同捻向的强捻纬纱以 ZS、ZZ 交替织入，在布面上形成隐约可见的均匀闪光细鳞纹，别具风格。具有手感柔软、富有弹性、轻薄凉爽等特点，属丝绸中的高档品种。但缩水率较大，在制作前应注意预缩或放缩率。双绉有漂白、染色、印花等品种，用途很广泛，适宜制作衬衫、裙子、头布、绣衣等。

② 碧绉：采用与双绉相似的织法，只是纬纱由三根并合强捻丝与呈螺旋状的单丝相互抱合成线，从单方向织入，也称单绉。碧绉绸面呈现细小的螺旋状闪光皱纹，光泽和顺，质地柔软轻滑、坚牢耐穿，绸身比双绉略厚。碧绉的品种也有素色、条、格之分，适宜做春、秋、夏装。碧绉同样也存在缩水率大的缺点，使用时务必留意。

③ 桑波缎：采用平经绉纬织成的纯桑蚕丝提花绉类丝织物，是在五枚纬面缎纹地上提出五枚经面缎纹花，具有爽挺舒适、弹性好、缎面光泽柔和、地部略有微波纹的特点。用做男女衬衫或妇女裙料等。由于缎纹浮线较长，织物易起毛，因此不宜多洗。

（5）绫类

绫类是采用斜纹或变化斜纹为基础组织，表面具有明显的斜纹纹路，或以不同斜向组成的山形、条格形以及阶梯形等花纹的花、素丝织物，一般采用桑蚕丝或蚕丝与化纤长丝交织而成。绫类织物具有质地轻薄、手感柔软、光泽和顺的特点。常见品种有真丝斜纹绸、绢纬绫、柞花绫、花粘绫、美丽绸、采芝绫、羽纱等。

① 真丝斜纹绸：也称真丝绫，是用纯桑蚕丝织成的绫类丝织物，一般为 2/2 斜纹组织。面料具有质地柔软光滑、光泽柔和、色彩丰富、轻薄飘逸等特点。多用来制作衬衫、连衣裙、睡衣及方巾、长巾等。

② 绢纬绫：采用 2/2 斜纹组织以桑蚕丝与桑绢丝交织的绫类丝织物。产品质地中型偏薄，绸面微亮，纹路清晰，如同丝毛织物，适合用做服装或领带面料。

③ 采芝绫：采用桑蚕丝与粘胶丝交织的起花绫类丝织物，其中经纱用两组纱，一组为桑蚕丝，另一组为有光粘胶丝，纬纱用一组有光粘胶丝，以 1/3 破斜纹组织织成。这种面料质地中型偏厚，地纹星点隐约可见，适合做妇女春秋装、冬季棉衣面料及儿童斗篷等。

④ 美丽绸：又称美丽绫，属纯粘胶丝绫类丝织物，用 3/1↗斜纹织成。具有绸面光亮平

滑、斜纹纹路清晰、反面暗淡无光的特点。一般以浅灰、咖啡、酱红、元色为主，是高档的服装里料。

（6）绢类

绢类是采用平纹或重平组织织成的桑蚕丝、人造丝纯织或交织物，具有先染后织的特点，经纬纱不加捻或加弱捻。绢类织物绸面细密挺爽、光泽柔和，既可用做服装，又可做装饰物。主要品种有塔夫绢、彩花绢纺、天香绢、迎春绢、绒地绢、格夫绢等。

① 塔夫绢：采用纯真丝色织而成的提花绢类丝织物，也可采用人丝或涤丝制织而成，用平纹组织。具有质地平挺滑爽、织纹紧密细腻、花纹光亮突出的特点，人丝、涤丝塔夫绢还具有价格低廉的优势，一般用做妇女服装、礼服及伞面、鸭绒服装等面料。

② 天香绢：以桑蚕丝为经、粘胶丝为纬的平纹提花绢类织物。因有两组纬纱，故又称双纬花绸。具有绸面细洁雅致、织纹层次较多、质地紧密、轻薄柔软、花纹明亮多彩的特点。主要用来制作妇女服装、儿童斗篷等。

③ 格夫绢：采用桑蚕丝和金银丝交织的色织绢类丝织物，在素塔夫绢地上有规律地嵌入少量金银丝。织物质地平挺滑爽，格纹银光闪烁，为一种高级塔夫织物。宜做妇女春秋服装及晚礼服。

（7）绡类

绡类是采用桑蚕丝、人造丝、合纤丝等织成的低密度平纹或透孔组织织物。具有质地爽挺轻薄、透明、孔眼方正清晰等特点，有素绡、提花绡、修花绡之分。主要用于晚礼服、头巾、披纱及工业筛网等。常见品种有真丝绡、建春绡、素丝绡、长虹绡、伊人绡、烂花绡等。

① 真丝绡：采用纯桑蚕丝织成的平纹绡类织物。因为使用半精炼纱线，故具有丝身刚柔糯爽、织物孔眼清晰、质地轻薄平挺的特点。主要用做晚礼服、宴会服、舞台装等。

② 素丝绡：采用纯锦纶丝织成的变化平纹组织绡类织物。其质地轻薄透孔，适合做头巾或装饰料。

③ 烂花绡：采用锦纶丝和有光粘胶丝交织的经起花烂花绡类丝织物。因为锦纶丝和粘胶丝具有不同的耐酸性能，经烂花后，花、地分明，织物具有绡地透明、花纹光泽明亮、质地轻薄爽挺的特点。主要用做窗纱、披纱、裙料等。

（8）绨类

绨类是采用长丝做经，棉纱或蜡纱做纬，以平纹组织交织的丝织物。具有质地粗厚、耐用、织纹简洁清晰的特点。有素、花绨之分，多用于被面、装饰用绸。常见品种为一号绨、蜡线绨、素绨等。

① 一号绨：采用粘胶丝做经，丝光棉纱做纬交织成平纹地经起花绨类织物，其经密约为纬密的三倍，是线绨类织物中最坚牢耐穿的一种。质地坚实丰厚，地纹光泽柔和，适宜制作秋冬季服装和装饰绸料。

② 蜡线绨：采用粘胶丝做经，蜡光棉纱做纬交织成平纹地经起花绨类织物，经密约为纬密的两倍。具有绸面光洁、手感滑爽的特点，多用做秋冬季服装或被面等。

③ 素绨：采用铜氨丝做经，蜡光棉纱做纬交织成平素绨类织物，其经密约为纬密的两倍，平纹组织制造。具有质地粗厚缜密、丝纹简洁清晰、光泽柔和的特点，以元色、藏青、酱红、咖啡为多，是制作男女棉袄的适宜面料。

（9）葛类

经丝细而密，纬丝粗而疏，经、纬用相同或不同种类原料织成的表面有明显横向凸纹的花、素丝织物称为葛类。一般采用平纹、经重平或急斜纹组织，经纱用人造丝，纬纱用棉纱、羊毛纱或混纺纱，也可采用经、纬全是真丝或人造丝。葛类织物质地厚而较坚牢，外观粗犷，横棱凹凸明显，多用做春秋季和冬季的袄面、沙发坐垫面料等。常见品种有明华葛、文尚葛、金星葛、素毛葛等。

① 明华葛：采用纯粘胶丝织成的经细纬粗、经密纬疏、平地经起花葛类织物。其绸面具有明显横凸纹效应，且呈现隐约花明地暗的效果，质地较柔软。主要用做春秋服装或冬季棉袄面料。

② 文尚葛：采用粘胶丝与棉纱交织的葛类织物，以联合组织织成，外观具有明显的横凸纹，质地精致紧密而较厚实，色光柔和。大多用于春、秋、冬季服装，还可做沙发面料、窗帘等。

③ 素毛葛：采用粘胶与人造毛纱或棉纱交织的平纹类葛类织物。其经、纬密相差很大，经密约为纬密的 4 倍，故绸面横凸纹明显，质地厚实，光泽柔和，类似于文尚葛。常用做春秋装或棉袄面料。

（10）锦类

锦是丝织品中最精巧的产品，是采用斜纹、缎纹组织，以真丝与人造丝为原料交织而成的绚丽多彩的色织大提花织物。其织品质地厚实丰满，外观五彩缤纷、富丽堂皇，花纹精致古朴，是制作服装袄面、旗袍与室内装饰物的极佳材料。锦类品种繁多，用途很广泛，有传统名锦蜀锦、宋锦、云锦，常见的锦品有织锦缎、彩库锦、百花锦等。

① 蜀锦：产于四川的一种缎面提花织物，分经锦和纬锦两类。其质地坚韧丰满，纹样风格秀丽，配色典雅，富有民族和地方特色。蜀锦包括雨丝锦、方方锦、浣花锦、铺地锦、民族锦、彩晕锦等。常作为高级服饰和装饰用料及民族用料。

② 宋锦：模仿宋朝锦缎风格的传统产品，是采用纯桑蚕丝或桑蚕丝与有光粘胶丝交织的纬起花锦类织物，具有锦面平挺、结构精细、光泽柔和雅致、色彩图案古色古香等特点。宋锦产品专供名人书画和贵重礼品的高级装贴用。

③ 云锦：云锦同蜀锦、宋锦一起称为中国的三大名锦，产于南京，是由桑蚕丝与金银皮、粘胶丝交织而成的传统提花多彩特色锦类丝织物。由于织物图案中常配以祥云飞霞，犹如天空多彩变幻的云霞，故名云锦。云锦具有质地紧密厚重、风格毫放饱满、典雅雄浑、色彩富丽等特点，品种有库锦、库缎、妆花三大类。适宜做少数民族服装和各种装饰材料。

④ 织锦缎：为传统的熟织提花丝织物，是采用真丝加捻丝为经、有光粘胶丝为纬织成的经面缎纹提花织物。具有花纹精细、质地厚实紧密、缎身平挺、色泽绚丽、少则三色、多则七八色甚至十色的特点，属高档丝织物。一般适于做旗袍、便服、睡衣、礼服及少数民族节日盛装等高档服用衣料。

⑤ 百花锦：由桑蚕丝做经、四色粘胶丝做纬交织成的经缎地纬提花锦类织物。具有织物精致华丽、花纹多彩丰富、富有立体感的特征。宜作为春秋服装或冬季袄面。

（11）纱类

纱类是采用加捻桑丝线、人造丝或合纤丝织成的透明轻薄织物。其经纬密度较疏松，表面具有全部或局部透明纱眼，透气性好，质地轻薄，广泛用于窗帘、蚊帐及夏季服装。常见品种有乔其纱、芦山纱、莨纱、窗帘纱等。

① 乔其纱：经纬纱均采用强捻丝，经纱以2S、2Z相间而纬纱以2Z、2S相间排列织成的经纬密均较稀疏的平纹丝织物。具有质地轻薄稀疏、表面呈现细微均匀皱纹、纱孔明显、悬垂飘逸的特征。适宜做夏季女衣裙、衬衫及婚礼服等。

② 芦山纱：浙江湖州市的传统产品，采用纯桑蚕丝织制的平纹提花织物。经、纬丝采用加捻丝，经丝以8S、8Z间隔排列，且经密是纬密的2倍多。所织织物具有绸面皱纹明显、色彩素洁、直条清晰并略有细小纱孔、手感轻薄爽挺、透气性好的特点。适于做夏季衬衫或长裤。

（12）罗类

罗类是采用合股丝做经纬纱织成的绞经织物。其中，经纱有两组，纬纱有一组，织成绸面呈横向或直条状纱孔，分别称为横罗或直罗，具有与纱相类似的特点，因此常与纱连在一起称为纱罗织物。其历史悠久，品种很多，常见的有杭罗、窗锦罗、素罗等。

① 杭罗：原产于杭州，由纯桑蚕丝织制的罗织物，故名“杭罗”。以平纹和纱罗组织联合构成，其绸面具有等距规律的直条形或横条形的纱孔，孔眼清晰，质地刚柔滑爽，穿着舒适凉快，耐穿、耐洗。多用做夏季衬衫、便服面料。

② 窗锦罗：以桑蚕丝织成的提花罗类织物，具有表面直条形孔眼清晰，并在其中缀织经花和少量陪衬纬花的特色，质地轻薄挺括，悬垂性好，风格别致。主要用于夏季服装或窗帘装饰等。

（13）呢类

采用绉组织、平纹、斜纹等组织，应用较粗的经纬丝线制织的质地丰厚仿毛型感的丝织物，称为呢类丝织物。一般以长丝和短纤纱交织为主，也有采用加中捻度的桑蚕丝和粘胶丝交织而成的。根据外观特征，可将“呢”分为毛型呢和丝型呢两类，其主要品种有大伟呢、五一呢、康乐呢、四维呢、博士呢、纱士呢等。

① 大伟呢：为仿呢织物，属平经绉纬小提花类。正面织成不规则呢地，反面为斜纹变化组织，具有呢身紧密、手感厚实、光泽柔和、绸面暗花纹隐约可见犹如雕花效果的特征。适合制作长衫、短袄等。

② 纱士呢：由粘胶丝平经平纬织成的平纹小提花呢类织物。具有质地轻薄、平挺、手感滑爽、外观呈现隐约点纹的特征。常用做夏令或春秋服装。

（14）绒类

采用桑蚕丝或化纤长丝，通过起毛组织制织而成的表面具有绒毛或绒圈的花素织物，称为丝绒织物，具有外观绒毛紧密耸立、质地柔软、色泽鲜艳光亮、富有弹性等特点。主要品种有天鹅绒、乔其绒、金丝绒、立绒、烂花绒等。

① 天鹅绒：也称漳绒，因起源于福建漳州而得名，是表面具有绒圈或绒毛的单层经起绒织物。具有绒圈或绒毛浓密耸立、光泽柔和、质地坚牢耐磨等特点，多以黑色、紫酱色、杏黄色、蓝色、棕色为主。常用做高档服装面料，帽子和沙发、靠垫等面料。其储存以挂藏为宜，以免绒毛倒伏，影响美观。

② 乔其绒：采用桑蚕丝和粘胶丝交织的双层经起绒丝织物，由双层分割形成绒毛。其起绒部分采用有光粘胶丝，而地经地纬均采用强捻桑蚕丝，故具有绒毛耸密挺立、呈顺向倾斜、手感柔软、富有弹性、光泽柔和等特点。乔其绒可经割绒、剪绒、立绒、烂花、印花等整理，得到烂花乔其绒、烫漆印花乔其绒等名贵品种。宜做妇女晚礼服及少数民族礼服等。

③ 立绒：采用桑蚕丝和人造丝相交织的经起毛双层绒织物。织造方法同乔其绒，区别在

于立绒毛密，短而平整，挺立不倒。具有绒身紧密、手感柔软丰满、光泽柔和、质地坚韧等特点。适合做妇女服装、节日盛装等。使用时应防止水滴溅上而引起不美观的水渍痕。

14.4.4 丝织物的编号

丝织物的编号有外销编号与内销编号。

1. 外销丝织物编号

外销丝织物编号由五位阿拉伯数字组成，分别表示品种使用的原料、所属大类和规格的序号。

第一位数字代表丝织物的原料的属性。1 表示桑蚕丝织物（包括桑丝及其副产品绢丝和绸丝），2 表示合成纤维的长丝或长丝与短纤维纱线交织的织物，3 表示天然短纤维与其他短纤维混纺的纱线所织成的织物，4 表示柞蚕丝类织物，5 表示粘胶丝或醋酯丝与短纤纱线交织的织物，6 表示上述原料交织的织物，7 专用于表示被面。

第二位或第三位数字分别表示丝织物所属的大类。0 表示绡类，1 表示纺类，2 表示绉类，3 表示绸类，40～47 表示缎类，48～49 表示锦类，50～54 表示绢类，55～59 表示绫类，60～64 表示罗类，65～69 表示纱类，70～74 表示葛类，75～79 表示绨类，8 表示绒类，9 表示呢类。

第三～五位数字表示品种的序号。

2. 内销丝织物编号

内销丝织物编号也采用五位数字。

为了与外销区别，第一位数字 1～7 不用，仅使用 8 和 9 两个数字。其中，8 表示衣着用丝织物，9 表示被面和装饰用布。

第二位数字代表原料属性。例如对于衣着用绸，4 表示粘胶纯织，5 表示粘胶交织，7 表示蚕丝纯织或交织。

第三位数字代表组织结构。

第四、五位数字代表规格序号。

习题

一、简答题

1．简述棉织品的常见品种。
2．简述麻织品的特点。

二、能力分析题

1．到本地商场实地调研毛料的品种、特点。
2．到本地商场实地调研丝绸的品种、特点。

第4篇

食品商品知识

食品的种类繁多，不同种类食品的质量特点有较大的差异。

第 15 章　食糖和糖果

15.1　食糖的品种及质量

食糖是糖类的总称，俗称糖，是由甘蔗和甜菜原料制成的甜味食品。糖易被人体吸收，供给人体能量，有较高的营养价值，是人们日常生活中的必需品，也是食品工业、饮食业、医药工业等轻工业的重要原料。

15.1.1　食糖的原料及化学成分

1. 食糖的原料

可以用来制糖的植物很多，凡是含蔗糖成分较多的栽培植物和野生植物都可以用来制糖，但经济价值较高的是甘蔗和甜菜。甘蔗和甜菜是目前世界各国制糖的主要原料。我国长江以南以甘蔗制糖，东北、华北、西北多以甜菜制糖。

2. 食糖的化学成分

食糖的主要成分是蔗糖，还含有还原糖、葡萄糖、果糖、水分、灰分等。

（1）蔗糖　蔗糖是食糖的主要成分，如白砂糖含蔗糖达 99.75%以上，绵白糖含蔗糖 95.5%，品质较差的红糖含蔗糖量为 86%～88%。蔗糖的吸湿性不强，甜度中等。含量越多，糖的品质越纯净，甜度越大，营养价值也越高。

（2）葡萄糖　葡萄糖是白色晶体，可直接被人体消化吸收，甜度不大，吸湿性小，容易保管。

（3）果糖　果糖是白色晶体，吸湿性最强，甜度最大，不易保管。

（4）还原糖　绵白糖和红糖含量较多，食糖中的还原糖主要是转化糖，有较强的吸湿性。食糖中还原糖越多，吸水性越强，容易吸潮溶化，不利于食糖的保管。

（5）水分　食糖中的水分通常是指吸附水，即附着于食糖晶体表面的水分。食糖含水量高会使食糖发黏、易结块、溶化，不易保管。食糖含水量少，会发生干缩。因此，食糖水分含量的多少与食糖的品质和保管有关。食糖中水分含量有一定限度。

（6）灰分　灰分是指食糖中所含的矿物质，如钾、铁、钙、钠及其他物质。食糖中除原料本身所含的矿物质外，在生产中杂质除得不净，也会使食糖的灰分增加，使糖的纯度和色泽降低，增加食糖的吸湿能力。因此，食糖中如果灰分含量过大，则不宜食用。

15.1.2 食糖的生产工艺

甘蔗和甜菜制糖的方法及具体的工艺技术虽有区别，但机制糖生产大体都需要经过处理、取汁、清净、蒸发、结晶、分蜜、干燥、包装等基本工艺流程。

15.1.3 食糖的分类

食糖的种类很多，分类的方法各不相同，一般可根据原料、制造方法、颜色和商业经营习惯进行分类。

1．按制糖原料分类

食糖可以分为甘蔗糖和甜菜糖。甘蔗糖的主要产区是广东、广西、福建、四川、云南等省区。甜菜糖的主要产区是黑龙江、吉林、内蒙古、新疆等省区。目前我国甘蔗糖的产量占80%左右，但从发展趋势看，甜菜糖增长的速度较快；从品质上看，两种糖无显著区别；从甜度上看，两种糖基本一致。

2．按制造方法分类

食糖可以分为机制糖和土制糖。机制糖由现代化工厂生产，设备好，生产集中，产量大，品质纯净，主要品种有白砂糖、绵白糖、赤砂糖等。土制糖是半机械化或手工生产的糖，产量小，含杂质较多，色泽深浅不一，含水量较大，不易保管，主要品种有土红糖等。

3．按加工程度分类

食糖可分为粗糖，如进口原糖等；精糖，如白砂糖、绵白糖等；再制糖，如方糖、冰糖、单晶体糖。

4．按颜色分类

食糖可分为白糖、红糖。市场上常见的白糖有白砂糖、绵白糖、冰糖、方糖、单晶体糖等。红糖有赤红糖、土红糖等。

5．按商业经营习惯分类

食糖分为白砂糖、绵白糖、赤砂糖、红糖、方糖、冰糖、进口原糖等。

15.1.4 食糖的品种

1．白砂糖

白砂糖简称砂糖，色泽洁白发亮，晶粒大如砂粒，均匀、整齐、质坚、松散、干燥，滋味纯正，无杂味。水分、杂质、还原糖含量极低，是纯度最高的糖。按晶粒大小有粗砂、中砂、细砂之分。粗砂多用于食品工业，中砂、细砂供应市场。

2. 绵白糖

绵白糖简称绵糖，色泽雪白，晶粒细小均匀，质地绵软，潮润，溶化快，口味鲜甜纯正。含水分、还原糖多，不易保管。绵白糖与白砂糖的甜度无明显差别，但绵白糖晶粒细，入口易溶化，容易感到甜味，食用方便，是人们喜爱的一种食品和调味品。

3. 赤砂糖

赤砂糖俗称红糖或机制糖，晶粒如砂，颜色较深，色泽赤红、赤褐或黄褐。生产中不经洗蜜，表面附着蜜糖，有糖蜜味，有时还有焦苦味。水分、杂质和还原糖含量多，不易保管。

4. 土红糖

土红糖系手工生产的产品。按其形状不同，分为红糖粉和块状红糖。

红糖粉的颜色有金黄、淡黄、枣红、赤红等，口味醇正，有甘蔗的清香味。其中，颜色金黄、色泽鲜明、干燥、松散、很少有结团出现的粉糖，其甜度和质量与赤砂糖相似。但是粉糖水分、杂质、还原糖含量较高，色泽深，晶粒又细，易吸湿溶化，不宜长期保管。

块状糖又分为片糖、块糖、碗糖、篓子糖等。无统一规格，颜色差异较大，以浅色为好。具有甘蔗的清香和浓郁的糖香，要求不带苦焦味，具有诱人的焦香气味，颇受消费者喜爱。

赤砂糖与土红糖均是未经提纯的糖，保留的营养成分较多，据分析每 500 克含钙质 450 毫克、铁质 20～40 毫克，还含有比白糖多的人体必需的微量元素，如锰、锌、胡萝卜素、核黄素、烟酸等，这些成分都是产妇需要的营养物质。中医还认为红糖对人体有益气、缓中、化食、活血去污的作用。因此，产妇宜吃红糖。

5. 再制糖

以白砂糖为原料的再制糖因加工方法不同有方糖和冰糖两种。

（1）方糖　方糖有正方体和长方体两种。它的特点是品质纯净，洁白，富有光泽，糖块棱角完整，在温水中很快溶化，糖液清晰、透明、无杂质、口味清甜、不带异味。它主要用于饮料，取食方便，多为外销。

（2）冰糖　因加工方法不同又分为盆冰糖和单晶冰糖两种。盆冰糖晶形如冰，色泽为白色或微黄色，有透明、半透明之分，质量以纯净、透明为好。杂质少，味清甜，除供食品、医药、工业需要外，还供中医配药，民间冬令还可作为滋补性食品。

单晶体冰糖是近年来改进的一种新产品，晶粒大，晶面整齐，晶块坚实，不易破碎，纯度很高，甜味醇正。还原糖、水分的含量均低于盆冰糖，表面干燥，易保管。

6. 进口原糖

进口原糖是我国从古巴、巴西进口的未经洗蜜的一种半成品糖，也叫粗糖，可直接用于工业等行业。重新加工之后，才能上市供民用。

15.1.5 食糖的品质鉴别

食糖是食品工业的重要原料，又是人们日常不可缺少的食品，保证食糖的质量，关系重大。我国对机制糖制定了国家标准和部颁标准。手工生产的土红糖各地也都制定了地方标准。

1. 食糖的感官指标

（1）颜色　白糖要洁白明亮，红糖要红亮。在制糖过程中，加热发生焦化会形成有色物质；分蜜洗糖不净，保管不善都会加深糖的颜色。受潮后的白糖颜色会发黄变暗。总之，糖的颜色深浅与糖的纯净度有关，颜色是食糖外观上重要的品质指标。

（2）晶粒　食糖的晶粒应均匀一致，富有光泽，特别是白砂糖的晶粒必须整齐，晶面明显，无碎末，晶粒松散，不黏手，不结块。

（3）气味和滋味　糖应有正常的气味和滋味，不能有其他异味和杂味。生产中糖汁处理不净，会使糖带异味。保管不妥，与其他商品混堆，会串味。保管中感染了某些微生物，特别是酵母菌会使糖产生酒味或酸味。

（4）夹杂物　糖类不应有外来的夹杂物，如砂土、泥块、草屑，特别不允许有金属夹杂物。将糖溶于水中，水溶液应是透明的，无任何悬浮物或沉淀。

2. 食糖的理化指标

食糖的理化指标主要通过蔗糖、水分、还原糖、灰分的含量和色值来鉴定。具体规定参考国家标准，这里不再详述。

15.1.6　食糖的包装与保管

1. 食糖的包装

食糖包装要求清洁、干燥、防潮、坚固和严密。目前，我国包装食糖的材料有麻袋、布袋、蒲包、草袋等。麻袋坚固、防潮，适于长途运输，多用于包装白砂糖，每袋净重 100 千克。布袋比较坚固、清洁，适宜包装直接食用的绵白糖，每袋净重 50 千克。赤砂糖和土红糖多用蒲包和草袋，近年来采用塑料编织袋，内衬食用塑料袋包装，对食糖坚固性、卫生性、防潮性都有所改善。食糖包装袋上印刷商标，应注明生产厂家、地址、名称、种类、品种、等级、毛重、净重等。印刷商标的油墨必须不脱包和无强烈油墨气味，封口严密，防止糖粒漏出。糖包两角应缝成两个耳子以便于搬运。直接供应市场的零售食糖必须用食品塑料袋包装成小包装，既卫生、防潮，也便于销售。

2. 食糖的保管

食糖保管不善，易出现受潮溶化、干燥结块、变色变味的现象，严重时会完全失去使用价值。食糖在保管中容易出现以下变化。

（1）受潮溶化　食糖受潮后，先在晶粒表面溶化，随之渗入内部。若继续吸湿，含水量不断增大，便开始溶化。当食糖水分含量越来越大时，食糖就溶解为溶液，称为流浆，造成严重损失。在空气相对湿度大、气温又较高的雨季，食糖更容易发生溶化。因此，必须十分重视食糖仓库的温湿度的控制。已经溶化的食糖不能放在阳光下晒，更不能放在灶上、热炕上烘烤。这是因为食糖不仅吸水性强，而且持水性也强。一旦吸湿后，水分很难从糖液中挥发，同时食糖的溶解度与温度成正比，温度越高，食糖的溶解度越大。正确的做法是将生石灰装入小布袋，每袋 0.5～2.5 千克，平铺在糖包溶化部位，吸湿变干。对严重溶化流浆的糖包还须脱包，除去流浆的糖另换新包，以防蔓延，并单独存放，优先出售。

（2）结块　食糖在储运保管中常发生结块现象，不但影响食糖的外观，也不利于食糖的销售和食用。

食糖结块有以下三种情况。

① 受冻结块。我国黄河以北地区冬、春季节温度很低，食糖受冻结块，即假结块。这些结块并不坚实，随气温升高或放入温度较高的环境里可自然松散。

② 压实结块。食糖在保管中，糖垛码得高，又长期不倒垛，下层糖受到很大的压力而形成压实结块。压实结块的糖不宜敲打，正确的方法是用湿度适宜的麻袋覆盖其上，让其自然吸水，自然松散。对长期保管的食糖，应定期倒垛，不能长期压实。

③ 干燥结块。食糖吸湿后又变干结块，这种结块很坚实。白砂糖、绵白糖在春、秋季所发生的结块多是这种原因造成的。食糖受潮后，食糖晶体表面形成一层饱和的糖浆膜，使晶粒互相黏连。当气候干燥时，这层糖浆膜又在晶粒间形成更小的晶体，将晶体黏固在一起，使之不易散开，形成干燥结块，即真结块。结块时间越长，形成的糖块越坚实，这种结块不容易再松散。

（3）变色　食糖长期保管变黄或变暗。其原因是生产中杂质清除不尽，在保管时变黄。包装不严密，糖与氧发生氧化而变黄。用亚硫酸法生产的白糖易变黄。食糖受潮，晶体表面溶化，透明度降低，使糖的颜色变暗。

（4）变味　食糖与带有异味的商品，如煤油、化妆品、水产品、肥皂等混堆，吸收异味而变味；在储运中包装袋受潮，为微生物生长创造了适宜的条件，微生物使食糖发酵而产生酒味和酸味。

食糖入库前必须对食糖的品种、数量、质量、包装进行认真检查，把好入库关。仓库应清洁、卫生、凉爽，做好密封、通风、吸湿工作。糖垛高度一般白糖为 4 米，红糖为 3 米左右，定期倒垛，定期检查，发现问题，采取措施，及时解决，使食糖在保管中不受或少受损失。

15.2　糖果的品种及质量

糖果是以砂糖、葡萄糖浆（淀粉糖浆）或饴糖为主要原料，加入油脂、乳制品、胶体、果仁、香料、食用色素等辅料制成的甜味食品，是人们熟悉和喜爱的副食品之一。

糖果的主要原料来自农产品，一般都含有人体生长发育和新陈代谢所必需的营养素——碳水化合物、蛋白质、脂肪、维生素和无机盐，易被人体消化吸收。特别是高脂肪的糖果，如巧克力等，常被用来补充大量热能的消耗。有些糖果在制造过程中，还添加了一定的营养素或药物，可以用来补充人们膳食中可能缺少的物质或治疗某些疾病。但过多地摄入含糖分多的食物，对人体也是无益的。特别是儿童，适量食用可补充生理上的营养需要，过多地吃糖果会影响正常食欲，造成膳食营养的不平衡，而且还会引起龋齿病。

15.2.1　糖果的分类及特点

糖果品种繁多，风味各异。随着科学技术的发展，生产糖果的新技术、新设备、新工艺、新材料不断出现，糖果的新品种也不断涌现。目前的糖果有两大类：一类是我国的传统糖果——中式糖果，另一类是从国外传入的糖果——西式糖果。西式糖果在市场供应中占主要地位。

1. 西式糖果

西式糖果包装色彩鲜艳，品种繁多，成分中还原糖控制较严，易保管。按用料和商品特点可以分为以下十大类。

（1）硬糖　硬糖是以砂糖、淀粉糖浆（或饴糖）为主要原料，经溶化、熬制、浓缩并添加适量果味料、食用色素、柠檬酸或乳制品等辅助料加工制成的一种脆性糖果。一般为光亮透明或不透明玻璃状固体，食时溶化缓慢，清甜爽口。硬糖的比重在 1.4～1.5 之间，经拉白处理的硬糖比重大大下降，最低可达 1.0 左右，成品平均含水不超过 3%，还原糖含量为 12%～18%。硬糖具有较强的吸湿性，当相对湿度在 60%以上时，暴露在空气中的硬糖会迅速吸水溶化。由于工艺差异和特性不同，硬糖又可分为坚脆型和酥脆型两种。

① 坚脆型。水果味硬糖由于在制作过程中加入不同的水果香精和有机酸而具有各种水果风味。糖体透明，色彩与品名特点相符，如橘子糖、香蕉糖、杨梅糖、菠萝糖等。

清凉味硬糖由于加入清凉香料而具有突出的清凉口味，如薄荷糖、留兰香糖、桉叶糖等。

奶油味硬糖因制造中加入一定的奶油、炼乳、柠檬酸等配料而形成奶油味。糖体为半透明或不透明，如奶油咸糖、椰子糖、话梅糖、可可硬糖等。

② 酥脆型。拉白糖在制作过程中采用拉白工艺，糖体略有膨胀，故坚脆度略次于一般坚脆型硬糖。色泽洁白，不透明，存放易于吸潮。拉白糖一般多配杏仁香精而有杏仁味。

丝光糖由两种以上色彩的糖条经拉制而成。在拉制过程中，糖体内夹裹大量空气经压膜成形会产生丝样光泽，外观如丝线缠绕，闪光夺目。香气与滋味随配料而异。

嵌花糖是手工成形的工艺性硬糖。在成形过程中要对糖膏调味、分割拉白，根据需要制成花的叶、蕊、梗、蕾或喜字图案等，最后进行填空成圆、包外皮、拉条和砍切，成为横断面有花型图案的嵌花糖。

（2）乳脂糖（太妃糖）　乳脂糖是以砂糖、淀粉糖浆或饴糖为主要原料，在熬制浓缩时加入油脂及乳制品或明胶等辅料而制成的半硬性糖果。质地细腻润滑，不透明，有明显奶香味。成品含水量在 5%～9%之间，还原糖为 15%～25%。乳脂糖因工艺及配方不同又区分为胶质型和砂质型。

① 胶质型。组织细腻润滑，有耐咀嚼性，稍有弹性，一般为奶黄色，如配用可可、咖啡等物质则为棕褐色。品名随味型或含有的果仁品种而定。

② 砂质型。糖体略有均匀细小的晶粒，口嚼稍带砂性，不带弹性，色泽一般较淡，口味较甜。

（3）蛋白糖（牛轧糖）　蛋白糖是以砂糖、淀粉糖浆或饴糖为主要原料，在加热熬制后，用蛋白干或鲜蛋白为发泡胶体而制成的一种半软性中度充气糖果。蛋白糖组织细腻，结构疏松，嚼时有弹性，易于软化。成品含水量为 5%～9%，还原糖 14%～25%，比重为 0.8～1.0。由于辅料的差异，又分为芳香型和果仁型。

① 芳香型。配用有关香料和色料而形成奶油和各种水果香味，也有可可、咖啡等品种。用两种或三种颜色的糖拼轧成形，则为双色糖或三色糖。

② 果仁型。选用花生、胡桃、杏仁、榛子等果仁做糖坯中的填充料制成，如花生牛轧糖、胡桃牛轧糖、芝麻牛轧糖等。

（4）奶糖　奶糖的成分、组织、外观与蛋白糖相似。在制作过程中加入了较多的奶制品和油脂，加大了明胶的用量，因此比蛋白糖质有更大的弹性和韧性，有坚实的组织和浓郁的奶香气味，入口柔软、香甜、细腻，不粘牙。成品含水量为 5%～10%，还原糖含量为 14%～25%。口味有奶味、水果味、可可味、清凉味等。奶糖一般为圆柱形，采用两端扭结包装，也有切成长方形或正方形，采用折叠包装的。糖粒表面与小包装中间要衬糯米纸。因成分和工艺差异，奶糖又分为胶质型和非胶质型两种。

① 胶质型（也称不砂奶糖）。生产中搅拌次数少，糖体坚实，有较强韧性和弹性，大多数奶糖属于这类。外形多为圆柱形，如大白兔奶糖、三喜牌米老鼠奶糖等。

② 非胶质型（也称拌砂奶糖）。在生产过程中充分搅拌，使蔗糖分子重新组合，咀嚼时有颗粒感觉，糖体疏松，弹性与韧性小，外形多为方形、长方形，如结连奶糖、求是奶糖等。

（5）软糖　软糖以砂糖、淀粉糖为主要原料，经加热熬煮加入轻沸淀粉或明胶、琼脂、果胶等作为凝胶剂，经过浇模或切割等工艺而制成。软糖大多数是水果味，少量为清凉味和奶油味。该糖色泽鲜艳，清香爽口。成品含水量在 10%以上，高的可达 20%，还原糖含量为 30%～40%。因胶质比重大及含水量高，故容易粘连，一般须裹糯米纸，或在糖表面撒一层细糖粉，再包以蜡纸或透明纸。软糖的花色品种较多，因所用胶体不同，特点不同，可以分为以下三种。

① 琼脂型。以琼脂作为凝胶制成的水晶软糖、雪花软糖，一般制成水果味型、清凉味型或牛奶味型，有橘子、柠檬、香蕉、薄荷、留兰香等品种。糖体透明晶亮，似冻胶，口味甜香纯净，柔软滑爽，有较大的弹性和韧性。一般随香味而呈现各种颜色，十分美观。外表有拌砂和不拌砂两种。含水量为 13%～20%。因含水量高，不易保管，长期储存容易皱缩。

② 淀粉型。利用淀粉凝胶特性而制成的软体糖。一般制成水果味型、清凉味型和甘草味型。形状如马蹄形、橘子状、香蕉状等，糖体比琼脂型坚实并更糯，韧性和弹性也更强。因在生产中干燥时水分排除较多，含水量大大低于琼脂型，为 8%～10%。糖体透明度较差，有较好的耐热性，保管期较长。

③ 明胶型。选用动物明胶、果胶或阿拉伯树胶作为凝胶而制成的软糖，是软糖中最易保管的糖果。用明胶制成的软糖，如棉花糖，韧性特强，组织孔隙多而细密。用果胶制成的软糖，糖体柔软透明，色泽鲜艳，食用时有天然的水果味。用树胶制成的软糖，坚韧性最强，一般表层都拌砂，即拌砂软糖。

（6）夹心糖　夹心糖是以硬糖作为糖衣，里面包裹不同馅心制成的一类糖果。外形多为枕头形或长腰形，外皮有透明或拉成丝光等形式。口感既不像一般硬糖那样口味单调，也不像软糖那样细腻柔软，而是随馅心不同而变化，具有坚脆、松酥、软润、香甜等特殊风味。外皮含水量在 3%以下，还原糖含量为 12%～18%，馅心含水量可高达 20%。由于馅心的含水量高，水分易扩散，外皮易炸化而造成穿孔。外皮易发砂，馅心易变硬、变味，甚至发生虫蛀，故保藏期不宜过长。因馅心不同，可分为以下类型。

① 酥心型。以各种果仁屑或其他粉屑为馅心制成的夹心糖，如花生酥心、芝麻酥心、可可酥心等，以维生素糖粉、果汁糖粉作为馅心的维生素夹心糖、果味夹心糖等。

② 酱心型。以各种果酱为馅心制成的夹心糖。常用的果酱有橘子、苹果、草莓、山楂等。

③ 酒心型。由于制作工艺和用料不同，酒心糖与前两类差异较大。它由三层不同物料构成：表面是巧克力料；中层是蔗糖结晶壳体；中心是酒和糖水混合物，呈液状。外形多为半圆形或酒瓶形。酒心糖脆嫩多汁，有浓厚的酒香味，别具风格。含水和酒的量为17%～20%，总还原糖为1.5%～2%。品种有茅台、汾酒、竹叶青、剑南春等酒心糖。酒心糖不耐热，不宜在高温环境中储藏。

（7）抛光糖　抛光糖是以各种糖料或果料为糖心，用糖粉或糖浆作为糖衣，生产中使用抛光锅制成的一种表面光亮、外壳结实的糖果，也称电光糖。形状如圆球、豌豆、橄榄、杏仁、纽扣及馒头等，外壳具有不同的鲜艳色彩。抛光糖的外形虽相类似，可芯子却是多种多样的，一般有硬糖、果仁、果酱等抛光糖。抛光糖外壳含水量不超过3%，但芯子的含水量随其性质不同而异。抛光糖的外壳的蔗糖以极小的晶结变为一层保护性的外壳，不易发烊，但长期储存会失去光泽。抛光糖较易保管，大多数是散装、袋装、瓶装出售。抛光糖按外形可分为弹子糖、豌豆糖、彩色珍珠糖等。

（8）巧克力　巧克力又叫朱古力，是以砂糖、可可为主要原料，加入乳制品、香料等辅料，经热熔、混合、研磨、浇注而成的一类糖果。巧克力是一种高热量和高吸收率的糖果，外表光亮，呈柠檬黄或棕褐色，也有加工成白色的。组织细腻滑润，具有浓郁的可可香气，奶油巧克力还具有乳制品的香味。巧克力在常温下坚硬且带有脆性，温度超过30℃时，即由固态熔化为液态，失去明亮的光泽和完整的外形。巧克力按原料组织和工艺制作分为清型和夹心型。

① 清型。清型巧克力因制作原料配比变化或加辅料不同而分为纯巧克力、奶油巧克力、牛奶巧克力、香草巧克力等，一般用浇模制成，故又称浇模巧克力，形状有币形、小圆形、小长方形、大长方形等。包装多用铝箔纸作为内包装，铜版纸作为外层包装。小长方形、小圆形也有不加包装的。

② 夹心型。用巧克力作为涂层（即外衣），包裹在各种馅的外层，制成果仁、果酱、酒味、鲜果等各种夹心巧克力。

巧克力保管中容易长霉、虫蛀和变白。长霉、虫蛀的巧克力不能食用。变白不仅影响巧克力的外观，而且品质也会降低，但仍可食用。

（9）胶基糖　胶基糖是以胶基、糖粉、淀粉糖浆为主要原料，配以香料、调味料经压制而成的耐嚼性糖果。糖中胶基由提纯的天然树胶或合成塑料制成，含量占20%～25%，含水量在3%以下。胶基糖的作用是便于咀嚼，清洁口腔，嚼剩的胶块不能下咽。胶基糖又分为胶姆型和泡泡型两种。

① 胶姆糖。胶姆糖又称口香糖，是一种具有清洁口腔作用的耐嚼性糖果，它既耐嚼，又不粘牙、糊口和松散，长期储存也不变苦、发黏。口嚼时甜味持久，有芳香气，有弹性，爽口怡神，含水量在3%以下，外形一般为狭长的薄片，用防湿的铝箔纸包装。常见的有留兰香味、薄荷味及水果味等。

② 泡泡糖。泡泡糖是与胶姆糖相似的耐嚼性糖果。其特点除耐嚼外，还可以吹成泡泡。泡泡糖所用的胶基比胶姆糖更为柔软，有更大的黏着力，大多制成水果味，色泽有洁白、淡黄、淡红几种。外形多为长条形，比胶姆糖略窄而厚，也有制成小长方块形的，如“大大”泡泡糖。

（10）其他　不属于上述西式糖果的品种，归入本类。

① 粉糖型（生糖）。粉糖是以白糖粉为主要原料，添加适量明胶、香料等经黏合压制而成的各种糖片。因制作不经加热，故又称“生糖”。粉糖含水量低，仅为 0.5%，还原糖含量为 0.5%～1%。除一般作为糖果食用的水果粉糖片、薄荷糖片外，还有保健性的钙质糖片、维生素糖片等。

② 药糖型。药糖是配入一定的药物而制成的糖果。这种糖果除了香甜可口的风味外，还有预防或治疗、滋补的作用。按其作用，一般可分为保健性和治疗性两种。

保健性药糖对某些疾病起预防和辅助治疗作用。主要有钙片糖、桉叶糖、人丹糖、清凉糖（消暑糖）、维生素 C 糖、花粉糖等。

治疗性药糖对某些疾病有明显治疗作用。主要有宝塔糖、润喉糖、小儿消食糖等。

随着科学技术的发展和人们生活水平的提高，传统的糖果已不能满足人们的需要，各种新品种的糖果应运而生。

2．中式糖果

中式糖果由我国民间传统糖果汇集而成。我国民间制造糖果的历史悠久，早在 2000 多年前的汉代，民间就流传两种“饴糖”，有的地方叫“糖瓜”，类似历代的祭灶糖。“灶糖”就是用大麦芽熬制成的又甜又黏的糖块，这种糖果至今乡村民间还有少量生产。随着历史的发展，中式糖果品种也不断增多，许多中式糖果至今还保持各种不同的地方、民族特色，如苏式糖果、孝感麻糖、山东高粱饴糖、云南通海豆末糖等。中式糖果一般选用天然果料、油料、香花作为辅料，具有天然的色香味，口味轻甜，兼有糕点的食用特点，但也存在包装简单、还原糖含量高、产销受季节影响等问题。中式糖果可分为以下四类。

（1）硬糖　中式硬糖是以砂糖、饴糖（或淀粉糖浆）为主要原料经熬制而成的坚脆性糖果。由于成形操作不同，有粽子形和条块形两种不同形状。

粽子形硬糖又叫粽子糖，因糖条用剪刀剪成四角形小颗粒，形如粽子而得名。品种有单色透明的清粽糖，混有松子仁或玫瑰花的松粽糖、玫瑰粽糖，加入薄荷或姜汁的薄荷粽糖、生姜粽糖，用玫瑰酱作为夹心的玫酱粽糖等。粽子糖小粒均无包装，多为散装或瓶装。

条块形硬糖中都含有果仁，一般以所含果仁命名。品种有胡桃糖、花生糖、芝麻糖等。

（2）软糖　中式软糖是由砂糖、饴糖、淀粉等主要原料经熬制而成的软韧性糖果。由于成分与制作方法的不同，分为果料型和淀粉型。

① 果料型。成分中以砂糖、怡糖为主，有少量淀粉，糖体中均混有各种高档果仁、干果肉或蜜饯等辅料。外形大多为小长方形薄块，呈略带光泽的半透明体，外包糯米纸和透明纸，口味因果料品种不同而各异。主要品种有松子软糖、胡桃软糖、山楂软糖、桂圆软糖、蜜枣软糖、金橘软糖等。这类糖果因饴糖用量较大，还原糖较高，夏季保存时间较短。

② 淀粉型。淀粉型软糖用砂糖和多量淀粉，有的不用饴糖，是利用淀粉糊化和胶凝作用浓缩而成的韧性软糖，从山东高粱饴发展而来。该糖微有透明感，色彩鲜明，入口清甜，有韧性和弹性。现主要品种除高粱饴外，还有绿豆饴、橘子饴等。糖粒现均用蜡纸或透明纸包装。

（3）糖衣果仁　糖衣果仁是选用松子仁、胡桃仁、甜杏仁、香榧仁、花生仁等作为主料，外表黏附均匀糖衣而制成的糖果。由于制法不同而使糖衣有明显差异，分砂浆型和明浆型两种。

① 砂浆型。黏附果仁外表的糖浆能结成细晶起砂，外表糖衣呈粉白色，黏附牢固，不黏不碎。品种有奶油糖花生、糖香榧子等。

② 明浆型。黏附果仁外表的糖浆不起砂而呈透明状，主要是因为制作中加入饴糖或柠檬酸等物料，糖浆不发生结晶。成品外表透明，可见当中果仁，颗粒均匀，互不粘连，质地坚脆。品种有冰糖杏仁、脆桃球等。

（4）梨膏糖　梨膏糖以砂糖、梨膏与化痰止咳中药为主料，经熬制、浇模、划块而成。后来发展为食用品种，有的以果仁、蜜饯等代替梨膏和药物，成为一种特有形式的糖果。梨膏糖呈砂质状态，含细微糖晶，一般为稍厚片状，大多用透明纸包装。由于成分上的差异，分药用型和食用型。药用型成品因梨膏和药物色泽因素，多为褐色，有止咳化痰之功效；食用型因辅料不同而花色繁多，具有色彩美观、风味多样的特点。主要品种有胡桃、松子、杏仁、金橘、青梅、玫瑰、桂花、肉松等。

15.2.2　糖果的品质鉴别

糖果质量必须符合质量标准，各地区（企业）的标准虽不完全相同，但基本要求是一致的，主要内容有以下几项。

1. 糖果的感官要求

（1）色泽　色泽鲜明均匀，符合该品种应具有的色泽。

（2）香气　香气纯正，符合该品种应有的天然香气。

（3）口味　口味和顺适中，符合该品种应有的滋味和风味，无异味。

（4）形态　块形端正，边缘整齐，无大气泡、裂纹，无凹凸不平，大小均匀，厚薄一致，无明显变形。

（5）杂质　无肉眼可看见的机械杂物和油污。

（6）组织结构　不同品种具有不同要求。

① 硬糖。坚脆型应光亮坚实，有脆性，不粘牙，不粘纸。酥脆型应酥脆，不粘牙，不粘纸，剖面有均匀的气孔。

② 乳脂糖。表面光滑、油润。胶质乳脂糖口感细腻，有轻微弹性；砂质乳脂糖口嚼时带有砂性，组织松软，不粘纸。

③ 软糖。透明或半透明，柔软而有弹性，不粘牙，不粘纸。

④ 蛋白糖、奶糖。表面光滑，口感细腻，软硬适中，组织疏松而有弹性，不粘牙，不粘纸。

⑤ 夹心糖。糖衣厚薄均匀，不粘牙，不粘纸，无破皮漏馅现象。酥心夹心糖疏松酥脆，丝光纹道整齐，夹心层次分明；果酱夹心糖皮脆，馅心细腻；粉心夹心糖，夹心分明；酒心夹心糖，不破皮漏酒。

⑥ 巧克力。表面光滑，入口滑润细腻。

其他各类糖果按其特性参照上述要求。

（7）包装　大小包装紧密，无破损；标志与内容物相符。小包装无歪斜，无反包、重包，大包装净重准确（允许每盒或每袋超重2粒）。盒、袋内无糖屑或裸体糖。盒箱外标签端正，标志齐全准确。

2. 糖果的理化指标

（1）含水量　硬糖果不超过 3%。乳脂糖、蛋白糖在 1、4 季度为 6%～9%，2、3 季度为 5%～8%。

（2）总还原糖　硬糖果为 12%～18%，乳脂糖、蛋白糖为 17%～25%。

（3）重量（粒/500 克）　重量由技术部门、物价部门具体规定。每 500 克允许误差为±2 粒。

（4）铜　铜含量真空熬糖每 1000 克不超过 10 毫克，常压（明火）熬糖每 1000 克不超过 30 毫克。

（5）铅　铅含量每 1000 克不超过 1 毫克。

（6）砷　砷含量每 1000 克不超过 0.5 毫克。

（7）食品添加剂　按 GBn50—77 规定。

上述理化指标，果仁类糖果的含水量以混合糖体测定，总还原糖以糖膏测定，铜、铅、砷为参考指标。

理化指标的检查测定，一般情况下由生产企业的检验部门在产品出厂前，按规定的质量标准进行检测，合格产品才允许出厂。

3. 卫生指标（为需要时的参考指标）

（1）细菌总数　硬糖每 100 克不超过 100，乳脂糖、蛋白糖每 100 克不超过 5000。

（2）大肠菌群　硬糖类不得检出，乳脂糖、蛋白糖每 100 克最近似数不超过 30。

（3）致病菌　各种糖类不得检出。致病菌指沙门氏菌、志贺氏菌、致病葡萄球菌等，检验哪种根据具体情况而定。

卫生指标由生产企业委托卫生防疫部门定期检验。

为确保商品质量，商业部门在糖果进货时，应按生产企业的产品质量标准进行验收，生产企业检验合格的产品，商业部门必要时可以抽验，不合格产品应协商解决。

4. 糖果常见的变质现象

糖果是一种花色品种繁多的工业食品，销售的季节性较强。糖果又是一种质量很容易发生变化的甜食品，其中有生产技术上的原因，也有商业经营中的原因。在商业经营中，了解糖果的市场变化情况，掌握糖果的质量变化及其原因，加强糖果的保管养护，是十分必要的。糖果常见的变化有以下几种。

（1）发烊（溶化）　各种糖果均含有一定数量的还原糖，容易吸收水分而变质。糖果吸收空气中的水分，糖体溶解，造成糖果表面发黏，这种现象称为糖果发烊。轻度发烊会使糖果显得湿润或黏住包装纸；严重发烊会造成糖体溶化、变形、糖汁外泄，甚至完全失去商品价值。

（2）发砂　糖果发烊后，由于外界空气又变得干燥，被糖果吸收的水分又向空气中扩散，糖果中的糖分子又重新结晶的现象，称为糖果发砂。轻微的发砂只是使糖果表面形成一层很薄的砂质外壳，使糖果失去光泽和透明的特点；严重的会使整个糖果变成脆弱易碎的砂状物质。

（3）走油　糖果所含脂肪和果仁中的油脂因光照或高温等因素而析出的现象，称为糖果走油。走油后的糖果色泽发暗，滋味不正。

（4）酸败　糖果走油后，析出的油脂及还留在糖果中的油脂与空气接触而发生氧化，使糖果产生难闻的哈喇味，称为糖果的酸败。酸败糖果有毒性，不宜食用。

（5）虫蛀　含有各种果仁、可可粉、巧克力料的糖果，由于有丰富蛋白质和浓郁的香气，容易招诱各种虫类而发生虫蛀。

虫蛀的糖果不论程度如何，都不能作为商品出售，也不宜食用。

（6）发白、变白　巧克力制品在储藏期间有时会在其表面产生一层灰白的花斑，同时失去光泽，这种现象称为巧克力发白、变白。产生这种现象的主要原因是巧克力对温度最敏感。当加热到 36℃以上时，巧克力即变成流散性的酱体，冷却时又很快凝结，凝结时可可脂或糖分子又重新结晶，使巧克力发白、变白。巧克力发白、变白会影响其外表，使表面色泽暗淡，影响商品的美观和风味，但仍可食可。如果巧克力表面凝结水汽而霉变，入口有霉味，则不能食用。

5．糖果的运输与保管

糖果在运输过程中应注意的问题：

① 运输工具应清洁、干燥、无异味，长途运输的车船必须有防潮、防雨、防晒的遮盖物，避免雨淋或日光直接暴晒。

② 严禁与有毒物质同车、同船运输或同库存放。

③ 搬运时发现包装不牢或包装破损的应及时剔出，加工糊封后再装运。

④ 外包装箱上不能坐人、站人或加压重物。

糖果在保管过程中应注意的问题：

① 糖果保管一般应以防潮、防热、防异味为重点，仓库要清洁、干燥、凉爽，并能严密封闭。

② 糖果不得在露天存放，不得与潮湿地面直接接触，要避免将糖果和过干、过湿的商品混堆在一起，切忌将糖果和有异味的物品堆放在一起。

③ 糖果堆放时地面应铺有高 30 厘米以上的垫底，垛位离墙应不少于 20 厘米，垛与垛之间应有间隔与走道。

④ 糖果堆垛不宜过高，硬糖、软糖应按不同品种堆垛，堆垛高度应根据外包装结构好坏，以不使糖果受压变形为原则，垛顶距离库顶应不少于 1 米。

⑤ 堆放糖果的仓库应保持一定的温、湿度。一般情况下，温度为 20℃左右，相对湿度为 60%左右较适宜。库内应有较好的通风设备。

⑥ 库内要保持清洁，以免害虫生长繁殖，减少微生物对糖果的侵害，要做好防鼠、灭鼠工作。

⑦ 糖果有一定的储存期，在糖果进出仓时，应掌握先进先出、易变先出的原则。对进仓储存的糖果要做好入库期的记录。在存放过程中，要经常检查质量，发现问题及时处理。

习题

一、简答题

1．简述常见食用糖的品种。
2．糖果常见的变质现象有哪些？

二、能力测试题

1．简述巧克力的特点和保管注意事项。
2．简述食糖的结块现象及处理方法。

第 16 章 酒　类

酒是以粮食为原料经发酵酿造而成的。我国是最早酿酒的国家。

16.1 概述

16.1.1 酒类的生产发展简史

凡含有酒精成分的饮料，都称为酒。酒精的学名为乙醇。

酒的酿制，在我国有着悠久的历史，我们的祖先在长期的劳动实践中，发现了含糖野果的自然发酵现象，于是逐步掌握了用果实和谷物酿酒的方法。在龙山文化（距今约 5000 多年）遗址发掘的出土文物中，就有樽、小壶等饮酒和酿酒的专用器具。长期以来，人们一直认为杜康是我国最先酿酒的人，尊杜康为酿酒的始祖。晋代江统则认为杜康不是造酒的始祖。

从夏王朝到秦王朝这一阶段，为我国传统酒的成长期。这个时期对酿酒科学最大的贡献是蘖和曲的发明与运用。蘖是谷芽或麦芽，它仅是一种糖化剂，酿造出来的是一种甜淡的酒，即醴；而曲以谷物、豆类等为原料，作为培养微生物群的载体，产生出糖化酶和酒化酶，使酿酒的两大过程，即糖化和发酵结合起来，成为复式发酵法。由醴发展到曲，这是古代酿酒史上的一次飞跃，曲的出现为我国传统的名酒佳酿在世界上持久地赢得声誉奠定了坚实的基础。

从秦王朝到北宋，是我国传统酒的成熟期。这一阶段，名酒涌现，李白、杜甫、白居易、苏东坡等酒文化名人辈出，《齐民要术》、《酒诰》、《北山酒经》等酿酒科技著作不断问世，黄酒、果酒、葡萄酒等酒品也有了发展，促使传统酒的发展进入灿烂的黄金时代。

由北宋到晚清，是我国传统酒的提高期。其间，由于西域的蒸馏器传入我国，从而迅速普及酒精度较高的蒸馏白酒。李时珍在《本草纲目》中记叙的酿酒操作方法已达 60 多种，其中已有大量的蒸馏酒。将香花、异草、药材等配入酒内而具有医疗滋补作用的配制酒、药酒等也有了较大的发展。

从 1840 年到现在，是我国传统酒的变革期。在此期间，中西酒文化相互渗透，中西酿造技艺争放异彩，使我国酒苑百花争艳。啤酒、白兰地、威士忌等外国酒在我国立足生根。传统的黄酒也发展迅速，各显特色。特别是新中国建立以来，酿酒事业进入了空前繁荣的时期。

古往今来，酒与传统的发展有着密切的关系，古人认为“无酒不成礼，无酒不成欢，无酒不成宴，无酒不成敬意”，特别是祭祀天、地、祖宗，非酒不行。每逢礼仪宴请、喜庆佳节，人们常用酒助兴。古代不少文人墨客，都与酒结下了不解之缘，如“李白斗酒诗百篇”、

“长安市上酒家眠”、“一曲听词酒一杯”等成了千古佳句。现在的国宴、家宴也少不了这玉液琼浆。

适度饮酒能促进人体血液循环，祛湿御寒，舒筋活骨。特别是一些配制酒、果酒、啤酒，因含营养成分多，适量饮用，有益人体健康。饮酒切忌过量，否则会引起酒精中毒。据科学测定，一般人的血液中，如果酒精（乙醇）含量达到 4%以上，就会中毒身亡。目前，随着人民生活水平的提高，人们对酒类的消费已在向多品种方向发展，对酒质量和包装的要求也越来越高，酒类市场呈现出浓烈型转柔和型、低档转高档、过瘾型转保健型的消费趋势。

16.1.2　酿酒的基本原理

用谷物等含淀粉的物质进行酿酒，必须经过两个生化反应过程：一是糖化，二是发酵。

1．糖化

大多数的酒都以多糖的淀粉为原料，而淀粉又由很多的葡萄糖分子所组成。糖化就是利用各种霉菌或麦芽中的酶，将淀粉中的葡萄糖水解出来，最终成为可发酶性糖的过程，这是含淀粉原料酿酒的一个重要工序。简单地说，就是将多糖转化为单糖，即淀粉加水在糖化酶的作用下，水解生成麦芽糖，麦芽糖再在麦芽酶的作用下，水解生成葡萄糖的过程。

2．发酵

饮料酒类所含的酒精，是由单糖类经过发酵制取的。单糖类受酵母所分泌的各种酶，主要是酒化酶的作用后，引起生物化学变化，被分解成为酒精、二氧化碳和其他一些中间物。以葡萄糖为例，其分解反应如下：

葡萄糖（在酒化酶的作用下）→酒精+二氧化碳+热量

这个反应说明发酵开始和最终产物，而实际上酒精发酵过程是很复杂的，经历了一系列的生物化学反应，其中还有许多中间物，并释放出一定热量。

单糖可以酿酒，双糖和多糖也可以酿酒，这是因为双糖类和多糖类经过水解酶的作用后，被分解为单糖，再经过发酵，也可以制取酒精。所以依发酵原理而言，一切含糖的原料，都可酿酒，如水果的果实、糖和甜菜等。

16.1.3　酒的分类

酒的种类十分繁多，各地、各国分类的方法也不统一，根据传统的方法和多数人的习惯，可以从以下几个方面来划分。

1．按原材料

根据酿酒用的原材料不同，可以划分为以下三类。

① 粮食酒：就是以粮食为主要原料生产的酒，如高粱酒、糯米酒、包谷酒等。

② 果酒：就是用果类为原料生产的酒，如葡萄酒、苹果酒、橘子酒、梨子酒、香槟酒等。

③ 代粮酒：就是用粮食和果类以外的原料，如野生植物淀粉原料或含糖原料生产的酒，习惯称为代粮酒，或者叫代用品酒。例如，用青杠子、薯干、木薯、芭蕉芋、糖蜜等为原料生产的酒均为代粮酒。

2．按生产工艺

目前，按照生产工艺的特征来分，可以分为以下三大类。

① 蒸馏酒：这就是在生产工艺中，必须经过蒸馏过程才能取得最终产品的酒，如我国的白酒，外国的白兰地、威士忌、伏特加、朗姆酒、阿拉克酒等。

② 发酵酒：又称非蒸馏酒，在生产过程中不经过蒸馏过程便形成了最终产品，如黄酒、啤酒、葡萄酒、其他果子酒等。

③ 配制酒：又称再制酒。顾名思义，配制酒就是用蒸馏酒或发酵酒为酒基，再人工配入甜味辅料、香料、色素，或浸泡药材、果皮、果实、动植物等而形成的最终产品的酒，如果露酒、香槟酒、汽酒、药酒、滋补酒等。

3．按酒精含量的多少

按酒精含量的多少来划分，习惯将酒分为高度酒（国外又称烈性酒）和低度酒两种。前者包括我国的白酒（烧酒）和用蒸馏工艺生产的洋酒。后者包括发酵类酒。由于国内外没有一个统一的标准来量度，故一般根据发酵酒的酒精度都在 20 度以下来进行区分。

对高度酒和低度酒又可进一步划分。

① 高度酒可分为高度白酒（50 度以上）、降度白酒（又称中度白酒，40～50 度）、低度白酒（40 度以下）。

② 低度酒由于酒种门类多，酒种间的酒度相差很大，还没有人研究划分方法。但是，啤酒自 1980 年以来，国外已有明确的区分方法。一般的啤酒其酒精含量在 3.5%～5%之间，故国外把含酒精 2.5%～3.5%的称为稍淡啤酒，1%～2.5%的称为低醇啤酒，1%以下的则称为无醇啤酒。

4．按商品的特性

酒按商品的特性可分为白酒、黄酒、果酒、啤酒、药酒和配制酒六类。这六类酒中，根据酒的颜色又可分为有色酒和无色酒。黄酒、果酒、啤酒、药酒和配制酒属于有色酒，白酒属于无色酒。一般来说，有色酒的酒度比较低，无色酒的酒度要高些。

在有色酒中，从口味上根据甜淡的程度可分为甜型、半甜型、干型和半干型。甜的叫甜型或半甜型，不甜的叫干型或半干型。“干”从英文“Dry”引出。以葡萄酒为例，“干”型酒含糖 0.5%以下，口感不甜；“半干”型，含糖 0.5%～1.2%，口感有极微弱的甜味；“半甜”型，含糖 1.2～5%，口感较甜；“甜”型，含糖 5%以上，口感味甜。我国的黄酒也借用西方对葡萄酒的划分法分类。啤酒是有色酒，按色泽的深浅又可分为黄啤、黑啤、白啤（小麦制造）三大类。

无色酒如茅台酒、董酒、西凤酒等因无色透明，通常称为白酒。其实，白酒并非白色的酒。无色酒根据酒精含量可分为低度酒、中度酒、高度酒。酒精含量的百分比称为酒的度数，每含 1%称为一度。一般 40 度以下的称为低度白酒，40～50 度的称为中度白酒（也称降度酒），50 度以上的称为高度白酒。

5．其他分类法

按商品价值来分有高级酒、中级酒、大路酒（普通酒），按酒液是否能产生气泡来分有起泡酒（又称发泡酒，如啤酒、香槟酒）、非起泡酒（又称非发泡酒）等。

总之，我国酒的分类还没有定型的法规、统一的标准或模式，只能凭传统习惯和经验做粗略的划分，而且多是定性分类；要进行定量的、准确的、科学的分类，还有待酿酒科技的进一步发展和科研、技术人员的不断探讨、总结和实践，把酒的分类更一步科学化、标准化和群众化，以满足消费者识酒、选酒、购酒的需要。

16.1.4　酒的命名

酒类品种繁多，命名方法各异。就我国而言，归纳起来大致有以下十种方法。

1．以原料命名

如五粮液、薯干酒、高粱酒、青梅酒、橘子酒、红果酒、苹果酒、梨酒、葡萄酒等。

2．以产地命名

如茅台酒、董酒、汾酒、绍兴酒、即墨酒、洋河大曲、双沟大曲、西陵特曲、襄樊特曲、北京大曲、玉祁双套等。

3．以用曲命名

如大曲酒、小曲酒、陈曲酒、六曲香酒等。

4．以特殊工艺命名

如老窖酒、加饭酒、沉缸酒、封缸酒等。

5．以颜色命名

如红葡萄酒、白葡萄酒、珍珠红酒、元红酒、茉莉青、竹叶青、黄啤酒、黑啤酒、黑酒等。

6．以复合名称命名

如泸洲老窖特曲、桂林三花、通州老窖、常德大曲、丹阳封缸酒、上海啤酒、中国红葡萄酒等。

7．以加入药料、香料命名

如丁香葡萄酒、桂花陈酒、人参葡萄酒、五加皮酒、五味子酒、广州三蛇酒、鹿茸酒、三鞭酒等。

8．以名胜古迹命名

如三游春、黄鹤楼大曲、白沙液、龙潭大曲、八达岭大曲、卢沟桥大曲、二泉酒、乌江酒、九龙液、卧虎泉酒、善卷啤酒等。

9．以古代名人命名

如太白酒、杜康酒、文君酒、刘伶醉酒、吕仙醉酒、贵妃醉酒、昭君酒等。

10．以历史酒名命名

如剑南春、古井贡酒、桑落酒等。

16.2 白酒

中国白酒品种繁多，但都是用粮食酿造的蒸馏酒，是世界七大蒸馏酒之一，在中国以外被统称为“Maotai”，因为茅台酒是最早在世界被人认识的中国白酒。

白酒又称白干、烧酒，包括土烧和大曲。白酒属于蒸馏酒，其共同品质特点有：酒液清澈透明，质地纯净，芳香浓郁，回味悠长，酒度偏高，刺激性较强。各种名酒佳酿又各有独特的风格，近年来，各地又新发展了一些中、低度的白酒，深受消费者的喜爱。

16.2.1 白酒的原料与酿造

1．酿造白酒的原料

在我国高粱、玉米、大米（包括糯米、大麦等）是酿造白酒的传统原料。其酿成的酒，风格也各不相同，可概括为“高粱香、玉米甜、大米净、大麦冲”的特点。另外，薯类由于含淀粉纯度高，出酒率高，又属高产作物，也是酿酒的好原料。一般来说，原料含的淀粉越多，出酒率也就越高；原料越纯净，成品酒的风格也越好。酿造白酒的原料淀粉，必须经过糖化后，才能进行酒精发酵，酿酒的糖化剂称酒曲、曲子；发酵剂称酵母或酒母，酿酒过程中，产生出芳香的酯类，靠的是酒精的发酵，所以有“生香靠发酵，提香靠蒸馏”的说法。

不论酿造什么酒，都需要大量的水，优良的水质，不仅能提高酒的质量，还能赋予成品酒特殊的风味。“名酒所在，必有佳泉”，许多名酒都源于良好的水源，如青岛啤酒用的是崂山矿泉，洋河大曲用的是“美人泉水”，白沙液用的是白沙古井水，所以人们常说“水是酒的血液”是有一定道理的。

2．白酒的酿造

白酒以含淀粉或糖分的植物为原料，加入酒曲、酵母等其他辅料以及水酿造而成。白酒酿造有固态发酵和液态发酵两种方法。固态发酵是我国的特有方法，经过原料破碎、蒸煮、糊化、扬渣、加曲、糖化发酵、蒸馏等工序。此方法原料需要经过2～3次的回窖进行糖化发酵和蒸酒，并进行精心勾兑，因此在风味和质量方面独具风格。液态发酵与传统的酿酒方法不同，也称新工艺白酒，它是在取得白酒的酒基后，经过串香（醅）、浸香（浸蒸）、调香和兑制而成，其品质类似传统白酒的风味。优点是：适用于机械化生产，降低成本，减少辅料，提高出酒率。缺点是：酒香比较淡薄，又不持久，兑入的香料大多是人工合成香料，这种白酒在生理上反应不如“固态发酵”生产的白酒，缺乏固态酒曲香、糟香的天然风味。

3．白酒的陈化与勾兑

白酒的陈化与勾兑，属于白酒生产的一道工序，它直接关系到成品酒的品质。

（1）陈化　新蒸馏出来的白酒，酒味暴烈，刺激性较大，有冲辣的新酒感觉。若经过一段时间的储存，酒味便转化为醇和，刺激性显著减弱，并能生酯增香、味醇调和。这个储存的过程称为陈化。由于酒中的酯化反应相当缓慢，因此优质白酒一般需要储存3～4年，甚至更长的时间。

（2）勾兑　白酒在生产过程中，将蒸出的各批酒相互掺和，称为勾兑，因为生产出来的各批酒，质量会有一定差异，勾兑能取长补短，统一标准，使酒的质量得到提高。实践证明，好的酒由于勾兑不当，有可能损害酒的风格；反之，有缺点的酒由于勾兑得宜，也可变成好酒。

勾兑定型的酒，尤其是名酒，须储存一个时期进行观察品评，发现走样须进行补救，以保证质量。

勾兑的作用，主要是使酒中各种微量成分配比适当，达到该种白酒标准要求的或理想的香味感觉和风格特点，所以素有“酒成形，靠勾兑”的说法。

16.2.2　白酒的香型

白酒由于原料和生产工艺的不同，酒质便形成了多种多样的风格，大体可分为5种香型。

1．清香型

其芳香成分主要是乙酸、乙酯和乳酸乙酯。酒气清香芬芳，醇厚绵软，甘润爽口，酒味纯净，代表了传统老白干的风格，是白酒之本宗。以山西杏花村汾酒为代表，又称汾香型。

2．浓香型

酒体的主体香是乙酸、乙酯和适量的丁酸乙酯。其特点是芳香浓郁，绵柔甘洌，尾子干净，回味悠长，饮后犹香。可以用“香、甜、浓、净”四个字来概括，极易引起饮者的喜好。以泸州老窖大曲为代表品种，又称“泸香型”。

3．酱香型

香而不艳，低而不淡，香气幽雅，口味绵长，倒入杯子放置过夜，香气不失，饮后空杯香气犹存。酱香的组成成分极为复杂，大多认为是大酱香、窖底香和醇甜味三类成分融合组成独特风格，这类酒以茅台酒为代表，又称茅香型。

4．米香型

米香型是指米酿香，其主体香是乳酸乙酯，其次由乙酸乙酯与高级醇等成分共同形成。特点是蜜香清柔，幽雅纯净，入口绵甜，回味怡畅。以桂林三花酒为代表品种。

5．兼香型

具有两种以上主体香的白酒，这种酒的闻香、口香和回味香各有不同香气，具有一酒多香的风格，如白云边酒、董酒、白沙液。

16.2.3 白酒的感官鉴定和伪劣白酒的识别

用感官的方法鉴定白酒的质量，是从“色、香、味”三个方面来评定的。

1．色泽

白酒应是无色透明、无悬浮物和沉淀的液体。

2．香气

白酒的香气可分为溢香、喷香、留香三种。“溢香”是酒中芳香成分溢散到杯口附近的空气中，用嗅觉可以直接辨别香气强弱及其特点，又称闻香。一般白酒都应有一定的溢香。“喷香”是指酒中低沸点的芳香物，饮后受口腔温度的影响，香气充满口腔。一般白酒很少有喷香的特点，只有名酒才具有较好的喷香，以五粮液最为突出。“留香”是指酒中高沸点的芳香物较多时，酒虽咽下，口中还留有余香。茅台酒最为突出，素有“余香绵绵”之称。

总之白酒应有醇香，即本身特有的酒香。鉴别时，可用力摇晃几下，再用鼻嗅瓶口，或倒几滴在手掌上，用手搓几下，再嗅手掌，以判别香气的浓淡和香型以及香气是否正常。

3．滋味

白酒的滋味有浓厚、淡薄、绵软、辛辣、纯净、邪味之别。酒下咽后又有回甜、苦辣之分。白酒的滋味应以醇厚无异味、无强烈刺激性为上等品。

4．伪劣的白酒识别

伪劣白酒一般是以食用酒精甚至劣质酒精兑水配制而成的，真、假酒一般从色泽上不易分辨，可用简单的方法立即辨出真伪。取待识别的白酒 100 克左右，倒入一个干净、无色透明的玻璃杯里（也可用一个洁净、无色透明的酒瓶、盐水瓶代替），再加凉开水约 50 克，混匀，然后对着自然光观察有无浑浊现象发生，若出现浑浊，则说明此酒是用粮食酿造的真酒；若无浑浊现象发生，则证明是用酒精配制的假酒，不可食用。

16.2.4 白酒的保管

白酒为高度酒，不易感染微生物，但易引起酸败变质。同时由于酒精含量高，挥发性强，易损耗。因此必须加强白酒的保管和养护工作。

储酒的仓库不宜太干燥，也不宜过潮，一般以相对湿度 70%为宜。因为过于干燥易造成酒挥发快，损耗大；而过于潮湿，对瓶装保管不利，瓶盖易锈，商标易腐蚀霉烂。

散装白酒库存温度最高不宜超过 30℃，温度过高，风速大，则酒挥发快，故散装酒应避开阳光直射，以减少辐射热。

严禁库内有明火或可能引起火灾、爆炸的隐患存在。据测定，当空气中的酒精含量高达 19%，温度在 12℃以上时，只要遇到很小的火星即会燃烧，甚至发生爆炸。因此酒库应有防火设备。

不能同库储存有毒、有异味的物品。

16.2.5　我国名优白酒简介

1. 茅台酒（大曲酱香）

茅台酒为驰名中外的名酒，被尊为“国酒”。它具有色清透明、醇香馥郁、入口柔绵、清冽甘爽、回香持久的特点，人们把茅台酒独有的香味称为“茅香”，是我国酱香型风格最完美的典型。

茅台酒产于贵州怀县茅台镇。名酒产地，必有名泉。茅台镇面临赤水河，赤水河水质纯洁清甜，含有少量矿物质，正好酿酒。茅台酒以当地高粱为原料，以小麦制曲，采用传统的工艺精酿而成，工艺过程有九个月之多，成酒后，入库储存三年，方可出厂。

2. 汾酒（大曲清香）

汾酒是我国古老的名酒之一，产于山西汾阳杏花村。1916 年在巴拿马举行的国际博览会上，汾酒曾荣获金质奖章，因而斐声世界。汾酒蝉联了各届的全国名酒称号。汾酒酒液莹彻透明，清香味美，酒味甜醇，入口绵，落口甜，饮后有余香，幽雅醇正。酒度为 60 度，酒力强健而无刺激性，适量饮用能促进血液循环，恢复疲劳，使人心悦神怡。

3. 五粮液（大曲浓香）

五粮液产于四川省宜宾市。1916 年在巴拿马举行的国际博览会上，五粮液获得奖章。1963 年第二届全国评酒会上成了全国名酒。五粮液香、甜、醇、净四美全备。开瓶时浓香扑鼻，饮用时满口溢香，饮酒后余香不尽。其酒液清澈透明，虽为 60 度的高度烧酒，但舌唇并无强烈的刺激性，酒体柔和甘美，酒味醇厚，落喉净爽，各味谐调。

4. 洋河大曲（大曲浓香）

洋河大曲产于江苏省泗阳县洋河镇，在巴拿马国际博览会上，荣获过金质奖章。1972 年以来，洋河大曲均名列江苏省第一名。1979 年在全国第三届评酒会上被评为全国名酒。洋河大曲酒度有 64 度、62 度、55 度（出口）三种规格。酒液透明无色、清澈、醇香浓郁，口感味鲜而浓，质厚而醇，绵软，甜润，余味爽净，回味悠长。

5. 董酒（其他香型）

董酒产于贵州省遵义市，工艺操作过程不同于众酒，故自成一格，既有大曲酒的浓郁芳香，又有小曲酒的醇和、回甜，在白酒中独占一型。1963 年第二届全国评酒会上及以后历届被评为全国名酒。

董酒酒液晶莹透亮，浓香扑鼻，香气独特。饮时甘美、清爽，满口香醇，饮后“打嗝”尤觉回味香甜，风味优美。酒度为 58～60 度。

6. 泸州老窖特曲（大曲浓香）

泸州老窖特曲产于四川泸州市，已有 4000 年的历史，18 世纪已闻名于世，为我国古老的四大名酒之一。1916 年在巴拿马国际博览会上荣获金质奖章，1953 年全国第一届评酒会上被评为全国四大名酒之一；之后，蝉联历次全国名酒称号，在国内外享有很高声誉。

泸州老窖特曲具有浓香、醇和、味甜、回味长四大特点。尤以浓郁的芳香突出，饮后回味有一股苹果的香气，使人心悦神怡。酒度有60度和50度（外销）两种规格。

16.3 啤酒

啤酒一词由英文“Beer”音译而来，它是以发芽的大麦为主要原料酿造的低度饮料酒。其酒精含量一般为3%～5%左右，含有人体所需的多种营养成分，素有“液体面包”之称，现在全世界每年消费啤酒1100多亿升。预计今后，清淡化、少酒精或无酒精啤酒的销量将占全球啤酒消费量的60%以上。

16.3.1 啤酒的原料与酿造

啤酒的主要原料有大麦、酒花、水和酵母，辅助原料有大米、玉米、糖等。酒花在啤酒的酿造中起到特殊的作用，主要有以下几点：一是能赋予啤酒特殊的香气和爽口的苦味；二是它能促进麦汁中蛋白质的沉淀，有利于麦汁的澄清和保持啤酒的稳定性；三是能增加啤酒泡沫的持久性；四是能抑制杂菌的繁殖；五是具有健胃、利尿、镇静等疗效。生产啤酒用水量大，啤酒中的水分占 90%左右，所以啤酒的用水选择非常重要。中国的青岛、捷克的布尔森生产的啤酒品质优良，与其所用的水质是分不开的。啤酒用水的要求是：水质要无色透明、无沉淀、无异味，硬度不能过大，不能含有其他杂质。概括地说，就是水内不得含有妨碍糖化、发酵以及有害于色、香、味的物质。

啤酒的生产过程可简单概括为：原料粉碎→糖化→过滤取麦汁→煮沸加酒花→分离去酒花→沉淀冷却→前发酵→后发酵→过滤去蛋白质→装瓶→杀菌→成品。

鲜啤在过滤后不经杀菌即为成品。

16.3.2 啤酒的分类

1．根据是否杀菌，可分为鲜啤和熟啤

鲜啤酒又称生啤。在生产中酵母菌未经杀灭，因而口味鲜美而富有营养。这种啤酒原麦汁浓度较低，酒龄短，稳定性差，容易发生酵母浑浊，保管期较短。

熟啤酒指装瓶后经过巴氏杀菌的啤酒，这种酒稳定性好，储存期长，可达90天以上。但啤酒杀菌后，味道会发生变化，色泽也有变深的倾向。

2．根据色泽，可分为黄啤和黑啤

黄啤外观一般为黄色，是我国目前啤酒生产中占绝大多数的畅销品。它以大麦作为原料，口味清爽，酒花香气较突出。

黑啤酒液呈咖啡色，有光泽，它是用高温烘炒的麦芽制成的，其特点是麦汁浓度较高，发酵度较低，浸出物较多，味较醇厚，有明显的麦芽香。出口啤酒多属此类。

3．按麦汁浓度，可分为高、中、低度

低度啤酒原麦汁浓度为 7～8 度，这种啤酒的酒精含量较低，一般在 2%左右，适合于夏天作为清凉饮料或供妇女儿童饮用。低度啤酒用原料较少，生产周转快，但稳定性差，保存期短。

中度啤酒原麦汁浓度为 11～12 度，酒精含量为 3%～3.5%，是我国目前生产的主要品种，保存期一般可达 2～3 个月。

高度啤酒原麦汁浓度一般为 14～20 度，酒精含量为 5%左右。生产周期较长，稳定性较好，贮存期相对长，很多高级啤酒和黑啤均属这一类。

啤酒瓶商标上注明的“度”，不是指啤酒的酒度，而是指糖化后麦汁的浓度。例如，12 度啤酒是指用含糖量 12%的麦汁发酵制成，其酒精度仅为 3.5 度。

16.3.3　啤酒的感官鉴别

1．透明度

要求酒液透明，有光泽，无小颗粒和浮悬物。啤酒的透明度与原料和工艺过程有关，稳定性差的啤酒，在短期内就会改变其透明度。

2．色泽

啤酒色泽的深浅程度因品种而异，这是由啤酒的类型和消费者的习惯来决定的。啤酒的色泽取决于麦芽的颜色，用浅色麦芽制成的啤酒，色泽较浅，目前淡色啤酒倾向于越淡越好。啤酒色泽的深浅以色度表示。

3．泡沫

啤酒注入杯中时，应立即有泡沫升起，泡沫越洁白、越细腻越好，要厚实盖满酒面。同时见到细小如珠的气泡，从杯底连串上升，经久不失，泡沫的持久时间一般应在 3 分钟以上。发酵度好的啤酒，二氧化碳较多，泡沫也多。酒液中的浸出物起着重要作用，浸出物含量符合要求，能使泡沫细腻和具有持久性。

4．香气和滋味

正常的啤酒应具有较显著的酒花香、麦芽清香以及酒花特有的苦味，饮时感到柔和清爽，但不得有酸味或其他异味。啤酒的香气和滋味主要取决于麦芽的质量、糖化方法、酒花的质量、发酵度及水质等因素。啤酒香气浓郁程度与色泽的深浅是一致的，深色啤酒香气比淡色啤酒更浓郁。

16.3.4　啤酒的保管

啤酒是胶体溶液，稳定性较差，容易受外界影响而发生浑浊和沉淀。因此，啤酒的保管是有一定期限的，不同种类的啤酒，保管要求的条件和期限也有所不同。

① 保管鲜啤酒的温度，以不超过 8℃为宜，由于鲜啤酒的包装种类不同，保管的期限和温度也有区别，具体见表 16.1。

表 16.1　保管鲜啤酒的温度

品　　种	保管温度	保管期限
桶装鲜啤酒	10℃以下	7天
桶装鲜啤酒	15℃以下	5天
瓶装鲜啤酒	15℃以下	7天

② 熟啤酒虽然经过了巴氏杀菌，但它的稳定性是相对的。只有在适当的温度下和幽暗的环境中，才能储藏一定的时间。熟啤保管温度和保管期限见表 16.2。

表 16.2　熟啤保管温度和保管期限

品　　种	保管温度	保管期限
一般熟啤	10～25℃	60天
高级啤酒（一级）	10～25℃	90天
高级啤酒（特级）	10～25℃	120天

1989 年国家轻工部对啤酒的保质期又提出了新的规定：11～12 度熟啤酒获“省优”以上称号的优质产品为 4 个月，普通熟啤酒为 2 个月，14 度熟啤酒为 3 个月，10.5 度熟啤酒为 50 天。有些厂家，由于自己产品的质量确实优异，于是将保质期延长到半年甚至一年，以赢得更多顾客的信赖，如国内生产的青岛啤酒、蓝带啤酒等，保质期都在半年以上。

任何包装的啤酒，都应防止日晒和激烈的振动，曝光会使啤酒发生氧化浑浊和降低其稳定性，从而出现较重的老化味，令人难以下咽。冬天如果储藏温度为-1.5℃，啤酒便会开始冻结。受冻后的啤酒，其风味品质也会降低。所以啤酒不仅不能在高温下储藏，也不能在过低温度下存放，冬天的储藏温度以不低于 5℃为宜。

16.3.5　啤酒的营养与人体健康

啤酒含有丰富的氨基酸和维生素。据测定，每瓶啤酒（640 毫升）的热量相当于 200 克鸡蛋、1 瓶牛奶或 340 克猪肉产生的热量。啤酒的浸出物和鲜啤酒中的酵母，都有健胃、助消化和利尿的作用；啤酒中的二氧化碳和酒花所产生的爽口的苦味互相配合，有增进食欲的功效，其充足的二氧化碳，还具有清凉解暑的作用。啤酒不仅是为人称道的“液体面包”，近年来许多人还将它作为佐料，以提高菜肴的色、香、味。

16.3.6　我国部分名优啤酒简介

1. 青岛啤酒

青岛啤酒是青岛酒厂的产品，为全国名酒。该厂有 70 多年的历史，是我国早期啤酒厂之一。以浙江宁波舟山一带产的粒大饱满的二棱大麦为原料，采用纯净、甘美的崂山泉水和本厂自种的蒂大、粉多、香气浓的酒花，经低温发酵、长期储存而酿成。酒色淡黄、清澈透明，泡沫洁白、细腻、持久，二氧化碳气体充足，具有明显的酒花香和麦芽清香，味纯正、醇厚爽口。原麦汁浓度为 12 度，酒精度为 3.5 度。

2. 燕京啤酒

1980年建厂，1993年组建集团。从起步时投资640万元的小型啤酒企业，发展成为拥有总资产63亿元、年产销能力超过200万吨的全国大型啤酒企业集团。优质纯天然矿泉水酿造出清爽怡人的燕京啤酒，采用优质麦芽、大米、酒花作为主要原料，采用德国酵母菌种、天然矿泉水及特殊发酵工艺酿制而成。酒液清凉透明，泡沫洁白细腻、持久挂杯，口味纯正、爽口。其为北京市首批名牌产品，并指定为人民大会堂国宴特供酒。

16.4 果酒

果酒是由各种水果直接发酵而酿成的低度酒。酒精含量一般为12%～18%，具有原果实的芳香和酒的醇香，口味甜美，含有各种维生素、矿物质。各种果酒中，以葡萄酒的历史最久，在我国已有2000多年的历史，汉朝的西域就大量生产葡萄酒，到了唐朝各地生产葡萄酒也相当普遍，出现了“葡萄美酒夜光杯”的诗句。葡萄酒在果酒中占有很大比例，是果酒中的代表品种。

16.4.1 果酒的酿造

果酒的酿造以葡萄酒为代表，其他果酒的酿造方法与葡萄酒基本相似。其酿造方法基本上分为混合发酵法和分离发酵法两种。混合发酵法是把原料的皮肉混合在一起发酵，这是酿造深色果酒或红葡萄酒采用的方法。分离发酵法是把原料的皮肉分开，单独用果汁进行发酵，这是酿造白葡萄酒或浅色果酒采用的方法。总之，葡萄或其他水果在酿酒过程中发生了深刻的变化，一部分糖分转变为酒精，含氮物、单宁等成分减少了，芳香物质增加了，形成了果酒的独特风味。

16.4.2 果酒的分类

果酒分为两大类，因葡萄酒是果酒类的大宗商品，单独列为一大类，除葡萄酒以外的果酒为其他果酒。

1. 葡萄酒的种类

（1）按酒的色泽分　红葡萄酒用红色或紫色葡萄酿造，含糖量较高，酸度较低，酒味甜美微酸，如北京中国红葡萄酒、青岛风景红葡萄酒等。

白葡萄酒用白葡萄或红葡萄去皮酿成。一般含糖量较低，酸度稍高，酒味酸甜适口，醇厚芬芳，如中国白葡萄酒、青岛白葡萄酒、玫瑰香葡萄酒等。

（2）按糖分多少分　分为超甜葡萄酒（一般含糖在14%以上）、甜葡萄酒（含糖在10%～12%）、半甜葡萄酒（含糖在4%～9%）和干葡萄酒（含糖在4%以下）。

（3）按加工工艺分　天然葡萄酒，又称原汁葡萄酒，是完全用葡萄原汁发酵而成的，不加其他成分。

加强葡萄酒，加入白兰地或酒精，又称高浓度葡萄酒。世界各国的葡萄酒，以酒精含量7%～10%为最多。

加料葡萄酒，采取特殊的工艺，加入药料、香料或其他成分，从而改变了葡萄酒的风味，使之具有特殊的色香味，如味美思、丁香葡萄酒、香槟酒等。

（4）按酒液有无二氧化碳分　分为起泡葡萄酒和稳定葡萄酒。起泡葡萄酒中含有二氧化碳，开瓶后有大量二氧化碳气泡升起，如香槟酒。稳定葡萄酒中不含二氧化碳，又称平静葡萄酒。

2．其他果酒

其他果酒，是除葡萄酒以外的果酒，它们都以果实名称命名。我国果酒都属甜酒型，品种有苹果酒、广柑酒、草莓酒、刺梨酒、橘子酒等。

16.4.3　果酒的感官鉴别

1．色泽

应具有原果实的真实色泽，要求清亮透明，有光泽，无悬浮物。

2．香气

果酒一般具有原果实特有的香气。陈酒还具有浓郁的酒香，酒香越丰富，酒的品质越佳。

3．滋味

酸甜适口，醇厚纯净，甜型酒要甜而不腻，干型酒要干而不涩，同时均不得有突出的酒精气味。

16.4.4　果酒的成分与人体健康

果酒为低度发酵酒。其中除水和酒精外，水果的各种成分也都存在于酒液中。主要有糖、芳香物、矿物质、维生素、氨基酸等。糖类和多种氨基酸能直接被人体吸收。所含的果胶质、有机酸、矿物质与人体代谢密切相关。因此，经常饮用葡萄酒，每次不超过 200 毫升，可增进食欲，对身体的健康有利，其中的一些元素还能防止人体内某些病菌的繁殖。

16.4.5　果酒的保管

保管果酒的仓库要保持清洁，库内温度要保持在 8～25℃之间，相对湿度为 75%～85%。果酒易吸收异味，因此在保管中不能与异味商品放在一起。要防止微生物侵入。盛放果酒的容器必须密封、清洁卫生，以防止微生物的侵入。库房温度过高，酒易变质；过低，酒易浑浊。尤其是夏季不能把果酒放在阳光下直射，以避免光线照射，加速果酒的变质。

16.4.6　我国名优果酒简介

1．张裕高级解百纳干红葡萄酒

张裕高级解百纳干红葡萄酒以世界著名的解百纳品系中的品丽珠、蛇龙珠、赤霞珠等葡萄品种为原料，经低温发酵精酿而成，为中国之首创，酒体丰满，具有葡萄的典型性，口感纯正，酒香悦怡，酒质典雅独特。

2. 长城干红葡萄酒

长城干红葡萄酒外观澄清透明，呈宝石红色，具有悦人的品种香，浓郁丰富。口感具有收敛性，醇厚圆润，口感均衡。长城干红葡萄酒以驰名中外的著名品种赤霞珠、梅鹿辄为主要原料酿制而成。由这两个品种酿制的长城干红酒质和谐，酒体丰满，精美醇良。

16.5 黄酒

黄酒是我国最古老的酒类之一，因其色泽黄亮而得名。它是以谷物为原料制成的一种低度发酵原酒，酒精度一般为 10～20 度。黄酒不仅含有糖分、醇类、有机酸、维生素等丰富的营养物质，而且还具有浓郁、鲜美、醇厚的酒体风格，素为我国南方各省人民喜爱。

黄酒经过一段时期的储存，品质更佳，具有越陈越香的特点，故又名“老酒”。

黄酒除饮用外，还可以作为药引子和烹饪调料。在中药中以黄酒作为药引子，可提高药效；在烹饪调味时，用少量黄酒，能起到除腥、去臭、增香的作用。

黄酒一般烫热喝较常见。原因是黄酒中还含有极微量的甲醇、醛、醚类等有机化合物，对人体有一定的影响，为了尽可能减少这些物质的残留量，人们一般将黄酒隔水烫到 60～70℃左右再喝，因为醛、醚等有机物的沸点较低，一般在 20～35℃左右，即使是甲醇也不过 65℃，所以其中所含的这些极微量的有机物，在黄酒烫热的过程中，随着温度升高而挥发掉，同时黄酒中所含的脂类芳香物随温度升高而蒸腾，从而使酒味更加甘爽醇厚，芬芳浓郁。因此，黄酒烫热喝是有利于健康的。

16.5.1 黄酒的酿造

黄酒的主要原料是糯米或粳米。一般酿造黄酒多用麦曲。绍兴酒除用酒曲外，还用酒药（以米粉和中草药制成），帮助糖化和促进酵母繁殖。对水质要求是无色透明、无臭无味、杂菌较少、硬度适中。黄酒的生产过程为：浸米→蒸煮→冷却→拌曲→糖化→发酵→压榨→过滤→杀菌装坛成品。过去，黄酒生产只有摊饭法一种，多在冬季生产，故称冬酿酒。后来，由于黄酒生产销量的激增，夏秋之间摊饭时间过长而改用淋饭法降温，以加快生产速度，这时生产的酒称为秋酿酒，但风味较差，不耐久藏，质量也不如冬酿。

16.5.2 黄酒的分类

黄酒按原料、风味、产区的不同可分为以下三大类。

1. 江南黄酒

凡长江以南各地生产的黄酒，均属此类。原料以糯米、粳米为主，酒药和麦曲为糖化发酵剂酿制而成。以中外闻名的绍兴酒为其代表品种。

2. 福建黄酒

它是以糯米、粳米为原料，用大米制成的米曲为糖化发酵剂而酿成的一类黄酒。以风格独特的“龙岩沉缸酒”为其代表。

3．北方黄酒

北方广大地区生产的黄酒，即属此类。以黍米（黏黄米）为原料，麦曲和酵母为糖化发酵剂酿制而成。其中即墨老酒、兰陵美酒为其代表品种。

此外，还有以原料、甜度来划分其类别的。

16.5.3 黄酒的感官鉴别

1．色泽

黄酒的颜色很不一致，一般有浅黄和金黄两种，也有颜色较深的，如酱黄等。但无论酒色是深还是浅，都应当有光泽，其具体要求是：清澈透明、光泽明亮、无悬浮物，但允许有正常的瓶底聚集物。黄酒中有少量沉淀物，属正常现象，是“老酒”的象征，不应视为质量问题。

2．香气

须具有黄酒特有的酯香气，以香郁扑鼻者为优，不能带有异味。

3．滋味

要求黄酒入口清爽，鲜甜甘美，酒味柔和，无刺激性。北方老酒要求味厚、微苦、爽口，但不应有辣味和酸涩味。

16.5.4 黄酒的包装和保管

黄酒的酒精度较低，营养丰富，但容易感染微生物而发生酸败变质。因此，包装要求严格，一般选用陶坛和泥头封口，这种古老的包装有利于提高酒香，便于黄酒的老熟。由于酒坛较笨重，目前黄酒已采用玻璃瓶包装，或小型、精美的工艺陶瓷坛包装，颇受消费者欢迎。玻璃瓶一般选用深色玻璃制瓶，以防止光照影响酒质。保管黄酒，既要防止它损耗变质，又要尽可能创造促使其质量提高的有利条件。保管的环境以凉爽（通常以25℃以下和5℃以上）为宜。北方地区要注意冬季不能把酒露天存放。一般以地下仓库保管存放黄酒为佳。如果气温过高而且很干燥，可在地面洒水，以调节外界气温，增加空气湿度，防止黄酒干耗。保管黄酒的仓库内，不要同时存放异味商品。

16.5.5 我国名优黄酒简介

1．绍兴酒

绍兴酒是我国黄酒中最具有代表性的一种，因产于浙江绍兴而得名。其酒液黄亮有光，香气浓郁芬芳，口味鲜美醇厚，酒精度为15～20度。不同品种的绍兴酒，色、香、味各具特色。绍兴酒中的加饭酒在全国第一、二、三届评酒会上，蝉联全国名酒；绍兴酒中的善酿酒和元红酒，在全国第三届评酒会上被评为全国优质酒。

绍兴酒以糯米为酿酒原料，采用绍兴鉴湖水酿成。由于配料和操作方法的不同，形成了许多各具特色的品种。

2．沉缸酒

沉缸酒产于福建龙岩县，该酒属甜黄酒。在第二、三届全国评酒会上，均被评为全国名酒。

沉缸酒具有红曲甜黄酒的特殊风格，酒精度为 20 度，糖分为 20%，色泽红褐而清亮，酒香浓郁幽香，酒质醇厚，鲜美爽口，余味颇长，经久不散，有滋补强身之效。

3．即墨老酒

该酒以产地而得名。以黍米为原料，以麦曲为糖化剂（使用时要焙炒，让部分达到焦化的程度），以固体酵母为发酵剂，以山泉水为酿造水，精心酿制而成。酒液清亮透明，呈黑褐色，酒香浓郁，具有焦廉的特殊香气，入口醇香，甘爽适口，味微苦而余香不绝。酒精度为 12 度，含糖量为 8%。在第三届全国评酒会上，被评为全国优质酒。

16.6　配制酒及外来酒

配制酒又称泡制酒，它用白酒、黄酒、葡萄酒等成品酒或食用酒精做酒基，并与一定比例的糖料、香料、药料、食用色素等配制或泡制而成。

配制酒的风味一般不如酿制酒，若配制得法，也很受欢迎，如竹叶青酒、五加皮酒等。

16.6.1　配制酒

1．配制酒的原料

配制酒的品质风格取决于所用的原料，配制酒的主要原料如下。

（1）酒基　我国最早的配制酒以黄酒为酒基。自白酒问世以来，以白酒为酒基的配制酒日渐增多。白酒能将原料中的各种成分浸溶于酒液中，并吸取其风味。一般来说，白酒的品质越好，配制成酒的质量也就越好。例如“竹叶青”是用汾酒做酒基配制成的，它以汾酒的优良风味，形成了其独特的风格。

（2）香料　香料与产品风味和色泽有密切的关系。我国配制所采用的传统香料，主要是天然香料，包括香花、香草、芳香植物以及一些药料。这些香料多数含有维生素等营养成分。

（3）糖料　一般用冰糖和白砂糖来增加配制酒的甜味，使其滋味鲜美，富有营养。饴糖也可以做配料的甜料，能改进酒的风味和增加酒的醇厚性。

（4）色料　采用色料的目的主要是增加配制酒的色泽和美观，使其色泽接近天然果实和鲜花的色泽。

（5）水　调制配制酒的酒度必须用水，对水的要求是必须透明，无臭味，无悬浮物，硬度要低。

2．配制酒的配制方法

配制酒的配制方法主要有三种。

（1）泡制法　把采用的各种香料直接投入酒基浸泡，使香料中的成分浸溶在酒中，经过一段时间，酒液澄清，过滤后再调其成分，即成正品。大部分药酒采用此法制成。

（2）预制香料法　将各种香料预先制成后，再与原酒、色料、糖料等按比例配制而成。此法的运用也比较普遍。

（3）直接配制法　将原酒、香料、糖料等直接按比例配制而成，此法多用在合成香精的配制酒生产上。

3. 配制酒的分类

我国的配制酒，根据加入的香料和药料分为露酒和药酒两大类。

（1）露酒类　该酒是用天然果实、鲜花、香料配制的酒，如红果酒、玫瑰酒、青梅酒等。

（2）药酒类　该酒是药料配制的酒，如竹叶青、人参酒、虎骨酒等。这些酒既有配制酒的风味，又有滋补和治疗疾病的作用。

4. 配制酒的感官鉴别

配制酒的品种繁多，对其品质规格不能做统一的要求，但一般品质主要是从色、香、味三个方面进行鉴别。

（1）色泽　配制酒的色泽，以越接近自然色泽越好，并要求在受热或光照的作用下，不会很快发生退色现象。

（2）透明度　配制酒应以清亮透明、无悬浮物和沉淀物为正品，否则就是不合格产品。

（3）香气　配制酒应具有纯净、柔和、自然的香气，而无刺激性等不良气味。例如，橘子酒就有橘子香，才使人感到自然。

（4）酒味　配制酒的酒味应柔和，无异味。酒精度不宜过高，否则刺激性太强，影响酒的风味；甜度应适中，甜而不腻，不宜过高，过高则使酒味发腻；同时还应具有适度的酸度，使酒味协调而不平淡。

5. 配制酒的包装和保管

配制酒的包装多采用瓶装，少量也用桶装和坛装。瓶装要求酒瓶无色透明，式样有一定的艺术性。药料配制酒则宜用深色酒瓶，以避免光照的影响。坛装或桶装必须注意清洁卫生，封口牢固。配制酒在保管中应避免阳光照射，要选择温度较低、相对湿度不大的仓库贮存。浸泡法生产的药料配制酒若出现药物沉淀，并不说明酒已变质或失去饮用价值；但若出现邪味，就不能再饮用了。配制酒的保管期不宜过长，应遵守先进先出的原则。

6. 我国名配制酒简介

（1）山西竹叶青　此酒产于山西省汾阳县杏花村酒厂。它以高度汾酒为酒基，以当归、竹叶、砂仁等12味名贵药材的浸液和经处理的冰糖溶液配制而成。在全国第二、三、四、五届评酒会上，连续四次被评为国家名酒。该酒具有疏气、养血、降火、消炎、润肝、健体等功效。其品质特点是：色泽金黄，微绿透明，具有汾酒与药材浸液形成的独特香气，味甜绵、微苦、温和，酒精度为46℃，糖分为10%。

（2）广州五加皮　此酒产于广州市制酒厂。此酒以上等酒作为酒基，选用川加皮、川木瓜、当归等药材制成。该酒已有60多年历史，在国内外享有盛名。在全国第二、三届评酒会上被评为全国优质酒。该酒色泽褐红带黄底、透明，有多种药材的综合芳香，酒味浓郁，醇厚而协调，具有去风湿、行气血、舒筋络、健胃之功效，是很好的滋补药酒。

16.6.2　外来酒

随着我国同世界各国的接触不断增多，陆续传入一些外来酒，有些品种在我国也逐渐发展、生产起来，这里介绍几个代表品种。

1. 威士忌

其为英文“Whisky”的音译，原产于英国，是著名的蒸馏酒之一，酒精度为 40 度左右，酒液呈琥珀色，金黄透明，醇香微辣。世界上许多国家都生产威士忌，因此该酒的品种、名称很多，如以原料命名的黑麦威士忌、大麦威士忌，以产地命名的苏格兰威士忌、日本威士忌等。我国青岛生产的威士忌已有 40 多年的历史，产品畅销国内外。威士忌的饮用方法很多，可干喝，也可配料喝，尤其是在鸡尾酒会上，威士忌成了必备的酒基。

许多威士忌酒的商标上，印有一个老人头像，这个人是英国的一位老寿星老伯尔，据说老伯尔活了 152 岁，在西方他成了健康和长寿的标志。

2. 白兰地

其为英文“Brandy”的音译，原是水果发酵液蒸馏酒的总称。其酒精度一般为 40～45 度，色泽金黄透明，具有浓郁的芳香和醇香。我国烟台酿造的金奖白兰地，因获巴拿马金奖而名扬四海。白兰地的成品最讲究储藏，越陈越香。由于储藏时间不同，其香气和风味有明显差异。因此，常用五星商标表示陈化的时间：一星表示三年，二星表示四年，三星表示五年。星越多，表示陈化时间越长，酒的质量也越好。还有的白兰地商标上有一些英文缩写字母，用以代表该酒的质量和增陈的年度。常见的有以下一些缩写字母，是用来标明贮藏时间的：VO 为 10～12 年，VSO 为 12～17 年，VSOP 为 20～25 年，XO 为 40 年。每个字母的具体含义如下：V（very）——非常的，O（old）——老的，S（superior）——极品，P（pure）——纯粹的，X（extreme）——特别上等。

3. 俄得克

俄得克即伏特加（Vodka），是国际上一种酒度较高的酒，原是俄罗斯的一种传统蒸馏酒，酒精度为 40 度。我国人民也有少量饮用的习惯。哈尔滨所产的珍珠水酒、天津所产的俄得克和上海产的俄得克均属于这类白酒。

4. 金酒

金酒又称锦酒，是英文“Gin”的音译，原来是荷兰著名的杜松子酒。金酒分为甜与不甜两种。我国青岛、北京、上海等地均有生产。

5. 朗姆酒

朗姆酒是英文“Rum”的音译。它是甘蔗汁或制糖后的副产物，以废糖蜜为原料，经过发酵陈酿而制成的。酒精度为 40 度左右。一般不甜，也有加糖的。酒液为透明的淡黄色。要求香型突出，饮用时没有冲辣味，饮后酒杯中留有余香。我国广州饮料厂生产的朗姆酒品质较优，除国内销售外，还供应出口，并获得了国际市场的好评。

6. 清酒

清酒（Soke）是日本的特产，俗称“日本酒”。以大米为主要原料，经过发酵压榨而成。清酒有甜、酸、辛、苦、涩五味。历史上，清酒是模仿我国生产方法而制成的，其酒质透明，色有深浅，味有浓淡。

7. 鸡尾酒

鸡尾酒是鸡尾酒会所用的饮料酒。它是用两种以上不同的酒，或以一种酒加入一种或多种鲜果汁配合而成的酒。配方多，酒种多。特点是随配随喝，并可随季节变化而变换配料，有时还在酒杯内加碎冰。调配鸡尾酒常用的原料有威士忌、白兰地、名优白酒、矿泉水、苏打水、柠檬汁、咖啡、冰块等。中国人调配鸡尾酒一般讲究颜色、酒精度、糖度，特别是 20 世纪 90 年代的消费者，大多数较喜欢调配甜味的鸡尾酒。

8. 美国蓝带啤酒

蓝带啤酒厂是美国的百年老厂，该厂在我国广东肇庆建立了合资企业，生产蓝带啤酒。其酒以显著的酒花清香、醇正爽口的特点，赢得了国内消费者的喜爱，产品畅销我国各地。

习题

一、简答题

1. 简述白酒的感官检验方法。
2. 通过上网查资料说明绍兴酒的酿造特点。

二、能力测试题

1. 如何通过感官鉴别啤酒的质量？
2. 黄酒为什么要烫热喝？
3. 真假酒的分辨：取待识别的白酒 100 克左右，倒入一个干净而无色透明的玻璃杯里（也可用一个洁净、无色透明的酒瓶、盐水瓶或白底的陶瓷、搪瓷碗代替），再加凉开水约 50 克，混匀，然后对着自然光观察有无浑浊现象发生。若出现浑浊，则说明此酒是用粮食酿造的真酒；若无浑浊现象发生，则证明是用酒精配制的假酒。

请说明该方法的原理。

第17章 茶　　叶

17.1 概述

茶叶、咖啡、可可是世界三大不含酒精的饮料。而茶叶作为饮料的历史最久，饮用地区最广，数量最大，茶叶无论从营养价值或药理作用，都是其他饮料不能代替的。中国古代有“开门七件事：油、盐、柴、米、酱、醋、茶”的民言，可见茶叶地位的重要。

我国是茶叶的原产地，种茶、制茶、饮茶都起源于我国，根据有关资料记载至今已有2000多年的历史。茶叶除国内广泛饮用外，还作为商品向外输出，最早的传播时间始于隋唐。其外传路线大致有三条：经海路东传朝鲜、日本，经丝绸之路西传波斯、阿拉伯，经海路传至南洋群岛、泰国、缅甸、马来西亚、斯里兰卡和印度。茶叶公元6世纪传入日本，16世纪传入西方，18世纪传入美洲大陆。如今，饮茶已在世界各地普及。茶叶的传播，是我国对人类文明的一项重大贡献。

17.1.1 茶叶产生发展简史

我国茶叶生产历史悠久，茶类繁多，品种各异，驰名中外。最早之时，茶叶仅作为药用，东汉名医华伦已论及茶之药效。从先秦及两汉，茶叶从药用逐渐转变为饮料。西汉王褒所著《僮约》中有“武阳买茶”、“烹茶尽具”的记载。到了唐代，茶已成为许多人家“一日不可无”之物。自唐代陆羽撰写世界第一部茶叶专著《茶经》问世，种茶、制茶的发展更为迅速。制茶最初是生煎茶叶、食用茶汤，后来发展为新叶晒干、蒸煮食用。宋代将蒸青团茶改为蒸青散茶。到明代鲜叶锅炒，高温杀青，揉捻，干燥的炒青制法已较为普遍，并发明了红茶和窨花茶。到了清朝，发明了乌龙茶和“功夫”、“小种”红茶，形成了各具特色的不同品种。在茶叶用途演变的漫长历史年代中，我国人民在生产实践中积累了丰富的制茶经验，创造了名目繁多、形质各异的茶类，使我国成为世界上茶类最丰富的国家。

17.1.2 茶叶的化学成分

茶叶中存在的化学成分很多，主要有水分、矿物质、茶多酚、咖啡碱、芳香油、碳水化合物、蛋白质、氨基酸、油脂、维生素等。在这些成分中，以茶多酚、咖啡碱、芳香油与茶叶的质量和饮茶的功效关系最为密切。

1. 茶多酚

茶多酚又称茶单宁、茶鞣质，是一种由近30种酚性化合物组合成的复合体，约占总量的20%～30%。其功效是多方面的，它是决定茶叶色、香、味的主要物质。

茶多酚容易氧化，尤其在氧化酶的作用下更为明显。在酶的作用下茶多酚被氧化，制茶术语称为“发酵”。经过发酵的茶叶，茶多酚的含量相应地有所降低，以红茶降低最多，青茶次之，绿茶最少。茶多酚具有杀菌消炎、强心降压、调节人体血管壁的渗透性等作用。

2. 咖啡碱

咖啡碱又称茶素，是一种植物碱。茶叶中的咖啡碱含量越多，茶叶的品质越好。咖啡碱在冷水中微溶，随水温上升，其溶解度增加；一般嫩叶中含量较多，老叶中含量较少。在制造中损失甚微，成品茶一般含量约为3%～4%。咖啡碱具有兴奋中枢神经系统、加强肌肉收缩能力等作用。

3. 芳香油

芳香油是赋予茶叶香气最重要的成分，具有挥发性。芳香油主要含在鲜叶中，含量约占总量的万分之二，对茶叶中的香气起到了很大作用。鲜叶中的芳香油，与其生长的自然环境、季节以及新梢的茶叶部位有关。一般高山茶叶中，芳香油含量不仅高，而且香气持久。

17.1.3 饮茶与健康

我国人民最早领悟饮茶的真趣，很早就知道茶有清心、解毒的作用，是最普及的大众饮料。据分析测定，茶叶除了上述的主要成分外，还含有400多种有机化合物、20多种无机营养元素。经现代生物学和医学证明，各种化学成分之间的组合十分协调。茶叶既富有营养价值，又有药用功效，对人体健康十分有益，被誉为“最理想的饮料”。

1. 生津止渴，清热解毒

茶叶中含有多酚类和芳香物质。这些成分随茶汤入口后，不仅能补充体内水分，而且能轻微刺激口腔黏膜，促进唾液分泌，从而达到生津止渴的效果。同时，由于芳香物质在挥发的过程中能带走一部分热量，因而还有清热解暑的作用。

2. 提神益脑，醒酒强心

茶叶中含有咖啡碱，可使人体肌肉中积累的酸性物质得到中和，而且能够兴奋中枢神经，加强大脑皮质活动，从而达到消除疲劳、活跃思维、提高工作效率的作用。同时茶叶中的茶多酚、咖啡碱又可以中和酒精，增强心肌的收缩能力，扩张冠状动脉和心血管，加速心跳，畅通血流，增大呼吸量，吸收营养，促进酒精及其他有害物质从尿中排泄到体外，因而还有醒酒强心的功效。

3. 帮助消化，灭菌防病

茶叶中的咖啡碱在体内经转化后，能促进营养物质的消化吸收；同时，茶叶中的维生素P、

C 等，有调节脂肪代谢的功能；所含的芳香油，也会促进消化液分泌，增加食欲，茶叶里的茶多酚能使细菌体内的蛋白质凝固，有一定杀菌作用，能抗痢疾、伤寒杆菌和化脓菌以及收敛止泻等；茶多酚还能降低血液中的胆固醇含量，增强血管壁韧性和弹性，对防止高血压和动脉硬化有一定作用。

总之，茶的益处很多，但也不能喝得太多太浓。喝多了会使神经长期处于兴奋状态，反使神经疲劳。而患心脏病和高血压的人更要少喝浓茶，因为喝浓茶会使心跳加快，血压增高。

17.2　茶叶的分类和品种

茶叶种类的划分，在茶叶界并不完全一致。目前，一般是以采制工艺和茶叶品质为主，结合外形差异来进行划分的，可分为绿茶、红茶、乌龙茶、花茶和紧压茶五类。

17.2.1　红茶

红茶是在加工过程中使茶多酚发生氧化（即发酵）而形成特有的色、香、味的一种茶。其质量特征是茶色乌润，汤色红亮。红茶又可分为功夫红茶、红碎茶、小种红茶和普洱茶 4 种。

1. 功夫红茶

功夫红茶因做工精细而得名。初制过程共分 4 道工序：萎凋、揉捻、发酵、烘焙制成红毛茶。然后再经精制，整饰外形，剔除杂质，进一步干燥水分，划分等级。品种多以产地取名，其主要品种和质量特征如下。

① 祁红。产于安徽祁门等地，条索紧细，平伏露毫，色泽乌润，水色红艳透明，香气鲜度持久，滋味醇厚，蜜糖香味显著，在我国功夫红茶中最为名贵，为国际市场所称颂。

② 滇红。产于云南省勐海等地，条索紧结肥壮，多黄毫，色泽乌润，水色红艳，黄亮挂碗，香气浓强持久，滋味浓爽，能与祁红媲美，颇受国外市场欢迎。

③ 川红。产于四川宜宾地区，条索紧结，匀细多毫，色泽乌润光滑，水色红亮，香气鲜度较短，滋味醇厚，微苦转甜，在国际市场上享有一定声誉。

④ 闽红。产于福建福鼎、福安、政和等县，条索紧结，叶片肥壮，多白毫，色泽乌润，香气也较高，滋味浓。有政和功夫、坦洋功夫、自琳功夫，以政和功夫红茶品质最好。

⑤ 宜红。产于湖北的恩施、宜都等地，条索紧纽，匀齐显毫，色泽乌润，水色红明，香气富有高山性特点，滋味醇厚，叶底鲜明。

⑥ 宁红。产于江西武宁、修水等地，条索紧结，细匀显毫，色泽乌润，水色红亮，香气、鲜度、滋味醇和，叶底红亮。

⑦ 湖红。产于湖南平红、安化等地，外形尚紧匀齐，色泽乌暗，水色红暗，香气平淡，滋味醇正或稍粗，叶底红带花青。

⑧ 越红。产于浙江绍兴一带，条索较细匀净，稍空松，带有扁条，香气滋味较平淡，叶底红暗稍花。

此外，还有杭州的“长眉”、武夷山的“红寿”、屯溪的“红袍”、福建的“建红”、安徽的“瞿红”、浙江的“九曲红”等。

2．红碎茶

红碎茶的初制过程与功夫茶基本相同，但在捻揉工艺中先将鲜叶切碎，然后再经过发酵干燥而成。产品分叶茶、碎茶、片茶、末茶 4 种，以碎茶为主，故称红碎茶。红碎茶对外形要求不高而重内质，要求汤色红艳，香浓味强，富有收敛性，适合国外饮用，经一次浸泡能将大部分有效成分浸出。如装成小袋，又称袋泡红茶。这种红茶在国际市场上很受欢迎。我国云南、广西、广东等地所产的大叶种红碎茶质量最好。

3．小种红茶

小种红茶是福建特产，初制基本与功夫茶相同。烘干时传统采用松木烟熏，所以浓厚纯馥的松烟香是小种红茶独一无二的特点。小种红茶外形条索粗大而紧结，乌黑、油润有光，水色鲜艳，味烈爽口。因为直接用松木烟熏缺点很多，现已改进为干馏方法加工，即由松茗里提炼出松油，由喷雾器均匀地喷入茶叶，通过烘干机烘干即成为小种红茶。以崇安县星村镇的"正山小种"最有名，在国际市场上独享盛誉。

4．普洱茶

普洱茶属于黑茶，因产地旧属云南普洱府（今普洱市）而得名，现在泛指普洱茶区生产的茶，是以普洱茶区的云南大叶种晒青毛茶为原料，经过后发酵加工成的散茶和紧压茶。外形色泽褐红，汤色红浓明亮，具有独特陈香，滋味醇厚回甘，叶底褐红。有生茶和熟茶之分，生茶自然发酵，熟茶人工催熟。"越陈越香"被公认为是普洱茶区别于其他茶类的最大特点，"香陈九畹芳兰气，品尽千年普洱情。"普洱茶是"可入口的古董"，不同于别的茶贵在新，普洱茶贵在"陈"，往往会随着时间逐渐升值。

17.2.2 绿茶

绿茶属于不发酵茶，具有三绿的特征：外观翠绿、汤色碧绿、叶底嫩绿。绿茶在加工过程中保持了鲜叶原有的青绿色，形成了绿茶特有的色香味。绿茶的制造也分为粗制和精制两个阶段，它的精制过程与红茶相同。粗制分为炒青、揉捻、干燥三个过程。

绿茶在我国的主要产区为浙江、安徽、江西三省。绿茶按干燥方法不同，又可分为炒青、烘青、晒青三种。

1．炒青

炒青有条形茶（眉茶）、圆形茶、扁形茶。主要品种和品质特征如下。

① 龙井。因产于浙江杭州西湖龙井而得名，是我国的高贵名茶之一。外形扁平挺直而匀齐，似兰花瓣，色泽翠绿，鲜艳有光，汤色青碧明亮，香气清新，滋味清鲜醇厚，有鲜橄榄回味。龙井茶向以色绿、香郁、味甘、形美等鲜明特点而闻名中外。又因产区不同及炒制技术略有不同，有狮峰龙井、梅坞龙井和西湖龙井之分，都具有独特的风格。

② 庐山云雾。属于针形炒青绿茶，产于江西庐山。云雾茶历史悠久，茶芽肥壮，柔嫩多毫，条索紧细，色泽翠绿，香气锐鲜持久，汤色清澈明亮，滋味醇厚甘甜，叶底嫩绿匀齐。

③ 碧螺春。碧螺春产于江苏吴县太湖中的洞庭东西南山，因产于碧螺山上的碧螺庵附近

而得名，由于碧螺春在清明前3～4天就开始采摘，上市最早，人称报春茶。此茶采摘极嫩新芽制成，炒焙结合，精工细作，以保证芽叶完整和色泽翠绿。条形纤细，白毫显露，卷曲似螺，色泽翠润；冲泡时花琼飞舞，香气袭人，滋味清带回甜；叶底细腻明净。

④ 南糯白毫。产于云南勐海南糯山，是我国名茶之一。该茶芽叶肥壮，条索紧细，白毫显露，滋味醇厚，香气高锐，外形优美，品质优良，素以“香馨、味醇、形美、汤清”而著称，是条形名茶中的佼佼者。

⑤ 君山银针。产于湖南岳阳君山。芽头肥大，色泽银灰多毫，被誉为“金镶玉”。冲泡时，芽头三起三落，竖起如群笋出土，下沉似雪花坠地。由于芽头多毫，芽叶之间常常含有小气泡，人称“雀舌含珠”，过去是供奉帝王的贡品。

⑥ 旗枪。产于浙江杭州、萧山一带。用一芽一叶制成扁形茶，芽如枪、叶如旗，因而得名。色泽绿而稍黄润，水色清明，香气清新。自然条件、采制技术不及龙井，但可与中低档龙井争艳。

⑦ 珍眉。由长形眉茶中筛选精制而成，条形匀整，稍有弯曲，形状如眉，故得名。色泽银灰，汤色黄绿清澈，香气鲜锐，滋味浓醇。珍眉产区分布很广，习惯都冠以产地区分，主要有屯绿（安庆休宁）、舒绿（安庆舒城）、婺绿（江西婺县）、遂绿（浙江遂安）、渑绿（浙江平阳）、饶绿（江西上饶）、杭绿（浙江余杭）、湘绿（湖南临湘）等，以屯绿和婺绿的质量最佳。

⑧ 贡熙。精制眉茶时筛选其中拳形茶制成。外形似拳，肥壮细实，色泽灰绿，汤清色黄，香气和滋味仅次于珍眉，叶底较卷曲，产地同珍眉。

2. 烘青

烘青茶是用烘笼进行烘干的。烘青毛茶经再加工精制后大部分作为熏制花茶的茶坯，香气一般不及炒青浓。烘青茶分为条形茶、尖形茶、片形条茶、针形条茶，全国主要产茶区都有生产。主要品种如下。

① 黄山毛峰。条形绿茶，产于安微歙县黄山。黄山松谷庵、慈光寺、桃花峰、丰产台等地产特级毛峰，黄山外围所产的多为一般毛峰。毛峰产区云雾弥漫，自然条件优越，加上精心采摘，形成了毛峰香气馥郁、滋味醇甜的优异质量。特级毛峰的叶芽肥壮匀齐，白毫多而显露，形如“雀舌”。色泽黄绿油润，汤色微黄明亮，耐冲泡，是我国极品名茶之一。品质优异，驰名中外，曾多次在国际博览会上展出，获得很高评价。

② 蒙顶甘露。条形茶，为蒙顶茶中的主要代表。唐代就有诗句赞颂“扬子江心水，蒙山顶上茶”。蒙山处于四川雅安，茶树生长自然环境优越。经高温杀青，三炒三揉，精细烘焙而成。其外形紧卷多毫，嫩绿色润；汤碧而黄，清澈明亮；香气浓郁，滋味鲜爽，醇厚回甜；叶底嫩匀，秀丽完整。

③ 信阳毛尖。尖形条茶，产于河南信阳。因地势高峻，云雾笼罩，气候湿润，土质肥沃，极宜生长茶树。其外形细直、圆光、细嫩、油润，色泽嫩绿，白毫显露；汤色明净，香浓而持久，有“糖炒栗子”的香气；滋味浓厚，苦转甜，叶底鲜绿软嫩。

④ 六安瓜片。六安瓜片是片形茶，产于安徽六安、金寨一带，分内山和外山两种。以内山的齐云山所产瓜片质量最好，称齐云山云雾瓜片。瓜片外形呈片状，叶绿，微向上弯叠，形似瓜子，故称瓜片，以色泽翠绿而著名，香气清高，滋味醇厚回甜，汤色清澈鲜绿，叶底嫩黄。

⑤ 普通烘青。这是大宗产品，多作为窨制花茶的茶坯。多以产地命名，主要有浙江烘青、闽烘青、皖烘青等。

3．晒青

晒青茶是利用日光进行晒干的，湖南、湖北、广东、广西、四川、贵州、云南、陕西等省区都有生产。晒青绿茶以云南大叶种的品质最好，称为“滇青”；其他如川青、黔青、桂青、鄂青等品质各有千秋，但不及滇青。

17.2.3 乌龙茶

乌龙茶，又名青茶，是我国的特产之一，主要产于福建、广东等地，以福建的产量和品种最多。乌龙茶的制造方法介于红茶和绿茶之间，属于半发酵茶。成品茶条较粗壮，稍松散，香气和滋味兼有绿茶的鲜浓和红茶的甘醇，茶汤棕红明净，叶底具有绿叶红镶边的特点。乌龙茶制造也分为初制和精制两个阶段，精制和红茶基本相同，初制过程是鲜叶、晾青或晒青、摇青、炒青和揉捻、烘干。

福建所产的乌龙茶分闽北乌龙茶和闽南乌龙茶。闽北乌龙茶以武夷岩茶为代表，闽南以铁观音为代表，广东以水仙为代表。

1．武夷岩茶

武夷岩茶产于闽北武夷山区。茶区翠岗起伏，云雾弥漫，有 36 峰 90 岩之称。茶树生长在岩壑之间，自然条件得天独厚，因而得名。品质特点：外形条索粗大，略有弯曲，如浓眉，体质轻松，色泽青褐，油润有光，香气清郁，其味甘泽，汤色金黄鲜艳。岩茶的品种很多，多以茶树品种命名。属于名岩名丛的有大红袍、肉桂、白鸡冠等，属于普通名丛的品种有千里香、金钥匙、铁罗汉等。闽北的建阳还生产奇种和水仙，建瓯还生产乌龙和水仙。

2．安溪铁观音

闽南的乌龙茶多以茶树品种命名，以安溪铁观音茶树鲜叶制成的青茶质量最佳。其次是由黄淡（黄旦）、毛蟹、桃仁、梅占等茶树品种制成的青茶，统称五色种。铁观音的品质特点：条索粗壮弯曲，色泽黑绿乌润有光，香高而秀，汤色金黄明净，滋味浓厚，入口微苦而后转甜，叶底“青蒂”，“绿腹红点”，“红镶边”。

3．水仙

水仙产于广东潮安、饶平、陆丰等县。广东的乌龙茶，也因茶叶品种而异，其中以潮安的凤凰单丛水仙最为著名。由于从茶园中选择优株进行单株培育、单株采制而成，又称凤凰水仙。以春茶的产量高，质量佳。其品质特点：有天然的花香，条索卷曲紧结而肥壮，色泽青褐，汤色黄艳而带绿，滋味鲜甘醇，叶底“绿叶红镶边”，耐冲泡。

17.2.4 花茶

花茶又名香片，是用制好的茶坯加入鲜花窨制成的再制茶，是我国的特产之一。主要产地为苏州、金华、福州、成都、杭州、南京、南昌。花茶的种类多以鲜花命名，品种有茉莉花茶、玉兰花茶、珠兰花茶、玳玳花茶、桂花茶、玫瑰花茶等；也有把鲜花和茶名合在一起而命名的，如茉莉毛峰、珠兰大方等；还有把窨花的次数加在名称之前的，如三窨一提茉莉毛峰。

用于窨制花茶的茶坯以烘青绿茶数量最多，也有少量的炒青绿茶、乌龙茶和红茶。茶叶经过窨花后，既有花香，又有茶香。外形与原来用的茶坯基本相同，但由于经过窨制，叶底和汤色加深。花茶的质量主要取决于茶坯的质量、鲜花的种类和数量以及窨花技术。用于窨花的茶坯，在窨花之前都需要经过复火，使水分降至4%～5%为宜。因为茶坯的含水量对吸附鲜花的香气有重要的影响。用于窨花的鲜花，要对人体无害，其香气应为人们所喜爱，对汤色没有很大的影响，并要求用饱满和含苞欲放的花朵窨制，次数可以达数次。常见的几种鲜花的香气特点如下：茉莉花，香气馥郁，清鲜甘美；珠兰花，香气清雅，鲜纯爽口；玉兰花，香气浓烈，余香甘厚；玳玳花，香气浓厚纯正，余香强烈，有暖胃作用；柚子花，香气清纯，回味略涩。茉莉花香气最好，最受消费者欢迎。花茶的主要品种有茉莉黄山毛峰、茉莉头青、茉莉大方、茉莉奇峰、茉莉明眉、福州茉莉政和大白毫、宁德茉莉春风毫、峨嵋茉莉、茉莉雨花茶等。

17.2.5 紧压茶

紧压茶也是一种再制茶，其原料是特制的毛茶或绿茶、红茶的副品，品质较差，体积小，便于运输，耐冲泡，主要销往边远少数民族地区。紧压茶有砖形的、碗形的、方形的、柱形的、饼形的等。制作分初制和压制。紧压茶的含水量达到 12%。品质特点：外形端正，厚薄大小一致，内质完好。产地分布于湖南、湖北、四川、云南等省。紧压茶的命名不一致，有的以产地命名，有的以外形命名，有的以重量命名，有的以颜色命名。

主要品种如下。

花砖：历史上叫“花卷”，因一卷茶净重合老秤 1000 两，故又称“千两茶”。产于湖南省的安化。品质特点：外形紧实完整，色泽青褐，汤色深黄，香气纯正，滋味粗厚，叶底较粗老，稍暗。

黑砖：产于湖南安化。品质特点：外形紧实，严整光滑，色泽乌黑，汤色红黄，香气平正，滋味较粗淡，叶底粗老黑暗。每块重量为 2 千克。

茯砖：产于湖南省的益阳。品质特点：外形封面整齐较松，粗老片明显，色泽褐绿多黄霉花，汤色红，香气平正，带黄花青香，滋味醇淡，叶底粗老较暗。砖中黄霉花茂盛普遍者，品质为优。每块重量为 2 千克。

青砖：产于湖北省的赵李桥。品质特点：外形紧实，严整光滑，色泽青褐，汤色深黄暗淡，香气低淡，滋味粗，青涩，叶底粗老，青暗含梗。每块重量为 2 千克。

米砖：产于湖北赵李桥。品质特点：外形紧实，严整光滑，色泽乌黑油润，汤色红，香气纯正，滋味醇和，叶底红亮稍暗。每块重量约为 1.125 千克。

沱茶：分云南、重庆沱茶两种。品质特点：窝头形状，光洁显芽毫，色泽光润乌绿，汤色黄明，香气、滋味鲜醇浓厚，叶底肥嫩较亮。沱茶的重量规格有 250 克、100 克、50 克三种。

普洱方茶：产于云南省下关。品质特点：呈正方扁块形，色泽光润乌绿，多毫，汤色红浓，香气、滋味鲜浓醇厚，叶底多芽肥嫩。

饼茶：产于云南下关。品质特点：外形似饼形，色泽灰黄，汤色黄明，香气纯正，滋味浓厚、微粗涩，叶底花朵细碎。

圆茶：又称七子饼茶，产于云南省下关。品质特点：圆饼形，色泽乌润，汤色红黄明亮，香气持久，滋味醇厚，叶底尚嫩。

此外，还有产于四川雅安的南路边茶，产于四川灌县、北川的西路边茶，产于湖南安化的天尖、贡尖，产于广西苍梧六堡乡的六堡茶等。

17.3 茶叶的质量感官鉴别和保管

17.3.1 茶叶质量的感官鉴别

目前，国内外对茶叶质量的鉴别普遍采用感官鉴别。茶叶质量的感觉鉴别又分外形鉴别和内质鉴别。外形鉴别包括茶叶的匀度、嫩度、色泽和净度 4 项指标，主要反映原料鲜叶的老嫩程度以及制作工艺是否恰当。内质鉴别包括茶叶的香气、汤色、滋味和叶底 4 项指标。茶叶的外形与内质有着密切的联系，要全面地说明茶叶的质量，必须把两者结合起来审评。

1. 茶叶外形鉴别

审评茶叶首先看外形（干看），有以下 4 个指标。

（1）匀度

先把茶叶倒入茶盘内，双手转动茶盘，使茶叶均匀地平伏在审茶盘中，由于茶叶的轻重程度不同，能把大小、长短、碎末等有序地分为不同层次。一般粗大的茶叶多浮于上层，较细小的茶叶或碎末多分布在下层，而中层多为较匀整的茶叶。此法可以检查下脚茶、粗老茶占的比例，鉴别茶叶的均匀程度，碎片和茶末会影响质量，粗大轻飘的也证明质量不好。

（2）嫩度

主要看组成茶叶叶质的老嫩程度，条索紧细的质量好，条索粗大轻飘的质量不好。因为老叶加工的茶叶条索粗大，幼芽嫩叶加工的条紧细。所以鉴别茶叶，从外形观看就可知道茶叶叶质的老嫩程度。不同形状的茶叶，具体要求不同。条形茶要求条索紧结、重实，圆形茶要求粒细圆、重实，扁形茶要求扁平挺直结实。达不到要求的为次茶。

（3）净度

净度就是看茶叶中有没有夹带杂物。杂物分两种：茶类杂物，指茶梗、茶籽、茶片、茶末；非茶类杂物，指草叶、虫体、泥沙。净度是评定毛茶等级的一个重要指标。

（4）色泽

把干茶放在样盘内，首先反复观看色泽是否纯正，是否符合该类茶应有的色泽；其次观看色泽的深浅、枯润、明暗、鲜陈、有无光彩；最后看白毫的多少。一般来说，以光滑油润为好，花杂、灰暗、枯干为次。

2. 茶叶的内质鉴定

茶叶的内质鉴定，也叫开汤评茶。其方法是把样盘里的茶叶充分拌匀后压片，一般用拇指、食指、中指三个指头从堆面插到底盘，取上中下三层具有代表性的茶叶，用小天平取 3 克放入容量为 150 毫升的评杯，用开水冲泡，盖上杯盖，经 5 分钟后依次倒入茶碗中。先嗅杯中香气，再看碗中汤色，然后尝茶汤滋味，最后把杯中叶底倒入叶底盘中察看它的嫩度、色泽和匀度，以判定其质量和等级。主要评定香气、滋味、汤色和叶底。

（1）香气

品茶时要反复地嗅几次。先热嗅，后冷嗅。同时必须按杯排序从头到尾嗅一遍，不能无次序地乱嗅。因为嗅过一次和嗅过几次的，有一定的间隔时间。杯内热度不同，香气也就不一样。嗅时辨别香气的高低、强弱和持久程度是否正常，有无烟焦味、霉馊味或沾染其他异味。

（2）汤色

汤色主要看茶汤的色度、亮度、清浊度。色度要看是否符合各类茶叶应有的汤色，是否有劣变色、陈化色。亮度指明暗程度，以茶汤明亮为好，亮度差的为次。清浊度指茶汤清澈或混浊的程度，以纯洁透明、无混杂的为好。汤色易受光线强弱、茶碗规格、冲泡时间长短等各种因素的影响，在鉴定时要注意这些因素。

（3）滋味

毛茶经沸水冲泡后，大部分可溶性有效成分都进入茶汤形成一定的滋味。品滋味时，用汤匙把少量茶汤送入口中，用舌头来回抽吸打转，使茶汤充分接触舌头上的味蕾，从而辨别滋味的浓度、强弱、鲜爽、醇和或苦涩。

（4）叶底

把杯中泡过的茶叶倒入黑色的叶底盘或白色瓷碗、搪瓷盘里。用叶底盘的把叶底拌匀，铺开压平，观察它的嫩度、色泽和匀度；用瓷碗或搪瓷盘的则加水漂洗，使叶涨泡，在水中观察分析。叶底的嫩度除观察外，还可用手指按压，判断它的软硬、厚薄和老嫩程度。

茶叶质量鉴别是一项技术性很强的工作，参加审评茶叶必须有丰富的实践经验。所以，商业工作者在工作中要细心摸索经验，努力学习，只有这样才能够掌握鉴别茶叶这门技术。

3. 假茶的识别

假茶是以类似茶叶的其他树叶制成的，用以冒充茶叶。商品经营者应掌握感官鉴别方法，如从茶叶的外形、色泽、叶脉、锯齿、香味等方面去识别真假茶叶，以维护消费者的利益。

（1）叶脉

真茶叶底具有明显的网状脉，支脉与支脉相互联系，呈龟壳状，不射向边缘，在 2/3 处向上弯曲，连接上一枝叶脉形成波浪状，叶片向内隆起；假茶有的叶脉不明显，有的十分明显，一般为羽状脉，直射边缘，叶肉平滑。

（2）锯齿

真茶叶底边缘有明显的细小锯齿，接近叶柄基部的叶片边缘光滑、无锯齿；假茶边缘有的无锯齿，有的有锯齿且一般粗大锐利。

（3）色泽

红茶色泽乌润，显毫；假茶特别乌黑，欠润，无毫。绿茶色泽碧绿或暗绿而润，显毫；假茶一般深绿或青色，红润无毫。

（4）香味

真茶应具有该品种应有的香气、滋味；假茶无茶香，并带有臭气和异味。

17.3.2 茶叶的特性与保管

茶叶是一种季节性生产、常年销售的商口，为了保持它特有的色、香、味，保管工作是非常重要的。要搞好保管工作，首先应了解茶叶的特性。

1．茶叶的特性

（1）吸湿性

茶叶含有较多的亲水性物质，如醇类、多醇类、蛋白质、果胶质等。同时茶叶还具有多孔性的组织结构，这就决定了茶叶具有很强的吸湿性，当空气中的相对湿度超过茶叶水分的平衡状态时，茶叶就会从空气中吸收水分。当茶叶含水量超过 8%时，在温度适宜的条件下，霉菌很快繁殖，使茶叶霉变。茶叶霉变即失去了使用价值。

（2）陈化性

一般红、绿茶随着保管时间的延长而质量逐渐变差，如色泽灰暗、香气减弱、汤色暗浑、滋味平淡等，通常把这一变化称为陈化。它是成分发生变化的一个综合表现。茶叶之所以会陈化，最重要的原因是氧化作用的结果。首先由于酚类变化，其中有的成分由水溶性氧化为不溶性的化学物质，因而造成汤色显浑暗，滋味变平淡；芳香物质被氧化失去其芳香性，而使茶叶的香气降低；脂类成分经水解，产生的游离脂肪酸，再经氧化并水解，就会形成一种“陈味”。这些变化，绿茶表现更为明显。促使茶叶陈化的因素很多，如含水量增加、湿度升高、包裹不严、长期与空气接触或经日晒等，都会显著地加速茶叶的陈化。

（3）吸味性

茶叶中含有稀萜类化合物和棕榈酸，这两种物质最易吸收异味，所以茶叶在保管中不能和其他有异味的商品放在一起。茶叶串味不仅没有办法补救，而且会使香气和滋味大大减退，严重时会失去饮用价值。

2．茶叶的保管

保管的目的是保持茶叶固有的色、香、味、形。因此，在保管条件上最好是低温、干燥、避光、密封，并保存于无异味的环境之中。

储藏的场所要干燥、清洁，无异味污染，空气相对湿度不超过 70%，同时注意排除周围环境中散发的强烈异味。如果大量储藏，库房地势要高，宜南北向，防漏防热性能好，并装有活动通风管，墙壁不易导热、传湿。地板最好是木地板，离地面 0.7 米以上，要有通风洞，门窗应设内外两层，并要求缝隙密合。茶箱和茶篓的堆积，应与墙壁保持 50 厘米的距离，中间作为通风道。若库房是水泥地面，则堆脚须垫枕木，以防地面潮湿。珍贵名茶，常采用生石灰储藏。

绿茶和乌龙茶，一般采用木炭储藏法。其方法是用木炭 1 千克，烧红、焖息、冷却，用清洁的布袋装好，放进瓦坛或小口铁箱内，用于吸收茶叶的水分，每隔 1～2 月更换一次木炭。采用木炭储藏，茶叶可不用纸包，但必须严加密封。

少量样品茶，如欲长期储藏，可采取真空储藏法，即将茶叶装入铁箱内，焊好接口，再抽去箱内空气，使其成为真空。据试验用这种方法在常温下储藏，经 1 年半的时间茶叶的色香味形变化极小。还可以采取热水瓶储藏法，即将茶叶装入热水瓶内，用白蜡封口，并裹上胶布。用此法储藏，叶底色泽略有变化，但不显著；尤其是内质变化甚小，且简单易行，运用方便。

大宗绿茶，一般采用低温贮藏，保持 50%相对湿度。供储藏的茶叶含水量以 3%为宜。非梅雨季节，不必用生石灰储藏，选择不漏气的容器，覆盖棉垫，加以密封。零售商店在保管中要注意以下几点。

① 茶叶要放在干燥、卫生、通风好的场所保存，最好是专库保管。堆码时要垫高，避免地面潮湿引起茶叶质量变化。

② 要做到先进先销，不要积压时间过长，尽量防止茶叶陈化而降低质量。

③ 茶叶仓库和销售现场不能存放有异味的商品，以防止茶叶串味。

④ 分装茶叶时，要少包、勤包，以免茶叶香味串到纸上，这样能缓和茶叶陈化。

⑤ 茶叶在零售中，关键要密封。最好放在陶瓷缸中保存，用棉垫盖好。如果没有陶瓷缸，可放在专用茶叶箱内保存，平时注意盖严，以防止茶叶香气散发。

⑥ 陈列的茶叶样品，要用瓶或缸盛放，防止日晒或受潮。柜台样品要勤换。

⑦ 如果茶叶受潮，不能拿到太阳光下照晒，否则会加快茶叶有效物质的氧化。可把受潮茶叶放在火炕上烘干。

⑧ 茶叶验收要细心，要看包装是否完整、有无受潮现象以及茶箱外边的代号，差一个号就有很大差别。

⑨ 为保证茶叶质量，防止走味、霉变，要定期进行检查。

习题

一、简答题

1. 简述茶叶的特性。
2. 简述茶叶的主要成分。
3. 简述茶叶的分类。

二、能力测试题

1. 总结茶叶质量的感官鉴别方法。
2. 到当地的茶叶店调研茶叶的种类、特点。

第18章　水　产　品

水产品即海、淡水经济动植物及其加工品。

18.1　水鲜产品

18.1.1　海水鱼类的品种及特点

我国东南两面临海，海岸线长达 2 万公里以上，而且大部分海水很浅，加上水温适宜，是鱼类生长繁殖的良好场所。我国海产鱼类的品种十分丰富，据初步统计约有1500多种，其中有经济价值和分类上具有代表性的有上百种，捕捞量较大及较常见的主要有带鱼、大黄鱼、小黄鱼、鳓鱼、鲐鱼、鲅鱼、鲳鱼等。

1. 带鱼

带鱼俗称刀鱼，主产于印度洋及太平洋，北起日本，经我国，南至越南、印度等均产带鱼，其中以我国的产量较大。带鱼体长而扁平，呈扁带状，尾呈细丝状，嘴尖，牙锋利，眼大而位高。脂肪含量高，肉质肥鲜，废弃物少，是人们喜爱的海产品。

在带鱼的经营中，以体宽厚、眼亮、体面呈银灰色者为优，体呈香灰色、无光泽、鳃黑、破肚者为次。

2. 大黄鱼

大黄鱼俗称大王鱼，主产于东海及南海，其中以广东及浙江沿海产量最大。大黄鱼体长而扁平，口圆，口内有细齿，头内有耳石，腹两侧为黄色，尾柄细。肉多，呈蒜瓣状，肉质比小黄鱼稍硬，质量同小黄鱼。

大黄鱼以体色全黄、鳃红、眼凸、瞳孔亮、肉有弹性者质量优，褪黄、头部呈蜂窝状、骨骼外露、眼不明亮、肚软者质量较差。

3. 小黄鱼

小黄鱼又名黄花鱼，是我国重要的经济鱼类之一。体型比大黄鱼小，头比大黄鱼小，口小而平直，一般每尾重 250 克左右，最大的 500 克。肉质比较细嫩，呈蒜瓣状，味鲜美，刺少，体色金黄、鳃红、眼凸、瞳孔亮、肉有弹性者优。变质时黄色褪去，头部呈蜂窝状，骨骼外露，肚软，严重时破肚。

4．鳓鱼

鳓鱼又名曹白鱼，我国南至广东、北至渤海等地均有出产。鳓鱼身宽体薄，除头部外，周身为大鳞片，体面为闪光的银白色。其变质时眼先发红，鳃白，鳃下肚皮破裂，不宜出售。

5．鲐鱼

鲐鱼又名青花鱼，主产于山东烟台、辽宁海洋岛。鲐鱼体呈纺锤形，尾柄短而细，头大，略呈圆锥形，鳞细小，眼大而位高，体背为青蓝色并有不规则的花纹，腹部呈淡黄色，头顶呈浅黑色。鳞鱼肉质坚实，味良好，肉色发红，脂肪较多，夏季极易腐败，鲜食的鲐鱼要新鲜，购买后应及时烧煮。

6．鲅鱼

鲅鱼又名蓝点鲅、燕鱼、马鲛鱼。体呈纺锤形，背侧蓝黑色，并有圆形蓝黑色斑点，腹侧银灰色，腹部苍白略暗，体重0.5～2千克，体长30厘米左右。鲅鱼腹部肌肉薄，极易破肚，故有“十鲅九破”的俗语。鲅鱼脂肪含量较高，味道鲜肥，适口，是大众化的经济鱼类。

7．鲳鱼

鲳鱼又名镜鱼、银昌鱼，产量以东海最多，黄海次之。鲳鱼全身银白色，体形侧扁，头小，口小，内脏较少。身披极小圆鳞，鳞片极易脱落，背鳍与臀鳍由体部中央直抵尾部。背、臀鳍条前部呈镰状，尾鳍叉形，无腹鳍。鲳鱼为上等海产食用鱼类，肉质细嫩，肥美，多脂肪，高蛋白，刺少，可加工成罐头等。

8．鳗鱼

鳗鱼又名海鳗、牙鱼，含脂肪量高，营养丰富，肉质细嫩，滋味鲜美。除鲜食外，可加工成“鳗鱼鲞”和红烧鳗鱼、油浸鳗鱼等罐头食品。鳗鱼鳔可制鱼胶，有解毒、消炎、补胃、润肺之功效。

9．加吉鱼

加吉鱼又名真鲷、红加吉。加吉鱼是黄海、渤海著名的贵重经济鱼类之一，肉质紧密，实中有嫩，口味清淡，无鱼腥味，很受群众欢迎。

10．凤尾鱼

凤尾鱼又名凤鲚、河刀鱼、靠子鱼、黄鲚。鱼体沿长侧扁，向后渐细，腹部棱鳞显著，一尾体长10～20厘米。凤尾鱼脂肪含量高，肉味鲜美，可加工成罐头。我国凤尾鱼罐头在国内外享有盛誉。鲜食凤尾鱼以油炸、油煎为佳。

11．鲨鱼

鲨鱼的经济价值及食用价值都很高。鲨鱼肉可作为鱼糜制品。鲨鱼头、鳍、骨可制成鱼翅、鱼唇、明骨等名贵海味品。鱼皮是制革的良好原料。鲨鱼肝含丰富的维生素A、D，是提取鱼肝油的高级原料。鲨鱼的鳍有滋补强身、补血益气、润肺补肾的功效。肝油有明目、清热、解毒之功效。鱼胎具有养血调经的功能。

12．河豚鱼

河豚鱼又名鲂鲀鱼，如图 18.1 所示，产于我国南海、东海、黄海、渤海、鸭绿江、辽河、长江、钱塘江、珠江等。河豚鱼头体粗圆，向后渐细。口小，前位上下颌闭合呈四个大牙状。一个背鳍与臀鳍相对应，胸鳍短，无腹鳍。体表面无鳞，只有由鳞演化成的细刺。河豚鱼肉味鲜美，但体内卵、卵巢、皮、肝、肾、肠、血、眼、鳃、脑、髓等含有剧毒物质，毒素稳定，用盐腌、日晒和一般的高温方法都不能使之破坏，故必须经严格去毒处理后方可食用。民间有“拼死吃河豚”之说。

图 18.1 河豚鱼

18.1.2 淡水鱼类的品种及特点

我国具有较优越的淡水资源，据统计我国淡水面积达几亿亩，其中可养殖面积达几千万亩。淡水鱼类就目前已知的有 800 多种，有经济价值的有 250 多种。其中体型较大、食用价值较高、产量较高的主要有鲤鱼、鲫鱼、青鱼、草鱼、链鱼等几十个品种。

1．鲤鱼

鲤鱼原产我国，现已遍布世界各地，是我国重要的经济鱼类。鲤鱼刺少，肉厚，脂肪多，肉质鲜嫩，食用价值较高。其特征随产地的不同有一定的区别，但从其共有特征来看，上颌每侧各有须两根，体色多为青黄，上深下浅，鳞片边缘多为灰黑色。在经营过程中，其质量变化一般是先红眼，后瞎眼、离刺，待肚发绿时已变质。

2．鲫鱼

鲫鱼属普通淡水鱼类，各地均有，以白洋淀所产为最佳。其肉质细嫩，味鲜美，但体中刺细小且多。鲫鱼体侧扁而高，背部发黑，腹部色浅，体色因产地而异。变质时肚先发黑，后发黄，待肚发绿时已严重变质。

3．青鱼

青鱼是我国重要的淡水养殖鱼类。肉嫩、味美，富含脂肪，刺大而少，是淡水鱼中的上品，经济价值较高。青鱼体长而略呈圆筒形，稍侧扁，体光滑，棕黑色，腹部色浅。变质时和鲤鱼变质相似，先眼发红，后眼瞎、肉离刺，待肚发绿时已严重变质。

4. 草鱼

草鱼也是我国重要的淡水鱼，因食草而得名。其体色为浅橄榄绿色带黄头。变质特点同鲤鱼，肉质近青鱼，但肉中细刺较多。

5. 链鱼

链鱼又名白链，是我国重要的淡水养殖鱼类之一，头长细，占体长的四分之一，眼位低，体色发白，鳞片细小。链鱼腹部含有较多脂肪，肉质细嫩，味极鲜美，但细刺较多。

6. 鳙鱼

鳙鱼又名胖头鱼、花链、黑链。其体型与链鱼相似，但鳙鱼头大，约占体长的三分之一。鳙鱼在长期冷藏时，常发生变色走胆现象，保管期不宜过长，一般为一年。变色走胆的鱼，鱼体颜色灰暗，无光，脂肪外溢，胆汁透过鱼肉，腹部变黄，鱼肉苦涩，油腥味重，不能食用。鳙鱼肉白而细嫩，头部肥美，鱼头可治风寒头痛、妇女头晕等。

7. 白鱼

白鱼又名鲌鱼、翘嘴鲌、翘头鲌鱼，我国南北江河湖泊中均产，产期为夏秋两季，冬季小鲌鱼产量高。肉白而细嫩，但刺多，不易保管，变质时肉变软、离刺。

8. 黑鱼

黑鱼又名乌鳢、生鱼棒子、蛇头鱼、生鱼，我国各淡水域中均产，常年都可生产。黑鱼体形圆而长，后部侧扁，头较长，前部偏扁，口大，下颌向前突起，有尖锐细小牙齿。胸鳍短而小，背鳍和臀鳍各一个，较长，全身青褐色，体侧有许多不规则黑色斑条。其肉厚、色白细嫩，可做溜鱼片、溜鱼段等。其肉有去湿、利尿、催乳之功效。

9. 鲶鱼

鲶鱼又名胡子鲶、鲇鱼、年鱼。全国各淡水中都有分布。一年四季均生产，夏秋两季产量较高。鲶鱼体长，头部平肩，尾部侧扁，口宽大，下颌突出，体光滑无鳞，有发达的黏液腺，体呈灰色或褐色，腹部色白。鲶鱼肉多，刺少，富含脂肪，肉肥味美，营养价值较高，有滋补、利尿之功效。鲶鱼煮汤至汤色乳白、黏稠，不加盐、酱油食用，可起催乳、增乳的作用。其卵有毒素，但高温可破坏毒素。

10. 泥鳅

泥鳅又名鳅、鳝。各地淡水中均有分布，一年四季均可生产。体细长，呈圆筒形，尾部侧扁，头尖，体表光滑无鳞，有黏液腺，体呈灰黑色，体表及各鳍布有许多黑色斑点，肉质细嫩，蛋白质含量高，体小宜炸食。鳅肉及黏液可药用，有调中益气、解渴、醒酒、利尿之功效。

11．鳝鱼

鳝鱼又名黄鳝、长鱼、田鳝。全国各地都有生产，以江南最多。鱼体细长，圆柱形，尾部尖细，形如蛇。头粗无须，口裂甚大，无胸鳍、腹鳍，背鳍及臀鳍退化成皮褶，与尾鳍相连。体表光滑无鳞，体背呈青褐色，腹部黄褐色，全身布有黑褐色斑点。鳝鱼肉鲜嫩、刺少，味道特别鲜美，可烧、炒、焖、烤，亦可做鳝糊、鳝面等。鳝鱼血有毒，不能生食，但有收敛、祛风通络的功效，主治眼歪斜、面部神经麻痹等症。鳝肉有补中益气，治虚痨咳嗽、化脓性中耳炎之功效。

12．甲鱼

甲鱼又名团鱼、王八，属爬行类动物，不是鱼类。甲鱼肉质细嫩鲜肥，味清淡爽口，有红烧、清蒸、清炖等食法。食前先去头放血，然后用刀从腹部中央处切十字形，去内脏，再去爪指，用清水洗净后，用开水洗烫，除去体表黏膜层，在壳腔内放置调料。甲鱼死后，其内脏极易腐败变质，外表不易发现，食后易中毒，因此食用甲鱼时切忌食用死甲鱼。甲鱼的肉、血、卵、骨有滋补强身、壮阳、调中暖胃、润肺散淤、解毒之功效。

18.1.3 虾、蟹、贝类的品种及特点

1．对虾

对虾又名中国对虾、大虾、明虾，是名贵的水产品，以营养丰富、味鲜爽口、肉质细嫩而著称。其吃法很多，可溜虾段、油焖虾段、软炸虾段，也可做馅。除鲜食外，还可加工成虾干、海米，副产品可制成虾酱、虾油等。

2．河虾

河虾又名青虾。河虾生活在湖泊、池塘、水库底层和有水草的坑洼之处。肉质细嫩鲜美，营养丰富，吃法有油炸虾、盐卤虾、炝虾仁等。除鲜食外，还可加工成虾米。

3．海蟹

海蟹又名海螃蟹、海虫、蝤蛑，含丰富的蛋白质及碘。蟹黄中含有丰富的维生素及卵黄素，是滋补佳品，也是佐餐佳肴。一般蒸食，可食部分有肝脏（蟹黄）、精巢、卵巢及肌肉。食蟹的佐料要齐全，特别不能少姜、醋。食后不能喝生水或立即吃瓜果，否则易腹泻、呕吐，重者可发高烧。海蟹除鲜食外，还可以加工成蟹肉、蟹腿、蟹籽、蟹酱等。

4．河蟹

河蟹又名螃蟹、湖蟹、河虫。生产旺季为农历7～9月。食用方法基本与海蟹相同。食用前最好在清水中放养一天，使蟹吐净污物。高温蒸煮后食用，否则易中毒。蟹肉可做馅，炒蟹黄味鲜美。

5．毛蚶

毛蚶又名毛蚶、麻蚶子、也具。形如心脏，皮壳厚而坚硬，两壳不等，表面有35条从壳

顶放射至壳缘的肋，呈互垄状。两扇贝壳绞合处有一列小齿，这些小齿嵌合在一起。表面为褐色，壳内面为白色，壳边缘呈锯齿状。贝壳表面还生有棕褐色的毛，故称毛蚶。可炒、炝、红烧，也可用水烫后佐以姜、醋食用，味甚鲜美。

6．墨鱼

墨鱼又名乌贼、乌鱼、墨斗鱼。墨鱼是一种名贵的海产品，废弃物少，可食部分多，营养丰富，可凉拌、爆炒乌鱼丝、烧乌鱼卷、溜肉片、做乌鱼汤等，还可加工成干制品。墨鱼体内有海螵蛸，有止血、止痛及中和胃酸的功效。

18.1.4　商品鱼的质量鉴别及保鲜方法

1．质量要求

商品鱼可分为活鱼、鲜鱼、冻鱼及卤鲜鱼等。具体质量要求如下。

（1）活鱼

活鱼只限于淡水活鱼。质量好的活鱼体面应无损伤，游动自如，不翻背，呼吸均匀。

（2）鲜鱼

鲜鱼是指死后不太久的活鱼。体硬不打弯，眼明亮，鳃紧盖、鲜红，鳞片紧附鱼体，肉不离刺，肚不破。

（3）冻鱼

冻鱼有海鱼及淡水鱼。冻鱼的好坏与冷冻时鱼的质量好坏有密切的关系。一般在质量评定时以具有鲜鱼固有色泽及眼明亮者为好，色泽发生变化及眼不明亮者为次。

（4）卤鲜鱼

卤鲜鱼是介于鲜鱼及咸鱼之间的一种产品，水分含量比鲜鱼少但比咸鱼多。好的卤鲜鱼气味、色泽正常，不发黏，不黏连。质差的卤鲜鱼味不正常，色暗，无光泽，脱鳞较多，鱼体黏连成团，黏液多。

2．鲜鱼的保管

在鲜鱼经营中，目前多采用散装冰藏或层冰层鱼的方法保管。另外有条件的地区也有采用冷却海水及微冻法进行保管的。以上四种方法在具体使用时，其原理是利用低温来降低鱼体内酶体的活性及控制微生物的生长繁殖。

18.2　水产制品

18.2.1　咸干鱼

1．咸鱼制品

利用食盐来增加鱼体渗透压，从而达到防霉防腐。这种方法在鱼的加工中已有几千年的历史，目前这种方法仍是世界鱼品加工中一种经常使用的、较为重要的方法。

（1）腌制原理

鲜鱼肉体与食盐接触后，食盐逐渐向鱼体内渗透及扩散，而鱼体内的水分则由于食盐的渗透而逐渐向外扩散，最终导致鱼体内含水量的大量降低。由于鱼体含水量的降低及渗透压的提高，微生物就无法在鲜鱼体上繁殖，从而可以延长其储存时间。

（2）加工方法

鲜鱼的腌制方法有多种，并且还在不断地改进及探索。从腌制的温度来划分大致可以分为常温腌制法及低温腌制法两种。

① 常温掩制法。

这种方法在具体使用时，依据使用食盐方式的不同又可以分为干腌法、盐水法及混合法三种。

● 干腌法。

用盐在鱼体上搓摸使其渗透到鱼体内，从而达到保质目的。

● 盐水法。

在腌制时将整鱼或剖开的鱼放入饱和的食盐水中浸泡，使盐渗透到鱼体中。这种方法的优点是腌制较均匀，可以大规模地腌制。

● 混合法。

混合法是干腌法及盐水法混合使用。这种方法吸取了以上两种方法的优点，同时又克服了它们的缺点，故在常温腌制时经常采用此法。

② 低温腌制法。

这种方法在使用时以控制温度为主，依据其腌制时控制的温度又可分为冷却腌制及冷冻腌制。

● 冷却腌制法。

该方法在温度为 0～5℃的条件下进行腌制。这种方法在具体使用过程中，除可对鱼进行腌制外，由于温度较低，可抑制鱼体内蛋白酶的活性，防止鱼蛋白发生分解，故可保证鱼体在腌制时不发生质变。

● 冷冻腌制法。

该方法是将鱼体先冷冻而后再进行腌制的一种方法。这种方法除腌制外还可以防止鱼体深层变质，故较大型的鱼一般采用此法进行腌制。

（3）咸鱼的质量要求

咸鱼在质量评定时一般从外观、割剖状况、鱼的硬度、气味及含盐量等几个方面来综合评定。

咸鱼的外观质量主要看大小、鱼肉的肥满程度、鱼体表面有无伤痕、表面清洁度、色泽以及鳞片状况等。质量优良的咸鱼大小要符合标准规定，鱼肉肥满紧密，体面无伤痕，外表清洁，色不发暗；割剖符合规定，具有该种咸鱼的特种风味，无腐败现象，含盐量均匀，鳞片可稍有脱落。

2．干鱼制品

鱼类经过干制后，其风味一般不会改变，但其耐储性能却可有很大的提高。其原因是鲜鱼中含有大量的水分，适宜于各种细菌及霉菌生长繁殖，因而通过干制降低其含水量，从而抑制微生物的活性及鱼体内酶的活性来提高其耐储性。

（1）鱼类的干制原理

鱼类在干制过程中，鱼体表面的水分首先蒸发，从而破坏了鱼体内的水分平衡，鱼体内深层的水分通过渗透压逐渐向外渗透，从而使整个鱼体的水分大量蒸发，导致其内部含水量降低。在具体干燥的过程中要注意环境的温湿度，如果温湿度控制不好，导致鱼体外表形成紧固的干膜而内部水分尚未蒸发，形成外干内潮，则易导致变质。另外温度控制不好则易导致含脂肪较高的鱼体内的脂肪发生氧化、酸败而影响干鱼的品质。

（2）鱼类干制的方法

鱼类干制的方法可以分为天然干制及人工干制两种方法。

① 天然干制法。靠日光及风力等自然条件，通过日光照射及空气流动而使鱼体内的水分流失，这种方法在使用时易在鱼表形成坚固的干膜而影响干制速度及成品质量。故在此法使用过程中一般在鱼体干至七八成时，要经过一周左右的堆藏，然后继续日晒方可脱去鱼体深层的大部分水分。

② 人工干制法。这是指利用烘房进行干燥的方法。在具体使用时依据温度的不同有常温及高温两种方法。人工干燥不受自然环境的限制，同时又可人工控制环境的温湿度，故此法干制的成品质量较好。

（3）干鱼制品的质量要求

对干鱼制品质量总的要求是脂肪含量较低，原料新鲜，加工技术合乎规定，制品表面无白色粉末及其他缺陷。

① 色泽。须具有该制品特有的色泽，体表清洁、干燥者为上品，肉色灰白或发红、暗淡、色污、水分大者为次品。割剖应按规定进行，凡不按规定割剖者为次品。须具有该制品特有的气味，凡具有酸味、腐败味及脂肪酸败味者为次品。

② 外观形态。长度符合规定、外形完整、无裂纹、无破损者为上品，反之则为次品。

③ 干燥度。生干品的含水量不得超过 25%，盐干品的含水量不得超过 40%。

④ 含盐量。不得超过 15%。

⑤ 杂质。外表清洁无污染者为合格品，体表污者为次品。

18.2.2　虾蟹制品

1. 虾皮

虾皮不是虾的皮，而是我国沿海产的一种小虾。由于虾小、肉少，使人误认为是虾的皮。虾皮据加工方法的不同可分为熟虾皮及生虾皮两大类，均是“中国毛虾”的干制品。

虾皮在经营时，依据质量的好坏一般分为三等。

一等：盐轻，片大，身干，色金黄，无杂质。

二等：片不太整齐，色暗、不亮，稍潮，盐重。

三等：片不整齐，色暗，碎片多。

虾皮在储存保管时，要注意温湿度管理。温度过高容易“烧仓”，即内部温度升高发生霉变，故一般温度不宜超过 30℃。湿度过大易吸潮，含水量增大，为微生物的繁殖创造良好的环境，故相对湿度一般应控制在 65%左右。

2．海米

海米是以海产中、小型虾类经盐煮后晒干、去皮而得到的熟干制品的统称。这种制品由于加工费时、出品率低，故价格较高。海米在生产过程中按其所选的虾大小及类别的不同，通常分为大海米、中海米及小海米三类。海米的质量以个头均匀、身干、光净、色不陈、味鲜、无杂质者为上品。在经营时要注意海米不能久存，否则会变色、变味。

3．虾籽

这是将虾身上所附的虾籽用水刷下，经除杂、炒熟、晒干后得到的产品。虾籽可分为晃虾籽、红虾籽、草虾籽及河虾籽等。其中以晃虾籽品质较好。虾籽的油性较大，不宜过夏，在常温下过夏会变色、变味，故在经营时有条件的地区最好冷藏。

4．蟹肉

蟹肉是用梭子蟹及日本蟹经剥制而得的一种产品，在经营时一般采用冷藏。其质量以块大、整齐、不带皮壳、色黄者为优，加盐者次之。

18.2.3 海藻制品

1．鹿角菜

鹿角菜为海产褐藻类。它是将鲜鹿角菜割取后在日光下晒制而成的产品。其质量以身干、肥满、色泽黑褐者为优，发绿者较次。

2．石花菜

石花菜是一种海产红藻类的干制品，在经营时按质量的好坏分为三等。

特级：色泽金黄、朵大、身干，不带其他杂物。

甲级：色泽稍发白、朵大，但分枝较长、发潮，稍带有珊瑚块。

乙级：色泽有白有黄，带红根的较多，发潮，带珊瑚块较多。

3．紫菜

紫菜是利用生长于浅海岩礁上的鲜紫菜加工的制品，根据采集及加工季节可分为冬菜及春菜，其中冬菜质量较好。紫菜的质量以色泽黑紫发亮、柔而不潮、不脆、无杂质者为优，片厚而发黄绿色、含杂质者较次。

4．海带

海带为宽带状褐藻类干制品，属淡干品，含碘较多，是一种良好的防缺碘食品。海带据其质量的好坏分为四等。

一等品：叶片厚且宽，条长1.5米左右，色浓黑或深褐，叶端无白烂或黄化的附着物。

二等品：叶宽，条长1米左右，色泽红褐或稍带绿头，叶端无黄化及白烂物。

三等品：叶长50厘米以上，叶体薄，色泽黄绿。

四等品：叶长20厘米以上的碎头，色泽不一。

5．琼脂

琼脂又名冻粉、洋菜。琼脂是采用麒麟菜或石花菜，经反复漂洗除杂、晒干、磨粉、清水漂 2～3 次，然后按 1∶20～25 倍的水将菜煮 4～6 小时，保持水温在 80～90℃过滤，加入 0.5‰的明矾，放入冷库中冷冻，切成薄细条、晒干而得的成品。琼脂按其质量的好坏分成三等。

一等品：色洁白，半透明，有光泽，无杂质，含水量小于 20%，灰分含量在 5%以下，不溶物含量在 1.5%以下。

二等品：色灰白或有黑点，半透明，光泽较暗，无杂质，含水量在 23%以下，灰分在 5%以下，不溶物在 2%以下。

三等品：色灰暗，不透明，无光泽，无杂质，含水量在 25%以下，灰分在 6.5%以下。

18.3 海味品

海味品是各种海产动、植物经加工和干制而成的海产制品。海味品与一般的副食品不同，它们都具有特殊鲜美的味道，蛋白质的含量较高，特别是一些珍贵的海味，其蛋白质含量和营养价值很高。有的海味品还具有一定的医疗价值，是一类食用价值较高的副食品。

18.3.1 主要海味品的类别及品质特点

海味品的品种较繁多，既有动物性的又有植物性的，既有大众化的又有较名贵的。在具体加工经营时，海味品一般据其原料的种类不同可以分为虾蟹制品、鱼制品、海藻制品、贝制品、名贵海味及其他干制品六大类。其中虾蟹制品及海藻制品前面已介绍过，这里重点介绍鱼制品、贝制品及其他干制品。

1．鱼制品

（1）红鱼籽

红鱼籽又名大马哈鱼籽。外形比鱼肝油丸稍小，色鲜红透明，是用大马哈鱼的卵制成的。在我国主产于黑龙江及乌苏里江一带。捕到大马哈鱼后，将卵取出，割破卵膜，在筛子中将鱼卵擦下，然后浸泡在 5%的盐水中发酵成亮红色即为成品。红鱼籽的质量以色鲜红、无杂质、无异味为上品。

（2）黑鱼籽

黑鱼籽又名鲟鱼籽。由于鲟鱼少而难捕，黑鱼籽比红鱼籽更为名贵。黑鱼籽的加工方法与红鱼籽相同，只是经发酵后颜色呈黑色。其质量以色黑、有光泽、无杂质、无异味为上品。

（3）鱼肚

鱼肚是利用体型较大的鱼的鳔或胃制成的，用来加工鱼肚的鱼主要是大黄鱼及鮸鱼。我国鱼肚的产地主要有两广、浙江及福建等地。鱼肚主要有以下几种。

① 毛常肚。用毛常鱼鳔制成。其质量一般以色浅黄或金黄、肚片厚薄均匀不破、无红色斑块、肚边修割整齐为好。

② 胱肚。产于广东，状如牛角两头尖。其品质以色白、半透明为好。

③ 闽子肚。产于福建，长条形，剖开成片。其品质以无血丝、半透明为优。

④ 黄鱼肚。一般分为三种：提片、吊片及搭片。体厚片大的单片鱼肚称提片。体薄片小者为吊片。几张小鱼肚压在一起晒干者为搭片。单片鱼肚以色淡黄、明亮者为好。搭片鱼肚色杂、不透明，质量较差。

（4）鱼翅

鱼翅用鲨鱼或鳐鱼的鳍制成。鱼翅属高级海味品，一般用于高档宾馆、饭店及宴席。商品鱼翅均为干制品。由于取用鲨鱼的种类不同，鱼翅的种类也相当繁多，质量差别也很大。

按鱼翅的外观色泽可分为青翅及白翅两大类。青翅多用灰鲭鲨、苍海鲨、虎鲨的鳍制成，白翅多用双髻鲨、白绿鲨、骡鲨、白眼鲨的鳍制成。据鲨鱼鳍部位的不同可分为披刀翅、青翅及尾翅。

披刀翅略呈等边三角形，用鲨鱼的背鳍制成。如果鲨鱼的背鳍呈长三角形，则制出的成品不叫披刀翅而称顶鲨翅或脊披刀。这类鱼翅是鱼翅中品质最好的。较为有名的有吕宋黄肉翅及黄肉翅。其中吕宋黄肉翅是最名贵的品种。

青翅用鲨鱼的胸鳍及腹鳍制成。一般片大，呈长三角形，板面一面凸，一面凹，凸面呈青色，凹面呈白黄色。其品质比披刀翅稍差。

尾翅用不同品种的鲨鱼尾制成，品质最差。

鱼翅的化学成分主要是蛋白质，但其蛋白质中不含色氨酸，因而其蛋白质的营养价值不高，不是足价蛋白。

2. 贝制品

（1）鱿鱼干

鱿鱼是乌贼类的一种软体动物，属贝类。鱿鱼干即是枪乌贼及柔鱼的干制品。除出产于我国福建及广东外，日本、朝鲜及越南也有。鱿鱼的质量要求以体呈粉色、片大、头小、肉厚者为优，体小而宽、肉薄者为次。在经营中一般按大小进行分级。

甲级：片大、肉厚，体长20厘米以上。

乙级：体长14厘米以上。

丙级：体长11厘米以上。

（2）干贝

干贝利用贝类的闭壳肌制成。制造干贝的贝类有扇贝、赤皿贝及江瑶等。干贝的质量以色泽红黄、有特有的香味、身干、盐轻、无杂质、整齐不碎者为优。

（3）蠔豉

蠔豉由贝制成，北方称牡蛎，广东称蠔豉。在加工时经剥壳、煮熟即得成品。蠔豉的质量以无黑色足丝、无杂质、表面清洁、无异味者为优。

（4）鲍鱼干

鲍鱼干是一种单壳贝制品。按照产品形状及颜色又可分为明鲍、紫鲍及灰鲍三种。我国山东长山列岛一带鲍鱼较多，诸城的胡家山、青岛等地也有。鲍鱼以色浅、体透亮、个头大者为优。

3. 其他干制品

（1）海参

海参属棘皮动物，是生长在浅海海底、行动极缓慢的蠕行动物。海参主要靠人潜入海底捕捞。由于花费劳力较大，捕捞数量又不多，海参也属名贵海味。商品海参一般都属干制品。

海参由于产地不同，品质及特征也有一定的差别。我国北方所产的海参主要为灰参，体面棘皮薄而肉细，水发量较高。南方产的海参，除名贵的梅花参及方刺参外，其余以体面无刺者较多。南方产的海参一般皮较厚，肉较粗。

我国市场上常见的海参及品质要求如下。

① 灰参。又名刺参，主产于我国大连、烟台等地。质量以纯干、肉肥、刺多而挺为佳。一般依据大小分级：一等每 500 克 25～40 个，二等每 500 克 41～55 个，三等每 500 克 55 个以上。

② 梅花参。产于我国海南岛、东沙群岛及西沙群岛一带。体较大，干制品每个可达 200 克。干制时，开膛展平，体色纯黑，体面刺多而尖。

③ 方刺参。产于我国北海及海南岛一带。体呈四棱形，每个棱面有一行圆头小刺，故名方刺参。

④ 克参。又名乌狗参，色乌黑，体面无刺，外皮厚，肉薄，质较次。

（2）海蜇皮

海蜇皮用海产水母的伞盖加工制成。从水中捞出水母后，先割去触丝部分，然后除去红皮，加盐及矾水入池泡制，然后干制即为成品。海蜇皮的质量以片大、色白、无血星、无沙子、脆嫩为优。

18.3.2　海味品的食用常识

1．海参

海参属较名贵的海味，故一般不单独做菜，在食用时常与其他蔬菜烩、炒或红烧食用。

海参的泡发分水发及碱发两种，水发时避免与油污接触，否则不仅影响泡发，而且容易腐烂。

2．鱿鱼

鱿鱼可烤食，与青蒜、蒜黄、黄瓜等爆炒，也可切成小块红烧。食用鱿鱼干须经泡发过程，即将鱿鱼干置于清水中浸泡 4～8 小时使之回软，然后置于碱水内(加火碱量为干料的 7%～8%）泡 3～4 小时，待鱼体膨胀时将鱿鱼取出，用清水反复冲洗脱碱，再用清水浸泡即可加工食用。

3．干贝

干贝很少单独食用，一般做鱼翅时用其炖汤提味。

4．鱼翅

鱼翅一般不单独做菜，常和其他营养价值较高的配菜做较名贵的菜肴。鱼翅在食用前，应将干鱼翅泡在水中，待其软化后，洗净去污，剪除翅边，入锅烫煮，捞出退沙，去翅根及腐肉，再移入锅内用微火煮软后放入清水中，把残留的脆骨去掉，装盒上屉蒸烂即可备用。明翅可直接用水浸软上屉蒸烂，放入清水中浸泡即可备用。

5．鱼肚

鱼肚一般是切片炖食，以甜食居多。在加工食用之前一般要泡发，鱼肚的泡发方法分水发和油发两种。水发是先将鱼肚放在温水或开水中泡软，然后移入锅内用慢火焖煮。在焖煮过程中隔 3 小时换水一次，换水时将鱼肚用温水洗一次再煮，直至软透无黏性。油发是先用温水刷洗干净，沥干，然后下油锅浸炸，待其膨胀、焦脆时取出，放在碱水中脱去油分，用稀酸脱碱后，用水冲洗几遍即可。

6．鱼骨

食用时先将鱼骨用清水浸泡 1～2 天，然后用高汤烩食。喜食甜食的可加糖及桂花烩食。

7．鱼皮

鱼皮是用各种鲨鱼皮经晒干而成的淡干品，是一种名贵的海味品。蛋白含量高，营养丰富，经济价值高。市场上常见的鱼皮有鲇鱼皮、玉吉皮、象耳白皮、青鱼皮、白鱼皮等。鱼皮在食用前放入清水中浸泡回软，漂洗干净后放在锅内用开水烫煮，用刀刮沙、洗净后，放锅内煮软，然后放入清水中备用。

8．燕窝

燕窝又名燕菜，是热带金丝燕衔食海中小鱼、海藻等生物后，经胃消化腺分泌出来的黏液垒筑成的窝巢。它的窝巢一般多筑在热带海岛的悬崖峭壁上，与我国大陆上的燕子窝十分相似，但小得多。燕窝自古以来都是名贵的海珍品。其颜色白亮，呈半透明状，并夹有少许燕毛。燕窝有家燕窝及野燕窝之分。一般家燕窝较为洁净，色白，美观，价值也较高。据其质量特点和产地分为官燕、龙芽燕、暹罗燕、血燕、毛燕五种。其质量以窝型完整、窝碗大而肥厚、色洁白、半透明、座底小、燕毛少、棒条粗壮、有光泽为上品。燕窝主要产于印度尼西亚、泰国、马来西亚各岛。

食用前应将燕窝水发加工。将燕窝用清水涮洗一遍，放入80℃的热水中浸泡 3 小时，使之膨胀松软。用镊子将燕毛择净，再放入100℃的开水中焖 1 小时，即可烹调食用。

18.3.3 海味品的保管

1．常见的变质现象

（1）霉变

多数海味品属于干制品。由于含有丰富的营养物质，在贮存中如果受潮则易被微生物感染而导致霉变。

（2）酸败

一些含脂肪较多的海味品，在一定的条件下脂肪水解生成脂肪酸，脂肪酸分解形成低分子的醛、酮，产生酸败味。

（3）虫蛀

海味品在经营及贮存过程中，若被虫卵污染，则易发生虫蛀。

（4）腐败

海味品多数含较丰富的蛋白质，如果被细菌污染，在一定条件下蛋白质分解，则会导致腐败。

2．保管中应注意的问题

针对海味品在储存及经营过程中易发生以上变质现象，在储存过程中应注意以下问题。

（1）防潮

环境潮湿有利于微生物的繁殖，在储存过程中应控制好环境的相对湿度及防止地潮、水浸。

（2）防热

储存环境如果温度过高，一方面有利于微生物的繁殖，另一方面会导致脂肪酸败，在储存过程中应防止高温。

（3）防日光

在海味品储存及经营时要防止日光照射，否则易导致脂肪氧化酸败及变色变味。

（4）防虫

要对储存环境进行消毒处理，保持贮存环境的卫生，进行经常性的检查，发现虫害应及时处理。

习题

一、简答题

1．简述河豚鱼的特点。
2．简述干鱼制品的特点。
3．简述红鱼籽、黑鱼籽的特点。

二、能力测试题

1．简述海参的品种、特点，上网查询海参的水发方法。
2．简述海味品的保管注意事项。

第 19 章　家畜肉及其肉制品

19.1　家畜肉

19.1.1　家畜肉的营养价值

肉类在人们的饮食中占有很重要的地位，因为肉类含有足够的动物性蛋白质（较多的足价蛋白质）、脂肪、糖类、维生素、无机盐等，对人类的生长发育、增强体质、预防疾病等具有重要的生理意义。

家畜肉习惯上指家畜屠宰以后，除去头、蹄、皮毛、内脏所剩的胴体部分。因此，任何家畜胴体主要由筋肉组织、结缔组织、脂肪组织和骨骼组织四部分组成，并因其组织结构不同，所含的营养成分不同，营养价值也不同。

1．筋肉组织（肌肉组织）

筋肉组织是肉的主要组成部分，含肉中最有食用价值的大量的蛋白质，这些蛋白质中含人体必需的氨基酸数量较多，配比协调，故营养价值较高。因此，它是决定肉的质量的最主要的组织部分。

各种家畜胴体的筋肉组织约占 50%～70%。在猪肉、牛肉、羊肉中，牛肉的筋肉组织最多，约占 52%～60%；其次是绵羊肉，约占 55%～57%；最后是猪肉，约占 50%左右。家畜肉筋肉组织的含量，因家畜的类别、品种、性别、年龄、肥瘦、饲养状况、饲料质量、使役情况、肉的部位等不同而不同。

筋肉组织中含有大量的蛋白质、浸出物质（非蛋白质含氮化合物和不含氮化合物）、无机盐类、少量的脂肪、糖类、维生素、各种酶等，营养丰富，营养价值高。

2．结缔组织

筋肉组织中的腱、肌肉与脂肪组织的内外膜、韧带、血管、淋巴等均属于结缔组织。

结缔组织主要由胶原纤维、弹性纤维、无定形物质所构成。

结缔组织中的蛋白质均属于不足价蛋白质且不易溶解，不易消化，故结缔组织越多，其营养价值越低，质量越差。

3．脂肪组织

动物体中的脂肪分布基本上有两种方式：肌肉脂肪和贮备脂肪（也叫皮下脂肪）。

畜体中脂肪的含量与家畜的品种、育肥、肉的部位等有密切联系。

脂肪的需要量是因人而异的，如果人体消耗热量少，食用较多含高脂肪的肉类，脂肪中的胆固醇便会沉积在血管壁上，引起血管硬化，导致心血管疾病的发生。爱斯基摩人虽常食用含高脂肪的肉类，但因他们身居北极，消耗热量极多，进入人体的脂肪几乎全部转化为热量而被消耗，胆固醇在血管壁上沉积的机会很少，因此爱斯基摩人很少发现患心血管疾病。所以，含高脂肪的肉类对热量消耗低的人来说，无疑是不利的。由于人民生活水平的不断提高和消费习惯的改变，低脂肪的瘦肉越来越受欢迎。

脂肪有其不可忽略的营养价值，对食品的香味、滋味、口感等有一定的影响。肉类含适量的脂肪，则肉质细嫩。

4．骨骼组织

骨骼是动物机体的支持组织，分为硬骨组织（管状骨、板状骨）和软骨组织。

骨骼本身无食用价值，但从硬骨中可以取得脂肪、蛋白质和钙质，所以它有一定的营养价值。骨骼组织越多，肉的质量和价格越低。

19.1.2　家畜肉的种类及特点

我国肉食市场构成以家畜猪、牛、羊、兔肉为主，其特点如下。

1．猪肉

猪肉在我国肉食消费中占的比重最大，约占肉食总量的 89%左右。猪肉的肌肉组织中含有较多的肌肉脂肪，色泽淡红，肉纤维较细软，因此经热加工后，肉质细嫩，味道鲜美。

猪肉的质量、色泽与猪的年龄、性别、育肥状况、宰前状况、放血程度、产区、肉体部位等密切相关。育肥良好的猪肉色淡红，肉质细嫩，保水性大，鲜嫩可口。未经育肥和年龄较大的猪肉色深暗，肉质较硬，肌间脂肪少，结缔组织和弹性蛋白较多，适合高温炖煮。幼猪肉色泽更淡，水分含量较高，适合熏烤加工。

2．牛肉

牛肉在我国肉食消费量中占第二位，约占肉食总量的 7%左右，主要有黄牛肉、水牛肉、牦牛肉等。

黄牛肉肉质比较紧实，肥瘦在中等以上，切面通常呈大理石纹状，肌肉呈深红色，结缔组织为白色，脂肪为淡黄或深黄色。老公牛肉肌肉粗硬，肌间脂肪少，肉色暗红。肉用牛肉质较软，结缔组织较少，脂肪呈淡黄色，肉味鲜美。

水牛肉纤维粗而松弛，肉色比黄牛肉暗，带棕红色，脂肪为白色，干燥而黏性小。烹调时水牛肉不容易煮烂，肉质、风味都不及黄牛肉。

牦牛肉肉质细嫩，肉色鲜红，肉味鲜美，质量优于黄牛肉。

3．羊肉

羊肉在我国肉食消费总量中约占 4%左右。供食用的羊肉主要有山羊肉、绵羊肉。

山羊肉呈暗淡红色，年龄越大，色泽越深，皮下脂肪很少，唯腹部有较多的脂肪，不论肌肉或脂肪均有山羊特有的腥味。绵羊肉肉质比山羊肉坚实，色暗红，肉纤维细软，肌间很少夹杂脂肪，腥味较轻。

4．兔肉

兔可皮、毛、肉三者兼用。肉质细而松，家兔肉脂肪少，在国际市场上非常受欢迎。

19.2 家畜肉的品质鉴定

19.2.1 家畜肉的感官指标

感官指标主要包括肉的外观、硬度及弹性、气味、肉汤状况等。

1．外观

鲜肉切面为淡红色，肉汁透明，表面不发黏；次鲜肉色泽发暗，表面发黏；变质肉很黏，色泽发暗，局部呈黄绿色。

2．手感（硬度及弹性）

新鲜肉切面致密而有弹性，用手指轻轻按压时弹性良好；次鲜肉弹性差；变质肉腐软，无弹性。

3．气味

新鲜肉有清淡的自然芳香，并随家畜的类别不同而不同，无异味；次鲜肉表面有轻微的腐味（氨气和硫化氢气体味）；变质肉表面及里层都有恶臭（氨气和硫化氢气体味浓重）。

4．肉汤

新鲜肉经煮沸后，肉汁清澈透明，气味芳香，汤面有大片油滴；次鲜肉汤油相溶，汤汁稍浑；变质肉汤面无油，气味恶心（注：此法不适宜于鉴别冻肉）。

19.2.2 家畜肉的理化指标

1．含氨量

肉中的氨是肌肉蛋白质在微生物作用下的产物，肉越新鲜，含氨量越低。含氨量可用爱别尔和耐氏试剂测定。

2．肉的pH值

家畜宰杀后，由于微生物及肉中的酶引起的生物化学变化，会有一个pH值的变化过程。鲜肉的pH值在5.0～6.5之间，次鲜肉为6.5～6.6，变质肉的pH值在6.7以上。肉的pH值可以用pH比色计或pH试纸测定。

3．含硫化氢量

肌肉中的硫化氢是蛋白质被微生物分解的产物，肉越不新鲜，硫化氢含量越高。腐败变质的肉之所以有恶臭，主要是因其产生了大量硫化氢，它是检验肉是否变质的重要依据。硫化氢含量可用醋酸铅试纸测试，若试纸变灰暗，呈暗黑色，则说明肉已变质。

19.2.3　家畜肉的微生物指标

1．寄生虫指标

旋毛虫：5 个/24 片肉以上不得食用，标准以下可高温加工熟食。

囊虫蚴：3 个/10 平方厘米以上不得食用，标准以下可高温加工熟食。

2．微生物指标

家畜宰杀后检查中，如果感官不能判定，理化反应异常，还须进行细菌检查，要求检验细菌总数是否符合标准。方法如下：将检查的肉样放在载物片上，在显微镜下观察，新鲜肉没有微生物或只有单个的球菌或杆菌；次鲜肉可以有 20～30 个球菌或杆菌；变质肉有 30 个以上的微生物（主要是杆菌）。

19.3　家畜肉的变化和保管

19.3.1　家畜肉的变化

家畜屠宰后，微生物及酶的作用会使肉发生一系列的生物化学变化。这些变化有的有助于改善肉的品质，有的则加速肉的腐败。

1．尸僵作用

家畜屠宰后，由于肉体内酶所催化的生物化学反应而使畜体肌肉僵硬，这种现象称为尸僵作用。

现象：肌肉伸展性消失，发生硬化、僵直。

原因：主要是在酶的作用下，糖元分解成乳酸，使肌肉纤维紧缩，造成僵直。

pH 值：刚宰杀的猪 pH 值为 7.2～7.3，尸僵过程中，由于产生了乳酸，使肉的 pH 值向酸性变化，由 7.2 降至 6.2 时进入尸僵阶段。

特征：肉无弹性，煮不烂，咬不动，风味差。

2．成熟作用

在自然温度条件下，由于肉中的酶类引起的乳酸、糖元、异味物质间的变化，使原来尸僵状态的肉变得柔软而有弹性，具有芳香滋味，易烹调，这种变化称为肉的成熟作用。

现象：原来僵硬的肉变得柔软而有弹性，并产生香气。

原因：

① 在酶的作用下蛋白质水解成肽、氨基酸。

② 结缔组织变软。

③ 高分子物分解（三磷酸腺甙产生亚黄嘌呤）。

④ 谷氨酸增加（鲜味物质）。

pH 值：下降到 5.4 时进入成熟阶段。

特征：肉有弹性，有香气。

作为市场销售的鲜肉，必须使其进行成熟作用；但作为冷冻储藏，则应使尸僵过程不过速进行。

3．自溶作用

在自溶过程中，肉中所含的复杂有机化合物进一步分解为分子量较小的物质，使肉带有令人不愉快的气味，所以自溶作用是腐败变质的前奏。

现象：肉色变暗，有令人不愉快的气味。

原因：真菌、细菌在酸性条件下活动。

pH 值：pH 值开始回升，当 pH 值等于 6.5 时，进入自溶阶段。

特征：肉色变暗，有轻微腐味，勉强可食。

4．腐败作用

自溶作用的进一变发展便会导致肉的腐败。自溶过程进行时，由于 pH 值的改变，为各种细菌繁殖创造了良好的条件。

现象：肉色暗，有恶臭。

原因：

① 先从糖发酵开始，糖酵解产生 CO_2、H_2O、醇类等，所以腐肉有酸味。

② 脂肪氧化产生醛、酮等带哈喇味的产物。

③ 蛋白质被细菌分解（最严重的阶段），产生胺类、硫化氢、硫醇等带恶臭的产物。

pH 值：pH 值为 6.7 时，进入腐败阶段。

特征：肉色变暗，肉质变坏，腐胺产生，不能食用。

19.3.2 家畜肉的保管

家畜肉的保管方法很多，主要有低温冷冻（冷藏）、食盐腌制，还有化学防腐剂、紫外线、抗菌素、脱水干制、一定剂量的放射线照射等方法。

应用最广泛的要数冷冻和冷藏法，既能较长时间贮藏鲜肉，又不过多地破坏和损失营养成分，还能较好地保持鲜肉的风味。

1．冷藏

温度为-2～1℃，相对湿度为 85%～90%，微通风。此条件下储存，不能超过 40 天，属短期储存。

2．冷冻

最终冻结温度在-15℃～-18℃，24 小时达到冻结温度属于速冻，48 小时达到最终冻结温度属中速冻，48 小时以上达到最终冻结温度属慢速冻。

一般来说，肉储存的温度越低，肉储存的时间就越长。不同冻肉在不同的温度下，其有效储存期见表 19.1。

表 19.1　肉的有效储存期

温度和期限 / 肉别	在下列温度下可以储存的时间（月）		
	−9～−12℃	−12～−15℃	−16～−18℃
肥、中上、中等肥度的牛羊肉	8	10	12 以上
中等肥度以下的牛羊肉	5	7	12 以上
带皮猪肉	5	7	10 以上
去皮猪肉	3	6	10 以上

19.4　肉制品

肉制品就是运用物理的或化学的方法，配以适当的辅料和添加剂，对原料肉进行工艺处理后最终所得到的产品。

肉制品加工是从最初的干制、烟熏、腊制等对鲜肉的保藏手段上发展起来的，经过漫长的历史过程，逐渐形成了完整的、具有特色的加工方法和传统的肉制品。肉制品加工的目的在于：杀灭污染原料肉的各种微生物，保证食品卫生和食用安全性；破坏或抑制酶类的活性，以延长制品的储存期；改进组织结构，提高制品的色、香、味；弥补原料肉的某些营养缺陷，增加制品的营养价值。

肉制品加工中使用的辅助材料分为香辛料和调味料两种。香辛料主要有大茴香（俗称大料、八角）、小茴香、花椒、肉桂（俗称桂皮）、胡椒、豆蔻（亦称玉果、肉豆寇）等多种，还有葱、生姜、大蒜、辣椒。调味料包括食盐、砂糖、酱油、食醋、味精、料酒。

肉制品生产中常用的添加剂有发色剂（如硝酸盐与亚硝酸盐，合称硝）、着色剂（如红曲色素）、防腐剂、抗氧化剂、品质改良剂、营养强化剂等。品质改良剂又分为增稠剂（如淀粉）、保水剂（如磷酸盐类）、乳化剂（如大豆粉）、胶凝剂（如食用明胶、琼脂）等。

我国的肉制品品种繁多，风味独特，在世界上享有盛名。

19.4.1　我国肉制品的分类

我国肉制品的分类，一般是按照风味特点和加工方法的不同进行的。

1. 按风味特点分类

按各地区的风味特点，大致可分为京式、苏式、广式、川式、西式五大类。

① 京式肉制品，又称北式或北味。京式肉制品的历史较为悠久，远在明代就已经有了成套的生产经验。北京是京式肉制品的发源地。京式的主要特点是口重，所用佐料的品种和数量也较多。京式中以烧制品最为著名，如烧羊肉、酱牛肉、酱猪肉等。

② 苏式肉制品，又称南式或南味，一般指苏州、无锡、上海等地的产品，其中以苏州最为有名。苏式的主要特点是味浓醇而带甜，烧制品和脱水制品最著名。

③ 广东、广西所产的肉制品总称为广式肉制品。广式融合了京式、苏式和西式的特点，但又自成一格。广式肉制品多直接用火加工，产品色泽鲜明，味美甘香。广式中烤制品最为著名，如广东叉烧、烤乳猪等。广东香肠也是广式中的著名产品。

④ 川式肉制品，又称蜀湘式，以四川和湖南为代表，其特点是制品色泽鲜明，口味甜中有辣。

⑤ 西式肉制品多是仿制国外的，主要是灌肠制品和部分熏制品。其口味视原产国的原有风味而不同，但总的来说是鲜嫩、味淡、香料特殊。

2. 按加工方法分类

按加工方法的不同，大致可分为腌腊制品（包括熏制品）、灌制品、烧煮制品、烤制品、油炸制品、干制品六大类，也有将熏制品另列为一大类的。

（1）腌腊制品

腌腊制品均经过用食盐或以食盐为主的腌制加工处理。腌腊制品的口味较咸，多属生肉制品，经蒸煮后方能食用。著名产品有金华火腿、南京板鸭等。这类产品在常温下可长期存放，多在冬季制作。

熏制品是指在加工过程中，以烟熏为主要加工工艺的一类肉制品。西式熏制品的品种主要有培根（Bacon）和熏腿（Smokedham）。中式熏制品的品种较少。有些腊肉和灌肠在加工中也包括烟熏工艺，但因不占主要地位，所以不列为熏制品。但从另一方面讲，熏制品在烟熏前一般都经过腌制，所以常将熏制品归入腌腊制品大类中，而不另列出。

（2）灌制品

灌制品是将肉绞碎成肉糜状态或切成丁、块腌制后，灌入肠衣、小肚（膀胱）等物中的一类肉制品。灌制品按加工方法及风味特点又有中式、西式之分。中式灌制品包括香肠、香肚两类，著名产品有广东香肠、南京香肚等。西式灌制品即灌肠。由于灌肠制作技术是近代从国外传入我国的，所以又称西式灌肠。西式灌肠由于营养丰富、口味鲜美，适于规格化、系列化大批量生产，又具有携带、保管、食用方便等特点，已逐渐成为我国肉制品加工行业产量、销量最多的产品之一。

（3）烧煮制品

烧煮制品是将生肉和各种佐料一同放在锅内，经烧煮而成的一类肉制品，是我国的传统产品。较著名的有白肚、酱牛肉、酱汁肉、卤猪肝、糟肉、过油肉等。烧煮制品随地区不同，在风味上有咸、甜之别。这类制品的特点是产品酥润、卤汁多，难以包装和远运，适宜前店后厂，就地生产，就地供应，生产的品种多，特色多。

（4）烤制品

烤制品是指以热源直接对制品进行烧烤为主要加工工艺的一类肉制品。烤制品在肉制品总量中所占比重不大，但其风味独特，外焦里嫩，别具一格。著名产品有烤肉、烤乳猪、叉烧肉、北京烤鸭等。

（5）油炸制品

油炸制品是将生肉经过加工整理后，加入配料经油炸而成的制品。油炸制品一般具有色泽金黄、香、脆、松、酥的特点，可直接食用或配菜用。常见的品种有炸肉皮、炸丸子、炸猪排等。

（6）干制品

干制品是指经过脱水处理的肉制品。有的是直接进行脱水，有的经加盐稍预腌制后脱水。干制品的特点是风味独特，体积小，重量轻，便于久藏和携带，如牛肉干、肉松等。

19.4.2　肉制品的加工原理及质量特点

1．腌腊制品

腌腊制品的加工原理主要是利用食盐排出肉中过多的水分，食盐则逐渐渗入肉纤维中。腌制不仅使肉便于保存，还可使肉具有新的风味。用食盐或以食盐为主并添加硝、糖和香辛料对原料肉进行加工处理的过程称为腌制，其成品称为腌制品。腌制后再经晾晒烘烤（或熏制）的加工过程即成为腊制品。腊制的过程增强了防腐作用，同时也增添了产品的特有风味。

肉的腌制方法可分为干腌法、湿腌法和混合腌法三种。

干腌法是将碎盐或盐和硝的混合物涂抹在肉块上，利用渗透原理使盐渗入肉纤维中。我国的金华火腿、咸肉等都采用干腌法。干腌脱水程度大，成品含盐量高，易有腌制不匀的现象，蛋白质损失少，耐保藏。

湿腌法是将盐和其他配料溶化成盐水卤，把肉浸泡在盐水卤中进行腌制。盐水的浓度根据产品种类、肉的肥度、温度、产品保藏的条件和时间决定。湿腌法的优点是盐浸透得快，腌制均匀，但肉中的营养物质损失较大，成品水分含量高，不易保藏。

混合腌法是先用干腌法腌制，然后再放入盐水中腌制。这种方法可增强耐保藏性，防止产品脱水过多，减少营养成分的损失。一般熏腿和培根均采用此法。

为了缩短腌制时间，保证食盐的均匀渗透，近年来还广泛采用盐水注射法，利用盐水注射器将配制好的盐水注射到肌肉内。这种方法可以和干腌法、湿腌法并用。

腌腊制品主要有以下几种。

① 火腿。火腿是用猪腿经腌制、洗晒、发酵等工序制成的，是一种名贵的腌腊制品。后来从国外引进的盐水方火腿和圆火腿虽然也称为火腿，但却属于灌肠制品。此处讲的是我国的带骨火腿。带骨火腿造型美观、色泽鲜艳、肉质细嫩、味美清香，经过长时间腌制发酵，蛋白质分解成多种易于被人体吸收的氨基酸，所以常被当做补品食用。其中的金华火腿闻名世界，是国家金牌产品。

火腿的质量主要靠感官鉴定。除外表、式样外，最重要的是看肉质情况。通常将竹签插入肉中拔出后嗅其气味，以气味清香、无异味者为佳品。将火腿切开后，以精肉带胭脂红色、肥膘不发黄者为好。

② 咸肉。咸肉按加工方法的不同，分为带骨咸肉和无骨咸肉，主要加工工序为腌制和晾干。咸肉的质量从外观、色泽、气味、口味等几个方面评定。

③ 腊肉。腊肉是将经过腌制的肉送入烘房，经过火烘或烟熏制成的肉制品。腊肉在南方各地生产较多，其中最主要的有四川腊肉、湖南腊肉和广东腊肉。

熏制也是肉制品加工中常用的方法。它是利用燃料没有完全燃烧而产生的烟气进行熏制的。熏制的实质就是产品吸收木材分解产物的过程。

肉制品经熏制后，除具有特殊的烟熏风味外，还改善了产品的外观色泽，提高了产品的抗氧化性能。烟气中的酚类有较强的抗氧化和杀菌作用，烟气中还含有醇类、酸类等。烟气中的多环芳烃是对人体有害的物质。

肉制品加工中最常用的熏制温度在 60℃左右。因为在这样的温度下，不仅短时间就能达到熏制目的，而且还能阻止微生物的繁殖，防止肉品发生酸败。

肉制品的熏制有生熏与熟熏两种。熏制前已经熟制的叫熟熏，如酱卤类肉制品的熏制都是熟熏。烟熏前只经过腌制而没有经过热加工熟制的叫生熏，如西式的熏腿、培根等都用生熏的方法。

培根是 Bacon 的音译，即熏咸猪肉的意思。它是以猪的方肉、排骨等为原料，经过腌制、烟熏而成的，是西餐必备菜肴。培根的成品为半制品，带皮，无硬骨，四周修割整齐，脊骨除净，刀工精细，皮上无毛，无刀伤、残损，皮呈金黄色，瘦肉色泽鲜艳。每块重 7～10 千克。

熏腿成品为半制品，又分带皮带骨和无皮带骨两种，均去腿爪，外观呈椭圆形（琵琶形），四周修割整齐，刀工精细，无刀伤，无残损，皮呈金黄色，瘦肉色泽鲜艳，不焦苦，不走油，每只重 3.5～7 千克。原料取自猪的后腿。

2．灌制品

灌制品可以分为灌肠、香肠、香肚三类。

① 灌肠类。灌肠类制品是指将鲜肉腌制、切碎，加入辅料，灌入肠衣后煮熟而成的一类肉制品。我国最早生产的西式灌肠是大红肠和小红肠。西式灌肠的特点是在辅料中使用了具有香辣味的玉果和胡椒，咸味用盐而不用酱油，因而产品具有不同的辣味。有一部分灌肠还使用了大蒜，使产品具有明显的蒜味。西式灌肠的肉馅大多由猪、牛肉混合制成。我国各地厂家根据我国传统特点和口味，已对原灌肠配方进行了调整，形成了一批中式口味的灌肠新品种。灌肠制品所用的原料和配料视品种而异，其中主要有各种肉类及其副产品、淀粉、食盐、糖、味精、硝、葱、姜、蒜、酒及香料等。

西式灌肠的基本工艺流程为：选料→剔骨→腌制→绞肉→拌馅→灌肠→烘烤→煮制→烘烤→烟熏→包装→成品。

西式灌肠的主要品种有大红肠、小红肠、风干肠、茶肠、蒜肠、香雪肠、火腿肠等。

灌肠卫生标准的感官指标为：肠衣（肠皮）干燥完整，并与内容物密切结合，坚实而有弹力，无黏液及霉斑，切面坚实而湿润，肉呈均匀的蔷薇红色，脂肪为白色，无腐臭，无酸败味。

② 香肠类。香肠是中国传统的肠制品。香肠是将肉切碎或绞碎后再加入辅助原料，经灌制、晾晒或烘焙而成的一类肉制品。制香肠的基本原料是猪肉。制肉馅时，瘦肉和肥膘都要切成小方丁，肉馅内不使用淀粉。由于香肠一般在冬季生产，所以香肠又称腊肠。一般所称的香肠，指的是生干香肠，但近年来也有熟制香肠。

香肠的基本工艺流程为：选料→剔割→绞肉→拌馅→灌制→晾晒（或烘烤）→成品。

香肠的主要品种有广东香肠、四川香肠、北京香肠等。

香肠（腊肠）、香肚的卫生感宫指标中，一级鲜度者应为：外观上，肠衣（或肚皮）干燥完整且紧贴肉馅，无黏液及霉点，坚实而有弹性；组织状态上，切面坚实；色泽上，切面的肉馅有光泽，肌肉灰红至玫瑰红色，脂肪白色或微带红色；气味上，具有香肠固有的风味。

③ 香肚类。香肚是指将猪肉切碎或绞碎后加入辅助调料，灌入猪膀胱（少数用猪大肠），经晾晒或烘焙而制成的肉制品。香肚又分为干肚和鲜肚两种。干肚灌制后经过晾晒或烘焙，

吃时现蒸煮，较耐储存；鲜肚在灌制后煮熟、凉透即可食用，因水分含量大，不耐储藏。

香肚的主要品种有南京香肚等。卫生感官指标与香肠相同。

3. 烧煮制品

调味和煮制是烧煮制品加工中最重要的工艺过程。根据加入调料的时间，大致可分为基本调味、定性调味、辅助调味。在加热前原料整理后，经过腌制加盐、酱油或其他配料，奠定产品的咸味，称为基本调味。在加热煮制下锅时，随同加入主要配料，如酱油、盐、酒、香料等，决定产品的基本口味，称为定性调味。在加热煮熟之后或即将出锅时加入糖、味精等以增进产品的色泽、鲜味，称为辅助调味。肉类在煮制过程中，本身结构、成分都发生显著变化，调味料也不断向肉中渗透，最终形成了产品的风味。

烧煮制品根据加工方法可以分为酱制、酱汁、蜜汁、糖醋、糟制、卤制、白烧七类。

① 酱制制品。酱制制品是烧煮制品大类中的主要加工产品，它的产量大，销售面也广。酱制、红烧、五香三种名称常常混用，例如一种产品，有的地区称酱制，有的地区就称红烧或五香。酱制的特点：一是在煮制时使用了较多的酱油，所以有的地方叫红烧；二是使用了八角、桂皮、丁香、花椒、小茴香五种香料，所以也有称为五香制品的。总之，酱制产品的特点是色深味浓，酥润可口，香味芬芳，鲜美宜人。

② 酱汁制品。酱汁制品是在酱制红烧的基础上，使用了红米为着色剂而制成的。这类制品的特点是成品呈樱桃红色，鲜艳夺目，口味咸中带甜，肉质酥润，入口即化。

③ 蜜汁制品。蜜汁制品是在酱制红烧的基础上，在辅料中加重了糖的分量，使产品色浓味甜，所以称蜜汁。其特点是成品呈深樱桃红色，有光泽，甜中带咸，嫩而烂。

④ 糖醋制品。糖醋制品是在辅料中加入了糖和醋，使产品有多种味道。

⑤ 卤制品。卤制品在加工过程中，将产品浸在卤水中若干时间，渗透卤汁，并随卤保存。卤制品的特点是质嫩味鲜。卤制这种加工方法，大多用于内脏制品。卤制品主要有卤猪肝、卤猪心、卤猪肚、卤猪肠。

⑥ 白烧制品。白烧也称清炖和白煮。白烧制品即仅使用一定数量的盐和葱、姜、酒等原料，不用酱油和香料而加工成的肉制品。其特点是外观洁白，无油腻感，滋味鲜美，保持肉的原有风味。

⑦ 糟制品。糟制品是在白烧的基础上用“香糟”调味的一种冷食熟肉。其特点是胶冻白净，清凉鲜嫩，爽口沁脾，具糟香味。

4. 烤制品

肉类的烤制通常需要200℃以上的高温，使产品表面形成一层焦化产物，因而制成品具有外焦里嫩、香脆可口的风味特色。

烤制通常在烤炉中进行。使用的热源有无烟煤、木炭、煤气、红外线电热装置等。由于红外线电烤清洁卫生，温度容易控制，升温快，效率高，产品质量好，因此目前多趋向于使用电热源。烤制品由于所用原料肉的部位、加工技巧和配料的不同，形成了许多各有特色的品种，如广东烤肉、上海烤肉、广东叉烧等，大致都经原料的切割、做坯、上料腌制，最后经烤制而成。

烤制品中以广式最为著名，其中有脆烤和软烤两类。脆烤制品的特点是色黄皮脆，香味浓郁，代表产品为烤乳猪。软烤制品的特点是色泽红艳，味香甜，质鲜嫩，代表产品为叉烧肉。

5．油炸制品

油炸可以改变产品的形状和性能，并改善风味，使制品具有良好的口感。同时油炸温度一般都在 100℃以上，有利于杀灭细菌并进行脱水熟制。

油炸工艺按用料来分，有挂糊和净炸两种，按火候大小分为软炸和脆炸。挂糊就是用淀粉或鸡蛋等调制成具有黏性的糊浆，把原料在其中蘸涂后即行炸制，入油后外层糊浆遇热先行凝结变性，这样可基本保持原料的原有形态和水分，以突出制品的嫩、滑、松。而净炸和脆炸则以突出制品的香、脆、酥为主。无论哪种炸制方法，在油炸前都必须对原料进行剔选、清洗并切割成形，然后根据不同的品种，选用不同的辅料，挂糊或腌制后，进行油炸加工。也有一些不加辅料即进行油炸，然后再红烧、酱煮的产品，这时的油炸一般称为“过油”，不属于油炸制品。油炸时应根据成品的质量要求和原料的性质、切块的大小、下锅数量的多少来确定合适的油温和油炸时间。一般原料质老、块大、数量多，下锅时油温可高一些，否则就低一些。通常把油温控制在 150℃左右。

6．干制品

我国传统的肉松、肉干等干制品，大多将原料经过调味或熟制后再加工干制，属于调味性的干制品。这种干制品几乎完全失去对水分的可逆性，即使加水也不能恢复其原有状态。采用低温真空升华干燥等现代技术将新鲜肉直接脱水干燥，则既能达到减轻重量、缩小体积、便于携带、食用方便的目的，又能保证肉的组织结构和营养成分不发生变化，添加适量的水后，立即恢复原来的状态。这种干制品对水分是可逆的。目前干制品的加工方法大多采用自然干燥和人工干燥。干制品按形状可分为肉松、肉干、肉脯。干制品的特点是风味独特，体积小，重量轻，不易腐败，便于储藏和运输。

① 肉松。肉松是瘦肉经烧煮、去油、收汤浓缩后，炒干而成的产品。

② 肉干。肉干是猪瘦肉经煮熟加入辅料烘干而成的产品。各地生产的肉干，以 1 立方厘米左右大小的块居多。

③ 肉脯。肉脯是烘干的瘦肉薄片。其特点是成品脆香，色泽光亮，半透明，鲜香可口。

习题

一、简答题

1．简述家畜肉的感官指标。

2．试述肉制品按加工方法的分类。

二、能力测试题

1．简述家畜肉的尸僵作用、成熟作用、自溶作用和腐败作用的过程。

2．简述各种肉制品的加工方法。